高等职业教育"十三五"规划新形态教材

大学生军事理论教程

主 编 吴海礁

北京理工大学出版社
BEIJING INSTITUTE OF TECHNOLOGY PRESS

版权专有 侵权必究

图书在版编目（CIP）数据

大学生军事理论教程／吴海礁主编．—北京：北京理工大学出版社，2017.7（2019.8重印）
ISBN 978-7-5682-4469-5

Ⅰ.①大… Ⅱ.①吴… Ⅲ.①军事理论–高等学校–教材 Ⅳ.①E0

中国版本图书馆 CIP 数据核字（2017）第 181866 号

出版发行／北京理工大学出版社有限责任公司
社　　址／北京市海淀区中关村南大街5号
邮　　编／100081
电　　话／（010）68914775（总编室）
　　　　　（010）82562903（教材售后服务热线）
　　　　　（010）68948351（其他图书服务热线）
网　　址／http：//www.bitpress.com.cn
经　　销／全国各地新华书店
印　　刷／唐山富达印务有限公司
开　　本／787毫米×1092毫米　1/16
印　　张／19.25　　　　　　　　　　　　　　责任编辑／江　立
字　　数／447千字　　　　　　　　　　　　　文案编辑／江　立
版　　次／2017年7月第1版　2019年8月第4次印刷　责任校对／周瑞红
定　　价／49.80元　　　　　　　　　　　　　责任印制／施胜娟

图书出现印装质量问题，请拨打售后服务热线，本社负责调换

前　言

国无防不立，民无兵不安。国防是国家生存与发展的安全保障，国家的繁荣富强离不开全民国防意识的增强。加强国防教育，培养全民国防教育观念和国防精神，是我国应对复杂的国际局势、构建和谐社会和实现"中国梦"的重要保障。通过对大学生进行国防教育，可以使他们掌握基本的国防知识，学习必要的军事技能，更好地履行国防义务。实践证明，通过国防教育课程的学习，能使广大学生培养国防观念和国家安全意识，增强努力学习的使命感，塑造健康积极的人生观和价值观，有效地促进学生综合素质的全面提高。

为了全面贯彻《中华人民共和国国防法》《中华人民共和国兵役法》和《中华人民共和国国防教育法》等法律法规的有关规定和要求，贯彻落实《转发教育部关于加强新形势下学校国防教育工作意见的通知》等文件精神，进一步做好大学生的军事课教学工作，我们以教育部、原总参谋部、总政治部颁发并修订的《普通高等学校军事课教学大纲》为依据，在认真总结高职院校军事理论教育教学规律和经验的基础上，结合教学改革的特点和要求编写了本书。

由于编写时间仓促，加之编者水平有限，书中难免有错漏和不足之处，敬请广大读者和同行专家给予批评指正。

编　者

目 录

上篇 军事理论

第一章 中国国防 ·· 2
第一节 国防概述 ·· 2
第二节 国防建设 ·· 8
第三节 武装力量建设 ··· 13
第四节 国防动员 ·· 23
第五节 中国兵役制度 ··· 28

第二章 军事思想 ·· 34
第一节 军事思想概述 ··· 34
第二节 毛泽东军事思想 ·· 43
第三节 邓小平军事理论 ·· 59
第四节 江泽民国防和军队建设思想 ·· 67
第五节 胡锦涛国防和军队建设重要论述 ·· 72

第三章 国际战略环境 ·· 82
第一节 国际战略环境概述 ··· 82
第二节 我国周边安全环境 ··· 88

第四章 军事高技术 ·· 94
第一节 军事高技术概述 ·· 94
第二节 高技术在军事领域的主要应用 ·· 101
第三节 高技术与新军事变革 ·· 131

第五章 信息化战争 ·· 137
第一节 信息化战争概述 ·· 137
第二节 信息化战争的特征及发展趋势 ·· 145
第三节 信息化战争与国防建设 ··· 151

下篇　军事技能训练

第六章　条令条例教育与训练 …… 162
第一节　解放军共同条令 …… 162
第二节　队列训练 …… 165

第七章　轻武器射击 …… 198
第一节　武器常识 …… 198
第二节　简易射击学理 …… 207
第三节　射击动作和方法 …… 221
第四节　实弹射击 …… 223

第八章　战术 …… 228
第一节　战斗类型和战斗样式 …… 228
第二节　战术基本原则 …… 231
第三节　单兵战术动作 …… 232

第九章　军事地形学 …… 236
第一节　军事地形学概述 …… 236
第二节　地形图基本知识 …… 241
第三节　地形图的使用 …… 253

第十章　综合训练 …… 261
第一节　行军 …… 261
第二节　宿营 …… 263
第三节　野外生存 …… 265

附录
附录一　《中华人民共和国兵役法》 …… 281
附录二　《孙子兵法》 …… 290
附录三　影响现代战争的经典战例 …… 297

参考文献 …… 302

上 篇

军事理论

第一章 中国国防

国无防不立，民无兵不安。国防伴随着国家的产生而产生，关系着国家的安危，维系着国家的生存与发展。古今中外，尚无一个国家能够弃国防而自存，无数事例证明，重视国防建设，注意不断增强全民国防意识，国家就会长治久安；反之则会国势日削，甚至亡国。中国是国防意识形成较早的国家，《周易》提出"安而不忘危，存而不忘亡，治而不忘乱"；毛泽东指出"国防不可没有"。历史的经验教训告诉我们，国不可一日无防，必须高度重视国防问题。

第一节 国防概述

一、国防的概念

《中华人民共和国国防法》对"国防"一词进行了立法性表述，指出国防是"国家为防备和抵抗侵略，制止武装颠覆，保卫国家的主权、统一、领土完整和安全所进行的军事活动，以及与军事有关的政治、经济、外交、科技、教育等方面的活动"。这就是说，国防的主体是国家；国防的对象是外敌的侵略和武装颠覆；国防的目的是捍卫国家的主权、统一、领土完整和安全；国防的手段是军事活动，以及与军事相关的政治、经济、外交、科技和教育等方面的活动，即完成国防任务和进行国防建设的各种实践活动。

（一）国防的主体

国防随着国家的产生而产生，是国家赖以生存和发展的根本保障，没有国防功能的国家政权是不可能长久的。一个国家的防务，事关国家安全与发展大局，是国家的根本利益之所在。和平时期，人们容易产生一个极其错误的想法。即认为国防只是军队的事情，与其他人和其他部门关系不大。其实，军队只是国家工具的一部分，国防的职能绝不仅仅由军队单独承担。国防建设和斗争的主体是国家，一切国家机构都应当按照有关法律和法规的要求，履行其职责；每一位公民也必须依照法律规定自觉履行公民的国防义务。国家以立法形式对国防行为进行保护和规范，也只有通过国家并依靠全民，才能完成真正意义上的国防行为。

（二）国防的对象

国防的对象是指国防所要防备、抵抗和制止的行为。根据《中华人民共和国国防法》的界定，国防的对象一是侵略，二是武装颠覆。抵抗外敌侵略是国防的首要任务，包括武装侵略和非武装侵略，均属国防的对象范围。对付武装侵略，国防使用战争手段进行制止；对付非武装侵略，国防使用非战争手段予以反击。另外，从《中华人民共和国国防法》可以看出，国防的对象除了抗敌"侵略"之外，还有制止"武装颠覆"。《中华人民共和国宪法》明确规定"社会主义制度是中华人民共和国的根本制度，禁止任何组织或者个人破坏社会主义制度"，"中国人民对敌视和破坏我国社会主义制度的国内外的敌对势力和敌对分子，必须进行斗争"。这就是说，国内任何企图分裂国家、颠覆国家政权、推翻社会主义制度的武装叛乱或者武装暴乱，对国家的主权、统一、领土完整和安全，对社会主义制度构成严重威胁的都是国防的对象。

（三）国防的目的

国防的目的主要是捍卫国家的主权、统一、领土完整和安全。

首先，国家主权是一个国家存在的根本标志。按照国际法的表述，主权是一国不受外来控制的自由。它是完整无缺、不可分割而独立行使的，是最高的权利和尊严。如果一个国家的主权被剥夺，其他一切，包括国家的独立、领土的完整、生活方式、基本的政治制度、社会准则和国家荣誉等都无从谈起，也毫无意义。

其次，保卫国家的统一和领土完整是指国家由一个中央政府对领土内一切居民和事务行使完整的管辖权，不允许另立政府或分割国家的管辖权。从国际法的角度来说，保卫国家统一和反对分裂历来是一个国家的内部事务，绝不允许外国干涉。这是一个原则性的问题，不能有丝毫的含糊，因此保卫国家的统一历来是国防的重要任务。当外国敌对势力插手我国的民族事务，破坏我国的民族团结，危及国家的统一和领土完整时，国防力量必须予以坚决打击，以发挥其维护国家统一和稳定的职能作用。

应当指出的是，领土是指位于国家主权支配下的地球表面的特定部分，包括领土疆界以内的陆地、水域及其上空和底土，即由领陆、领海和领空所组成。领土是一个国家和民族存在和发展的自然物质前提，是构成国家的基本要素之一。国家主权与国家领土有着密切的联系，领土既是国家行使其主权的空间，也是国家主权行使的对象。没有领土，主权就失去了存在的空间和行使的对象。

再次，维护国家的安全与稳定是国家生存与发展的重要前提。如果一个国家没有和平、稳定和安全的环境，不仅难以建设与发展，甚至连生存也将受到严重威胁，因此维护国家的安全与稳定也是国防的主要目的之一。

（四）国防的手段

根据《中华人民共和国国防法》的规定，我国国防的手段包括军事活动，以及与军事有关的政治、经济、外交、科技和教育等方面的活动。由此说明，与军事有关的诸方面的活动只要有利于捍卫国家的主权，保卫国家的统一、领土完整和安全的国防目的，都是国防的重要手段。

现代国防的根本职能是捍卫国家利益，防备和抵御外来各种形式和不同程度的侵犯，防备与平息内部外部势力互相勾结所发动的武装暴乱。在对国家利益的各种形式的侵犯中，威胁和危害最大的是武装侵犯，包括军事威胁、军事干预、占领部分领土、武装掠夺经济资源和发动战争等。上述活动和内外敌对势力相互勾结发动的武装暴乱不仅使国家主权和人民生命财产遭受损失，而且直接危及国家和民族的生存与发展。对付武装入侵和武装暴乱最根本和最有效的莫过于采取军事手段，因此在实现国防目的的各种手段中，军事手段始终是国防的最主要手段。与军事有关的政治、经济、科技、文化、教育和外交等也是国防不可或缺的手段，当今世界各国都十分注重综合运用这些手段来达到国防的目的。

二、国防的类型和特征

（一）国防的基本类型

按照社会的形态，国防可分为奴隶制国防、封建制国防、资本主义国防和社会主义国防。在当代，各国家从各自不同的需要和利益出发，其国防政策和国防目标不同，国防也有这不同的内涵。目前世界各国的国防类型主要有以下四种：

1. 扩张型

此类国家奉行霸权主义政策，它们以国家安全和防务需要为幌子，将其疆域以外的国家和地区也纳入本国的势力范围，对别国进行侵略、颠覆和渗透。

2. 自卫型

此类国家以防止外敌侵略为目的，在国防建设上主要依靠本国的力量，广泛争取国际上的同情与支持，以达到维护本国的安全、周边地区和世界的和平与稳定。中国的社会制度、国家利益决定了我国是自卫型的国家。

3. 联盟型

此类国家为弥补自身力量不足，以结盟的形式借助其他国家的力量进行防卫。这种类型的国防也有扩张型与自卫型两种。有的联盟形式是以一个大国为主导地位，其余国家为从属地位；有的联盟形式是各国处于平等地位的伙伴关系，共同协商国家防卫事务。

4. 中立型

此类国家为保障本国的安全、发展和和繁荣，实行和平、中立和自主的国防政策。有的实施总体防御战略和寓兵于民的防御体系，有的则采取完全不设防的方式，在世界事务中保持中立态度。

（二）国防的基本特征

现代国防又称"社会国防"、"大国防"、"全民国防"，它是对传统国防内容、对象及手段的继承和发展，其基本特征主要如下。

1. 现代国防与国家安全和发展联系更加紧密

现代国防渗透于国家各个领域和各个行业，贯穿于平时和战时。国防是国家安全的重要保障，没有强大的国防，就没有国家的安全，也就没有国家的发展。所以现代各个国家都把国防建设纳入国家发展计划，在国家资源分配上占有优先地位。

2. 现代国防由综合国力构成

现代国防力量虽以军事力量为主体，但不单纯指军事力量，还包括与国防相关的政治、经济、外交、科技和文化等非军事力量。它不仅依靠国家的现有实力，还依靠国家的综合潜力，以及将潜力转化为作战的实力。总之，现代综合国力是由人力、自然力、政治力、经济力、科技力、精神力和军事力等组成，涉及国家的各个方面。建设现代国防，就是要把整个国家的综合国力建设好并运用好。

3. 现代国防是多种斗争形式的角逐

现代国防斗争，仍然是以敌对双方在战场上进行武力较量为基本形式；同时又要经常通过各种非武力斗争的形式，如经济斗争、政治斗争、外交斗争和科学技术斗争等进行激烈的角逐。

4. 现代国防与国家经济建设关系更加密切

国防的强弱从根本上讲要看国家的经济实力，本国的经济建设和科学技术迅猛发展，能使自己在国际竞争中充分占据主动地位；同时对敌国的经济技术系统构成的威胁和损害同样能达到武力角逐的效果。因此各国在国防建设过程中突出抓好本国的经济建设和科学技术发展，以此拉开与他国的距离并将本国的经济力和科技力迅速转化为国防实力。

5. 现代国防具有威慑作用的功能

威慑是和平时期国防的主要功能，它不是通过战争直接展示和运用强大的国防力量，而是采用多种手段给对方造成巨大的压力。从而，迫敌不敢运用和动用武力，以达不战而屈人之兵或保证本国获得最大利益之目的。

三、国防的地位和作用

国防的地位和作用可以说是不言自明的，其地位作用主要应从以下几个方面来认识。

（一）国防关系国家的安危和兴衰，是国家安全的重要保障

民无兵不安，国无防不立。没有强大的国防，就没有国家的主权和独立，人民的幸福和民族的兴旺也就没有保障。几千年来，国防与国家的存亡兴衰紧密联系在一起，有国必有防，防强则国安。为了保障国家安全、促进国家发展，世界各国都从本国的实际出发努力加强国防建设；同时在国民中普遍推行维护国家安全的国防教育，使民树立爱国主义和维护国家根本利益的观念，为国家的独立、统一和发展创造更加有利的环境和条件。世界各国的发展历史反复说明了这一点，特别是近代中国的历史更加说明了这一点。

19世纪中叶，世界资本主义迅速发展，殖民主义侵略浪潮席卷全球。而当时的中国清朝政府腐败无能，有国无防。帝国主义列强乘虚而入，自1840年的鸦片战争开始对中国进行了轮番侵略，胁迫清政府签订了一系列丧权辱国的不平等条约。中华民族沦为一个被人侮辱的民族，中国长期沦为半殖民地半封建的社会。从新中国成立之日起，我们就把建立足以抵抗侵略的强大国防作为维护国家和民族尊严，树立国家形象的重要手段。从此，中国人民告别了被人随意轻侮和任意践踏的历史。中国近代国防的深刻教训使中国共产党人痛切地感到"中国人民必须建设自己强大的国防，才能使新中国屹立于世界民族之林"。

（二）强大的国防是国家建设与发展的重要条件

当今世界，加强国防建设已成为一条立国的基本规律。国家无论大小，无论何种制度或政体，都少不了国防。尽管国家的性质不同，但国防建设是相同的。我们要建设强大的社会主义国家，也必须加强国防建设。加强国防建设不仅是捍卫国家主权和领土完整的需要，也是国家经济建设与发展的需要。《中华人民共和国宪法》明确规定："今后，国家的根本任务是集中力量进行社会主义现代化建设。"进行社会主义现代化建设需要一个安定的和平环境，而这个和平环境的赢得，主要靠建设一个强大的国防。强大的国防不仅可以赢得战争的胜利，而且可以遏制战争。在平时国防具有强大的威慑力量，使帝国主义和霸权主义者不敢轻举妄动。一旦战争爆发，打赢小战，制约战争规模的扩大，从而为经济建设提供和平的环境；另外，要实现我国现代化建设的宏伟目标，不仅需要和平安全的外部环境，而且需要安定团结的内部环境。只有人民团结和社会稳定，才能有国家的经济繁荣，也才能使国家在处

理外部事务中具有坚强的实力和后盾。

（三）强大的国防是巩固我国的国际地位和维护世界和平的重要力量

一个国家在国际上地位的高低，除了要有强大的经济实力外，还必须有强大的国防实力，仅靠政治、经济和外交等来维持国家的地位是不够的。尽管国富是兵强的物质基础，但国富不等于兵强。事实上就是国家富裕了，不加强国防建设，同样还会受人欺负。我国作为一个大国，是联合国安理会的常任理事国，要在国际事务中掌握主动权，表达国家意志并对世界局势发挥应有的影响和作用，同样需要有强大的国防实力作后盾；另外，强大的国防也能为维护世界和平作出我们的贡献。

四、公民的国防义务和权利

（一）公民的国防义务

1. 履行兵役义务

兵役义务是公民在参加国家武装力量和以其他形式接受军事训练方面应当履行的责任，《中华人民共和国兵役法》第3条规定："中华人民共和国公民，不分民族、种族、职业、家庭出身、宗教信仰和教育程度，都有义务依照本法的规定服兵役。"公民履行兵役义务的主要有三种形式。

（1）服现役

现役是公民在军队中服兵役，包括参加中国人民解放军和武装警察部队。按照《中华人民共和国兵役法》的规定，每年12月31日以前，年满18岁的男性公民应当被征集服现役。当年未被征集的，在22岁以前，仍可以被征集服现役。根据军队需要，也可以征集18～22岁的女性公民服现役。如有特殊需要，在自愿的原则下，也可征集少量在18岁以下的男女公民服现役。

《中华人民共和国兵役法》还规定，应征公民是维持家庭生活的唯一劳动力或者正在全日制学校就学的学生，可以缓征。除了征集新兵，军队平时还采取其他一些方式从适龄公民中选拔人员。军事院校从青年学生中招收学员，部分普通高等学校招收国防生，军队招收高等学校毕业生入伍，军队从非军事部门具有专业技能的公民中招收志愿兵。符合服兵役条件的公民，可以通过以上途径参加人民解放军或武警部队服现役。

另外，《中华人民共和国兵役法》规定，士兵包括义务兵和志愿兵。义务兵服现役时间为2年。

战时，预备役人员应随时准备应召服现役，在接到通知后，必须准时到指定的地点报到。遇有特殊情况，国务院和中央军事委员会可以决定征召36～45岁的男性公民服现役。应征公民拒绝、逃避征集构成犯罪的，依法追究刑事责任。

（2）服预备役

预备役是公民在军队以外所服的兵役，是国家储备后备兵员的形式。根据《中华人民共和国兵役法》规定，预备役分为军官预备役和士兵预备役，并分别区分为第一类预备役和第二类预备役。公民服士兵预备役的年龄为18～35岁。

①登记服预备役。每年9月30日之前，兵役机关要对到年底满18岁的男性公民进行兵

役登记。

②参加民兵组织。民兵分为基干民兵和普通民兵，28岁以下退出现役的士兵和经过军事训练的人员，以及选定参加军事训练的人员编为基干民兵；其余18~35岁的男性公民编为普通民兵。根据需要，吸收部分女性公民参加基干民兵。我国实行民兵与预备役相结合的制度，所有的民兵同时都是预备役人员，参加民兵组织也是服预备役。

③预备役部队。预备役部队是以现役军人为骨干，以预备役军人为基础，按照军队的编制体制建立的军事组织，是战时成建制快速动员的重要形式。公民编入预备役部队担任预备役军官或士兵，都是服第一类预备役。

（3）学生接受军事训练

《中华人民共和国兵役法》规定："高等院校的学生在就学期间，必须接受基本军事训练。""高级中学和相当于高级中学的学校，配备军事教员，对学生实施军事训练。"这就是说，接受军事训练是学生必须履行的兵役义务。学生军事训练依据国家教育部、解放军总参谋部和总政治部联合制订的《高等院校学生军事训练大纲》及《高级中学和相当于高级中学军事课教学大纲》组织实施。高等院校将军事训练作为必修课纳入教学计划，将学生军事训练考核成绩载入本人档案。考核不合格的，按高等院校学籍管理办法和有关规定处理。

2. 接受国防教育的义务

国防教育是国家对全体公民所进行的一种具有特定目的和内容的国防教育活动，是国家整体教育事业的组成部分，是建设和巩固国防、增强民族凝聚力及提高全民素质的重要途径。《中华人民共和国国防教育法》第3条规定："国家通过开展国防教育，使公民增强国防观念，掌握基本的国防知识，学习必要的军事技能，激发爱国热情，自觉履行国防义务。"第4条规定："国防教育贯彻全民参与、长期坚持、讲求实效的方针，实行经常教育与集中教育相结合、普及教育与重点教育相结合、理论教育与行为教育相结合的原则，针对不同对象确定相应的教育内容分类组织实施。"

国防教育的内容主要包括国防理论教育、国防精神教育、国防知识教育和国防技能教育，以及战备形势教育和国防任务教育等。

3. 保护国防设施的义务

国防设施是指国家直接用于国防目的的建筑、场地和设备，包括军事设施、人民防空设施、国防交通设施和其他用于国防目的的设施。国防设施是国防活动的依托，是抵抗侵略和保卫祖国的物质条件，在巩固国防和维护国家安全利益方面具有重要作用。

1990年2月23日颁布的《中华人民共和国军事设施保护法》规定，国家对军事设施实行"分类保护、确保重点"的方针，根据军事设施的性质、作用和安全保密的需要和使用效能的要求，将军事设施的保护分为三类，一是划定军事禁区予以保护；二是划定军事管理区予以保护；三是没有划入军事禁区和军事管理区的军事设施，如通信线路、铁路和公路线，以及导航和助航标志等采取有效措施予以保护。公民在从事经济、文化和其他社会活动时，应当遵守法律的规定，自觉保护国防设施；公民对于破坏、危害国防设施的行为，应当检举、控告或制止。破坏和危害国防设施的，要承担相应的法律责任。

4. 保守国防秘密的义务

国防秘密是指关系国家安全利益，在一定时间内只限一定范围人员知悉的军事或与军事有关的政治、经济、外交、科技和教育等方面的事项。保守国防秘密事关国家的安危，公民应当遵守《中华人民共和国保守国家秘密法》，以及有关的保密规定，严格保守国防方面的国家秘密。发现国防方面的国家秘密已经泄露或者可能泄露时，立即采取补救措施并及时报告。

5. 支持国防建设和协助军事活动的义务

我国的国防是全民国防，公民应当积极参与和支持国防建设。支持国防建设的形式是多种多样的，可以说公民所做的一切有利于国防建设的事都是支持国防建设。

（二）公民的国防权利

我国国防相关法规规定了如下公民的国防权利。

①公民和组织有对国防建设提出建议的权利，公民和组织有对危害国防的行为进行制止或者检举的权利，公民和组织因国防建设和军事活动在经济上受到直接损失的可以依照国家有关规定取得补偿。

②国家和社会保障残废军人的生活，抚恤烈士家属和优待军人家属。

③国家依法保障预备役军官的合法权益，预备役军官享有法律规定的因服军官预备役而产生的权利，享受国家规定的有关待遇。民兵、预备役人员和其他人员依法参加军事训练，担负战备勤务、防卫作战，国家和社会保障其享有相应的待遇，按照有关规定实行抚恤优待。

第二节　国防建设

国防建设是国家为提高国防实力而进行的各方面的建设，主要包括武装力量建设；边防、人防及战场建设；国防科技与国防工业建设；国防法制建设；国防动员建设；国防教育，以及与国防相关的交通、通信、能源和航天建设等。

中华人民共和国成立后，我国经过60年的艰苦努力，国防建设取得了举世瞩目的成就。今天的中国之所以巍然屹立在世界的东方，并享有很高的声誉，主要是得益于我国在政治上的独立、经济上的发展和国防的不断强大。

一、国防领导体制

国防领导体制是国家谋划、决策、指挥、协调国防建设和军事斗争的组织体系及相应制度，包括国防领导机构的设置、职权划分和相互关系等，是国家体制和军事组织体制的重要组成部分。

中华人民共和国成立以来，为使国防领导体制适应国家政治、经济和科技的发展，特别是适应军事发展和保障国家安全的需要，对国防领导体制进行了多次调整改革，使之在实践中不断发展和完善。

（一）中共中央的国防领导职权

中国共产党作为执政党，是领导中国社会主义事业的核心力量。中共中央在国防事务中发挥决定性的领导作用。有关国防、战争和军队建设的重大问题，都是由中共中央、中央军委、中央政治局及其常务委员会作出决策并通过必要的法定程序，作为党和国家的统一决策贯彻执行。

（二）全国人民代表大会及其常务委员会的国防领导职权

中华人民共和国全国人民代表大会是最高国家权力机关。它在国防方面的职权主要有：全国人民代表大会选举国家中央军委主席，根据中央军委主席的提名，决定中央军委其他组成人员的人选，决定战争与和平的问题，并行使宪法规定的国防方面的其他职权。全国人大常委会在全国人民代表大会闭会期间决定战争状态的宣布，决定全国总动员或者局部动员，并行使宪法规定的国防方面的其他职权。

（三）国家主席的国防领导职权

中华人民共和国主席的国防领导职权主要有：根据全国人民代表大会的决定和全国人民代表大会常务委员会的决定，宣布战争状态，发布动员令；颁布全国人民代表大会及其常务委员会制定的有关国防方面的法律；根据全国人民代表大会常务委员会的决定，授予在国防方面国家的勋章和荣誉称号；批准和废除同外国缔结的有关国防方面的条约和重要协定。

（四）国务院的国防领导职权

中华人民共和国国务院是最高国家权力机关的执行机关，是最高国家行政机关，它的国防领导职权包括：编制国防建设发展规划和计划；制定国防建设方面的方针、政策和行政法规；领导和管理国防科研生产；管理国防经费和国防资产；领导和管理国民经济动员工作和人民武装动员、人民防空、国防交通等方面的工作；领导和管理拥军优属工作和退出现役军人的安置工作；领导国防教育工作；与中央军事委员会共同领导中国人民武装警察部队、民兵的建设以及征兵、预备役、边防、海防和空防的管理工作；法律规定的与国防建设有关的其他职权。

（五）中央军事委员会的国防领导职权

中华人民共和国中央军事委员会是最高国家军事机关，统领全国武装力量，负责党和国家的最高军事决策和军事指挥。职权主要包括：统一指挥全国武装力量；决定军事战略和武装力量的作战方针；领导和管理中国人民解放军的建设，制定规划、计划并组织实施；向全国人民代表大会或者全国人民代表大会常务委员会提出议案，制定军事法规，发布决定和命令；决定中国人民解放军的体制和编制，规定相关单位的任务和职责；任免、培训、考核和奖惩武装力量成员；批准武装力量的武器装备体制和武器装备发展规划、计划，协同国务院领导和管理国防科研生产；会同国务院管理国防经费和国防资产；法律规定的其他职权。

二、国防科研生产体制

1. 国家对国防科研生产实行统一领导和计划调控

国务院负责领导和管理国防科研生产，管理国防经费和国防资产。中央军事委员会批准武装力量的武器装备体制和武器装备发展规划和计划，协同国务院领导和管理国防科研生产，会同国务院管理国防经费和国防资产。国家实行军事订货制度，保障武器装备和其他军用物资的采购供应。国家对国防经费实行财政拨款制度，并根据国防建设和经济建设的需要，确定国防资产的规模、结构和布局，调整和处分国防资产。

2. 国防科学技术工业委员会

国防科学技术工业委员会（以下简称"国防科工委"）是国务院管理国防工业的办事机构，职责是研究拟定国防科技工业和军转民的发展方针、政策、法律和法规；制定国防科技工业及行业管理规章；组织研究和实施国防科技工业体制改革；组织军工企事业单位实施战略性重组；组织国防科技工业的结构、布局、能力调整、企业集团发展和企业改革工作；研究制定国防科技工业的发展规划、结构布局和总体目标；组织编制国防科技工业建设、军转民规划和行业发展规划；组织管理国防科技工业质量、安全、计量、标准、统计、档案、重大科研及其推广；拟定核、航天、航空、船舶及兵器工业的产业和技术政策、发展规划，实施行业管理；指导军工电子的行业管理；负责国家核电建设、同位素生产和民用爆破器材生产流通的行政管理；负责组织管理国防科技工业的对外交流与国际合作；代表中国政府参加有关国际组织及其有关活动；负责军工企事业单位的军品出口管理。

三、国防建设成就

国防建设是国家为提高国防能力而进行的各方面的建设，主要包括武装力量建设；边防、海防、空防、人防及战场建设；国防科技与国防工业建设；国防法规与动员体制建设；国防教育，以及与国防相关的交通运输、邮电、能源、水利、气象、航天等方面的建设等。

新中国成立以来，在党中央、中央军委的领导下，我国国防和军队建设取得了巨大成就。

（一）中国人民解放军的现代化、正规化和革命化建设有了突破性的进展

新中国成立至今，在党中央、中央军委的领导下，在全军乃至全国人民的共同努力下，人民军队按照现代化、正规化革命军队的总目标不断迈进。特别是改革开放以来，我国国防实力得到进一步加强，国防现代化建设，尤其是军队的建设，有了突破性的进展，取得了一系列重大成就。经过六十多年的艰苦努力，人民解放军实现了由单一陆军向诸军兵种合成军队的发展。不仅掌握着种类比较齐全的常规武器装备，而且拥有了具有一定威慑力的原子弹、氢弹等尖端武器装备。人民解放军将以新的面貌勇敢地面对任何挑战而不辱使命。

（二）形成了门类齐全和综合配套的国防科技工业体系

国防科技是衡量一个国家综合国力的重要标志之一，也是国防现代化建设的重要方面。新中国成立以来，我国的国防科技工业从无到有，从小到大，从落后到先进，建立了包括电子、船舶、兵器、航空、航天和核能等门类齐全和综合配套的科研实验生产体系。取得了一大批具有国内和国际先进水平的科研成果，为我军现代化建设和切实增强我国的综合国力做出了重要贡献。

①在军用电子方面，逐步发展成为具有相当规模和门类齐全的新兴工业部门。特别是在指挥自动化、情报侦察、预警探测、电子对抗和通信等方面，为我军提供了各种新式装备和产品，进一步增强了部队侦察、通信、指挥和作战能力。

②在船舶工业方面，先后自行研制建造了常规潜艇、核动力潜艇、导弹驱逐舰、导弹护卫舰（艇）和导弹快艇等，以及各种辅助船舶和新型鱼雷、水雷和反水雷等新装备，大大增强了海上作战的能力。

③在兵器工业方面，研制生产了一大批具有先进性能的坦克、装甲车辆、火炮、弹药、轻武器、军用光电器材和综合火控及指挥系统等新型武器装备。

④在航空工业方面，已能够生产先进的歼击机、歼击轰炸机、轰炸机、直升机、运输机、教练机和侦察预警飞机等，基本满足了海军、空军作战和飞行训练的需要，空战能力和对地支援能力显著提高。

⑤在航天科技工业方面，已拥有地地、地空、海空和空空导弹武器系统，运载火箭和各种卫星的研制、实验、发射和应用能力等达到世界先进水平，部分具有领先水平。

⑥在核工业方面，我国不仅可以生产制造原子弹和氢弹，还掌握了核潜艇技术，形成了足够的核威慑力量。

⑦在和平利用核能方面，我国也取得了突破性进展。

（三）国防后备力量建设取得了长足的发展

我们党和国家历来十分重视国防后备力量建设。我国国防后备力量建设，经过几代人的努力，形成了一整套制度和优良作风，打下了坚实的基础，各项工作均取得了明显的成绩。一是实现了指导思想的战略性转变，走上了相对和平时期稳步发展的轨道。二是确立并实行了民兵与预备役相结合的制度，初步形成了具有中国特色的国防后备力量体系。三是注重宏观指导，合理布局，边海防，大中城市和重点地区的民兵工作得到加强。四是民兵、预备役部队在参战支前、保卫边疆、发展生产、扶贫帮困、抢险救灾、维护社会治安等方面发挥了重要作用，为国家的改革、发展和稳定作出了巨大的贡献。五是健全了国防动员机构，保证国家在一旦发生战争的情况下，能很快由平时状态转入战时状态，调动足够的人力、财力、物力应付战争的需要。六是加强了国防教育，恢复并加强了对大学、高中（含相当于高中）在校学生的军训工作，使国防教育正逐步纳入到整个国民教育体系之中，走上了法制化、规范化的轨道。

总之，新中国成立以来，在党中央、国务院和中央军委的领导下，我国国防科技工业取得了可喜的成绩。现阶段，我国国防科技工业正在按照党中央和军委的部署和打赢信息化战争的要求，加快实施信息化改造和信息化建设步伐，以适应新军事变革和满足建设信息化军队和打赢信息化战争的需要。

四、国防建设的主要内容

国防建设涉及国家建设的各个领域，所包括的内容很多，通常主要有武装力量建设、国防科技工业建设、战争动员、国防教育、国防工程建设和国防立法等。

1. 武装力量建设

国家武装力量是国家各种武装组织的统称。加强武装力量建设，主要是加强国防军的建设和后备力量建设。即要建设一支适应信息化战争需要，能应对多种威胁的强大的陆军、海军、空军、火箭军、战略支援部队，以及预备役部队和民兵。

2. 国防科技工业建设

国防科技和国防工业，是国防经济的主体和核心部分，直接为国家武装力量提供武器装备。既是实现国防现代化和进行战争准备的主要物质技术基础，又是促进国家经济建设的重要力量。国防技术为国防服务的自然科学及各种工艺与技术的统称，包括兵器技术、航空技术和航天技术等。

国防工业包括兵器工业、航空工业、舰船工业、电子工业、核工业、航天工业和军需工业等，主要产品有枪炮、弹药、飞机、坦克、舰船、导弹、军用航天器材和核武器等。

3. 战争动员

战争动员也称为"国防动员"，是指国家由平时状态转入战时状态，统一调动人力、物力和财力为战争服务所采取的措施。可以使国家迅速实现平战转换，夺取战略主动权。并且可以把国家的战争潜力转化为战争实力，满足战争的需要，其中包括武装力量动员、国民经济动员、人民防空动员、国防交通动员和政治动员等。

4. 国防教育

国防教育是对全体军民在思想、品德、知识和体质等方面施以相应影响的一种活动，目的在于增强国防观念，提高人民群众捍卫国家和民族利益的自觉性。主要表现在要教育人们居安思危，增强国防观念；树立正确的战争观；要敢于斗争，敢于胜利，大力弘扬爱国主义和革命英雄主义。

新中国成立后，国防教育的形式呈现多样化，从中央到地方的各级部门，国家、学校、部队、社会和家庭等都担负起国防教育的职能，形成了国防教育的网络体系。

5. 国防工程建设

国防工程建设是国防建设的重要内容，通常主要包括边海防的国防工程建设、预设战场的国防工程建设、各军兵种的国防工程建设和民防工程建设等。国防工程建设对战争的胜负起着重要的作用，既是保存国力军力的重要设施，又是反侵略战争的重要依托。

五、国防建设的基本原则

由于国防建设涉及国家的政治、经济、军事和科学技术等各个领域，并受这些因素的影响和制约，所以国家的社会制度不同、经济基础不同和军事战略的不同，国防建设的基本原则也就不同。我国国防建设的基本原则，正是从我国的具体国情出发而确定的。

1. 国防建设与国家经济建设协调发展

国防建设与经济建设是国家建设的两个基本组成部分，国防问题实质是国家安全问题；经济问题实质是国家发展问题。国家的安全与发展是一个国家的两大根本问题，首先，经济是国防建设的基础。国防建设对经济建设有巨大依赖性，国防建设的方方面面都与国家的经济和科学水平有着直接的关系。只有国家的经济和科学技术水平发展，国防建设所需要的人才、物力和财力才有雄厚的基础，否则国防现代化就是"无米之炊"和"无本之木"，只能流于空谈。其次，国防建设必须服从经济建设的大局，因为经济建设是国防建设的物质基础，规定和制约着国防建设的规模、速度和水平。只有经济建设搞上去了，国防现代化才有可靠的保证和条件。再次，在经济发展的基础上逐步增强国防建设，要与经济建设协调发展。并不是说要等国家建设好了，再来搞国防建设。

2. 国防建设以现代化为中心

国防建设以现代化为中心是现代战争的客观要求。国防建设必须和该时代战争的需要相一致。第二次世界大战后，科学技术飞速发展使武器装备发生了重大变化，并引起了作战方式的重大变革，给现代战争带来了不同于以往战争的许多新特点。这就要求国防建设必须和现代战争的需要相适应，国防建设以现代化为中心是由我国国防建设的主要矛盾决定的，我国国防建设的现状和所应担负的历史使命还存在很大差距。我国是一个发展中的社会主义国家，我军有光荣的革命传统，其政治优势和革命化素质举世公认。但我军的武器装备还比较落后，人员的科学文化水平还比较低，军队的编制体制还不尽合理。上述几个方面既是我国国防建设的主要问题，也是今后一个时期建设的重点。而从根本上解决这些问题，唯一的途径就是坚持以现代化为中心，不断提高我国的国防现代化水平。这是我国国防建设经验教训的科学总结，反映了和平时期国防建设的内在规律。

3. 国防建设坚持独立自主和自力更生

独立自主和自力更生是我国革命和建设的立足点，是我国国防建设的客观要求。我国是社会主义国家，国防性质和建设目的决定了我们必须主要依靠本国人民的力量，按照本国的具体情况独立自主地搞建设。

4. 国防建设要走军民结合和平战结合的道路

走军民结合和平战结合的道路是毛泽东人民战争思想与建国后新的历史条件相结合，在国防建设中的运用和发展，包括国防经济与国民经济相结合、国防科技工业与民用技术工业相结合、常备军建设与后备力量建设相结合，以及国防工程建设和国家基本建设相结合等。

5. 国防建设要注重借鉴外国先进经验。

借鉴国外先进经验是毛泽东同志倡导的，1956年，他在论十大关系时说"我们提出向外国学习的口号"，"我们的方针是一切民族，一切国家的长处都要学"。在学习外国经验时，一是要反对教条主义的照抄照搬，一定要与中国实际相结合；二是要反对崇洋媚外；三是要坚决警惕和抵制资本主义腐朽思想的侵蚀。

第三节 武装力量建设

武装力量是国家或政治集团各种武装组织的总称，是国家机器的重要组成部分。一般以军队为主体，由军队和其他正规和非正规的武装组织构成。武装力量建设是指为建立和加强国家武装力量所采取的一系列举措，它以军队建设为主体，是国防建设的重要组成部分，目的在于提高武装力量的作用能力，为国家的根本利益服务。

一、我国武装力量的组成与体制

（一）我国武装力量的组成

中华人民共和国的武装力量由中国人民解放军现役部队和预备役部队、中国人民武装警察部队和民兵组成。

1. 中国人民解放军现役部队和预备役部队

中国人民解放军是中国武装力量的主体和骨干，是抵抗侵略、保卫祖国及维护国家主权和安全的主要力量，由现役部队和预备役部队组成。

现役部队是国家的常备军，主要担负防卫作战任务，必要时可以依照法律规定协助维护社会秩序。诞生于1927年8月1日南昌起义的战火中，经过几十年的建设，现已发展成为拥有陆军、海军、空军、火箭军、战略支援部队五大军种。并依据"军委管总、战区主战、军种主建"的总原则，根据我国安全环境和军队担负的使命任务把我国国土划分为五大战区,即东部战区、南部战区、西部战区、北部战区、中部战区。这种确定和划分,有利于我军健全联合作战指挥体制,构建联合作战体系,更好地维护国家主权、安全和发展利益,维护地区稳定和世界和平。

预备役部队是国防后备力量的重要组成部分,是以现役军人为骨干,以预备役军官、士兵为基础,按规定的体制编制组成的部队。预备役部队的基本任务是努力提高部队的军政素质,不断增强现代条件下快速动员和作战能力;切实做好战时动员的各项准备工作,随时准备转为现役部队,执行作战任务;积极参加社会主义建设,在物质文明和精神文明建设中发挥骨干带头作用。

2. 中国人民武装警察部队

中国人民武装警察部队是担负国家赋予的国家内部安全保卫任务的部队,受中华人民共和国国务院、中国共产党中央军事委员会双重领导,由内卫、黄金、森林、水电、交通等部队和公安部领导的公安边防、消防、警卫部队组成。根据中国人民解放军的建军思想、宗旨和原则,按照中国人民解放军的条令、条例和有关规章制度,结合武警部队的特点进行建设。其基本任务是维护国家安全和社会稳定、保卫国家重要目标和保卫人民生命财产安全。战时协助人民解放军进行防卫作战;平时担负固定目标执勤、处置突发事件和反恐怖任务,并支援国家经济建设。

中国人民武装警察部队的任务决定了其具有军事性、公安性和地方性的特点,也决定了必然有不同于人民解放军的组织领导体制。武警部队的武器装备轻便、精良,以步兵轻武器为主,装备有少量的重型武器和特种武器。

3. 中国民兵

民兵是由不脱产的人民群众组成的武装组织,是中华人民共和国武装力量的组成部分,是中国人民解放军的有力助手和强大的后备力量,是进行现代条件下人民战争的基础。

民兵按年龄可分为普通民兵和基干民兵,按专业可分为普通兵和技术兵,按预备役可分为一类预备役和二类预备役。28岁以下退出现役的士兵和经过军事训练的人员,以及选定参加军事训练的人员编入基干民兵组织,其余18~35岁符合服兵役条件的男性公民编入普通民兵组织。女民兵编为基干民兵,人数控制在适当的比例内。陆海边疆、少数民族地区和城市有特殊情况的单位,基干民兵的年龄可适当放宽。民兵必须是身体素质好、政治可靠的人员。

全国民兵工作在国务院和中央军委领导下,由军委联合参谋部主管,各大军区按照上级赋予的任务,负责本区域的民兵工作;各省军区、军分区和县(市)人民武装部是本地区的民兵领导指挥机关;乡、镇、部分街道和企事业单位人民武装部负责民兵和兵役工作。地方各级人民政府对民兵工作实施原则领导,对民兵工作实施组织和监督。

民兵在军事机关的指挥下,战时担负配合常备军作战、独立作战和为常备军作战提供战斗勤务保障及补充兵员等任务;平时担负战备执勤、抢险救灾和维护社会秩序等任务。主要表现在三个方面,即积极参加社会主义现代化建设,带头完成生产和各项任务;担负战备勤务,保卫边疆,维护社会治安;随时准备参军参战,抵抗侵略,保卫祖国。

(二)我国武装力量的领导体制

我国武装力量的领导体制是中央军委领导下的总部对各军区、各军兵种、武装警察部队和民兵实施领导指挥的领导体制。

1. 中央军委

中央军事委员会简称"中央军委",是中华人民共和国武装力量的最高领导机关和最高统帅部。

2. 军委机关

2016年1月11日,军委机关由原来的总参谋部、总政治部、总后勤部、总装备部等4个总部,改为7个部(厅)、3个委员会、5个直属机构共15个职能部门,即:军委办公厅、军委联合参谋部、军委政治工作部、军委后勤保障部、军委装备发展部、军委训练管理部、军委国防动员部、军委纪委、军委政法委、军委科技委、军委战略规划办公室、军委改革和编制办公室、军委国际军事合作办公室、军委审计署、军委机关事务管理总局。

二、中国人民解放军军兵种体制及编成

军兵种体制是指军队按军种、兵种构成的组织体系。每个军种都是一个多系统和多层次有机结合的整体,不仅有战斗兵种、战斗保障兵种及专业部队,而且设有各级领导机构、后勤保障系统和院校培训体系。

(一) 陆军

陆军是指在陆地上作战的军种,是军队的主要组成部分。它具有强大的火力、突击力和高度的机动能力,既能独立作战,又能与海军和空军合同作战,是决定陆战场胜负的主要力量。

陆军由步兵、炮兵、装甲兵、防空兵、陆军航空兵、电子对抗兵、工程兵、通信兵、防化兵、侦察兵、测绘兵和汽车兵等兵种组成。

陆军的基本组织层次为集团军、师(旅)、团、营、连、排和班,团以上大多采用合成编组;集团军通常辖若干个步兵师(旅)、装甲(坦克)师(旅)、炮兵旅、防空旅、直升机大队、工兵团、通信团及各种保障部(分)队等。

陆军没有设置独立的领导机关,领导机关职能由四总部代行。集团军至团的各级领导机关通常设置司令部、政治部(处)、后勤部(处)和装备部(处)。

1. 步兵

步兵是以轻武器、小口径火炮、反坦克导弹、防空火器、汽车、装甲输送车、步兵战车和保障车辆为基本装备,主要执行地面突击任务的兵种,担负着直接歼灭敌人、坚守及夺取重要目标和地区的作战任务。步兵由摩托化步兵、机械化步兵和山地步兵组成,按师、团、营、连、排和班编成。

步兵的特点是武器装备简单且轻便,具有夜战、近战和独立战斗的能力。受地形限制和气象影响较小,能在各种艰险困难的条件下独立持久地作战,具有很强的灵活性和顽强性,又能在其他军兵种的协同下实施合同或联合作战。

在现代条件下,我军步兵的机动能力有了很大的提高,火力、突击力和防护力较过去大大增强。改变了由过去单纯的徒步冲击为徒步和乘车冲击相结合,甚至还能从空中垂直加入战斗。在火力方面,既能有打摩托化步兵的能力,又有较强的打装甲目标的能力,还有一定的对敌空中目标攻击的能力。

2. 装甲兵

装甲兵是以坦克及其他装甲战车和保障车辆为基本装备，主要执行地面突击任务的兵种，是陆军中的一支重要的突击力量。在合成作战中，它可协同其他军兵种作战，也可在其他军兵种的协同下或单独执行战斗任务，按师（旅）、团、营和连编成。在坦克师（旅）和团中，还编有装甲步兵、炮兵等部（分）队及其他勤务保障分队。

装甲兵的特点是具有较强的火力、较好的通行能力、快速的机动能力、一定的夜战能力和良好的装甲防护能力。但其战斗行动受天气、气候和地形的影响，并且车辆多、目标大，难以隐蔽和伪装；另外物资供应和技术保障较为繁重和复杂。

3. 炮兵

炮兵是以各种压制火炮、反坦克火炮、反坦克导弹和战役战术导弹为基本装备，执行地面火力突击任务的兵种，是陆军的重要组成部分和主要火力突击力量。它通常与其他军兵种协同作战，也单独执行火力突击任务。炮兵由地面炮兵、高射炮兵和战术导弹部（分）队组成，按师（旅）、团、营和连编成。

炮兵的特点是具有强大的火力、较远的射程、良好的射击精度和较高的机动能力。火炮射程远且射面广，能及时广泛地实施火力机动杀伤敌人，摧毁敌武器装备和工程设施，并且适时机动，能在短时间内集中火力对敌实施猛烈突击。但是炮兵也有机动易受气象、地形和道路等条件的限制和影响，且装备复杂、补给困难和射击准备时间长等弱点。

4. 防空兵

防空兵是以高射炮和地空导弹武器系统为基本装备，执行野战对空作战任务的兵种，是陆军对空作战的主要力量。防空兵由高射炮兵、地空导弹兵和雷达兵等部（分）队组成，以队属高射炮兵为主的体制，按旅（团）、营和连编成。

防空兵的特点是具有较强的火力、较远的射程、良好的射击精度、较高的机动能力和快速的反应能力，能在昼夜和复杂气象条件下持续地打击来自高、中和低空的敌飞行器。

5. 陆军航空兵

陆军航空兵是装备攻击直升机、运输直升机和其他专用直升机及轻型固定翼飞机，具有空中机动、空中突击和和空中保障能力，主要执行以航空火力支援地面作战和机降作战任务的陆军兵种。

陆军航空兵的特点是具有较强的攻击火力、广泛的机动能力和快速的反应能力，并且隐蔽性好，不受地形的影响，具有超低空、"贴地"飞行的本领。能在地形复杂的条件下远离机场执行多种作战任务，能快速地从各个方位将兵力集中于主要作战方向，令敌人防不胜防。它在侦察、运输、空降作战、反坦克、布雷、电子战等方面，将发挥愈来愈大的作用，是名副其实的"空中铁骑"，为坦克和装甲目标的"天敌"及步兵的"克星"。

6. 电子对抗兵

电子对抗兵是对敌实施电子战的主要力量，通常协同其他兵种作战。有时也可以单独执行电子侦察、电子干扰和电子摧毁任务，按团（大队）、营和连编成。

电子对抗兵的特点是以电子设备或器材为武器，以电子斗争为主要作战形式，作战双方通过电磁波在空间的传播进行斗争。因而通常双方并不接触，斗争具有很强的技术性、谋略性和欺骗性。

7. 防化兵

防化兵是担负防化学保障任务的兵种，是对核、生、化武器防护的技术骨干力量。它既是军队对核、生、化武器防护的一支专业技术力量，又是一支可能直接杀伤敌人的战斗力量。由防化（观测、侦察和洗消）、喷火和发烟等部（分）队组成，按团、营和连编成。

防化兵的特点是专业性、技术性和完成任务的时效性强、执行任务分散，以及保障条件下的目标多，具有较强的独立性、机动性和灵活性。如今防化兵增强了野战条件下的群防能力和快速侦察能力，成为我军一支技术程度较高的专业力量。

8. 通信兵

通信兵是担负军事通信联络任务和保障军队指挥的专业兵种，具有在各种战斗情况下执行通信保障任务和提高指挥效率的能力。主要由通信、通信工程、无线电通信对抗、航空兵导航和军邮勤务等专业部（分队）组成，按团（站）、营和连编成。

通信兵的特点是装备复杂，通信联络手段多，技术性、专业性、保密性和时效性强。

（二）海军

海军是以舰艇部队为主体，在海洋上作战的军种，具有在水面、水下、空中和岸上实施攻防作战和战略袭击能力。既能独立在海上作战，又能协同陆军和空军作战。具有常规作战能力和战略核打击能力，是海上作战的主力。目前，它已成为一支装备复杂、技术密集、多兵种合成并具有现代化作战能力的近海防御力量。

海军主要由水面舰艇部队、潜艇部队、海军航空兵、海军岸防兵、海军陆战队等兵种及各种专业保障部队组成。

1. 水面舰艇部队

水面舰艇部队是指在水面执行作战任务的兵种，是海军的基本作战兵力，主要包括战斗舰艇部队和勤务舰船部队，具有在广阔海域进行反舰、反潜、防空、水雷战和对岸攻击等作战能力。主要用于攻击敌方海上兵力和岸上目标，支援登陆和抗登陆作战、保护或破坏海上交通线，进行海上封锁和反封锁作战；运送作战兵力和物资，以及参加夺取制海权和海洋制空权的斗争等。

水面舰艇部队由驱逐舰、护卫舰（艇）、导弹艇、鱼雷艇、猎潜艇、扫（布）雷舰（艇）等战斗舰艇部队，按舰艇支队、大队和中队编成。勤务舰船部队编成大队，根据专业性能和担负的任务分别组成不同专业性质的勤务舰船大队。

水面舰艇部队的特点是装备种类多，武器和技术装备复杂，装载力较大；执行任务范围广；可执行多项作战和保障任务，可以担任攻击、保障和防御任务，也可执行海上运输任务；可以对沿海目标、水面目标和水下目标实施攻击，还可以反击空中目标；既可单独编成舰队独立执行作战任务，又可以与其他军兵种协同执行作战任务；航速高，续航力大，航海性能好；既可长期在远洋活动，又可在近岸、浅水和岛礁区活动。

2. 潜艇部队

潜艇部队是海军在水下执行作战任务的兵种，是海战场的重要突击力量，其中携带战略导弹的核潜艇是国家战略核反击力量的重要组成部分。

潜艇部队按潜艇动力可分为常规动力潜艇部队和核动力潜艇部队，按武器装备可分为鱼雷潜艇部队、导弹潜艇部队和战略导弹潜艇部队。

潜艇的主要战术技术特点一是有良好的隐蔽性。潜艇主要活动在水下，有较大的下潜深度。不易被水面舰艇、飞机和卫星侦察发现，这是潜艇区别于其他舰艇的主要特点和优点。由于作为探测潜艇最有效的器材——声呐的作用距离有限，故难以探测到在大洋深处活动的潜艇；相反，潜艇却能对水面和空中的反潜兵力实施隐蔽的搜索观察，做到先发现敌目标，及早主动采取避防措施。一旦被敌发现，还可以使用各种伪装和干扰器材欺骗和迷惑敌人；二是有较强的突击威力。潜艇可在水下发射鱼雷、导弹和布放水雷，突然地对敌各种舰船和岸上目标实施攻击。命中精度高，破坏威力大，并可实施多次攻击；三是有较大的续航力和自给力。潜艇在水下航速高，续航时间长，常规动力潜艇续航力为 5 000 ~ 10 000 海里①，自给力可达 60 昼夜；核动力潜艇的续航力和自给力更大，因此潜艇可远离基地到中远海区长时间游弋，独立地执行作战任务。

3. 海军航空兵

海军航空兵是在海洋上空执行作战任务的一个重要兵种，是海军重要的突击和保障力量之一，可以单独或协同海军其他兵种完成海上多种作战任务。

海军航空兵通常由轰炸航空兵、歼击轰炸航空兵、歼击航空兵、强击航空兵、侦察航空兵、反潜航空兵部队，以及执行预警、电子对抗、运输和救护等保障任务的部队组成。它是夺取和保卫海洋战区制空权的重要力量，能对海战的进程和结局产生重大影响，其编制层次为舰队航空兵、航空兵师、团、大队（营）和中队（连）。

海空航空兵具有反应快速、机动性强、突击猛烈和执行任务种类多等特点。

4. 海军岸防兵

海军岸防兵是指海军部署于沿海重要地段和岛屿，以火力执行海岸防御任务的兵种，是海岸防御的主要火力。它能充分利用岛和岸的有利条件，预先构筑多种阵地并储备大量作战物资进行持久作战，是近岸坚守防御战中的主要力量之一。

海军岸防兵通常由海岸导弹部队和海岸炮兵组成，其基本任务是封锁海峡和航道，消灭敌方舰船，掩护近岸海区的己方交通线和舰船；支援海岸和岛屿守备部队作战，保卫基地、港口和沿海重要地段的安全。其编制有独立团、营和连等，分属于海军基地或水警区。

5. 海军陆战队

海军陆战队是指海军中担负渡海登陆作战任务的兵种，是实施两栖作战的快速突击力量。它是一支由诸兵种合成并能实现快速登陆或担任海岸和岛屿任务的两栖作战部队，是海军对岸作战的重要力量，是国家海上力量的重要组成部分之一，是实现国家海洋战略的重要兵力。海军陆战队通常由陆战步兵、炮兵、装甲兵、工程兵，以及侦察和通信等部（分）队组成，其基本任务是独立或协同陆军实施登陆作战和抗登陆作战，编制序列为旅、营（团）、连、排和班。

海军陆战队具有两栖化、装甲化、自动化和轻型化的特点，并具有强大的火力、较强的机动能力、很强的突击力和较强的保障能力。

（三）空军

空军是主要执行空中作战的军种，是军队的重要组成部分，它具有快速反应、高速机

---

① 1 海里 = 1 852 米。

动、远程作战和猛烈突击的能力。既能协同其他军种作战，又能独立执行战役和战略任务，是现代立体作战的重要力量，能对战争的进程和结局产生重大影响，在现代国防和现代战争中具有重要的地位和作用。

中国人民解放军空军成立于1949年11月11日，主要由航空兵、地空导弹兵、高射炮兵、空降兵，以及雷达、通信、电子对抗和气象等部队组成，其编制序列为军委空军、军区空军、空军军（空军基地）、师（旅）、团（站）、飞行大队（营）和飞行中队（连）。空军领导机关设有司令部、政治部、后勤部和装备部。军区空军根据任务辖一至数个航空兵军（基地）或航空兵师，以及一至数个防空混成师、地空导弹师（旅、团）、雷达旅（团）或高炮旅（团）。

1. 航空兵

航空兵是指装备军用飞机在空中执行作战任务的兵种，是空军的主体。按照任务及装备飞机的不同，可分为歼击航空兵、轰炸航空兵、强击航空兵、侦察航空兵和运输航空兵等，主要装备歼击机、轰炸机、歼击轰炸机、强击机、侦察机、运输机、直升机及特种飞机等。

歼击航空兵是担负歼灭敌空中飞机和飞航式空袭兵器任务的兵种，其任务是争夺制空权，以及掩护和保障各军兵种的作战行动，对保障航空兵本身各机种的战斗行动均具有特殊的意义。

强击航空兵是担负攻击敌地面部队或其他目标任务的兵种，其任务是压制敌战场目标；消灭敌有生力量；阻滞敌交通运输；突击敌航空基地，压制敌防空兵器，争夺制空权；必要时实施航空侦察和歼灭空中目标。

轰炸航空兵是担负对地面及水面目标实施轰炸进攻任务的兵种，其任务是破坏敌纵深政治、经济和军事等目标；消灭敌有生力量；突击敌航空兵基地，夺取制空权；阻滞敌交通运输；执行航空侦察、空中布雷及反潜等任务。

侦察航空兵是以侦察机为基本装备，担负从空中获取情报任务的兵种，其任务是查明敌兵力部署；查明敌政治、经济、军事和交通等重要目标情况；查明敌电子技术设备的性能和配置；发现敌实施突然袭击和使用核武器的征兆；检查我军的伪装情况和对敌突击的效果。

运输航空兵是装备军用运输机和直升机，执行空中输送任务的兵种。具有远程、快速的运输能力和广泛的机动能力，对保障军队机动和补给具有重要的作用。其任务是保障地面部队实施空中机动；协同其他航空兵转场；输送空降兵实施空降作战；空运武器装备和物资器材；实施空中救援。

除侦察航空兵按团、大队和中队编成外，其他航空兵均是按师、团、大队和中队编成。

2. 地空导弹兵

地空导弹兵是装备地空导弹（也称"防空导弹"）武器系统，执行防空作战任务的兵种。它是国土防空的重要力量，具有较强的战斗力、较高的射击精度和一定的机动能力。能在昼夜间各种天气和气候条件下执行作战任务，通常与歼击航空兵和高射炮兵共同行动。

地空导弹兵与高射炮兵是空军两个地面防空作战的兵种，二者既有分工，又密切协同和通常在要地周围按远、中、近（程）和高、中、低（空）构成严密的防空火力网，并按师、团、营或旅、营编成。

地空导弹兵的主要任务是歼灭来袭的敌空袭兵器，掩护国家要地；歼灭敌侦察机，制止敌航空侦察；歼灭敌运输机，制止敌空运、空投和空降；必要时掩护陆军和海军的主要部署。

3. 高射炮兵

高射炮兵是以高射炮为基本装备，执行防空作战任务的兵种，是国土防空的重要力量。具有迅猛的火力和较强的机动能力，能在昼夜间各种天气和气候的条件下持续地进行战斗。特别是对于中低空目标，更能发挥其战斗威力。通常按旅、团、营和连编成。

高射炮兵的主要任务是歼灭来袭的敌空袭兵器，掩护国家要地；歼灭敌侦察机，制止敌航空侦察；歼灭敌运输机和伞降、机降的空降兵；必要时掩护陆军和海军的主要部署并歼灭敌地面及水面目标。

4. 空降兵

空降兵是以伞降或机降方式投入地面作战的兵种，具有的特点是作战空间范围大，可大范围超越地理障碍，全方位机动能力强；行动隐蔽且速度快；应急作战能力强和执行作战任务及作战式样多等。是一支具有空中快速机动，能实施远程奔袭和全纵深作战的突击力量。

我军的空降兵主要包括空降步兵、装甲兵、炮兵、工程兵、通信兵及其他专业部（分）队，以陆军为基础，按军、师、团、营和连编成。

其主要任务是夺取敌方纵深区域的重要目标或地域，断敌后路，阻敌增援；配合当面进攻部队歼敌或夺取登陆场，配合登陆部队登陆；摧毁或破坏敌指挥机构、导弹、核武器、电子设备、机场、交通枢纽和后方供应设施等重要目标；应急部署，掩护当面部队的机动和展开；支援敌后作战的部队和游击队；参加反空降作战和其他特殊作战任务。

5. 雷达兵

雷达兵是以雷达获取空中情报的兵种，是国土防空预警系统的主体和指挥及引导的主要保障力量，具有全天候搜索、探测和监视空中目标的能力。随着装备的不断更新和探测范围不断扩大，现在已构成了覆盖全国的雷达预警网，在保障国土防空、飞行管制、航空兵的作战和训练等方面均发挥着巨大的作用。通常按旅（团）、营和连编成。

雷达兵的主要任务是实施对空警戒侦察，及时提供防空作战和协同登陆、海军作战，以及人民防空所需的空中情报；提供空中敌、我机的活动情况，保障空军各级指挥所指挥引导我机的战斗活动，以及航行管制部门实施飞行管制。并将有关违反飞行规划、偏航、迷航和遇险等情况及时通知有关部门，对经批准在我国领空飞行的一切飞行器进行监察。

（四）中国人民解放军火箭军

中国人民解放军火箭军是中国人民解放军新的军种，由第二炮兵更名而来。于 2015 年 12 月 31 日正式成立，是中国大国地位的战略支撑，是维护国家安全的重要基石。

火箭军，也称"地地战略导弹部队"，是中国人民解放军中装备地地战略导弹武器系统执行战略核反击任务的部队，是实施积极防御战略任务的重要核反击力量。该部队始建于 20 世纪 60 年代，受党中央和中央军委直接领导和指挥，与海军潜艇战略导弹部队和空军战略轰炸机部队构成我国"三位一体"的战略核力量。

火箭军的建立和不断发展壮大，是我国综合实力和国防现代化的重要标志之一。它不仅展示了我国拥有强大的军事实力和尖端科学技术，同时也标志着我军现代化进入了新的阶段。它对于提高我国的国际威望、遏制超级大国对我国发动战争、争取一个和平稳定的国际环境都具有重要作用。

1. 编成

火箭军由地地战略导弹部队、常规战役战术导弹部队,以及工程、情报、侦察、测地、计算、气象、通信、防化和伪装等专业部队组成。编制序列为火箭军导弹基地(相当于军)、旅和营。火箭军领导机关设有司令部、政治部、后勤部和装备部。

2. 主要任务

主要任务是平时发挥威慑作用和遏制敌人可能对我国发动的核战争、战时协同其他部队作战或独立作战,以及遏制将常规战争升级为核战争和核战争升级,实施核反击。

目前,火箭军已建成了一批不同型号和不同发射方式的作战阵地。初步形成了多种型号的导弹武器装备系统,快速机动作战能力和准确打击目标能力有了进一步的提高。

(五) 中国人民解放军战略支援部队

中国人民解放军战略支援部队于2015年12月31日正式成立,是我国陆、海、空、火箭之后的第五大军种。

中国人民解放军战略支援部队是维护国家安全的新型作战力量,是我军新质作战能力的重要增长点,主要是将战略性、基础性、支撑性都很强的各类保障力量进行功能整合后组建而成的。成立战略支援部队,有利于优化军事力量结构、提高综合保障能力。战略支援部队包括情报、技术侦察、电子对抗、网络攻防、心理战五大领域。

三、我国武装力量建设与发展的指导原则

到21世纪中叶,是中华民族全面振兴的重要时期,也是人民军队发展的重要时期。党中央及时地提出了军队现代化建设"三步走"的战略,即第一步打好基础;第二步加快发展;第三步实现目标。这一战略构想充分反映了我党在军事战略上的深谋远虑和强军兴军的雄心壮志,是指引军队跨世纪建设与发展的宏伟纲领。实现跨世纪发展构想,加速军队的现代化建设,应当坚持以下指导原则。

(一) 坚持质量建军

任何一支军队,其战斗力的强弱不仅取决于兵力数量的多寡,而且取决于兵力质量的高低。在现代战争条件下,兵力数量要素在军队作战能力构成比重逐渐下降,而军队战斗力的强弱越来越主要地取决于兵力质量的高低。因此必须坚持质量建军,走有中国特色的精兵之路。在军队建设的指导思想上,必须实现由数量规模型向质量效能型以及由人力密集型向科技密集型的根本性转变。

(二) 坚持科技强军

没有先进的科学技术,既不可能有现代化的武器装备,也不可能有现代化的军事人才和科学的编制体制,也就不可能建设一支高质量的现代化军队。中国人民解放军是一支攻无不克、战无不胜具有强大战斗力的军队。然而毋庸讳言,在这支军队战斗力的总体构成中也存在许多薄弱环节。其中突出一点就是科技基础薄弱,因此在中国人民解放军的建设与发展中必须增强科技意识,提高用"科技强军"思想指导质量建设的自觉性。现代技术,特别是信息化条件下的局部战争,对军队的科学技术素质提出了更高要求。只有走科技强军之路,

不断增强军队战斗力构成中的高科技含量,才能使人民解放军成为一支适应未来战场环境并在未来战争中立于不败之地的强大军队。

(三) 坚持勤俭建军

勤俭建军是中国人民解放军的优良传统,也是建军的基本原则之一。在革命战争年代和相对和平时期的军队建设中,人民解放军依靠勤俭建军和艰苦奋斗的精神,克服了重重困难,取得了战争的胜利和军队建设的巨大进步。在新世纪,军队现代化建设任务十分繁重。而军费有限,供需矛盾突出。在这种情况下,继承和发扬勤俭建军、艰苦奋斗的优良传统尤为重要。

勤俭建军就是要发扬江泽民同志提出的64个字的艰苦创业精神,以此作为战胜困难和夺取胜利的精神支柱。要坚持勤俭节约办一切事情,坚决反对铺张浪费;注重效益并精打细算,做到少花钱多办事,花小钱办大事;树立计划的节约是最大的节约的思想,搞好军队建设的宏观谋划和长远规划,做到统筹规划和协调发展;要严格执行有关条令条例和规章制度,加强检查与监督,从各个方面堵塞漏洞,防止贪污、盗窃和经济诈骗等案件的发生;要通过加强科学管理,运用新的科学技术成果、改进工作方法和提高工作效率等,节约人力、物力和财力,丰富勤俭建军的内容和成果。

(四) 坚持依法治军

依法治军是贯彻邓小平法制思想和中共中央"依法治国,建设社会主义法治国家"方针的基本要求,是实现跨世纪军队建设发展目标的重要保证。

随着社会主义市场经济体制的建立和民主法制建设的加强,社会生活和军队活动的各个方面都要逐步纳入法制轨道,传统的治军方法必将越来越紧密地与法律手段有机地结合起来。人民解放军在长期的革命实践中积累了丰富的治军经验,形成了一系列卓有成效的治军方法和手段。依法治军并不排斥,也不取代其他治理军队的方法和手段,而是在这些方法和手段中引入法律机制,使之规范化和制度化,从而更有效地发挥各种治军方法和手段的综合效益。

坚持依法治军的原则应把军队建设的各个方面和各个环节纳入法制轨道,做到有法可依、有法必依、执法必严、违法必究,实现军队建设的法制化和规范化。要重点抓好依法行政,通过制定军事组织和军事行政的法规,把各级领导和机关的职责、权限、行政责任、监督办法等纳入法制轨道。要在健全军事法规体系的同时,提高军事法规的可操作性,使法规内容具体化。要深入持久地开展法制教育,提高广大官兵,特别是各级领导干部守法和执法的自觉性。要加强法制监督,建立有效的监督体系,保证法规制度的全面遵守。

(五) 坚持改革创新

改革创新是新时期对军队建设的客观要求,是军队自身矛盾运动的必然结果,也是军队建设的自我完善和发展。

时代在发展,历史在前进,军队建设同样在不断发生深刻变化。人民军队的一些传统,包括在历史上曾经发挥过重要作用的东西将可能与新的形势不再适应,有的甚至被淘汰,这是不以人的意志为转移的客观规律。站在世纪之交重要关头的人民解放军,需要有改革创新的精神，迎接世界军事领域深刻变革的挑战。必须要研究世界军事发展的特点及发展趋势，探索信息化战争的特点和规律，研究在建设信息化军队过程中自身存在的重大现实问题，寻求解决问题的办法。在保持人民军队特色的基础上，博采众长，走有中国特色的精兵之路。

第四节　国防动员

一、国防动员概述

（一）概念

国防动员简称"动员"，是指国家采取紧急措施由平时状态转入战时状态，统一调动人力、物力和财力适应战争需求的一系列活动。这一活动具有三个要素，一是战争动员的主体通常是国家；二是战争动员的对象是人力、物力和财力；三是战争动员的目的是适应战争需求，为战争服务。国防动员通常包括武装力量动员、国民经济动员、人民防空动员、交通运输动员和政治动员等领域。

（二）地位与作用

国防动员是国防活动的重要内容之一，是准备和实施战争的重要措施，是关系国家安危的大事。无论是古代战争、现代战争、全面战争、局部战争、常规战争，还是非常规战争都离不开动员。毛泽东曾明确指出革命战争是群众的战争，只有动员群众才能进行战争，只有依靠群众才能进行战争。动员了全国的老百姓，就造成了陷敌于灭顶之灾的汪洋大海，造成了弥补武器等缺陷的补救条件，造成了克服一切战争困难的前提。国防动员的这种重要地位，决定了它在赢得战争胜利等这种关系到国家安危的重大活动中具有非常重要的作用。

1. 可以将战争潜力转换为战争实力，为赢得战争胜利奠定基础

为赢得胜利提供足够的战争实力是国防动员活动基本功能，这一功能的实现是国家通过平战体制的转换和资源的重新配置予以完成的。战争是实力的较量，一个国家纵然拥有雄厚的财富，但是如果这些财富仅仅作为战争潜力，不能把它迅速地转换为战争实力，仍然难以用于战争并发挥作用。国家持续不断地保持战争实力的供给，才能把战争进行到最后的胜利。动员是国家把战争潜力转换为战争实力的转换器，也是持续保障战争实力不可或缺的重要活动。

2. 可以为遏制危机提供强大的威慑力量，遏制战争的爆发

20世纪后半叶，在美苏两大集团严重对峙的冷战条件下，国防动员的应战功能由过去的"为赢得胜利提供足够的战争实力"拓展到"为遏制危机提供强大的威慑力量"。进入21世纪后，随着和平与发展的时代主题越来越深入人心和世界和平力量的持续增长，许多国家和地区已把遏制危机和战争作为军事战略的重要或首要任务。在实践中也有许多国家通过显示实力和使用武力的决心，有效地消弭了威胁，遏制了战争。战争动员的这种"止战"的功能越来越突出。

3. 可以为应对突发事件提供有效措施，有利于维护社会稳定和人民群众生命财产安全

国防动员活动对于国家处置重大突发事件，诸如危害社会稳定和人民生命财产安全的严重自然灾害、社会动乱和严重工业事故等能够发挥重要作用。当国家遇到自然灾害或社会不稳定的紧急状态时，国防动员系统可以凭借自身特有的功能和力量为抗御自然灾害和维护社会稳定提供有效措施和有力支援。

4. 可以通过减轻国家负担，为经济和社会发展提供一定的支援

动员活动可以达到"平时少养兵，战时多出兵"的目的。和平时期，任何国家都没有必要也不可能维持庞大的战争准备规模。如果这样做，就会对国家形成沉重的负担，会直接影响国家经济建设和社会发展。因此各国都在加强预备役部队建设，加强寓军于民的各项动员准备。做好了这些工作，就可以把省下来的经费转用于经济建设发展，从而达到增强综合国力和富国强兵的目的。从这个意义上可以说，做好战争动员准备也是促进国家的经济和社会发展的需要。

二、国防动员的内容

国防动员的主要内容通常包括武装力量动员、国民经济（工业、交通和科技）动员、群众防卫民防和人民防空及政治动员。有的国家（如美国）将工业动员和经济动员并列为两大主要内容，有的国家将科学技术动员单列，以突出科技因素在现代战争动员中的地位。

（一）武装力量动员

武装力量动员即国家将军队和其他武装组织由平时转为战时体制。武装力量是执行战争任务的主体，武装力量动员是战争动员的核心，通常包括现役部队动员、预备役部队（预备役人员）和民兵动员。现役部队动员又分野战部队动员和地方部队动员，野战部队动员是指将野战部队从平时编制转为战时编制。一般是以野战部队为基础，按动员计划进行扩编，达到齐装满员。并按照国家战略计划实施战略展开，掩护国家从平时状态转入战时状态。地方部队动员是指按动员计划组建扩建地方部队。增强地方作战兵力，完成区域性作战任务，并可根据战争进程将地方部队升级为野战部队。预备役部队（预备役人员）动员又分为已编组的预备役部队动员和未编组的预备役人员动员，已编组的预备役部队动员是指征召大批预备役人员成建制地转服现役，一般是在健全的预备役制度保障下，在平时搞好训练储备的基础上直接编入野战部队或者地方部队。预备役人员动员主要用于补充和扩编现役部队，也可根据需要从现役部队抽调部分骨干，以预备役人员为基础组建新的战略预备队。民兵动员是指发动和组织广大民兵参军参战，除按计划部分补充野战部队和配属野战部队作战外，大部分则配合地方部队担负要地防空等作战和战勤任务。同时广泛开展游击战争，配合主力打击敌人，充分发挥人民战争的整体威力。

（二）经济动员与交通运输动员

国民经济动员即国家将国民经济各部门和相应的国家机构有组织有计划地由平时状态转入战时状态，充分调动国家的经济能力，提高生产水平，保障战争的需要。经济力量是战争赖以进行的物质基础，国家的经济潜力及其动员程度如何对战争的影响极大。国民经济动员包括工业动员、农业动员、交通运输和邮电通信动员、科学技术动员及其他动员。工业动员就是通过各种平战转换渠道改组民用和军工企业，提高军品生产能力，保障战争需要。工业动员是经济动员的重点也是经济动员中最复杂的问题，其主要内容是统筹安排军需民用，调整工业布局；改组生产与产品结构，实行快速转产，扩大军品生产；组织工厂企业进行必要的搬迁、复产，以及战略物资、生产原材料储备的隐蔽疏散和分配等，最大限度地把工业潜力转化为实力，为战争服务。农业动员就是在战争爆发后农业劳动力和农业机械大量减少的情况下，调整农业结构，尽力扩大生产。达到既能保障战争所需要的粮食及某些工业原料，又能保障人民生活的需要，并为前线提供人力、畜力和机械运输工具。交通运输和邮电通信动员就是把国家交通运输和邮电通信等行业的力量组织起来，如调动铁路、民航、远洋船队、公路、水路和邮电通信等平时已组成的预备役部队，为战争服务；改善交通网络，按计划对各种运输工具进行采购征用，综合运用多种运输手段；将邮电通信设施等迅速转为战时状态，确保指挥和通信畅通无阻。科学技术动员，主要是把国家有关科研部门和这些部门的专家、学者和工程技术人员等组织起来，大力进行战争所需要的科学技术的开发研究；加紧培养和造就大批科学技术力量并合理使用这些力量，有计划地为武装力量输送专业技术骨干，保证战时扩编的需要；广泛采用新技术、新材料及新工艺，研制和发展新型武器装备，力争保持国家在战争过程中军事科学技术处于优先地位，以适应战争需要。其他动员就是除上述部门外，对国民经济其他部门和行业进行的动员，如国家计划部门根据战争需要，对国家资源进行的再分配；金融财政部门对国家、民间资金的收拢募集和运用；物价和计量部门加强市场管理，稳定物价，保障国计民生；医疗卫生部门担负战争伤残人员的抢救和医疗；商业服务行业在"军民兼顾"原则下保障全国军民作战和日常生活需要等。总之，凡是能够担负支援战争任务的国民经济部门都要不失时机地实现平战转换，为战争服务。

（三）人民防空动员

人民防空动员简称"人防动员"，是指国家为了适应战争的需要，发动和组织人民群众防备敌人空袭，减少空袭损失消除空袭后果所进行的活动。国外把组织民间防备敌人空袭，消除空袭后果和防护自然灾害统称为"民防动员"。随着现代科学技术的飞速发展，各种新式空袭兵器不断出现，空袭反空袭已成为现代战争的主要作战样式之一，在现代战争中占有极为重要的地位。搞好人民防空动员，对于增强国家的总体防御能力具有重要的战略意义。人民防空动员的内容主要包括群众防护动员和人防专业队伍动员等。

群众防护动员就是组织和发动居民防备敌人空袭与敌人的空袭斗争，尽量避免和减少空袭所造成的人员生命和财产损失。其内容包括在平时对居民进行人防知识的宣传教育和防空训练，构筑防护工事及掩体，对人员、重要经济目标、牲畜、粮食和水源进行必要的防护准备；战时根据防空袭警报，适时进行人员疏散隐蔽。在有放射性物质和毒剂沾染的情况下，对受染地面、建筑物、水源、粮食和衣物进行消毒和消除，实行灯火管制等。

人防专业队伍动员就是根据城市防空袭斗争的需要组织各种防护专业技术分队，如抢险、抢救、抢修、消防和"三防"分队有针对性地消除空袭后果的行动。战时组织动员人防专业队伍，实施抢险、抢救、抢修和消防，消除空袭后果。对支援城市防卫作战、最大限度地减少损失，以及尽快恢复生产和生活秩序有重要的作用。

新中国成立以来，我国卓有成效地开展了人民防空工作，建立了各级人防机构，进行了广泛的人防教育，构筑了大量的人防工事。我国人防工作的基本任务是保护人民群众免受或少受威力巨大的现代武器的杀伤，对人民群众进行防卫训练和教育。预先构筑防护工事，组织和实施城市居民的疏散、隐蔽和配备个人防护器材，保障粮食和水源不受放射性尘埃和化学武器的污染；保证国民经济各部门在敌空袭威胁下能稳定地持续生产，采取各种组织措施和工程技术措施合理安排工业布局和城市规划，加强经济设施的稳固性和安全性，储存部分原料、燃料、动力、成套配件，以及供气和供水设施；组织对国民经济设施部门不间断的指挥；在遭敌空袭地区进行抢救抢修，将敌袭击后果减少到最小限度。预先组织群众防卫力量在有敌袭击威胁时进入准备状态，组织和实施在杀伤破坏（或受灾）区的抢救和抢修工作。对难民进行救护，并保障对群众防卫力量进行不间断的指挥；配合军队歼敌空降兵、维持社会治安、肃清敌特，以及进行城市防卫作战。为群众防卫队伍配备必要的武器材，以抗击和袭扰敌空袭兵器、围歼敌空降兵、消灭敌特、维护社会治安和交通运输畅通。此外，当国家遭受严重自然灾害和发生重大生产事故时，执行抢险救灾、救护灾民和消除受灾后果任务也正在逐步列入人防工作的重要内容。

（四）政治动员

政治动员主要指围绕实施战争而进行的宣传教育和政治鼓动，分为国内动员和国际动员。国内政治动员是政府、军队和社会团体等运用各种宣传舆论工具，对全国军民进行国防教育，发扬爱国主义和革命英雄主义精神，增强国防观念。使之对战争的性质、目的有明确认识，树立抵抗侵略和保卫祖国的思想，坚定打败敌人和夺取胜利的信心；国际政治动员是国家通过各种外交活动和对外宣传，揭露敌人的战争阴谋，控诉敌人的残暴罪行。争取国际上友好和中立国家人民的声援和支持，建立国际的统一战线，甚至结成必要的国际联盟。政治动员是战争动员的前提和保证，不论武装力量动员、国民经济动员，还是群众防卫动员都需要以政治动员为引导和动力，才能顺利地展开。只有使全体军民通过政治动员，对战争的威胁和危害有充分的认识，激发起对敌人的极大仇恨，才能引起对各项动员工作的重视，保证各项动员措施的落实；只有广泛进行国际宣传，才能争取最大限度的国际支援，孤立敌人并壮大自己。

三、国防动员的组织实施

战争动员的实施过程由若干个环节组成，按一定的工作步骤和次序展开。认识并掌握其规律，对科学安排动员工作、提高效率、实施快速动员具有重要的意义。战争动员实施的基本程序是进行动员决策、发布动员令、充实动员机构、修订动员计划和落实动员计划。

（一）进行动员决策

正确地进行动员决策是战争动员实施过程中首先需要解决的问题，因为一旦实施动员，整个国家的政治、军事、经济、文化和外交等均相应地转入战时体制。如果动员决策失误，动员为时过早或规模过大会影响国民经济的发展，造成国内不必要的紧张，在国际上也会处于被动地位；动员为时过迟或规模过小，则会影响武装力量的战略展开和整个国家转入战时体制，造成战争初期的巨大损失。所以国家动员决策机构必须把握时机，适时决策。使战争动员既不失之于过早，又不失之于过迟；既不失之于过小，又不失之于过大。

进行战争动员决策的关键是正确分析判断敌情。要充分利用各种手段，广泛收集各国（包括敌性国家）的政治、经济和军事等情况，并对这些情报进行综合分析。尽早洞察敌性国家的战争企图，判定战争威胁是潜在的还是现实的，是全面的还是局部的，是一国的还是国家集团的，从而酌情确定动员实施的时机、规模和方式等。

（二）发布动员令

动员令是宣布全国或部分地区和某些部门转入战时状态的命令，动员令的发布关系战争的胜负和国家的命运，各国大都由最高权力机关或国家元首、政府首脑发布。《中华人民共和国国防法》第十条规定："全国人民代表大会依照宪法规定，决定战争和和平的问题，并行使宪法规定的国防方面的其他职权。"并规定："全国人民代表大会常务委员会依照宪法规定，决定战争状态的宣布，决定全国总动员或者局部动员，并行使宪法规定的国防方面的其他职权。"第十一条规定："中华人民共和国主席根据全国人民代表大会的决定和全国人民代表大会常务委员会的决定，宣布战争状态，发布动员令，并行使宪法规定的国防方面的其他职权。"

发布动员令的方式分为公开发布和秘密发布两种，公开发布动员令一般是战争即将或已经爆发的情况下施行。可以运用一切宣传工具和通信手段，不受任何保密限制。这种方式传递速度快，能在短期内家喻户晓，迅速转入战时体制。第二次世界大战中，苏德战争爆发的当天苏联就向全苏发布了动员令。第四次中东战争，以色列遇到埃及的突袭10分钟后，政府就通过广播电台向全国发布了动员令。当天晚上，总理梅厄夫人向全国发表了广播讲话，全国很快掀起了动员高潮。秘密发布动员令一般是在战争已不可避免，但尚未爆发的情况下施行。要执行严格的保密限制，通常是根据需要，只秘密通知政府有关部门和军事机构、军工厂和需要转产的民用工厂。第二次世界大战时苏德战争爆发前的德国、抗美援朝战争爆发前的我国，以及第四次中东战争中的埃及和叙利亚在战争前都进行了秘密动员。发布动员令是战争动员的一般程序，但不是必然程序。在战争中也有这样的情况，即国家事实上已经进行战争动员，但并未发布动员令，如美国侵越战争即是如此。

动员令的主要内容有，一是当前的政治、军事形势，敌国发动战争的企图和本国所面临的威胁；二是国家进行战争的意志和决心；三是对战争动员的实施作出原则规定和要求；四是明确战时国家动员机构的组成和权限，以统一指挥和协调整个动员工作；五是明确动员的规模和开始动员的日期。

动员令发布之后，能否实施快速动员，很大程度上取决于动员令的传递速度。所以无论是公开动员还是秘密动员，都应该充分运用所有允许运用的传递形式，以最快的速度将动员令传递到有关机构和人员。

（三）充实动员机构

一旦实施战争动员，和平时期的动员机构无论在人力上还是权限上都难以适应需要，必须及时调整和加强。一是要扩大组织，增加人员。战时一切为了夺取战争的胜利，战争动员刻不容缓。动员机构任务十分繁重，工作量大，只靠平时的编制名额远远满足不了需要。所以要增加编制，扩充机构。二是要赋予职权，具有较高的权威性。战争动员事关国家安危，责任重大。如果权力有限，指挥无力，处处受制，就难以完成繁重的动员任务，影响战争的顺利进行，所以各级战争动员机构都应拥有较高的职权。各级行政区的动员机构必须由主要负责人担任领导，吸收有关的工、商、贸、交通、燃料、公安和司法等部门的领导和人员参加，形成一个有协调能力完整的国防动员机构。

（四）修订动员计划

战争动员计划是实施战争动员的依据。在面临战争的情况下，由于国际战略环境和国内条件都发生了变化，事先制订的动员计划难免与战争的实际情形不完全吻合，所以要及时予以修订。

修订战争动员计划，一般说来是在既定计划的基础上进行。若做小的修改和补充就能适应战争需要，一般不做大的修改。只有在与战争实际明显不符时，才做大的修改。为避免实施战争动员时对计划进行大的改动，在平时就要针对不同的战争规模和样式多设计几套方案。并根据情况的不断变化逐年修订，在战争征候较为明显时及时修订。这样就可以缩小平时制订的战争动员计划与战争实际之间的距离，减少战争动员实施时修订动员计划的工作量。加快动员速度，缩短动员时间。

修订战争动员计划要注意统筹规划，关照全局，突出重点，优先保障战争初期，照顾战争中后期。优先保障一线战区，兼顾其他战区。修订动员计划与充实动员机构常常同时进行，边充实动员机构，边修订动员计划。

（五）落实动员计划

落实动员计划是使计划见之于行动，实施战争动员的关键环节，必须下大力气抓紧抓好。动员令发布之后，负有动员任务的地区、部门和行业应根据修订的动员计划迅速转入战时体制，武装力量、国民经济、科教文化等部门和社会生活都以保障战争胜利为轴心迅速进行调整。

武装力量要迅速转入战时状态，现役军人一律停止转业、退伍、探亲和休假，外出人员立即归队。满编部队应迅速集结到指定地域，补充武器装备，有作战任务的部队要迅速开赴前线；简编部队应迅速补充，满员齐装。预备役部队应根据情况迅速集结、换装并发放武器装备，实施交接，转隶关系，明确任务并抓紧时间进行整训；民兵应做好应征准备，同时启封民兵武器成建制组织起来进行必要的训练。另外，视情况准备成立新的部（分）队。

地方政府各部门要根据上级下达的动员任务积极实施动员计划，经济部门要迅速动员民用工厂转产，生产前线急需的武器弹药、服装和食品等；科研机关要抽出人力物力财力，研制和开发新型武器装备；教育部门要组织地方有关的大专院校为军队培养和输送人才；宣传文化系统要搞好政治动员，加强爱国主义、革命英雄主义和参军参战的宣传教育；外事及外贸部门要积极争取外国的军事和经济援助，并通过各种途径建立统一战线，广交朋友，打击敌人。总之，各行各业都要动员起来，落实战争动员计划，有组织并有计划地转入战时体制为战争服务。

同时，各有关部门还要检查并督促战争动员计划的落实，搞好前线战争需求信息的反馈，使动员的人、财、物更加符合战争实际。

第五节　中国兵役制度

兵役制度是国家关于公民参加军队和其他武装组织、承担军事任务或在军队外接受军事训练的一项重要的军事制度，它随着国家的出现而产生，又随着国家的经济情况、政治制度和军事需要而变化。

中国兵役制度分为两种，一种是义务兵役制，又称"征兵制"，这种制度是国家利用法律形式规定公民在一定的年龄内必须服一定期限的兵役，带有强制性；另一种是志愿兵役制，又称"募兵制"，这种制度是公民凭自愿应招到军队服兵役，并与军方签订服役合同。中国实行义务兵与志愿兵相结合，以及民兵与预备役相结合的兵役制度，依照法律服兵役和参加民兵组织是中国公民的光荣义务。

一、中国兵役制度的发展阶段

中国人民解放军自1927年建立以来实行的兵役制度，大体经历了以下几个发展阶段。

从建军之日起到建国初期的1954年一直实行的是志愿兵役制，自愿参军的人员长期在军队服务。

从1955年开始实行义务兵役制，1955年7月30日，第一届全国人民代表大会第二次会议通过了中国第一部兵役法，中国人民解放军开始实行义务兵役制。兵役法规定的义务兵服役年限为陆军3年，空军4年，海军5年。1965年经第三届全国人民代表大会决定，改为陆军4年，空军5年，海军6年。1967年中共中央、国务院、中央军委和中央文革小组决定改为陆军2年，空军3年，海军4年。

从1978年起实行义务兵与志愿兵相结合的制度，1978年3月7日，第五届人大常委会第一次会议讨论批准了《关于兵役制问题的决定》。决定指出为了加速我军革命化和现代化建设，决定实行义务兵与志愿兵相结合的兵役制度。根据部队需要和本人自愿，将部分义务兵改为志愿兵，并对现行义务兵的服役年限做适当延长。从1978年起，义务兵服现役的时间又恢复了1955年的规定，服役年限分别为陆军部队的战士3年；空军、海军陆勤部队和陆军特种技术部队的战士4年；海军舰艇部队和陆军船舶分队的战士5年。

1984年5月31日，第六届全国人民代表大会第二次会议审议通过了重新修订的《中华人民共和国兵役法》。其中第二条规定："中华人民共和国实行义务兵役制为主体的义务兵与志愿兵相结合、民兵与预备役相结合的兵役制度。"新的兵役法又将士兵的服役年限规定为陆军3年，空军和海军4年。

1998年12月29日，第九届全国人大常委会第六次会议审议通过了《中华人民共和国兵役法修正案》。其中修改了11个条款，新增加了3个条款。并且除了原法中的"义务兵役制为主体"的提法，保留了"两个结合"的基本制度。规定"中华人民共和国实行义务兵与志愿兵相结合、民兵与预备役相结合的兵役制度"。新修订的法案将陆、海、空军义务兵服现役期限一律改为2年，取消了超期服役的规定。

二、中国兵役制度的主要内容

根据兵役法和其他法规，中国兵役制度的主要内容如下。

（一）服役制度

中国的兵役分为现役和预备役，现役是指公民自入伍之日起至退伍之日止，在军队中所服的兵役。在现阶段，凡是在中国人民解放军各军兵种和人民武装警察部队中服役的公民都属于服现役。现役分为军官的现役和士兵的现役，现役士兵分为义务兵和志愿兵；预备役是指公民在军队外所服的兵役，是国家储备后备兵员的形式。在现阶段，凡是参加民兵组织和经过预备役登记的都属于服预备役。预备役区分为军官的预备役和士兵的预备役。

（二）衔级制度

衔级制度分为现役军人的衔级制度和预备役军人的衔级制度、军官衔级制度和士兵衔级制度。现役军官的军衔制度包括军衔等级的设置，军官职务等级编制军衔，军衔的首次授予，军衔的晋级、降级、取消和剥夺，军衔的标志和佩戴等。中国人民武装警察部队实行警衔制度。

（三）兵役工作领导管理体制

中国兵役工作实行统一领导和分级负责的原则，其管理体制分为如下四个层次。
①全国的兵役工作在国务院和中央军委领导下由国防部负责。
②各军区的兵役工作按照国防部赋予的任务由各军区负责。
③省、地、县、自治区、市和市辖区的兵役工作在上级军事机关和同级人民政府领导下，由省军区（卫戍区和警备区）、军分区（警备区），以及县、自治县、市和市辖区的人民武装部负责。
④机关、团体、企业事业单位和乡、民族乡和镇的人民政府应根据市和县的安排和要求，依照兵役法规定完成本单位（地区）的兵役工作任务，其兵役工作业务由人民武装部或指定单位办理。

（四）平时征集制度

征集方式为全国每年征集服现役的人数、范围、要求和时间，由国务院和中央军委的命令规定。平时征集工作一般每年一次。征兵命令具有法律效力。征集程序包括兵役登记、体格检查和政治审查等。

三、中国兵役制度的基本特征

中国的兵役制度符合中华民族的传统和人民群众的习惯，又适应时代发展，满足现代战争对兵员的高质量要求，主要体现了以下特征。

（一）兵役义务具有广泛的群众性

《中华人民共和国宪法》规定："保卫祖国、抵抗侵略是中华人民共和国每一个公民的神圣职责。依照法律服兵役和参加民兵组织是中华人民共和国公民的光荣义务。"义务兵役制是中国的基本兵役制度，中国公民必须依照法律的规定履行兵役义务。公民参加民兵组织、登记服预备役和接受军事训练都是应尽的义务。

（二）对军队现代化建设的适应性

义务兵与志愿兵相结合是军队现代化建设的需要，是对义务兵役制的发展和补充。义务兵役制存在的主要问题是士兵的服役期限比较短，很难掌握复杂的军事技术。而随着科学技术的发展，部队的现代化武器装备不断增加，技术越来越复杂。这就需要有一批专业技术人员长期在部队服现役，以便掌握现代化的武器装备，提高部队战斗力。实践证明，单一的义务兵役制已不能完全适应部队武器装备发展的需要。实行义务兵和志愿兵相结合，既保持了义务兵役制的优点，又弥补了义务兵役制的不足，解决了部队保留技术骨干的问题。

(三) 满足现代动员需求的针对性

民兵和预备役相结合是中国后备力量建设的基本制度。民兵是中国传统的军事制度，过去曾在革命战争中发挥过重大作用，今后在保卫祖国的斗争中仍居于重要的战略地位。实行民兵制度与预备役制度相结合，既可满足大量一般兵员的需要，又可为现代高技术战争提供高素质的军官和技术兵，增强动员准备的针对性。

四、大学生服兵役

为提高部队兵员质量，推进国防和军队现代化建设，拓展大学生就业渠道，促进青年学生成长成才，国家鼓励大学生积极应征入伍并出台了一系列大学生应征入伍优惠政策。具体如下。

(一) 高校应届毕业生应征入伍服义务兵役的优惠政策

1. 优先报名应征

应届毕业生预征对象持《应届毕业生预征对象登记表》在征兵报名期间直接到入学前户籍所在地的县级征兵办公室报名应征，已将户口迁到学校办理集体户口的应届毕业生应将户口迁回入学前户籍所在地后报名。

2. 优先体检政审

县级征兵办公室优先安排应届毕业生预征对象上站体检和政治审查；外地就读的应届毕业生预征对象，未能在规定时间内到户籍所在地报名的本人持《应届毕业生预征对象登记表》可在征兵体检时间内前去报名，县级征兵办公室安排其上站体检。

3. 优先审批定兵

体检政审合格的高校应届生预征对象，享有优先审批定兵的优惠政策。县级征兵办公室审批定兵时，优先批准学历高的青年和应届毕业生入伍。应届毕业生预征对象合格人数较多，征集指标无法满足的地区优先批准学历高的预征对象入伍。

4. 优先安排使用

县级征兵办公室分配新兵去向时，优先考虑应届毕业生预征对象的学历、专业、个人特长和本人意愿，优先安排到军兵种或专业技术要求高的部队服役；部队对征集入伍的应届毕业生，优先考虑按其学历和专业水平安排到适合岗位，发挥其专长。同等条件下，高校毕业生士兵在选取士官、考军校和安排到技术岗位等方面优先；具有普通本科学历并取得相应学位的高校毕业生士兵表现优秀并符合总部有关规定的可按计划直接选拔为基层干部。

5. 考学升学优惠

具有高等教育学历的士兵退役后，参加政法院校为基层公检法定向岗位招生时，优先录取；退役后3年内参加全国硕士研究生考试初试总分加10分，立二等功及以上的退役后免试（初试）推荐入读硕士研究生；退役的高职（高专）毕业生可直接入读成人本科，参加普通本科考试享受招生计划单列、考试成绩单独划线和择优录取等政策，按30%比例录取。

6. 就业安置优惠

①退役后，由入学前户籍所在地按照国家有关安置政策接收安置。

②入伍的高校应届毕业生和翌年毕业班学生退出现役后1年内，可参照普通高等学校应届毕业生，凭用人单位录（聘）用手续向就读高校再次申请办理就业报到证。

7. 补偿学费和代偿国家助学贷款

国家对服义务兵役的毕业生每学年补偿学费或代偿国家助学贷款本息的金额，最高不超过 8 000 元；毕业生在校期间每学年实际缴纳的学费或获得的国家助学贷款本息高于 8 000 元的，按照每年 8 000 元的金额实行补偿或者代偿；高校毕业生在校学习期间每年实际缴纳的学费或获得的国家助学贷款本息低于 8 000 元的，按照学费和国家助学贷款本息二者就高的原则实行补偿或代偿。

(二) 在校大学生应征入伍服义务兵役的优惠政策

1. 妥善安排学业

在校大学生入伍前，学校尽可能安排他们参加本学期所学课程考试。也可根据其平时的学习情况，对本学期所学课程免试直接确定成绩和学分。符合毕业条件的，学校可准予毕业，发给其毕业证书。在校大学生入伍后，有条件的可以参加原学校组织的函授或自学原专业课程，经部队团级单位批准可以参加学校组织的考试。

2. 补偿学费和学费资助

从 2011 年秋季学期起，国家对应征入伍服义务兵役的高等学校在校生在校期间缴纳的学费实行补偿。补偿标准按实际缴纳的学费或获得的国家助学贷款金额计算，每人每年最高不超过 8 000 元。高校在校生应征入伍前在校期间每学年学费或获得的国家助学贷款高于 8 000 元的，按照每年 8 000 元的金额补偿或代偿；高校在校生应征入伍前在校期间每学年实际缴纳的学费或获得的国家助学贷款低于 8 000 元的，按照学费和国家助学贷款二者就高原则实行补偿或代偿。退役后复学的原高校在校生实行学费资助，应征入伍的高校在校生退役复学后，可以按照规定申请获得学费资助。国家对申请学费资助的退役复学的高校学生每学年资助学费金额，最高不超过 8 000 元。每学年学费标准高于 8 000 元的，按照 8 000 元的金额进行资助；每学年学费标准低于 8 000 元的，按照实际学费收费金额进行资助。

3. 保留学籍

在校大学生应征入伍学籍保留至退役后一年。

4. 安排退役后复学

在校大学生服役期满退役后，原就读学校应准其复学。对原就读学校撤销的，由省教育行政部门安排转入同等学力相关专业高等学校复学；原所学专业撤销的，由学校安排转入其他专业复学；个别学习有困难的，可以申请延长学习时间；对专科升本科和本科报考研究生的，在同等条件下应优先录取。在部队荣立三等功以上奖励的，原是本科生的可申请转到本校其他专业学习，原是专科生的可以免试转入本校同专业或相近专业的本科学习。属独立设置专科学校的专科生，由学校报所在省教育行政部门负责安排；荣立二等功以上奖励的，所学本科专业毕业后，可免试保送所学专业研究生。在新兵检疫复查期间退回或因身体原因不宜继续在部队服役中途退役的，学校应准其复学。

对批准入伍的在校大学生，服役期间其家属享受军属待遇，并由其入学前户口所在地人民政府按照本省有关义务兵家属优待的规定给予优待；退出现役后，不愿意复学的大学生，由入学前户口所在地的退伍军人安置机构负责接收，并按照城镇退役士兵的有关政策规定做好安置工作。

（三）我国鼓励大学生士兵选取为士官留在部队长期工作

为加强对大学生士兵的培养使用，我国将在大学生士兵选取士官时给予多项优惠政策，以鼓励大学生士兵留在部队长期工作。

国家和军队给予大学生选取士官的优惠政策主要有以下5项。

①对符合士官选取条件的士兵，同等条件下具有全日制大专以上学历的可优先选取士官。

②对担任专业技术复杂岗位且胜任本职的大学生士兵，本人自愿继续服现役且符合岗位编制要求的，原则上保留至服现役满中级士官规定的服役年限。

③对确定为士官培养对象的大学生士兵，优先安排参加与任职岗位相应的专业技术培训，优先安排担任基层分队长、班长和副班长。

④具有全日制大专以上学历大学毕业士兵，首次选取为士官的参照直接从非军事部门招收士官的有关规定授予士官军衔和确定工资起点标准，在地方高校学习时间视同服役时间。

⑤具有全日制大专以上学历的士兵考入士官学校后可参加高技能人才培养班，修满规定课程和学分的，发给职业技术教育本科毕业证书和学位证书。毕业后原则上服役至四级军士长，获得技师资格的优先选取为高级士官。

按照人民解放军现行士官制度，士兵服现役两年后可以选取为士官，其等级由下至上依次为初级士官（下士和中士）、中级士官（上士和四级军士长）和高级士官（三级军士长和二级军士长和一级军士长）。

思考题

(1) 什么是国防？
(2) 简述国防的基本类型和特征。
(3) 中国国防历史对我们有哪些启示？
(4) 简述我国武装力量的组成部分。
(5) 国防动员的基本要素和具体内容有哪些？
(6) 大学生应征入伍国家相应的优惠政策有哪些？

第二章 军事思想

第一节 军事思想概述

一、基本概念

(一) 含义

军事是指一切与战争或军队直接相关的事项的统称。军事活动的内容很多,主要包括武装力量,特别是常备军的组织、训练管理和作战行动;武器装备的研制、生产和使用;战略战术的研究与运用;战争物资的储备和供应;国防设施的建造,以及后备力量的动员、组织和建设等。

战争是国家、民族、阶级和政治集团之间为了达成一定的政治和经济目的而进行的武装斗争,是人类社会发展到一定历史阶段出现的特殊社会现象。

军事是指思想是关于战争、军队和国防的基本问题的理性认识,是人们长期从事军事实践的经验总结和理论概括。军事思想揭示战争的本质和基本规律以及进行战争的指导规律,阐明军队建设的基本理论和原则,从总体上反映研究战争和军事问题的成果。军事思想来源于军事实践,又给军事实践以理论指导,对于军事实践具有宏观和根本的指导作用并接受军事实践的检验,伴随着战争和军事实践的发展而发展。

(二) 军事思想的内容

军事思想的内容可以分为两个层次,一是军事哲学问题,主要包括战争观,以及军事问题的认识论和方法论;二是军事实践的基本方针和原则问题,主要包括军事斗争指导的基本方针和原则、军队建设的基本方针和原则,以及国防建设的基本方针和原则等。

二、军事思想的特点

军事思想是一种社会意识形态,它产生于一定的社会物质生产和战争的基础之上;同时受其他社会意识形态的制约和影响,反映一定阶级和集团利益的政治观念,决定军事思想的阶级性质。其特点主要有以下5个方面。

1. 具有鲜明的阶级性

阶级性是军事思想的本质属性,战争是阶级社会中特有的现象。它反映一定阶级和集团利益的政治观念,代表统治阶级的利益,是为统治阶级服务的,这就决定了军事思想的阶级性质。我们说所有的统治阶级,为了维护本阶级的利益都在制定为本阶级服务的军事思想。如奴隶主阶级为维护其统治地位,制定了为其服务的军事思想;资产阶级为维护其统治地位制定了资产阶级军事思想,因此不同阶级、国家或政治集团必然有不同的军事思想。

2. 具有强烈的时代性

不同的历史时期，人们的物质文化生活水平不同，认识能力的差异加上各个时期生产力的发展，科学技术进步的不同，使不同历史时期产生的军事思想具有自己的特征。例如，按时代划分，可把军事思想总体区分为古代军事思想、近代军事思想和现代军事思想。

3. 具有明显的继承性

军事思想是在不断地批判继承的过程中发展起来的，每一种军事思想都是某一历史时期、某一民族或某一区域内战争实践经验的总结，都有一定的客观性和科学性。军事理论发展史所总结提出的许多原理和原则是不分阶级、和社会发展时期而普遍适用的，是人类社会发展中的共同财富。

4. 具有丰富的实践性

理论来源于实践这是公认的真理，任何军事思想都是对战争实践的经验总结和升华。军事思想是军事实践的产物，受军事实践的检验，并随着军事实践的发展而发展。正如毛泽东所指出的："一切带有原则性的军事规律或军事理论，都是前人或今人做的关于过去战争经验的总结。"

5. 具有一定的创造性

时代在进步，生产力在发展，作为军事思想要适应新形势下的新要求必须进行创新。作战本身就要求创新军事理论和作战方法。毛泽东关于集中3倍或5倍于敌的兵力，以及实行阵地战与运动战等作战形式都是在中国革命战争实践中创造出来的。如果没有创造，军事思想就要落后，作战就难以取得胜利。第二次世界大战初期，法国沿用第一次世界大战阵地战的经验，过分依靠马其诺防线，最后导致战争失利，国家败亡。这就是说生搬硬套，因循守旧，必然吃败仗。

三、军事思想的分类

军事思想分类很多。

按照阶级来划分，可分为奴隶主阶级军事思想、封建地主阶级军事思想、资产阶级军事思想和无产阶级军事思想。

按照国家来划分，可分为外国军事思想和中国军事思想。

按照时代来划分，可分为古代军事思想、近代军事思想和现代军事思想；也可以划分为冷兵器时代军事思想、火器时代军事思想、核武器时代军事思想和信息时代军事思想。

四、军事思想发展的基本规律

1. 军事思想因生产力和生产关系的进步而发展

首先，军事思想的发展史证明，社会生产力和科学技术的水平是军事思想发展的物质技术基础。当社会生产力和科学技术的进步，尤其是新技术成果运用到军事上时，从而带来的是一场军事上的革命。例如，人类冶炼技术的成熟和应用，使战争进入了冷兵器时代，从而促进了我国先秦和古希腊、古罗马时代军事思想的繁荣，人类现代大工业和核技术的发展，确立了机械化战争和核战争的理论。而二十一世纪新技术革命风靡全球时，又使军事思想得到了新的发展和突破，进入了高能战争理论的时代。

其次，社会制度的变革促进了一种新的军事思想代替旧的军事思想。在阶级社会中，人们的社会关系主要表现为阶级关系，而这种阶级关系的变化将对军事思想的发展起着巨大的推动作用。我国春秋战国时期，新的封建社会取代了奴隶社会，新型地主阶级成为政治舞台上的主导力量，他们为争夺和扩大统治权进行长期战争。以孙子为代表的先秦军事思想就是这种社会条件的产物。

2. 军事思想从军事实践特别是战争实践中发展

军事思想随着战争的产生、战争实践的发展，以及人们对战争实践在认识上的飞跃产生和发展的，是人们对战争这一特殊社会现象在认识上不断深化的结果。古今中外的军事家和军事理论家的军事思想，或是自身军事实践经验的总结和概括，或是从间接的军事实践经验中抽象提炼，或兼而有之。毛泽东军事思想是毛泽东和中国共产党人领导中国人民进行革命武装斗争经验的科学总结，同时也大量吸收了古今中外军事实践的有益经验。军事实践是不断发展的，新的军事实践又需要新的理论去指导。从而又推动了军事思想的不断发展。军事思想本身也需要经过军事实践来检验，而战争实践具有最高的权威性。通过战争实践对军事思想进行完善和补充这种检验不能靠一两次军事行动，而是要实践、认识、再实践、再认识，不断循环往复，才能使军事思想不断向前发展。

3. 军事思想在激烈尖锐的相互对抗竞争中发展

军事思想源于战争实践，而战争是对抗双方大展各自军事思想的舞台。在战争中为了取得胜利，敌对双方总是竞相抢占军事思想的制高点。以便在军事实践的主观指导上高于对手。从这个意义上说，军事思想就是在激烈的相互对抗中发展起来的。战争实践的历史说明，在敌对双方激烈的对抗中，谁的军事思想落后，谁就会在军事斗争中处于被动的地位甚至失败。因此，在和平时期重视军事思想研究，善于从变化了的情况及时提出新的军事思想，并将其用于指导军队建设、国防建设，是保证在未来战争中实施正确领导、立于不败之地的重要手段。

4. 军事思想在继承和借鉴优秀成果中发展

尽管各种军事思想都带有强烈的阶级性和明显的时代性，揭示了本阶级和当时军事领域的一些特征，但要取得军事活动中最高斗争形式战争的胜利，其行动必须符合事物的客观规律，其主观指导必须与客观实际保持一致，即其军事思想除揭示本时代、本民族，本阶级军事活动的特殊规律外，还必须揭示军事领域中的一般规律和具有稳定性的普遍性矛盾。这些军事活动中一般事物的普遍规律是没有阶级性的，具有普遍的指导意义。例如，《孙子兵法》所揭示的"知彼知己"；"致人而不致于人"；"以正合，以奇胜"等，至今仍被军事家、商家、教练、战略家等采用。

5. 军事思想在与哲学思想的相互促进和发展

自从人类社会出现军事活动以来，军事就是按照其自身固有的辩证规律发展的，由于战争的胜负直接关系着阶级、国家、民族和政治集团的生死存亡，所以人们远在军事辩证法这个概念之前就已经辩证地思考军事问题。孙武在其兵法中就揭示了许多具有一般意义的哲理。军事家为了战争的胜利常常寻求哲学的指导，欧洲资产阶级革命后，战争理论获得了新的表现。克劳塞维茨的《战争论》的产生，就得益于黑格尔的古典哲学的辩证方法。

五、中国古代军事思想

中国古代军事思想是指中国古代（奴隶和封建社会）各阶级、民族、政治集团及其军事家和兵学家关于战争和军队等一系列军事问题的系统理性认识,是指夏、商、西周时期到 1840 年鸦片战争所出现的前军事理论。中国古代经历了 4 000 多年,仅战争就发生了 3 600 余次,涌现出了许多著名的军事家和军事理论家,如孙武、吴起、孙膑、张良、韩信、曹操、岳飞和戚继光等。他们在总结战争实践经验的基础上,创立并发展了中国古代军事理论。古代仅著立兵书达 2 000 余部,最著名的如《孙子兵法》被称为"兵学圣典""和"世界第一兵书。

(一) 中国古代军事思想的产生、形成与成熟

1. 夏、商、西周时期是中国古代军事思想的产生时期（公元前 2070—公元前 771 年）

夏朝是我国原始社会解体奴隶社会确立的分水岭,是中国第一个奴隶制国家,从此才开始了带有阶级性的战争。这就是说战争是阶级社会的产物,战争成为阶级斗争的最高形式。

我国古代兵书中,已经记载了"三皇五帝"传说时期的一些军事斗争情况。在作战过程中出现了简单谋略的运用,但那时候的战争带有更多的血亲复仇色彩,这时的军队由血缘为基础的武装发展到地域和财产为基础的奴隶主国家的武装。我国古代有夏铸九鼎和用铜做兵器的传说。事实上,夏朝前期,石器和木棒是主要的作战工具,这些工具也是生产和生活中不可缺少的。夏朝后期,开始制作青铜器。商朝青铜冶炼业发达,除用于礼器等奢侈用具外,青铜也用于制造矛、戈、刀、斧和关键的兵车部件。但贵重的青铜兵器只可能用来装备属于贵族阶层的甲士,他们充当战斗的主要角色。商朝军队主要由王室军队、宗族军队和方国军队构成,兵器与夏朝差不多。商朝后期青铜器广泛应用战争,作战样式有步战和车战。西周时期的军队已有师、旅、卒、两和伍等编制,是车战的发展时期,车战为主要作战形式;车兵是主要兵种。

夏、商和西周这一时期的主要军事思想观点有以下方面：一是爆发了两次著名的战争（鸣条之战和牧野村之战）,反映出了某些作战方法,如用谋、用间、联盟和选时机攻击要害等；二是在古代文献《尚书》《易经》和《诗经》中记述有关战争内容和一些军事谋略思想。《尚书》这是中国上古历史的典集,保存了商、周,特别是西周初期的一些军事史料,如谋略的运用等。《易经》或称《周易》是一部占筮书,如《周易》中的"师贞丈人吉",反映了军众出兵正义,可取得胜利的观点；三是《周礼》相当详细地记述了西周的军事制度和军事职官；四是《军志》《军政》和《令典》等"舍事而言理"的专门军事著作出现,是中国古代军事思想产生的一个重要标志。

2. 春秋战国时期是中国古代军事思想的成熟时期（公元前 770—公元前 221 年）

这一时期经历了奴隶制后期和封建社会的前期,是我国历史上分裂、动荡和战争时间最长的时期。随着铁器的使用及生产力的发展,在由奴隶制向封建制过渡的社会大动荡和大变革中,各诸侯国都大力发展军事力量,以图称霸争雄。战争极为频繁,战争规模空前扩大,作战兵器也不断改进。夏禹的时候是万国,商的时候是 3 000 国,西周时有 1 200 国。到了春秋初期,各诸侯国有 160 余个。步兵逐渐成为主要兵种,骑兵开始出现,水兵也逐渐为人们所熟知。战国时期,骑兵和步兵成为独立的兵种,车兵地位渐降。骑兵成为衡量一国军力强弱的标志。在春秋战国时期车战为全盛,"驰车千驷,革车千乘"。在作战方式上,不仅有车战,还有骑战和步战,三者相互配合。奇袭、迂回、伏击和侧击等战法运用也较多。

这一时期许多军事家和兵书著作不断涌现,具有代表性的有《孙子兵法》《吴子》《司

马法》《孙膑兵法》《尉缭子》和《六韬》等。在诸多军事理论著作中,以《孙子兵法》为代表的一大批兵书的诞生,标志着中国古代兵学理论体系的确立。

3. 秦汉至五代时期是中国古代军事思想的发展时期(公元前221—公元960年)

这一时期,中国经历了秦朝、汉朝、三国、晋朝、南北朝、隋、唐和五代等王朝的统治与更迭,秦汉时期是中国封建社会发展的上升阶段。公元前221年秦始皇统一中国后,汉和唐封建社会的经济、政治、文化有了很大发展,军事思想也进一步得到了丰富和提高。但由于秦始皇对兵书毁禁、汉武帝"罢黜百家,独尊儒术",以及不准民间收藏兵书等各种原因,兵家的地位开始下降。史藉兵书著录自汉至唐呈递减趋势,兵书的编撰和流传受到一定影响。

这一时期,曾多次发生大规模和多兵种大集团配合作战的战役。如秦灭六国之战、楚汉之战、昆阳之战、官渡之战、赤壁之战和淝水之战等。政治斗争与军事斗争紧密革命,谋略与决策,以及作战指挥艺术达到了相当高的水平。军事思想的发展主要反映在整理兵书和注释《孙子兵法》,以及撰写兵书。西汉王朝立国之初就命令张良和韩信序次兵法,这是我国历史上首次由政府组织整理,主要是搜集兵书进行分类整理。例如,分类搜集兵书182家,选定用35家。分4大类,即兵权谋家、兵形势家、兵阴阳家和兵技巧家。三国时的曹操注释《孙子兵法》开注先秦兵书的先河,这一时期撰写的军事著作主要有汉初的《三略》和西汉《淮南子》中的论兵要篇《兵略训》、西晋司马彪的《战略》,以及唐朝的《李卫公问对》和《太白阴经》等。

4. 宋至鸦片战争时期是中国古代军事思想的体系化时期(960—1840年)

这一阶段,除了元朝的金戈铁马气象万千外,两宋时期,统治者所主张的"道德文章"不能从技术上解决当时的社会与民族矛盾。明朝尽管火武器发达,但采取的却是修筑长城等消极防御政策。清朝采取闭关锁国政策,在军事方面丝毫没有意识到世界范围内火兵器时代的到来,对海防和海战也没有一个清醒的认识。可以说这一阶段的军事思想在走向成熟的同时,也逐步走向保守与没落。

(二)我国古代军事思想的基本内容

1. 战争的起源和性质

关于战争的起因,《吴子》兵法认为:"一曰争名,二曰争利,三曰积恶,四曰内乱,五曰因饥。"就是说引起战争的原因有五个方面,一是争夺霸主地位;二是争夺土地、财产和人口;三是积恨深怨;四是国家发生了内乱;五是国家发生了饥荒。

古代有很多关于战争性质的论述,《周易》中就有"师贞,丈人,吉无咎"的卦辞。意思是说兴兵征伐要合乎正义,有德高望重的人来指挥就能顺利取胜而无祸咎;《吴子》兵法指出:"一曰义兵,二曰强兵,三曰刚兵,四曰暴兵,五曰逆兵。"即禁暴除乱、拯救危难的军队为义兵;仗恃兵强,征伐列国的军队为强兵;因君王震怒出师的军队为刚兵;背理贪利的军队为暴兵;不顾国乱民疲,兴师伐众而出征的军队为逆兵。古代兵家总体上强调倡义战,反暴兵。

2. 战争与政治

古代关于战争与政治的关系提出了很多有价值的观点,说明了军事从属于政治,政治是战争胜利的首要因素。《孙子兵法》提出:"道、天、地、将、法。"将道放在首位。还提出："善用兵者，修道而保法，故能为胜败之政。"《尉缭子》提出："兵者，以武为植，以文为种。武为表，文为里。"《淮南子·兵略训》指出："兵之胜败，本在于政……为存政者，虽小必存；为亡政者，虽大必亡。"《司马法》指出："以义治之谓正，正不获意则权，权出于战争，不出于中人。"意思是说采用合于正义的措施治理国家，这是正常的方法，用正常的方法达不到目的就采取特殊的手段。特殊手段是以战争方式表达出来的，而不是以和平方式表现出来。如此这些观点说明了政治极为重要，战争与政治是紧密联系，不可分割的。

3. 战争与经济

经济是战争的物质基础，战争是以巨大的物质消耗为代价的，对这一点我国古代军事家认识比较深刻。《孙子兵法》指出："凡用兵之法，驰车千驷，革车千乘，带甲十万，千里馈粮，则内外之费，宾客之用，胶漆之材，车甲之奉，日费千金，然后十万之师举矣。"又指出："善用兵者，役不再籍，粮不三载，取用于国，因粮于敌，故军食可足也。"春秋时期的管仲也曾较深刻地论述："地之守在城，城之守在兵，兵之守在人，人之守在粟。"因此他明确指出："一期之师，十年之蓄积殚；一战之费，累代之攻尽。"

4. 战争与主观指导

《孙子兵法》明确指出："因利而制权……故兵无常势，水无常形，能因敌变化而取胜者，谓之神。"因为"兵无常势"，所以指挥者必须不断根据敌情和我情的变化修正主观指导，采取克敌制胜的有效手段。掌握客观规律，充分发挥主观指导作用，就能赢得胜利。

5. 将帅修养

古代军事家特别重视将帅在战争中的地位和作用，认为"知兵之将，民之司命，国家安危之主也"。为此，从封建统治阶级的利益出发，提出了将帅修养的标准。《孙子兵法》强调："将者，智、信、仁、勇、严也。"《吴子》中则提出："总文武者，军之将也。"故将之所慎者五："一曰理，二曰备，三曰果，四曰戒，五曰约。"怎样考核将帅呢《武经总要·选将》提出"九验"："远使之以观其忠，近使之以观其恭，繁使之以观其能，卒然问焉以观其智，急与之以观其信，委之以货财以观其仁，告之以危以观其节，醉之以酒以观其态，杂之以处以观其色。"

6. 治军

治军思想是中国古代军事思想的重要组成部分，在《孙子》《吴子》《司马法》《孙膑兵法》和《尉缭子》等著名兵书中都阐述了有关治军的一系列重要内容。一是提出"以治为胜"和"教戒为先"的思想；二是强调以法治军，要求严纪律、明号令，赏罚分明；三是重视将帅的地位和作用；四是注重军队的训练。关于法规法令的建设与实施。《尉缭子》中设有《重刑令》《伍制令》《勒卒令》《经卒令》和《兵令》等，就是为了"明刑罚，正功赏"，"鼓之，前如雷霆，动如风雨。莫敢当其前，莫敢蹑其后"，使军队"方亦胜，圆亦胜，错邪亦胜，临险亦胜"。关于教戒，《吴子兵法》指出："敢用兵之法，教戒为先。一人学战，教成十人。十人学战，教成百人。百人学战，教成千人。千人学战，教成万人。万人学战，教成三军。"

7. 战略战术

古代兵书中关于战争谋略与战术的论述，有许多是很有见地的。如"上兵伐谋"和"必以全争于天下"的全胜论；"不战而屈人之兵"的威慑论；"度势"、"料势"和"为势"

的"胜可为"论;"先人有夺人之心"的"兵贵先"的先发制胜论;"后人发,先人至"的后发制胜论;"制人者,握权也;见制于人者,制命也"和"致人而不致于人"的掌握战争主动权论;"战势不过奇正,奇正之变,不可胜穷也"和"善用兵者,无不正,无不奇,使敌莫测"的奇正用变论;"我专而敌分,我专为一,敌分为十,是以十攻一也"的"以众击寡"论;"避其锐气,击其惰归"、"以治待乱,以静待哗"、"以近待远,以佚待劳,以饱待饥",以及"无邀正正之旗,勿击堂堂之阵"的"治气"、"治心"、"治力"和"治变"的四治论等。

8. 战争保障

关于物质储备和后方补给,《孙子·军争》指出:"军无辎重则亡,无粮食则亡,无委积则亡。"《六韬·军略》则说:"三军用备,主将何忧。"因此古代军事思想家提出:"取用于国,因粮于敌。"《武经总要·九地》提出:"夫顿兵之道有地利焉。我先居胜地,则敌不能以胜我;敌先居胜地,则我不能以制敌。"

(三)《孙子兵法》简介

《孙子兵法》又称《吴孙子兵法》、《孙武兵法》或《孙子》,作者为春秋末期孙武;享有"兵经"、"武经"等美誉,是世界现存最古老且最著名的兵书,至今仍有诸多方面的现实价值,被人们广泛深入研究。史记为82卷,图9卷,现存仅为13篇,6 076字。13篇可分为3个部分,第1部分由《计》《作战》《谋攻》《形》《势》和《虚实》组成,侧重论述军事学的基础理论和战略问题。主要强调战略速决和伐谋取胜,另外包含对战争总体、实力计算和威慑力量的深刻认识;第2部分由《军争》《九变》《行军》《地形》和《九地》组成,侧重论述战术、地形与军队配置、攻防战术和胜败关系;第3部分由《火攻》和《用间》组成,论述了战争中的两个特殊问题。

1. 作者简介

据史书记载,《孙子兵法》是我国古代大军事家孙武所著。据现实考证,1972年山东临沂银雀山汉墓出土的《孙子》竹简和1978年7月青海大通县上孙家寨西汉木简《孙子》的出土,进一步肯定了孙武编有兵法13篇。

孙武字长卿,为春秋末期齐国乐安人(今山东惠民县)。他出生在一个精通军事的世袭贵族家庭,从小就受到家庭的熏陶。当时齐国是春秋时代的五霸之一,一度成为政治、经济、文化、外交和军事活动的中心,豪杰荟萃(孔子、管仲和姜子牙等)。社会环境和家庭影响为孙武的成长提供了优越的条件,加之勤奋好学,青年时代的孙武就显露出卓越的军事才华。后来,齐国发生了"四姓(田、鲍、栾、高)之乱",孙武出奔吴国。他一边潜心研究兵法,观察吴国的政治动向,一边过着半自耕农式的生活。此间孙武结识了著名的谋略之士大臣伍子胥,二人成为莫逆之交。伍子胥7次推荐孙武给吴王。吴王阖闾会见了孙武并细读了孙武兵法的13篇,聆听了孙武对战争和时局惊世骇俗的见解,观看了孙武的练兵。亲身感受到他的才华横溢,即委任其为将。

孙武在近30年的戎马生涯中,为吴国的崛起和扩张立下了赫赫战功。例如,公元前506年,吴楚柏举之战。吴军对楚国实施千里奔袭,以3万精兵破楚20万大军。连续五战五捷,攻入楚国都郢城,把一个长期雄踞江汉且称霸中原的头等大国打得落花流水;公元前484年,艾陵战役。吴军重创齐军,几乎全歼10万齐兵;公元前482年,黄池会盟,吴国威逼晋国取代其霸主地位，这些都有孙武的重大战功。从公元前512年～公元前482年，孙武在吴国有着30年的戎马生涯。孙武的去向史无记载，据《越绝书》的记载，江苏吴县东门外有孙武的坟墓。《吴县县志》也有"孙子祠"的记录。由此推断，孙武最终可能隐居民间，老死于山林之中。

2. 《孙子兵法》的主要军事思想

（1）重战、慎战和备战思想

重战思想，《孙子兵法》首言："兵者，国之大事，死生之地，存亡之道，不可不察也。"这种把战争和军事问题看成是国家的根本大事，提到关系人民生死存亡的高度来认识的思想，在世界军事学发展史上是绝无仅有的。即使在今天，也仍不失为我们观察和认识战争与军事问题的基本观点，这对于人类认识战争的实质无疑是一个巨大的贡献。

慎战思想，"亡国不可以复存，死者不可以复生，故明君慎之，良将警之。"意为国家灭亡了就不能再存在，人死了就不能再活。所以对待战争问题，明智的国君要慎重，贤良的将帅要警惕。从这点出发，孙武主张："非利不动，非得不用，非危不战。"意为不是对国家有利的，就不要采取军事行动；没有取胜把握的，就不能随便用兵；不处在危急紧迫情况下，就不能轻易开战。

备战思想，"用兵之法，无恃其不来，恃吾有以待也；无恃其不攻，恃吾有所不可攻也。""以虞待不虞者胜"的用兵原则。意为不要寄希望于敌人不会来，而要依靠自己有充分的准备；不要寄希望于敌人不会来攻，而要依靠自己有使敌人无法攻破的条件和以有准备者胜无准备者败的思想。充分说明了战争的立足点要放在事先做好充分准备，严阵以待，使敌人不敢轻易向我发动进攻的基点上。

（2）"知彼知己，百战不殆"的战争指导思想

"知彼知己，百战不殆；不知彼而知己，一胜一负；不知彼，不知己，每战必殆。"即在战争中，了解敌人又了解自己，则百战不败；不了解敌人而了解自己，可能胜也可能败；既不了解敌人，又不了解自己，那就会每战必败。孙武用简明扼要的语言，指明了战争指导者了解敌我双方情况与战争胜负的关系。从而揭示了指导战争的普遍规律，这一思想是极富科学价值的。自有战争以来，古今中外的战争指导者都不能违背这一规律。毛泽东对此曾有高度评价，在《论持久战》一文中指出："战争不是神物，乃是世间的一种必然运动，因此孙子的规律'知彼知己，百战不殆'乃是科学的真理。"这条规律从哲学意义上讲，是实事求是的朴素唯物主义思想；从战争理论上讲，是分析判断情况的根本规律；从指导战争的意义上讲，是先求可胜的条件，再求必胜之机的重要抉择。

关于如何知彼知己，古代兵学家有一些论述，一是要全面"知"，不能知之部分，知之片面。孙武要求知"五事"，即道、天、地、将、法。知"七计"，即从7个方面着手："主孰有道？将孰有能？天地孰得？法令孰行？兵众孰强？士卒孰练？赏罚孰明？"曹操称为"七计"，意为"哪一方的国君贤明？哪一方的将帅有才能？哪一方得天时地利？哪一方法规制度实行好？哪一方军事实力强？哪一方士卒训练有素？哪一方赏罚严明？我们根据这些就可以知道谁胜谁负了。"二是要"知"内在，不是表面和肤浅的。既要看到现象，又要看到本质；三是要"知"动态，不是静态，即知彼知己要贯穿战争活动全过程。

（3）以"道"为首的战争制胜论思想

《孙子》认为战争的胜负是可以预知的，战争的胜利也是可以争取的，但必须有条件。

《孙子》所说："经之以五事，校之以计，而索其情。"这里的"五事"就是指道、天、地、将、法。道指政治措施、政治局面，或者说使民众与国君的意愿一致；天指天候，昼夜、晴雨和冷热等季节的变化。地指的是地理，如远近、险要、平坦和战区战场的广狭等；将指将帅，才智、仁爱、英勇和威严；法指内部的各种法规制度，即军队的组织编制和管理制度等。"经之以五事，校之以计，而索其情"，就是要研究这5个方面的事，把双方的条件加以比较，从而探索战争胜负的可能性。

《孙子兵法》进而提出的"七计"：在"主孰有道？将孰有能？天地孰得？法令孰行？兵众孰强？士卒孰练？赏罚孰明？"中也将道放在第一位。五事和"七计"都是论述关于战争胜负的因素问题，《孙子》把"道"这个属于政治范畴的重要条件放在首位，并解释为"令民与上同意也"和"上下同欲者胜"，可以看出孙武已初步认识到战争与政治的关系，以及战争与民众的关系。

（4）以谋略制胜为主的用兵思想

谋略是指用兵的计谋，《孙子兵法》军事思想中的谋略制胜在全篇中占有重要地位。它认为军事斗争不仅仅是军事力量的竞赛，而且是敌我双方政治、经济、军事和外交等综合斗争，也是双方军事指导艺术的较量，即斗智。

"庙算"制胜，"多算胜，少算不胜，而况不算乎！吾以此观之，胜负见矣。"意为战前计算周密，胜利条件多，可能胜敌；计算不周，胜利条件少，不能胜敌；而何况于根本不计算，没有胜利条件呢！我们从这些方面来考察，谁胜谁负就可以看出来。庙算制胜主要是指战前要从战争全局上对战争诸因素进行分析对比，确定取胜的把握，在此基础上再定下实施战争的决心。

诡道制胜，"兵者，诡道也"，"兵以诈立"。意为用兵打仗是一种欺诈行为，要依靠诡诈多变取胜。军事上的诡道是指异于常规的做法，"兵不厌诈"，古今常理。在战争的舞台上，如果对敌人讲"君子"之道，就必然被敌所制；如果能较好地运用诡道，造成敌人的过失，创造战机，那就会陷敌于被动。这种战例，举不胜举。孙武将诡道归纳为12法，"能而示之不能，用而示之不用，近而示之远，远而示之近，利而诱之，乱而取之，实而备之，强而避之，怒而挠之，卑而骄之，佚而劳之，亲而离之，攻其无备，出其不意。此兵家之胜，不可先传也。"

"不战而屈人之兵"，《孙子兵法》指出是"故百战百胜，非善之善者也；不战而屈人之兵，善之善者也。"意为百战百胜，并不是好中最好的，不战而使敌人屈服才是好中最好的。如何达到不战而屈人之兵？孙武主张"上兵伐谋，其次伐交，其次伐兵，其下攻城。"最好的是以谋制胜，使敌人屈服；其次是通过外交途径，分化瓦解敌人的同盟。从而迫使敌人陷入孤立，最后不得不屈服；再次是伐兵，即用武力战胜敌人；最下策是攻城，实施硬碰硬的攻坚战。孙武指出："善用兵者，屈人之兵而非战也，拔人之城而非攻也，毁人之国而非久也，必以全争于天下。故兵不顿而利可全，此谋攻之法也。"意为善于用兵的人，使敌人屈服不用直接交战，一定要用全胜的计谋争胜于天下。这样军队就不至于疲惫受挫，而又能获得全胜的利益，这就是以计谋攻敌的原则和孙武全胜的思想。当然"全胜"的思想，不战而胜必须要以强大的武力作为后盾。如果没有强大的军事力量，就不可能达到不战而胜的目的。

另外，孙武还总结了若干作战用兵原则。例如，先胜而后求战的原则、示形动敌的原则、避实击虚的原则、我专而敌分的原则和因敌而制胜的原则等。总之，孙武"不战而屈人之兵"的思想对后世的影响很大，并为世界所公认。

(5) "文武兼施，恩威并用"的治军思想

"卒未亲附而罚之，则不服。不服，则难用；卒已亲附而罚不行，则不可用。故令之以文，齐之以武，是谓必取。""令素行者，与众相得也。"将帅还没有取得士卒的爱戴和拥护就去惩罚他们，他们就不会心服，心不服就很难指挥他们去作战；将帅已经取得了士卒的爱戴和拥护，而纪律不能严格执行，也不能指挥他们去作战。因此一方面要用体贴和爱护使他们心悦诚服；另一方面要用严格的纪律使他们行动整齐，这样才能战必胜。所谓"恩"，本质上是以德治军和以情感人；所谓"威"，本质上是以法治军，以刑儆人。所以搞好将帅与士卒的关系，相互关心和爱护是前提，在此基础实施严格的管理总能收到很好的效果。

总之，《孙子兵法》的问世，在中国乃至世界军事史上都具有划时代的意义。《孙子兵法》是现存世界最早和最有价值的古典军事理论名著。与古希腊和古罗马的军事著作相比，不仅成书时间早、学术性强，而且内容丰富且体系完整。它几乎涉及了军事理论科学的各个门类和各个分支学科，因而被誉为"兵经之首"和"兵学圣典"。它的历史地位主要表现，一是初步认识到了战争的本质，冲破长期鬼神论和天命观的束缚，具有朴素的唯物论观点。孙武说："先知者，不可取于鬼神。"二是分析了战争的奇正、攻守、强弱、虚实和远近等对立的现象及相互转化的关系，体现了朴素的辩证法思想；三是揭示了某些战争规律和指导原则，成为后世兵书的典范，如"知彼知己，百战不殆"；四是其的理论意义不仅适用于奴隶和封建时代，而且至今仍有借鉴作用和指导意义。

《孙子兵法》在社会生活各个领域都有应用。它极大地吸引着一些政治家、哲学家、文学家、历史学家，甚至连企业家、商人等也争相拜读。《孙子兵法》俨然成了取之不尽、用之不竭的百科宝库。

但是我们应当看到，由于《孙子兵法》诞生在2 000多年前的古代，所以难免存有时代和阶级的局限性。例如，在战争观方面未能区分战争的性质、在治军方面的愚兵政策、在军队补给方面的抢掠政策，以及作战原则方面存有某些片面性等，因此我们在学习和运用《孙子兵法》中应注意剔析这些不足。在认识这部伟大著作时绝不能求全责备，因为它不仅是春秋战国时代军事思想中最光辉灿烂的部分和杰出的代表，而且具有超越时间和空间的科学价值，是我国乃至世界最宝贵的文化遗产之一。

第二节　毛泽东军事思想

毛泽东军事思想是毛泽东关于中国革命战争、人民军队和国防建设以及军事领域一般规律问题的科学理论体系，是马列主义的基本原理与中国革命战争和国防建设实践相结合的产物，是中国共产党领导中国人民及其军队长期军事实践经验的科学总结和集体智慧的结晶，同时也多方面汲取了古今中外军事思想的精华，是中国共产党领导中国命战争、军队建设、国防建设和反侵略战争的指导思想。它的产生标志着马克思主义军事理论进入了一个崭新的阶段，使无产阶级军事思想大放光彩。

一、毛泽东军事思想的科学含义和特色

毛泽东军事思想是以毛泽东为主要代表的中国共产党人关于中国革命战争和军队问题的科学理论体系,是毛泽东思想的重要组成部分,是马克思列宁主义的基本原理与中国革命战争的具体实践相结合的产物,是中国革命战争和军队建设实践经验的科学总结,是中国共产党人集体智慧的结晶;同时也多方面吸取了古今中外军事思想的精华。

1. 是马克思列宁主义普遍原理同中国革命战争具体实践相结合的产物

马列主义是放之四海而皆准的真理,是指导世界无产阶级革命的科学思想。但是它所提供的原理只是一般性的,每一个国家必须结合本国的历史条件和具体特点才能发挥作用。马克思说过:"正确的理论必须结合具体情况并根据现存条件加以阐明和发挥。"中国革命战争发生在占世界人口1/4的半殖民地、半封建的东方大国,在这个以农民群众为主体的国家中无产阶级政党怎样组织军队和怎样进行革命战争?在马克思主义著作中找不到现成的答案,在实践中也没有先例可循。以毛泽东为代表的中国共产党人创造性地运用马克思主义的立场、观点和方法,研究中国的历史并分析中国社会具体情况,探索中国革命战争的特点和规律,最终解决了在半殖民地、半封建中国的革命道路、人民军队和人民战争等一系列根本问题,创立了具有中国特色的马克思主义的军事理论——毛泽东军事思想。

2. 是中国革命战争实践经验的科学总结

中国的革命战争经历了国共合作的北伐战争、土地革命战争、抗日战争、解放战争和抗美援朝战争。中国革命战争规模之巨大、情况之复杂、道路之曲折、形式之多样和内容之丰富不仅在中国历史上是空前的,在世界历史上也是罕见的。通过诸多战争和武装斗争,我党领导中国人民推翻了旧中国的反动政权,粉碎了外敌入侵,捍卫了民族独立,建立了新中国。并通过抗美援朝战争和边境自卫反击作战巩固了国防,维护了国家安宁和世界和平。

理论来源于实践。毛泽东军事思想这一科学理论就来自于长期的中国革命战争的实践和反侵略战争的实践。例如,红军到达井冈山后,在对敌斗争的实践中逐渐探索了一套原始的游击战口诀。即赚钱就来,折本不干,打得赢就打,打不赢就跑,跑不赢就绕,绕不赢就钻,钻不赢就化。1928年1月,万安县委提出:"与敌人搏斗的策略是'坚壁清野,敌来我退,敌走我追,敌驻我扰,敌少我攻'"等。上述这些,为毛泽东总结提出游击战争基本作战原则的"十六字诀"奠定了坚实的基础。

3. 是全党集体智慧的结晶

毛泽东军事思想是中国共产党集体智慧的结晶,说明了集体智慧和个人贡献的辩证关系,强调了毛泽东军事思想形成的集体性。它不是一个人或少数人之所为,而是党领导广大革命群众进行的集体的实践活动,是千百万烈士用鲜血写出来的。毛泽东军事思想是全党集体智慧的结晶,主要表现在是人民群众战争经验的总结、领袖集团的集体智慧与毛泽东的贡献三个方面的结合。

毛泽东军事思想和毛泽东思想一样,毛泽东只是作为最杰出的代表,居于首要地位。是他善于集中全党的智慧,然后进行高度概括和理论升华,才形成了毛泽东军事思想。周恩来、朱德及邓小平等无产阶级革命家和军事家,都为毛泽东军事思想的形成和发展做出了重要贡献。在革命战争中,我们党和军队关于战争问题的许多重大决策都经过了党中央的集体讨论决定。它凝聚着全党的智慧,也包含亿万人民群众和广大指战员的斗争经验。毛泽东及

老一辈无产阶级革命家和军事家，正是在从战争实践中汲取各种营养，才形成和丰富发展了毛泽东军事思想体系。

4. 毛泽东思想的重要组成部分

在整个毛泽东思想科学体系中，毛泽东军事思想占有极为重要的地位。党的十一届三中全会通过的《关于建国以来党的若干历史问题的决议》，在对毛泽东的历史地位和毛泽东思想的评价中高度赞扬了毛泽东对马克思主义军事理论的杰出贡献。该决议包括关于新民主主义革命的理论、关于社会主义革命和社会主义建设的理论、关于革命军队的建设和军事战略的理论、关于政策和策略的理论、关于思想政治工作和文化工作的理论，以及关于党的建设的理论，其中第3点就是军事思想部分；另外在毛泽东的全部著作中军事著作占有大量篇幅，他的军事思想在其整个思想体系中占有重要地位，因此我们说毛泽东军事思想是毛泽东思想的重要组成部分。

二、毛泽东军事思想的产生、形成和发展

毛泽东军事思想的产生、形成和发展是与中国革命战争的发生、发展和胜利，以及新中国成立后的国防建设和军事斗争联系在一起的，也是与党内"左"、右倾错误的斗争密切相连。它作为完整的科学体系，经历了一个艰难、曲折和复杂的发展过程。

（一）产生

从1921年中国共产党诞生到党的"遵义会议"召开，这一段时期，是毛泽东军事思想产生的时期。在俄国十月革命的影响下，中国共产党从接受马克思主义关于暴力学说开始，逐步认识到军事工作在中国革命中的重要性。第1次大革命失败的惨重教训，使中国共产党进一步认识到武装斗争和掌握军队的极端重要性。1927年8月1日的"南昌起义"，打响了武装反抗国民党反动派的第一枪，标志着中国共产党独立领导武装斗争和创建革命军队的开始。同年8月7日，毛泽东在党的"八七会议"上，提出了"枪杆子里面出政权"的著名论断，确定实行土地革命和武装起义的总方针。1927年9月9日，毛泽东亲自发动和领导了湘赣边界秋收起义。在起义遭受挫折的情况下，毛泽东毅然放弃了攻打长沙的计划，率领秋收起义的部队进军井冈山，建立了第1个农村革命根据地。实行"工农武装割据"，开辟了一条以农村包围城市的崭新的革命道路。

从"三湾改编"到"古田会议"，毛泽东提出并制定了一套较为完整的人民军队的建军原则。在"反围剿"的斗争中提出并实践了"动员群众、依靠群众和武装群众"的人民战争思想，并且总结出了游击战争的"十六字诀"（敌进我退，敌驻我扰，敌疲我打，敌退我追）和"诱敌深入、集中兵力打运动战、速决战、歼灭战"等红军作战的原则。

这一时期，毛泽东先后撰写了《政权是由枪杆子取得的》《中国红色政权为什么能够存在》《井冈山的斗争》《关于纠正党内的错误思想》《星星之火，可以燎原》和《反对本本主义》等著作。在这些军事著作中，毛泽东关于武装斗争思想、农村根据地思想、人民军队思想、人民战争思想和人民战争的战略战术思想均已初步产生，为其科学体系的形成奠定了坚实的基础。

（二）形成

从 1935 年 1 月"遵义会议"到抗日战争结束，是毛泽东军事思想的形成时期。"遵义会议"纠正了王明"左"倾冒险主义在军事领导上的错误，重新肯定了以毛泽东为代表的正确军事路线，确立了毛泽东在红军和中共中央的领导地位。这是中国革命由挫折走向胜利的一个伟大的历史转折点，也是毛泽东军事思想形成发展的起点。

1935 年 10 月，在党中央和中央军委的领导下，各路红军克服长征中的艰难险阻，胜利到达陕北。此时日本帝国主义加紧侵略中国，中国民族矛盾上升为主要矛盾，全国抗日民主运动出现新的高潮。为了解决抗日战争中的战略战术等问题，毛泽东开始总结土地革命以来的经验，并把土地革命战争时期产生的军事思想创造性地运用于抗日战争。制订了抗日民族统一战线的政治路线和军事战略方针，撰写并完成诸多军事理论著作，包括《中国革命战争的战略问题》《论持久战》《实践论》《矛盾论》和《战争和战略问题》等。在这些军事名著中，毛泽东阐明了无产阶级对待战争的根本立场、观点和研究指导战争的基本方法。并且深刻地分析了中国革命战争，特别是抗日战争的特点和规律，确立了指导战争的方针、原则及战略和策略问题。把游击战提到战略地位，创立了系统的游击战争理论；同时全面阐述了人民军队的建军宗旨、原则和人民战争的基本内容。至此，毛泽东军事思想所涉及的无产阶级战争观和方法论、人民军队、人民战争和人民战争的战略战术等方面都已发展成为系统的理论，形成了比较完整的军事理论科学体系，标志着毛泽东军事思想已经形成。

（三）发展

解放战争、抗美援朝战争，以及社会主义革命和建设时期，毛泽东军事思想得到了全面的丰富和发展。解放战争时期，毛泽东军事思想得到了极大的发展。不仅使战略防御和运动战理论有了发展，而且创立了战略进攻、战略决战和战略追击的系统理论。新中国建国前夕，毛泽东明确指出我们不但要有一个强大的陆军，还要有一个强大的空军和一个强大的海军，从而为和平时期建军指明了方向。在战争指导上，毛泽东相继发表了《抗日战争胜利后的时局和我们的方针》《以自卫战争粉碎蒋介石的进攻》《集中优势兵力，各个歼灭敌人》《大举出击，经略中原》《解放战争第二年的战略方针》《目前的形势和我们的任务》《评西北大捷兼论解放军的新式整军运动》、《关于三大战役的作战方针》和《将革命进行到底》等诸多文章，其中在《目前的形势和我们的任务》一文中明确提出了著名的十大军事原则。

抗美援朝战争是一场挫败现代化敌人的反侵略战争，毛泽东根据当时的情况和特点提出了一系列在现代条件下进行反侵略战争的理论及原则。例如：隐蔽战略企图达成出国作战的突然性；对英美军实行战术小包围，打小规模歼灭战。并且创造了以坑道为骨干支撑点式的防御体系；实行战术反击作战；重视防空和反坦克作战；建立强大的后勤系统，搞好后勤保障；军事打击紧密配合政治斗争等。

新中国成立后，毛泽东提出了建设现代化和正规化的国防军，发展尖端国防科技和全民皆兵的思想。指出要在大力发展国民经济，增强国家经济实力的基础上建立完整的国防工业体系，发展现代化的技术装备，独立自主地建设强大的国防，做好反侵略战争的准备等。从而形成了毛泽东国防建设思想，构成了毛泽东军事思想的一个新的组成部分。

三、毛泽东军事思想的科学理论体系

毛泽东军事思想博大精深，是一个完整的科学体系，内容非常丰富。主要包括无产阶级的战争观和方法论、人民军队建军思想、人民战争思想、人民战争的战略战术思想和国防建设思想五个部分，这五个部分构成了一个互相联系的整体。无产阶级的战争观和方法论是毛泽东研究和指导战争的基本立场、观点和方法，揭示了中国革命战争的指导规律，是毛泽东军事思想的理论基础。人民战争思想是我军从事战争的根本指导思想，是毛泽东军事思想的核心；人民军队思想是建设人民军队的指南，是实行人民战争的骨干力量；人民战争的战略战术是适应人民战争需要的战略原则和作战方法，是人民战争取得胜利的保证。国防建设思想是毛泽东军事思想在新中国成立后新的历史条件下的开拓性发展，阐明了和平时期国防建设的重要性，提出了国防建设的指导思想、方针和原则，是实现国防现代化的指南。

（一）无产阶级的战争观和方法论

1. 战争观

毛泽东的无产阶级战争观包含着战争的起源、战争的本质、战争的性质、对待战争的态度、战争与经济的关系、战争的最终目的和消灭战争的途径等方面的内容。

（1）战争的起源

唯物主义对战争起源的认识是根据历史唯物主义原理，从人类社会物质生活条件变化的分析中寻找战争赖以产生和存在的条件，从而科学地揭示了战争的起源。即战争不是人类开始就有的，是人类社会出现私有财产并分化为不同的阶级以后所特有的社会现象。它不是由偶然因素决定的，而是由社会的必然因素导致的。

在阶级社会中，战争不可避免。战争是伴随着私有财产和阶级的产生而产生的。私有财产和阶级是战争出现和存在的根本条件，只要阶级存在，战争就不可避免，这是必然性。

毛泽东对战争的起源做了精辟的概括，他说："战争从有私有财产和有阶级以来就开始了的，用于解决阶级和阶级、民族和民族、国家和国家、政治集团和政治集团之间，在一定发展阶段上的矛盾的一种最高的斗争形式。"毛泽东这一论断，一方面揭示了战争的定义；另一方面指出了战争的起源，说明了战争不是从来就有的，也不是永远存在的，而是人类社会发展到一定历史阶段的产物；三是指出了战争的4种类型，即阶级与阶级、民族和民族、国家和国家、以及政治集团和政治集团之间的战争；四是指明了战争是阶级斗争的最高形式。

（2）战争的目的

战争是人类社会发展到一定历史阶段的产物，人类社会的发展最终要把它消灭。列宁曾经指出："无产阶级无论现在和将来都要始终不懈地反对战争，但它一分钟也没有忘记：只有完全消灭社会划分为阶级的现象，才可能消灭战争。"毛泽东继承和发展了列宁的观点，明确指出："我们研究革命战争的规律，出发于我们要求消灭一切战争的志愿，这是区别我们共产党人和一切剥削阶级的界线。"这些都告诉我们，无产阶级研究和从事战争的出发点，区别于其他一切剥削阶级。它不是为了战争而战争，也不是为了掠夺和侵略而战争，而是为了从根本上消灭战争，实现人类永久和平。这就是说，战争消亡的条件是私有制和阶级的消亡。消灭战争的方法就是用战争消灭战争，用正义的战争消灭非正义的战争，用革命的

战争消灭反革命的战争。

（3）战争与政治的关系

战争作为人类阶级社会的一种物质运动形态，有其固有的本质，那就是战争是政治的继续。"战争无非是政治通过另一种手段的继续"是克劳塞维茨提出的，被列宁称为"至理名言"。列宁曾指出："任何战争都是同产生它的政治制度分不开的。某个国家，即该国某个阶级在战时所推行的政治必然是而且一定是它在战前长时期内所推行的政治的继续，只不过在行动方式上不同罢了。"

毛泽东同志发展了列宁的观点，进一步论述了战争与政治的内在联系，他明确指出："'战争是政治的继续'，在这点上说，战争就是政治，战争本身就是政治性质的行动，自古以来没有不带政治性的战争。""但是战争有其特殊性，在这点上说，战争不即等于一般的政治，'战争是政治的特殊手段的继续'。政治发展到一定的阶段，再也不能照旧前进，于是爆发了战争，用于扫除政治道路上的障碍。"并指出"政治是不流血的战争，战争是流血的政治。"毛泽东关于战争与政治的关系的论点，阐明了两层意思，一是战争从属于政治，服务于政治。政治处于主导和支配的地位，战争居于从属和被支配的地位。战争是达到政治目的的一种特殊手段，政治贯穿于战争的全过程。二是战争不仅是实现政治目的的手段和工具，而且反作用于政治，推动政治。毛泽东在抗日战争时指出："政治越改进，抗战越能坚持；抗战越坚持，政治就越能改进。"

（4）战争与经济的关系

战争是政治的继续，而政治又是经济的集中体现。经济是战争的物质基础，战争依赖于经济。所以战争的实质，则是战争双方为实现自身的经济利益所产生的矛盾冲突。毛泽东在战争与经济的关系问题上做了精辟而系统的论述，其主要观点如下。

经济利益是战争的基本动因，一方面，战争的起源与社会经济的发展有着密切的联系；另一方面，每次具体战争的爆发，从根本上说也都是由一定的经济关系和一定的生产方式的冲突决定的。在抗日战争时期，毛泽东曾用经济关系说明了帝国主义发动战争的本质。他指出帝国主义的本性是掠夺，帝国主义国家在"和平"时代的政策也无时不是为了掠夺。但如果一些帝国主义国家掠夺政策遇到了另一些帝国主义国家的阻碍而不能用和平方法冲破这种阻碍时，就使用战争方法去冲破这种阻碍，以便继续其掠夺政策。

经济力量是战争的物质基础，毛泽东指出："战争就是两军指挥员以军力财力等项物质基础作为地盘，互争优势和主动的主观能力的竞赛。"从而把经济问题提到了战争胜负重要因素之一的高度。

战争对经济有巨大的反作用，任何战争对经济都有一定的破坏作用。但从人类社会发展的全局看，一切革命的正义战争对社会和生产力都起到促进作用。毛泽东认为一切非正义的反革命战争，对社会和经济的发展都起到阻碍作用；一切正义的革命战争，对人类历史发展起到推动作用。

（5）拥护正义的战争，反对非正义的战争

毛泽东说"战争的性质是根据于战争的政治目的而定的"，由于进行战争的阶级、国家和民族不同，战争的政治目的不同，战争所表现的形态也就不同。诸如阶级压迫战争与解放战争、民族压迫战争与民族解放战争、侵略战争与反侵略战争、同阶级或同民族统治集团之间争权夺利的战争，以及帝国主义国家争夺势力范围的战争等。

毛泽东对战争的性质进行了科学的划分,他说:"历史上的战争分为两类,一类是正义的;一类是非正义的。一切进步的战争都是正义的,一切阻碍进步的战争都是非正义的。"毛泽东对战争性质的划分,奠定了无产阶级对待战争的根本态度。那就是反对非正义战争,拥护正义战争。毛泽东指出:"我们共产党人反对一切阻碍进步的非正义的战争,但是不反对进步的正义的战争。"对于正义战争,我们不但不反对,而且积极支持和必要时直接参加。

2. 方法论

所谓指导战争的基本观点与方法,也就是如何认识和把握战争规律的问题。毛泽东在指导中国革命战争的长期实践中,运用马克思主义的唯物辩证法对战争方法论做出了深刻而透彻的阐述与指导,其内容主要包括以下4个方面。

(1) 指导战争,必须认识和把握战争规律

毛泽东在总结土地革命战争的经验时指出:"战争规律——这是任何指导战争的人不能不研究和不能不解决的问题。"并说:"不论做什么事,不懂得那件事的情形,它的性质,它和它以外的事情的关联,就不知道那件事的规律,就不知道如何去做,就不能做好那件事。"同样,"不知道战争的规律,就不知道如何指导战争,就不能打胜仗。"战争是阶级社会的必然现象,它的产生和发展具有其自身的规律。

所谓战争规律是战争在发生和发展过程中,战争双方在政治、经济、军事和自然地理诸方面因素的本质联系及其发展趋势,是不以人们的主观意志为转移的客观实际。人们只能认识它,不能取消它;只能运用它,不能违背它,违背客观规律终将导致失败。

毛泽东告诉我们,在认识和把握战争规律时,必须注重分析战争的一般规律与特殊规律。一般战争规律,普遍存在于一切战争之中,是从各种具体战争的运动过程中抽象出来的最稳定、最普遍和最一般的内在本质联系,是古今中外一切战争的共同规律。例如,战争是阶级社会的必然现象、战争是政治的继续、战争是双方人员借助武器的较量、战争的基本类型是进攻和防御,以及战争的直接军事目的是保存自己和消灭敌人等。这些一般战争规律,成为战争主观指导方法的依据。特殊规律就是某一类或某一次战争所特有的规律,时代、国家、民族、对象和地域等不同点反映在具体战争的特殊性上各有其特点。战争的一般规律与特殊规律之间是辩证统一的关系,这是毛泽东在《矛盾论》中深刻阐明的观点。一般与特殊,共性与个性,共性寓于个性之中。在一定范围内一定条件下,一般性的规律在更大范围内成了特殊性的规律,特殊性的规律在较小的范围内成为一般性的规律。

(2) 主观指导必须符合客观实际

战争指导者要驾驭战争,必须善于使主观指导符合客观实际。毛泽东把这种合乎战争客观规律的战争指导方法。比做"战争大海中的游泳术",称之为"战争指导规律"。毛泽东指出:"人们要想得到工作的胜利即得到预想的结果,一定要使自己的思想合乎客观外界的规律性。如果不合,就会在实践中失败。"

毛泽东指出:"一切战争指导规律,依照历史的发展而发展,依照战争的发展而发展,一成不变的东西是没有的。"由此可见,正确解决主观符合客观的问题是战胜敌人的关键。要做到主观指导符合客观实际,应把握两点。一是战争指导者要使主观指导符合客观实际,必须熟识敌我双方的客观情况,"知彼知己"是指导一切战争的普遍适用的原则。毛泽东指出:"指挥员的正确部署来源于正确的决心,正确的决心来源于正确的判断,正确的判断来

源于周到和必要的侦察，和对于各种侦察材料的连贯起来的思索。"因此熟识敌我双方的客观情况，是实施正确的战争指导的前提，也是取得战争胜利的基础。二是战争指导者要使主观指导符合客观实际，必须在客观物质的基础上，充分发挥自觉能动性。毛泽东指出："军事家不能超过物质条件许可的范围企图战争的胜利，然而军事家可以而且必须在物质条件许可的范围内争取战争的胜利。军事家活动的舞台建筑在客观物质条件的上面，然而军事家凭着这个舞台，却可以导演出许多有声有色威武雄壮的话剧来。"还指出："战争的胜负，固然决定于双方军事、政治、经济、地理、战争性质、国际援助诸条件，然而不仅仅决定于这些。仅有这些，还只是有了胜负的可能性，它本身没有分胜负。要分胜负，还须加上主观的努力。这就是指导实际战争，这就是战争中的自觉的能动性。"这里强调的是在既定的物质基础上，自觉能动性的发挥对战争胜负所具有的重要作用。

（3）着眼特点，着眼发展

所谓着眼战争特点，就是要全力捕捉每一个具体战争的特殊性。毛泽东指出："战争情况的不同，决定着不同的战争指导规律，有时间、地域和性质的差别。"时间是指战争的时代条件，包括国际国内政治、经济、军事和科学技术等发展水平，它们随时代的发展而发展，不同时代反映有不同时代的特点，指导战争的战略战术必须适应时代发展的特点；地域是指战争的地理位置，包括国家制度、民族特点、历史传统和自然地理诸情况。不同地域的战争特点不同，必须有适应各种不同地域的战争指导规律；性质是指战争的政治性质和国际国内的政治因素，以及外交政策等，性质不同就有不同的战争规律和战争指导规律；对象是指作战的对手情形，国内敌人与国外敌人不同，同一个敌人在不同的时代也有所不同。

所谓着眼于战争的发展，就是要从战争的发展变化中来认识和考察战争问题。毛泽东指出："一切战争指导规律，依照历史的发展而发展，依照战争的发展而发展，一成不变的东西是没有的。"在指导中国革命战争的实践过程中，毛泽东善于根据战争发展的各个阶段上敌我双方的特点，揭示不同阶段上的战争规律。从而预见战争的实际过程和发展趋势，确定战略方针和战略战术的指导原则，最终实现战争目的。

（4）关照全局，把握局部

只要有战争，就有战争的全局。什么是战争的全局毛泽东指出："凡属带有要照顾各方面和各阶段的性质的，都是战争的全局。"全局是事物的整体和发展的全过程，局部是组成整体的各个部分和发展全过程的各个阶段。全局统率局部，局部从属全局，构成全局与局部之间的正确关系。

毛泽东对战争的全局和局部的阐述很明确，他说："战争的胜败的主要和首先的问题，是对于全局和各阶段的关照得好或关照得不好。"并指出："应当把自己注意的重心，放在那些对于他所指挥的全局说来最主要最有决定意义的问题或动作上，而不应当放在其他的问题或动作上。"所以说，关照全局是战争指导的首要准则，把握局部是推动全局发展的重要方法。

当然，战争的全局和局部的关系是相对的，不是凝固的。在一定场合为全局的东西，在另一场合就可能变为局部的东西；反之亦然。

（二）人民军队思想

人民军队是人民群众自发或在先进阶级领导下建立并为人民群众利益而战斗的军队。以毛泽东为代表的老一辈无产阶级革命家和军事家，运用马克思主义的原理把创建人民军队作为进行武装斗争的首要问题和实现革命理想的最主要手段。1945年，毛泽东在《论联合政府》一文中提出："没有一支人民的军队，便没有人民的一切。"深刻指明了在中国建立一支人民军队的极端重要性。

在革命战争年代，主要的斗争形式是战争，而主要的组织形式是军队。为了把以农民为主要成分的军队建设成为无产阶级性质的新型人民军队，毛泽东在长期的战争实践中，总结和提出了一整套建军的理论和原则。

1. 坚持中国共产党对军队的绝对领导

早在井冈山和中央苏区时，毛泽东就指出："我们感觉无产阶级思想领导的问题，是一个非常重要的问题。"1927年9月底，毛泽东在"三湾改编"中根据军队的现状和斗争的实际情况设立了党代表制度。规定班有党员、排有党小组、连有党支部，以及营有党委，使起义军严格置于中国共产党的绝对领导之下。1928年12月，毛泽东在"古田会议"上又一次强调，一定要加强党对军队的绝对领导。1938年11月6日，毛泽东在延安指出："我们的原则是党指挥枪，而绝不容许枪指挥党。"只有坚持和实施党对军队的绝对领导，才能保证人民军队的无产阶级性质，才能坚持全心全意为人民服务，才能完成党交给的各项艰巨任务，才能捍卫我们的国家利益。

2. 坚持全心全意为人民的宗旨

我军是人民的军队，来自人民，为了人民。毛泽东指出："我们的共产党和共产党所领导的八路军、新四军，是革命的队伍。我们这个队伍完全是为着解放人民的，是彻底地为人民的利益工作的。"在井冈山斗争时期，毛泽东就指出："要教育我们军队的士兵明确为人民去打仗。"1945年4月，毛泽东在党的"七大"报告中，对我军的宗旨作了最完整的概括："为着广大人民群众的利益，为着全民族的利益，而结合，而战斗的。紧紧地和中国人民站在一起，全心全意地为中国人民服务，就是这个军队的唯一的宗旨。"

3. 实现三大民主，执行三大任务

我军的三大民主是政治民主、经济民主和军事民主，实行三大民主是党的群众路线在军队建设中的体现，是提高人民军队战斗力的重要保证。政治民主，就是战士干部在政治上平等，每个军人都有提出批评、建议和同不良倾向做斗争的权力；经济民主，主要是实行经济公开，发挥经济委员会的作用，监督经济开支，同贪污浪费、侵占士兵利益和违反经济政策等不良倾向做斗争；军事民主，是在训练中实行官兵互教和评教评学。在作战时发动战士讨论研究如何完成战斗任务，战后进行讲评总结。在战备、施工、生产和科研等项任务中，发动群众出主意想办法，充分调动群众的积极性创造性。当然我军的民主是在集中指导下的民主，离开集中搞民主将走向极端民主化，就有悖于我军建设的根本要求。

我军的三大任务，即战斗队、工作队和生产队，这是在中国革命战争中形成的。建军之初，红军的三大任务是"打仗、做群众工作、筹款。"抗日战争时期，为长期抗战，一面打仗，一面生产，再加上做群众工作。军队是执行政治任务的武装集团，一个很重要的任务就是要打仗；同时还担负着宣传群众、组织群众、武装群众和帮助群众建立政权的任务；另外，在作战之余还要在可能的情况下进行生产。三大任务是新型人民军队同其他旧式军队的显著区别。

4. 政治工作是人民军队的生命线

生命线是毛泽东和老一辈无产阶级革命家对我军政治工作重要地位和作用所做的形象概括。

政治工作应坚持以马克思列宁主义的指导,根据中国共产党在不同历史时期的总任务,以及由此规定的军队的具体任务而展开。政治工作应服务于军队的革命化、现代化和正规化建设,从思想上、政治上和组织上保证党对军队的绝对领导,保证军队内部的团结和军政、军民团结,保证军队战斗力的提高和各项任务的完成。

关于政治工作的基本原则,毛泽东在1937年曾明确概括为官兵一致的原则、军民一致的原则和瓦解敌军和宽待俘虏的原则。后来我军把官兵一致,军民一致和瓦解敌军规定为我军政治工作的三大原则。

5. 制定人民军队铁的纪律

纪律是执行路线的保证,没有铁的纪律就无法保证我军的高度集中和统一。我军的纪律是根据无产阶级的利益、人民的利益和革命斗争的需要制订的。毛泽东高度重视人民军队的纪律建设,在红军初创时期就要求部队对待群众说话和气、买卖公平、不拉夫、不打人和不骂人。1927年10月,毛泽东制订了《三大纪律六项注意》;1930年,在瑞金把六项注意改为十项注意;解放战争时期,当人民解放军转入战略进攻的转折时期,毛泽东及时地总结了我军在土地革命和抗日战争时期所执行军事纪律的经验,于1947年10月10日重新颁布了"三大纪律八项注意"。并将其内容做了统一的规定:"三大纪律:一切行动听指挥、不拿群众一针一线、一切缴获要归公。八项注意:说话和气、买卖公平、借东西要还、损坏东西要赔、不打人骂人、不损坏庄稼、不调戏妇女、不虐待俘虏。"在同一天颁布的《中国人民解放军宣言》中要求全军指战员"必须提高纪律性,坚决执行命令,执行政策,执行三大纪律八项注意。军民一致,军政一致,官兵一致,全军一致,不允许破坏纪律的现象存在"。

(三)人民战争思想

人民战争是我党历来坚持的指导战争的根本路线,是我党唯一正确的战争指导思想,是毛泽东军事思想的核心内容,是我们进行革命战争的根本指导路线,是我军克敌制胜的法宝。

1. 人民战争思想的含义

人民战争是指广大人民群众为反抗阶级压迫或民族压迫而组织和武装起来进行的战争。它具有两个基本特征,一是战争的正义性。在毛泽东看来,战争的性质既取决于它的政治目的,又取决于它的社会效果。即能否促进历史的进步,而其根本标志在于是否符合广大人民群众的根本利益。战争的正义性是实行人民战争的首要条件和政治基础;二是战争的群众性。战争的群众性是指战争必须有广大人民群众的支持和参加,这是人民战争的重要标志。历史上,凡是具备这两个特征的战争都可称为"人民战争"。我党领导的人民战争,较之一般意义上的人民战争群众性更广泛、革命性更彻底且组织性更严密。

人民战争思想的基本精神是在中国共产党的领导下,以人民军队为骨干,坚决依靠广大人民群众,实行主力兵团与地方兵团相结合,正规军、游击队与民兵相结合,武装斗争与非武装斗争相结合的人民战争。

2. 人民战争思想的理论基础

以毛泽东为代表的中国共产党人，在领导中国革命战争的实践中创造性地发展了马列主义关于人民战争的理论。对实行人民战争的必要性和可能性，以及如何实行人民战争问题，做了系统的论述，阐明了人民战争的理论基础和政治基础，实行人民战争的指导原则，并创立了具有中国特色的人民战争思想。

（1）人民群众是战争胜负的决定力量

战争是力量的抗争，人民战争的主体是人民群众，人民群众是社会发展变革的决定力量，也是战争胜负的决定力量。要准确地理解和把握人民战争思想，就必须首先认识人民群众在战争中的作用。毛泽东曾说："人民，只有人民，才是创造世界历史的动力。"这就是毛泽东人民战争思想的根本出发点和理论基础。毛泽东还指出："革命战争是群众的战争，只有动员群众才能进行战争，只有依靠群众才能进行战争。"中国革命战争的历史和实践证明，人民群众是人民军队赖以生存和发展的条件，是战争中一切力量的源泉，是战争胜负的决定力量。

（2）战争的正义性是实行人民战争的政治基础

战争的正义性和非正义性决定人心的背向。历史上的战争虽然千差万别，但按其性质，不外乎两大类，即正义战争和非正义战争。正义战争是进步的，符合人民群众的根本利益。人民群众不但真心拥护，而且积极支持和踊跃参加；相反，非正义战争是退步的，是为少数利益服务的，必然要遭到人民群众的坚决抵制和反对。战争的正义性是实行人民战争的政治基础，只有正义的革命战争，才能实行广泛发动群众实施人民战争。

（3）战争胜负的决定因素是人不是物

人和武器是构成战斗力的两个基本要素，正确处理人与武器的关系是人民战争思想的一个重要理论问题。毛泽东根据历史唯物主义的基本原理，批判了"唯武器论"的观点，科学地阐明了人在战争中的地位和作用。他指出："武器是战争的重要因素，但不是决定的因素，决定的因素是人不是物。"这是毛泽东同志在战争问题上对人与武器关系的精辟论述和高度概括。人是战争胜负的决定因素，在一定的物质基础上，谁充分发挥了人的能动作用，谁就能赢得战争的胜利。武器是战争胜败的重要因素，毛泽东在强调人是战争胜败决定因素的同时，并不否定武器的重要作用。

（4）马克思主义政党的正确领导是实行人民战争的必要条件

作为战争的指导思想，人民战争不是群众起来就可以自发形成的，它必须有战争的领导条件。人民战争的领导者必须具备两个条件，一是真正代表人民群众的利益，反映人民群众的根本愿望，全心全意为人民群众谋取利益；二是懂得和掌握群众路线的指导方法，善于制定有利于调动群众积极性的方针和政策，这两个条件唯有马克思主义的政党才能具备。

3. 毛泽东人民战争思想的主要内容

毛泽东人民战争思想的内容极为丰富，主要包括坚持中国共产党对人民战争的统一领导、结成最广泛的革命统一战线、实行以人民军队为骨干的三结合的武装力量体制、以武装斗争为主与其他斗争形式密切结合、建立巩固的革命根据地，以及实行灵活机动的战略战术。

（1）党的领导是人民战争胜利的根本保证

综观中国历史上大小数百次的农民起义战争，之所以失败就是因为没有先进阶级政党的领导。自从中国工人阶级走上政治舞台,特别是有了中国共产党的领导之后,中国人民革命战争才焕然一新。这就是说,党的领导是实行人民战争的首要条件。

只有坚持中国共产党对革命战争的领导,才能确保战争的正确方向。革命战争向什么方向发展,取决于战争的领导者所代表的阶级和领导集团对待战争的态度,以及他们所制定的路线方针政策和战略战术。我们的军队是党直接领导的军队,人民军队之所以从小到大,从弱到强逐步发展壮大并取得一个又一个的胜利,正是由于很好地坚持了党的领导。

只有中国共产党才能最广泛和深入地发动群众。中国共产党是中国人民利益的忠实代表,是为人民的利益而组织和进行战争的。所以中国共产党是人民群众最信赖的党,是团结和组织人民群众的核心。也必然得到人民群众的拥护,也就能广泛地深入地发动群众,调动人民群众进行革命战争的积极性。

只有坚持党的领导,才能结成最广泛的统一战线。党对战争的领导不仅表现在能够广泛地发动群众参加战争,还表现在它能最大限度地团结、调动和组织各条战线上的社会力量,紧密配合军事斗争,发挥整体威力。如在解放战争中,我党除了领导人民军队在战场上与敌进行殊死的军事较量外,还积极地组织各民族的工人、农民、知识分子和一切爱国人士的革命统一战线。使军事、政治、经济、文化和外交等各条战线的斗争融为一体,形成了我党统一领导下的反对国民党反动派的总体战,最终打败了国民党反动派,取得了中国人民解放战争的最后胜利。

(2) 兵民是胜利之本

兵是指军队;民是指人民群众,兵民结合是取得战争胜利之根本。如果只有军队而无人民群众的紧密配合,或只有人民群众而没有一支人民的军队,都不可能取得战争的胜利。

"兵民是胜利之本"的思想说明,人民军队是进行人民战争的骨干力量。没有一支人民的军队,就不可能对付反革命军队的进攻和坚持长期的革命战争,就不能最后战胜强大的敌人;同时也说明人民群众中蕴藏着无穷的创造力,只有军民结合才能处处打击敌人,使敌人变成瞎子和聋子。如在革命战争中广泛实行地道战、地雷战和麻雀战,以及村自为战等,就使敌人处于人民战争的汪洋大海之中。

(3) 广泛深入发动群众进行战争

毛泽东指出革命战争是群众的战争,只有动员和依靠群众才能进行革命战争,这是毛泽东人民战争思想最基本的理论。战争不仅仅是交战双方军力和经济力量的竞赛,而且也是人力与人心的竞赛。"战争的伟力之最深厚的根源,存在于民众之中。"革命的战争如果离开了人民群众,那就是无源之水,无本之木,也就失去了进行战争的雄厚的物质基础。

民众是战争人力的源泉,人力是构成战争力量的基础。军事力量的强大,很重要的条件之一是军队数量上的优势。民为兵源,兵无民不坚。要建立数量优势的军队,民众是兵力的源泉。

民众是战争物力和财力的源泉,战争是物力的竞赛,离开了一定的物质条件就谈不上进行战争,而进行战争最雄厚的物力来源于民众之中。民众不仅是物资的生产者,而且是物质的供给保障者,我军进行的辽沈、淮海和平津三大战役,支前民工就达 500 多万人,担架 10 多万副,大车 38 万辆,牲口 100 万头,粮食 95 亿斤[①]。毛泽东曾感慨地说,我们的解放

---

① 1斤=500克。

战争主要就是靠北方这 16 000 万人民打胜的。陈毅说过,淮海战役的胜利是老百姓用小车推出来的。

战争的伟力存在于民心所向,任何战争如果与人民群众的意志相背离,那么就很难得到人民群众的支援。在抗日战争中,当国民党高级将领杜聿明的军队同日寇作战时可处处得到人民的支援。杜曾感慨地说:"本军是民众的武装,民众是本军的父老,本军的胜利其实也就是民众的胜利。"当杜率领大军调转枪口进行反革命内战时,却陷入了孤立无援的境地。

(4) 建立巩固的革命根据地

根据地是战争的依托。创建革命根据地,走农村包围城市最后夺取政权的道路是中国革命战争武装斗争的主要经验和特点之一,是毛泽东指导中国革命战争的伟大战略思想。它的具体内容是在中国社会政治和经济发展不平衡的条件下,在中国共产党的领导下,在敌人统治薄弱的农村地区依靠和发动农民群众实行土地革命,建立和组织民主政权。并且进行武装斗争,实行工农武装割据,把落后的农村建成先进的巩固的根据地。造成军事、政治、经济和文化上的革命阵地,并以此为依托开展广泛人民战争。我党创建的第 1 个根据地是 1927 年 10 月由毛泽东率领秋收起义的部队在井冈山建立的,这一根据地的建立点燃了"工农武装割据"的星星之火,使中国革命找到了生存和发展的立足点。抗日战争时期,在日本侵略军大举进攻,国民党军节节败退的时候,我党领导的八路军和新四军英勇地向敌后挺进,先后在华北、华中、华东和华南建立了拥有 1 亿多人口,面积达 100 万平方公里的 19 个抗日革命根据地,为夺取全国的胜利奠定了基础。

(5) 实行"三结合、一配合"的组织形式和斗争形式

在中国革命战争的长期实践中,毛泽东创造性地提出了野战军、地方军与民兵相结合的武装力量体制,并提出了实行"主力兵团与地方兵团相结合;正规军和游击队、民兵相结合;武装群众和非武装群众相合;以军事斗争为主与各条战线上的其他各种斗争相配合"的组织斗争形式。

毛泽东指出:"这支军队之所以有力量,还由于有人民自卫军和民兵这样广大的群众武装组织,和它一道配合作战。""没有这些群众武装力量的配合,要战胜敌人是不可能的。"这就说明人民军队和群众武装好比一车两轮,缺一不可。

(6) 实行与人民战争相适应的战略战术

进行人民战争不能局限于采取一般的作战方法,而采取适应人民战争特点和灵活机动的战略战术,如正确地规定战略方向;贯彻执行积极防御的战略方针;战略上以弱击强,战术上以强击弱;阵地战、运动战和游击战 3 种作战形式相配合;以我之长击敌之短,有什么条件打什么仗;集中优势兵力各个歼灭敌人等。其基本思想是从战争的客观实际出发,在既定的客观物质基础上,充分发挥主观能动性,夺取战争的胜利。

(四) 人民战争的战略战术思想

人民战争的战略战术体现了毛泽东人民战争思想的战略指导原则和作战方法,是毛泽东高超的战争指导艺术的总结。它揭示了中国革命战争的指导规律,是毛泽东军事思想中十分精彩的部分,内容十分丰富。

1. 实行积极防御,反对消极防御

毛泽东指出:"积极防御,又叫攻势防御,又叫决战防御;消极防御,又叫专守防御,

又叫单纯防御。消极防御实际上是假防御，只有积极防御才是真防御，才是为了反攻和进攻的防御。"这不仅是毛泽东对两种不同性质的防御做出的科学概括，也说明毛泽东主张积极防御，反对消极防御。

毛泽东积极防御战略思想的基本精神：一是坚持自卫立场，后发制人。人不犯我，我不犯人。人若犯我，我必犯人；二是防中有攻，攻防结合。防御是为了积蓄力量，待机破敌；三是对待强敌，持久作战。

总之，毛泽东积极防御的战略思想是后发制人、攻防辩证统一和持久胜敌的思想。它指导着中国革命战争的全过程，是毛泽东战略思想的精髓，是我军制订战略方针的理论依据，是指导我军取得战争胜利的正确的战略指导思想。

2. 战略上藐视敌人，战术上重视敌人

毛泽东指出："从战略上看，必须如实地把帝国主义和一切反动派，都当成纸老虎。从这点上，建立我们的战略思想；另一方面，它们又是活的铁的真的老虎，它们会吃人的。从这点上，建立我们的策略思想和战术思想。"毛泽东还指出："如果我们在全体上过高估计敌人力量，因而不敢推翻他们，不敢胜利，我们就要犯右倾机会主义错误；如果我们在每一个局部上，在每一个具体问题上，不采取谨慎态度，不讲究斗争艺术……我们就要犯'左'倾机会主义错误。"毛泽东关于帝国主义和一切反动派既是"纸老虎"又是"真老虎"的论断，奠定了人民战争战略战术的基本原则。即在战略上，要把敌人看成是纸老虎，我们要藐视它；在战术上，要把敌人看成是真老虎，我们要重视它，注意把握斗争的策略和方法。

3. 保存自己，消灭敌人

"保存自己，消灭敌人"是兵家公认的原则，是同一战争目的的两个方面。首先，二者是对立统一的，它们紧密联系并相互制约；其次，二者的关系有主次之分。毛泽东指出："战争目的中，消灭敌人是主要的，保存自己是第二位的，因为只有大量地消灭敌人，才能有效地保存自己。"再次，二者的主次关系并不是固定不变的，在一定的条件下会发生转化。例如，在敌我力量悬殊的情况下，不能与敌人硬拼，需要后退，摆脱敌人，这时保存自己就处于优先考虑的地位。

"保存自己，消灭敌人"是战争的基本原则，毛泽东指出："一切军事行动的指导原则，都根据一个基本的原则，就是尽可能地保存自己的力量，消灭敌人的力量。"一切技术、战术、战役和、战略的原理都离不开"保存自己，消灭敌人"这个原则。它普及于战争的整体，贯彻于战争的始终。

4. 集中优势兵力，各个歼灭敌人

毛泽东强调，在战略上敌强我弱和敌优我劣的条件下，为了改变敌我进退、攻防和内外线的形势，将被动转为主动，要贯彻在战略上"以一当十"；在战术上"以十当一"的思想，实行集中优势兵力各个歼灭敌人的作战原则。毛泽东同志把"集中优势兵力各个歼灭敌人"视为战胜敌人的法宝。早在井冈山时期，毛泽东就指出："红军以集中为原则，赤卫队以分散为原则"，并说"我们的经验，分兵几乎没有一次不失败；集中兵力以击小于我或等于我或稍大于我之敌，则往往胜利。"在解放战争开始不久，毛泽东代表中央军委起草了"集中优势兵力，各个歼灭敌人"的作战指示。并指出："这是战胜蒋介石进攻的主要方法，实行这种方法，就会胜利。违背这种方法，就会失败。"

5. 力求实现歼灭战

歼灭战，就是歼灭敌人全部或大部的作战，是我军作战的基本方针。歼灭战是毛泽东一贯的作战指导思想，毛泽东在《中国革命战争的战略问题》一书中确定我军作战的"基本方针是歼灭战"。他形象地指出："对于人，伤其十指不如断其一指；对于敌，击溃其十个师不如歼灭其一个师。"土地革命战争时期，中央红军第1次反围剿的第1仗就全歼敌一个师，活捉师长张辉瓒，吓得其他6个师仓皇后撤。

6. 周密地进行战争准备

"不打无准备之仗，不打无把握之仗。每战都应力求准备，力求在敌我条件对比下有胜利的把握。"这充分说明了战争准备的极端重要性。

不打无准备之仗，不打无把握之仗是达成战争目的的一条重要的战略战术原则，这一原则主要强调以下两个方面。

①作战行动事先必须有严密的计划。也正如毛泽东说的："凡事预则立，不预则废。没有事先的计划和准备，就不能获得战争的胜利。"解放战争时期，我军为攻克石家庄这个坚固的华北重镇，在战前一年的时间里就进行了准备。对作战方案进行了反复论证，只用了7天就攻克了。

②战争的准备要建立在确有把握取胜的基础上，确有把握是指具有战胜敌人的根据和信心，有准备是实现确有把握的前提条件。当然战争准备的程度和时限，应根据当时的具体情况而定。有时看来准备不够充分，只要能抓住时机，同样可以有把握取胜。如1948年我军在西北进行的宜川战役，当敌进至我瓦子街伏击地域时我军一个纵队没有赶到。在部署尚未完全就绪的情况下，为了不错过有利时机，指挥员毅然决定发起攻击，结果全歼2.3万余敌人。

7. 慎重初战

初战也称"序战"，指战争或战役的第1仗。毛泽东强调要重视初战问题，是因为初战的胜负对战争或战役全局有着极为重大的影响。一着不慎，就有可能给战争或战役带来不可收拾的结局。因此毛泽东一再强调对待初战问题要慎之又慎，不可有一丝一毫的马虎鲁莽。在初战的问题上，毛泽东明确提出了初战"必须打胜、必须照顾全战役计划和必须照顾下一战略阶段"的3个原则。

毛泽东慎重初战思想并不是害怕敌人，更不是消极避战和不敢作战。他是建立在战略上藐视敌人、战术上重视敌人基础之上的，是一种对革命高度负责的精神和态度。

8. 运动战、阵地战和游击战紧密结合

运动战、阵地战和游击战是战争中的三种基本作战形式，毛泽东说过："战争本质即战争目的，是保存自己，消灭敌人。然而达此目的的战争形式，有运动战、阵地战、游击战三种。"运动战、阵地战和游击战这三种作战形式，前两种属于正规战；后一种属于非正规战。

运动战是指正规兵团在长的战线和大的战区，从事战役战斗的外线速决的进攻作战形式。其特点是进攻性和流动性大，在广阔的战场上实行高度机动调动敌人，寻机歼敌；阵地战是指在坚固阵地或野战阵地上进行的防御作战或对坚固阵地或野战阵地防御之敌的进攻作战，其特点是准备时间充裕、组织工作完善和作战持续时间长等，这一作战形式在解放战争时期和抗美援朝战争时运用比较多；游击战是分散流动的作战形式，也是一种群众性的武装

斗争形式。其特点较运动战更具有主动性、灵活性、进攻性、速决性和流动性,对于配合正规作战及弱小力量的生存和发展有着重要的作用。

三种基本作战形式尽管各有其不同的作用和特点,但在实现战争目的这一点上是完全一致的。三种方式相互配合,必然使敌人处于极为困难的地位。

9. 力争主动,力避被动

主动和被动是关于军队兵力使用和作战指挥艺术的一对重要范畴。孙武说过:"故善战者,致人而不致于人。"《尉缭子》中也提到:"故善用兵者,能夺人而不夺于人。"说的是善于用兵的人,能夺取主动权而不被敌人所夺取。战争中的主动权指的是军队行动的自由权,一支军队在战争中进退攻防都能由它做主,行动自由,不受敌人的控制和支配,这就掌握了战争的主动权。

战争中的被动权指的是被客观形势所摆布,被迫处于不自由状态,一切都要受到敌人的控制,失去了行动自由。这就丧失了主动权,处于被动地位。

毛泽东指出战争主动权的获得与保持,有赖于两个最基本的条件,一是战争力量的优势;二是正确的主观指导;此外还要造成敌人的错觉和不意。毛泽东指出:"错觉和不意,可以丧失优势和主动。因而有计划地造成敌人的错觉,给以不意的攻击,是造成优势和夺取主动的方法,而且是重要的方法。"例如隐真示假、虚虚实实、真真假假和声东击西等。

(五)国防建设思想

新中国建立后,毛泽东等老一辈无产阶级革命家为了适应新的形势和任务的需要,总结了国防建设和军事斗争的实践经验,创立了国防建设理论。它对国防现代化建设的重要性,对人民军队的革命化、正规化和现代化建设,对坚持独立自主的方针,对国防建设指导思想的战略转变,对军事改革的思想和原则,以及战争准备等问题做了系统的阐述。这是毛泽东军事思想在建国以后的重大发展和重要组成部分,其主要内容如下:

①以适应国际背景作为国防建设的出发点,大力加强国防军和国防工程建设。毛泽东针对当时的情况,提出了从中国的国情出发进行国防现代化建设,要在现有基础上充分发挥人的主观能动性,走出一条中国自己的国防现代化道路。其中在国防工程建设方面要求做到一是要重点设防,即国防工程不能面面俱到,要选择重要的战略方向和要点;二是平战结合,即建设的工程具有双重的功能,平时适应民用,战时转入军用;三是统筹兼顾,既要确保重点,应付大战,又能应付局部战争或小型战争。

②以积极防御的军事战略方针作为国防建设的着眼点,加强国防建设抵御外来侵略,捍卫国家主权和领土完整,确保国家安全。我国的政策是对外永远不称霸,绝不侵犯别人,也绝不允许别人侵略我国。

③国防建设必须与国家经济建设相适应,必须服从并服务于经济建设大局。军队要积极参加和支援国家经济建设,使国防建设和经济建设协调发展。

④国防建设必须以现代化建设为中心,这是现代战争的必然要求,也是我军向高级阶段发展的必由之路。

⑤国防建设必须坚持独立自主、自力更生的方针,我们希望并争取外援,但我们不依赖外援。国防建设的现代化必须放在自己力量的基点上,独立自主地解决军队现代化建设所需的武器装备,建设具有中国特色的国防。

⑥要实行精干的常备军与强大的后备力量相结合，搞好军队体制改革和精简整编。加强军队的法制建设，保持武装力量的高度统一和集中。

⑦走军民结合、平战结合和寓兵于民的道路，实行"两条腿走路"。发展常规武器与发展尖端武器相结合，优先发展核武器。建立现代化的军队与强大的民兵相结合，建立和完善中央和地方两级国防科技和国防工业体系。

⑧发展军事科学，发挥先进的军事理论在国防建设中的先导作用。

⑨依靠全民办国防，提高全民的国防观念，把国防建设纳入国家总体建设规划之中。

⑩国防建设要注重借鉴外国经验。

四、毛泽东军事思想的历史地位和指导意义

毛泽东军事思想，在军事科学发展史上独树一帜，占有重要的历史地位。

（一）毛泽东军事思想对马列主义军事理论作出了重大而独特的贡献

毛泽东是举世公认的战争艺术大师，在20世纪的世界无产阶级革命家中，就指挥革命战争时间之长、规模之大、经验之丰富，毛泽东当是首屈一指的。他创造性地发展了马列主义的军事理论，并将其发展到一个新的高度，其独特贡献具有鲜明的中国特色，是马列主义军事理论宝库中价值连城的珍品。

（二）毛泽东军事思想在世界上具有广泛而深刻的影响

毛泽东军事思想的影响，远远超出了中国的国界和产生的时代。她作为人类优秀文化的灿烂结晶，在世界军事理论殿堂中享有显赫的地位。在中国革命取得胜利后，毛泽东军事思想受到世界各国的普遍重视，许多人开始对其进行探索和研究，许多国家成立了毛泽东军事思想的研究会和学习会。在20世纪，全球发行量最大的书之一，就是《毛泽东选集》，不仅在中国出版几亿册，并发行到世界上100多个国家。

（三）毛泽东军事思想是我军打赢高技术战争的法宝

毛泽东军事思想的基本原则，反映了现代战争和军队建设的一般规律，是经过实践检验了的科学真理，对指导我国国防建设、军队建设及做好新时期军事斗争准备，对我军打赢未来高技术条件下的现代战争，都具有普遍的指导意义。毛泽东军事思想是我军打赢高技术战争的重要法宝。邓小平新时期军队建设思想、江泽民国防和军事建设思想、胡锦涛国防和军队建设重要论述，是发展了的毛泽东军事思想。

第三节 邓小平军事理论

邓小平是我们党的第2代领导核心，是建设有中国特色社会主义伟大事业的开拓者和领导者，是中国社会主义改革开放和现代化建设的总设计师，也是新时期军队和国防现代化建设的总设计师。邓小平的军事生涯在其光辉一生中占有重要位置，他对当代中国和人民军队建设最重要的贡献之一是创立了新时期军事理论。

一、邓小平军事理论的科学含义

邓小平军事理论是以邓小平为代表的中国共产党人,在中国社会主义建设新的历史时期,关于军队建设及有关军事问题的科学理论体系。是马克思主义基本原理与新时期军队和国防建设实践相结合的产物,是邓小平理论的重要组成部分,是新的历史时期对毛泽东军事思想的继承和发展,是党的第 2 代领导集体智慧的结晶。

(一)邓小平军事理论是马列主义军事理论、毛泽东军事思想与新时期军队和国防建设实践相结合的产物。

邓小平在领导军队和国防建设的伟大实践中运用马列主义军事理论和毛泽东军事思想的立场、观点和方法,研究新情况,解决新问题,创造性地提出了一系列国防和军队建设的原则、方针和政策。不仅丰富发展了马克思主义军事理论,而且具有鲜明的时代特征。

(二)邓小平军事理论是邓小平理论的重要组成部分

邓小平理论包括的内容很多,军事理论在其理论体系中占有重要地位。例如,关于邓小平军队改革的思想就是邓小平国家改革思想的重要组成部分。解放思想,实事求是是邓小平理论的精髓,也是邓小平军队建设思想的理论基础。关于时代主题的理论,既是邓小平理论的一块重要理论基石,是我们正确认识国际战略环境做出一系列战略决策的重要依据;同时也是邓小平军队建设思想的重要内容。以经济建设为中心,坚持改革开放,坚持四项基本原则"一个中心,两个基本点"的基本路线是邓小平理论的核心。而正是这一点构成了邓小平军队建设思想的灵魂,规定了我军以现代化建设为中心,建设一支强大的现代化、正规化和革命化军队"三化"建设的总目标和总任务。

(三)邓小平军事理论是新时期中国军队和国防建设实践的科学总结

邓小平作为党的第 2 代领导集体的核心,亲自领导了新时期军队和国防建设的伟大实践,具体研究和解决了军队和国防建设实践中遇到的一系列重大现实问题。他的许多重要论述都是针对军队的现实问题提出的,是对新时期军队和国防建设实践经验的科学总结。

(四)邓小平军事理论是以邓小平为杰出代表的全党全军集体智慧的结晶

邓小平军事理论不仅是邓小平本人的,而且是以邓小平为代表和核心的党的第 2 代领导集体的贡献。邓小平许多重要思想都是在实践中集中了党中央、中央军委和广大指战员的集体智慧,这就使邓小平军队建设思想具备了坚实的实践基础和群众基础。

二、邓小平军事理论的形成与发展

邓小平新时期军队建设思想是从新时期面临的国际国内形势出发,为适应军队建设和国防建设的需要,在实践中逐步形成和发展的。

(一)邓小平新时期军队建设思想形成阶段(1975—1978 年党的十一届三中全会前)

1975 年 1 月,邓小平同志被任命为中央军委副主席兼总参谋长主持军委日常工作,并在随后举行的党的十一届二中全会上当选为中共中央副主席、政治局常委和国务院副总理。鉴于周恩来病重需继续住院治疗，由他主持党和国家的日常工作。其后，他着手全面整顿，努力纠正"文化大革命"错误的同时对"四人帮"破坏军队建设的行径进行了坚决的斗争。1976年，他第2次被错误罢免。同年10月，我们党一举粉碎了"四人帮"。1977年7月，我们党决定恢复邓小平的党政军领导职务。邓小平在这一时期先后发表了一系列重要讲话，就新时期军队建设问题提出了许多重要的论断和方针，指导我军各方面的工作胜利地实现了拨乱反正。为在新的历史条件下研究新情况，解决新问题，全面推进军队和国防现代化建设铺平了道路。针对"两个凡是"的错误方针，他提出了要完整准确地领会和把握毛泽东思想科学体系的论断；提出了一切从实际出发，理论联系实际，实事求是是毛泽东思想的出发点和根本点；提出了要把军队办成一个大学校，要把教育训练提高到战略地位，以及在新的历史条件下加强思想政治工作等重要原则；针对林彪、"四人帮"对军队的破坏，高举军队要整顿的旗帜，恢复毛泽东的建军传统，提出了一系列重要的建军思想，如抓编制、抓装备和抓战略的思想；要克服软懒散，建立"敢"字当头的领导班子的思想；要建立调整干部队伍和领导干部交流的思想；军队要树立克服派性，增强党性，加强纪律性的思想等。总之，在党的十一届三中全会之前，邓小平就在军队建设实践中总结出了一系列重要建军思想和原则。特别是对党的实事求是思想路线的恢复和提出毛泽东思想是一个完整的科学体系的论断，为新时期军队建设思想科学体系的形成做了必要准备。

（二）邓小平新时期军队建设思想成熟阶段（1978年12月党的十一届三中全会—1985年6月军委扩大会议召开）

1978年12月，党的十一届三中全会召开，实现了党的工作重点的转移。在这次大会上，邓小平发表了《解放思想，实事求是，团结一致向前看》的重要讲话。1979年2月，邓小平同志亲自部署了对越自卫还击作战并取得了胜利。1980年秋，中央军委将"积极防御，诱敌深入"的战略方针调整为"积极防御"的战略方针，使我军战略指导思想更加明确。1981年6月，在党的十一届六中全会上，邓小平同志当选为中央军委主席。之后从国家发展战略的高度，本着解放思想和实事求是的精神分析了我军建设所处的国际环境及国内条件，以及现代化科学技术对战争方式的影响及其军队建设的要求，在党和国家工作重心转移后就新时期军队建设进行了总体设计，提出了军队建设的总目标和总任务，以及基本指导思想，使邓小平新时期军队建设思想形成了一个完整的科学理论体系。

（三）邓小平新时期军队建设思想丰富发展阶段（1985年6月以后）

在这一阶段，邓小平就我军在国家改革开放不断深入的新形势下，如何更好地履行自己的职能提出了关于军队建设的重大理论原则并进一步明确了军队的性质、任务和地位作用。1987年11月，党的十三届一中全会再次选举邓小平为中央军委主席。1989年6月，邓小平接见驻首都部队军以上干部并发表重要讲话，为新时期军队建设进一步指明了方向。同年召开的党的十三届五中全会批准邓小平辞去军委主席的请求，之后，邓小平仍然继续关心着国家和军队的建设。无论是在视察南方谈话中，还是在军队发展的重要关头，邓小平敏锐并有针对性地提出了一些重要的思想原则。例如，关于社会主义本质的理论和坚持党的基本路线一百年不动摇的思想；关于人民民主专政的历史地位和军队的作用的思想；关于在新的历史条件下必须发扬红军光荣传统的思想等，都进一步丰富和发展了新时期军队建设思想的科学体系。以江泽民为核心的中央军委组成后，全面贯彻了邓小平新时期军队建设思想。特别是在1992年10月召开的党的十四大上，江泽民正式提出"邓小平新时期军队建设思想"的概念，确立了邓小平新时期军队建设思想对军队建设的根本指导地位。

三、邓小平军事理论的科学体系

邓小平军事理论是马列主义军事理论和毛泽东军事思想在新的历史条件下的创造性运用与发展，是中国化且最具有时代特色的当代马克思主义军事理论。邓小平军事理论系统回答了新的历史条件下军队建设的一系列重大问题，反映了新时期军队建设和军事斗争的基本规律，内容十分丰富，概括起来主要包括以下内容。

（一）关于新时期战争与和平理论

战争与和平问题是军事领域的一个基本问题。邓小平依据马克思主义的基本原理，高瞻远瞩，纵观世界全局，对当代国际形势进行了全面而深刻的观察思考和分析。并据此提出了新时期战争与和平理论，极大地丰富和发展了马克思主义的战争观。

1. 和平与发展是当代世界的主题

进入20世纪80年代以后，邓小平根据对国际形势长期观察和对世界主要矛盾实事求是的分析，系统地提出了判断国际形势，认识战争与和平问题的科学方法。这一方法的实质就是从政治、经济和军事相统一的原则出发，全面考察时代特征，据此他提出了和平与发展是当代世界主题的科学论断。其基本思想包括一是维护世界和平是当今世界不可逆转的历史潮流；二是促进发展成为当代世界各国面临的共同课题和紧迫任务；三是和平与发展，发展是核心问题；四是争取世界经济的发展，就必须反对霸权主义，维护世界和平，建立公正及合理的国际政治经济新秩序。

2. 世界大战在一定条件下是可以避免的

邓小平基于长期对世界形势和战略格局的研究，以及对世界政治、经济和军事的新特点的全面分析提出战争危险依然存在，但世界大战在一定条件下是可以避免的论断，因为一是和平力量的增长和各种制约战争的因素的作用，世界大战是可以避免的；二是世界大战避免是有前提的，即我们的工作做得好，世界人民共同为和平努力奋斗，使和平力量的增长超过战争力量的增长；三是世界大战可以避免并不是一切战争都可以避免，在大仗打不起来的情况下，局部战争和地区性冲突仍此起彼伏，局部战争成为当今战争的主要作战形式。

3. 霸权主义是当代战争的主要根源

邓小平根据对新的形势的分析，指出对外奉行霸权主义的帝国主义是现代战争的根源，如果某些社会主义国家奉行霸权主义的对外政策，同样也是现代战争的策源地；同时，还把霸权主义区分为世界霸权主义和地区霸权主义，明确指出如果某些地区性强国推行对外侵略扩张的霸权主义政策，也会成为地区战乱的根源。

4. 反对霸权，维护和平，努力制止战争

邓小平强调，我们的政策一切着眼于反对霸权主义，维护世界和平。中国希望最低限度20年不打仗，更希望70年内不打仗。要"高举反对霸权主义、维护世界和平的旗帜，奉行独立自主的对外政策，坚定地站在和平力量一边。""谁搞霸权就反对谁，谁搞战争就反对谁。"要增强第三世界国家的团结，促进和平力量的发展，制止战争的爆发。

（二）关于新时期国防建设理论

在新的历史时期，邓小平以马克思主义实事求是的科学态度对国内外形势和新的历史条件进行了深谋远虑的思考。在实践中探索和规划了国防发展战略，提出了建设有中国特色国防现代化的理论。

1. 国防建设和军队建设指导思想实行战略性转变

党的十一届三中全会以后，党和国家的工作重点已经转移到经济建设上来。国防建设和军队建设要由准备早打、大打和打核战争转到相对和平时期的长远建设上来，这一转变的实质是利用相对稳定和平的有利的国际环境，有计划和有步骤地加强四个现代化建设，从根本上增强我军的战斗力。为此国防建设和军队建设要服从和服务于国家经济建设大局，既要确保国家经济的发展，又要以经济的发展带动国防和军队的现代化建设。

2. 国防现代化必须从国情军情出发

离开中国国情和军情这个基本条件，国防现代化建设就会脱离实际，必须把基点放在独立自主和自力更生上。当然在科学技术高速发展的今天，学习和借鉴外国有益经验是必要的。但要结合自己的实际，着眼发挥自己的优势，保持鲜明的中国特色。邓小平明确提出和按照国家总体发展战略的要求，我国国防现代化的发展目标是充分利用世界大战可以避免和国际形势趋于缓和的有利时机，随着国民经济的不断发展努力加强国防建设。到21世纪中叶，使我国的国防综合实力接近或赶上当时世界其他军事强国，能在维护国家的安全利益和维护世界和平中发挥更加积极的作用。

3. 调整和改革国防科技工业体制

邓小平根据国家经济建设和国防建设的需要，要求把国防科技和国防工业纳入整个国家规划，实行"军民结合、平战结合、军品优先、以民养军"的方针。以适应社会主义市场经济的要求和国防现代化建设的需要，促进国家的经济建设和科学技术的发展。

4. 切实抓好全民国防

建设现代化的国防，有赖于全国军民的共同努力。为此政治上要坚持以马列主义和毛泽东思想为指导，组织上要强调党、政、军、民通力合作抓国防，体制上要实行精干的常备军与强大的后备力量相结合，思想上要加强维护国家利益为重点的全民国防教育。要通过国防教育增强全国人民捍卫国家、民族和社会主义现代化建设的责任感和凝聚力，调动全国人民加强国防建设的积极性。总之，要让全国军民都来参加国防建设。

（三）关于新时期军队建设理论

在新的历史时期，邓小平根据新的历史条件和新时期军事斗争的实际需要，重新确立了以建设现代化和正规化的革命军队作为我军建设的发展目标。并提出了与之相适应的基本原则、内容和要求，形成了建设现代化和正规化革命军队的系统理论。

1. 重新确立了新时期军队建设的总目标和发展目标

邓小平明确提出把建设现代化和正规化的革命军队作为新时期我军建设总目标和发展目标。军队革命化建设要坚持中国共产党对军队的绝对领导，坚持全心全意为人民服务的根本宗旨，保持人民军队的无产阶级性质。使我军永远成为党和国家的钢铁长城，成为国家政权、社会主义制度和人民利益的忠实捍卫者。

军队现代化建设要在国民经济不断发展的基础上，逐步改善和发展我军的武器装备；把教育训练提高到战略地位；调整与改革军队的体制编制；要逐步实现指挥系统和后勤保障的现代化；加强军事科学理论研究，发展我国军事科学等。

军队正规化建设要坚持依法从严治军，严格军队纪律，确保军队高度统一；要建立健全规章制度，完善军事法规，严格按条令例和规章制度行事；要加强管理教育，全面建立战备、训练、工作及生活等方面的正常秩序，努力做到管理科学和行动规范。

2. 新时期军队建设要以现代化为中心

随着科学技术的发展和现代战争样式的变化，如果军队不搞现代化建设，就难以适应这种发展和变化的要求。军队的一切工作和正在进行的一切改革，都要服从和服务于现代化建设，都要紧紧围绕这个中心。以现代化为中心，这是由我军建设的主要矛盾，即现代战争的客观需要与我军现代化水还比较低的矛盾所决定的；以现代化为中心，就是坚持我军的战斗力的根本职能，坚持以提高战斗力作为我军建设和改革的出发点和落脚点，作为检验我军各项工作的根本标准；以现代化为中心，就要不断深入地进行积极稳妥的改革。

3. 注重质量建设，走有中国特色的精兵之路

军队建设要讲质量，讲真正的战斗力，搞少而精真正顶用的。其基本思想一是精简整编，优化组织结构；二是坚持独立自主和自力更生的方针，积极发展和改善我军的武器装备；三是通过严格的教育训练来提高军队的素质和战斗力。

4. 加强政治建设，保证军队在政治上永远合格

要坚持政治工作的"生命线"地位，须保证人民军队的性质，忠于党、忠于国家、忠于人民，保证我军政治上永远合格。充分发挥政治工作的"服务"和"保证"作用。坚持用马列主义，毛泽东思想和新时期"一个中心和两个基本点"教育和统一全军的思想，把忠实维护国家建设和改革开放，反对资产阶级自由化和"和平演变"作为政治工作的重点。培养有理想、有道德、有文化、有纪律的"四有"军人。坚持党对军队的绝对领导，把发挥军队内党组织的战术堡垒作用和党员的先锋模范作用，作为政治工作的核心内容。树立永远是战斗队的观念，加强精神文明建设。

5. 加强后勤建设，提高现代战争的后勤保障能力

后勤建设必须以提高部队战斗力为目的；保障军队现代化建设的需要，特别是要提高应付局部战争和突发事件的后勤保障能力；同时，加强后勤建设必须坚持艰苦奋斗和勤俭建军的原则。加强后勤科研，精打细算，开源节流。少花钱、多办事、办好事并办大事，不断提高经济效益，努力为提高部队的战斗力服务。

6. 加强军事科学研究，发展我国军事科学

军事科学研究是军队建设的重要组成部分，是建设现代化、正规化和革命化军队的重要内容。要坚持以马列主义军事理论和毛泽东军事思想为指导，以新时期积极防御军事战略方针为依据；解放思想，实事求是；一切从实际出发，理论联系实际；面向现代化，面向世界，面向未来；认真总结我军的历史经验；重视汲取外军的有益经验；继承和发展毛泽东军事思想，研究现代条件下人民战争；完善和发展我国军事科学，为国防和军队建设与作战服务。

（四）关于新时期战争与战略理论

邓小平根据国际国内形势的发展变化，从我国我军的实际情况出发提出了现代条件下的人民战争理论和新时期积极防御战略理论。

1. 现代条件下的人民战争理论

人民战争是中国革命战争的指导路线，是毛泽东军事思想的核心。在新的历史条件下，邓小平继承和发展了毛泽东人民战争思想，提出了适应现代条件的人民战争理论，其基本思想：一是在现代条件下必须坚持人民战争，人民战争并未过时，仍然是我们取得现代战争胜利的法宝。因为第一，实行人民战争是由我们所进行的战争的正义性决定的，是以人民群众是历史创造者的这一历史唯物主义原理作为理论基础的。第二，科学技术的发展和武器装备的更新只是改变战争的物质条件，只能影响战争的进程和作战样式，但不能改变人民群众在战争中的决定作用。我们要充分发挥人的主观能动性，最大限度地发挥现有武器装备的作用，依靠人民的总体力量，从而弥补武器装备方面的"技术差"，最终赢得战争的胜利。二是实行现代条件下的人民战争必须发展人民战争理论。现在的人民战争与过去不同，装备、手段、条件和人民战争的表现形式也不同。因此要根据发展变化的情况，努力研究新情况，总结新经验，探讨新战法，概括新理论，发展人民战争的战略战术。

2. 新时期积极防御的战略理论

在新的历史时期，邓小平明确提出要坚持和发展积极防御战略思想，其基本思想一是在新的历史时期，必须继续坚持积极防御战略方针。从政治上来看，积极防御反映了我国社会主义的性质和人民军队的本质，体现了我们国家和军队坚持自卫的立场。从历史经验来看，只有坚持积极防御才能保卫国家的安全，维护国家的根本利益。从现实斗争状况看，由于霸权主义战争根源的存在，世界政治和经济发展的不平衡，以及民族矛盾和边界纠纷等问题的发展，还存在着对我国现实威胁。因此必须坚持积极防御，做好必要的战争准备，以应付突然事件的发生。二是坚持积极防御战略方针，就要切实做好遏制战争的工作。邓小平强调，在战争爆发之前，要把反对霸权主义的斗争作为一项严峻的任务摆在我们国家和全国人民的日程上，把战争制止在其发生之前。但重要的工作是集中力量发展经济，增强我国综合国力。从而使制止战争的和平力量大大加强，遏制非正义战争的爆发。三是坚持积极防御，必须有适应客观实际的灵活的方针。新时期我军积极防御战略的中心问题，是维护国家领土主权和海洋权益，保障国家经济建设和改革开放有一个安全稳定的环境。因此要坚持同任何国家，不管其社会制度、意识形态如何，实行和平共处，同所有周边国家加强睦邻友好的关系，以和平方式解决争端。但是对于霸权主义的侵略扩张，对于企图以武力侵犯我国领土主权的行为，对于侵扰我边界、影响我国"四化"建设的行为，都必须予以坚决的自卫还击。

四、邓小平军事理论的地位作用

（一）解放思想和实事求是是邓小平军事理论的精髓

解放思想和实事求是是邓小平建设有中国特色社会主义理论精髓，也是邓小平军事理论的精髓。邓小平解决军队和国防现代化建设问题，总是一贯地坚持党的解放思想和实事求是的思想路线，始终把中国的国情、军情、国际大局和当代世界军事发展的趋势作为指导军队和国防建设的基本依据。根据变化的世界形势，邓小平同志科学地洞察和把握国际战略格局中的基本关系，提出在和平与发展已经成为时代主题的历史条件下，军队和国防建设的指导思想要转到和平时期建设的轨道上来，适应社会主义初级阶段和国家以经济建设为中心的客观需要。邓小平同志重新审视国防建设与经济建设的关系，提出要在服从和服务于国家建设这个大局的基础上，谋求军队建设与国家经济建设协调发展。面对长期的相对和平环境、改革开放和发展社会主义市场经济给部队建设带来的新情况和新问题，邓小平同志紧紧抓住坚持人民军队性质这个根本问题，对加强军队政治建设提出了许多新的重要思想。着眼于现代科学技术，特别是高技术广泛应用于军事领域的发展趋势，基于对赢得未来战争的深刻思考提出了走有中国特色精兵之路的一整套重要指导原则。依据新的历史条件，邓小平同志深入分析和平与发展的趋势和战争的潜在危险、国家的发展利益和国家的安全需要，以及武装力量的建设和武装力量的运用问题，从不同侧面揭示新时期军队建设和军事斗争的规律得出了一系列相互联系且极其重要的军事理论观点，构成一个科学的军事理论体系，是最富有时代精神的当代马克思主义军事理论。

（二）邓小平军事理论是对毛泽东军事思想的继承和发展

在长期的革命战争实践中形成和发展起来的毛泽东军事思想是我党我军宝贵的精神财富，无论过去、现在和将来，毛泽东军事思想都是国防和军队建设的理论指南，邓小平军事理论是建立在毛泽东军事思想这一基础之上的。邓小平强调指出对待毛泽东军事思想，一要继承，二要发展。要把继承和发展统一起来，这是邓小平同志一贯倡导和坚持的科学态度，也是邓小平军事理论的显著特点和风格。邓小平在新的历史条件下，始终不渝地坚持运用毛泽东军事思想的立场、观点和方法科学地回答和解决当代实践所提出的历史性课题，领导开拓军队和国防现代化的建设道路，创造性地提出了一系列新时期军队建设和军事斗争的指导原则。从而丰富发展了毛泽东军事思想的理论宝库，为毛泽东军事思想的历史发展做出了创造性贡献。其主要理论贡献一是对战争与和平问题提出了新的论断，二是确立了军队建设的总目标和发展目标，三是提出并实行国防与军队建设指导思想的战略性转变，四是确定了国防与军队建设要服从国家建设大局的基本原则，五是指出改革是实现国防和军队现代化的根本出路，六是重新明确了我军在新时期仍要继续坚持积极防御的战略方针等。

（三）邓小平军事理论是军队和国防现代化建设的理论指南

邓小平军事理论是新的历史条件下我国国防和军队建设实践经验的科学总结和理论概括，反映了新时期国防和军队建设的基本规律，是我国国防和军队建设的指导思想。江泽民同志指出邓小平军事理论，具有鲜明的时代性、深刻的实践性和科学的指导性，为我们提供了正确认识和解决新时期国防建设、军队建设与军事斗争问题的立场、观点和方法。坚持以邓小平军事理论为指导，是我军建设沿着正确方向不断发展并夺取新的更大胜利的根本保证。军队建设之所以会有今天这样一个新的局面，最根本的原因就是有邓小平军事理论的科学理论指导。实践已经证明并将继续证明，邓小平军事理论是军队和国防现代化建设的根本依据和理论指南。

第四节 江泽民国防和军队建设思想

江泽民同志指出:"一个国家,一个民族,要生存和发展,要在竞争激烈的国际环境中站稳脚跟,就不能没有正确的军事战略方针。在当前复杂多变的国际新形势下,为了掌握战略主动,我们必须确立正确的军事战略方针。"为此江泽民同志根据国际国内形势的发展变化,在领导和参加军事活动实践的基础上,发表了一系列关于国防与军队建设的重要论述。为新时期加强国防和军队建设,走有中国特色的精兵之路提供了重要的理论依据。

江泽民作为党的第3代领导集体的核心,在带领全党全军和全国人民推进建设有中国特色社会主义伟大事业的历史进程中,从我国和我军实际出发提出的新时期军队和国防建设的一系列重要论述,创造性地发展了马列主义军事理论、毛泽东军事思想和邓小平军事理论,是新时期军队改革和建设经验的科学总结,是全面开创军队和国防现代化建设新局面的科学指南。

一、江泽民国防和军队建设思想的含义

江泽民国防和军队建设思想,是以江泽民同志为核心的中国共产党第三代领导集体关于新时期军事战略、军队建设和国防建设等基本问题的科学理论体系,是继承和发展毛泽东军事思想、邓小平新时期军队建设思想的体现。江泽民国防和军队建设思想全面贯彻和履行"三个代表"重要思想,确立了打赢现代条件下的高技术局部战争的军事战略方针;坚持在全军深入开展理论教育和传统教育,全心全意为人民服务,坚持中国共产党对军队的绝对领导;提出了新时期科技强军和质量建军的思想,全面提高部队的战斗力;揭示了新时期我军迎接挑战,培养高素质人才的重要性和必要性。江泽民新时期国防与军队建设思想反映了我军在和平时期建的客观规律,是我军革命化、现代化、正规化建设的纲领,是我军新时期建设的指导思想。

二、江泽民国防与军队建设思想的主要内容

江泽民同志在党的十六大报告中指出,要"坚持以毛泽东军事思想、邓小平新时期军队建设思想为指导,全面贯彻'三个代表'重要思想,按照政治合格、军事过硬、作风优良、纪律严明、保障有力的总要求,紧紧围绕打得赢、不变质两个历史性课题,坚定不移地走中国特色的精兵之路,加强军队的革命化现代化正规化建设"。围绕这一目标,他全面和系统地阐明了新形势下国防和军队建设的地位、作用、目标任务、指导方针、实现途径、战略步骤和政治保证等一系列基本问题,形成了一个指导性强且内容丰富的科学体系。归纳起来,这一理论体系包括以下几个方面的主要内容。

(一)大力加强军队建设,不断增强国防实力

江泽民同志在党的十六大报告中指出:"建立巩固的国防是我国现代化建设的战略任务,是维护国家安全统一和全面建设小康社会的重要保障。"他认为国防和军事实力是一个国家综合国力的重要体现,军队的强弱关系国家的安危和民族的命运。要保卫社会主义祖国,保卫人民的和平劳动,抵御国际敌对势力的侵略和国内敌对分子的颠覆,维护国家统一

和社会稳定，全面建设小康社会，推进现代化建设事业的发展，就不能没有一支强大的军队；要巩固社会主义制度，保持国家的长治久安，为经济建设赢得一个和平和稳定的环境，就不能没有一支强大的军队；要使我国在未来世界战略格局中居于主动地位，能自立于世界民族之林，同样也不能没有一支强大的军队。没有一支人民的军队便没有人民的一切，这是历史的结论。过去如此，现在和将来仍然如此。因此在和平时期，军队的地位和作用仍然是不可忽视的。

江泽民指出，中国人民解放军是人民民主专政的坚强柱石，是捍卫社会主义祖国的钢铁长城，是建设中国特色社会主义的重要力量。"只有建设一支与我们国家地位相适应的强大军队，才能可靠地保卫国家安全，保卫社会主义现代化的顺利进行。"

（二）始终不渝地坚持党对军队的绝对领导

江泽民同志在党的十六大上指出："始终把思想政治建设摆在军队各项建设的首位，永葆人民军队的性质、本色和作风。党对军队的绝对领导是我军永远不变的军魂，要毫不动摇地坚持党领导人民军队的根本原则和制度。"

江泽民特别强调："一个军队要有军魂，我们军队的军魂就是党的绝对领导，这一点在新的历史时期尤为重要。"他认为坚持党对军队的绝对领导，必须落实一系列基本制度。切实加强军队中党的建设，保证党在思想、政治和组织上牢牢掌握军队。保证我军在任何时候和任何情况下都与党中央保持一致，模范地执行党的路线、方针和政策。一切行动听从党中央和中央军委的指挥，坚决抵制"军队非党化"和"非政治化"等各种错误观点的影响。

（三）贯彻"五句话"的总体要求

在新的历史条件下，军队建设的总目标和总方针是关系军队建设的方向性问题。为此江泽民同志明确提出，要把"政治合格、军事过硬、作风优良、纪律严明、保障有力"作为军队建设的总要求确立起来，贯彻到各项工作中。这"五句话"的总要求思想深刻，内容丰富，意义深远。它体现了毛泽东的建军思想，特别体现了邓小平新时期军队建设思想的要求，是对毛泽东建军思想和邓小平新时期军队建设思想的继承和发展。

1. 政治合格

这是军队质量建设的首要任务，是我军的光荣本色和最大的优势。其根本含义就是要始终坚持和接受中国共产党的绝对领导，保证我军人民军队的性质和宗旨。坚定不移地贯彻执行和维护党的路线、方针和政策，确实履行党和人民所赋予的神圣使命，永远做党、国家和人民利益的忠诚捍卫者。在改革开放和发展社会主义市场经济的条件下，要做到政治合格，就必须高举邓小平理论伟大旗帜，深入贯彻"三个代表"重要思想。大力弘扬我党和我军的优良传统，加强和改进思想政治工作，把思想政治建设摆在首位。

2. 军事过硬

这是全面加强军队质量建设的一项基本要求，关键就是要解决我军"打得赢"的问题。中国人民解放军所担负的历史使命，要求军队必须做到军事过硬。在新时期，实现军事过硬一要树立现代战争意识，掌握高科技知识，精通战略战术和本职业务；二要牢固树立战斗队思想，坚持战斗力标准，全面落实战备工作，从难从严从实战需要出发要求和训练部队；三要提高5种作战能力（快速反应、野战生存、联合作战、电子对抗和后勤保障），在任何复杂艰难的情况下都能圆满完成各项任务。

3. 作风优良

这是我军的鲜明特色和特有的政治优势，重点就是要解决我军永葆本色的问题。作风出战斗力，有什么样的作风就有什么样的战斗力。优良的光荣传统和特有的政治优势是我军性质和宗旨的集中体现，也是构成我军战斗力的重要因素和克敌制胜的法宝。其主要内容是实事求是、言行一致、公道正派、廉洁奉公、艰苦奋斗、勤俭节约、尊干爱兵、拥政爱民、雷厉风行和英勇顽强等。因此江泽民反复强调在新的历史条件下，全军在思想作风上，要保持坚定正确的政治方向。坚持解放思想，实事求是。理论联系实际，密切联系群众。勇于批评与自我批评，谦虚谨慎。顾全大局，维护团结；在工作作风上，要坚持与时俱进，勇于创新。雷厉风行，真抓实干，反对浮夸和形式主义。在战斗作风上，要不怕艰难困苦，不怕流血牺牲。英勇顽强，敢打必胜。勇于压倒一切敌人，战胜一切困难。在生活作风上，要艰苦朴素，勤俭节约。廉洁奉公，拒腐蚀永不沾，永远保持人民军队的光荣本色。

4. 纪律严明

这是全面加强军队建设的重要保证。在新时期，军队质量建设程度越高，政治纪律、军事纪律和组织纪律的要求就越严格。这是保证我军高度集中统一的必然要求。江泽民反复强调指出必须"以加强纪律建设为核心内容，依法从严治军"，因为"在长期的和平环境中，部队容易松懈，坚持从严治军很不容易。但正因为如此，治军就更要严格，丝毫懈怠不得"。为此，江泽民要求军队一要严格政治纪律，坚决维护政令军令的权威性和严肃性，确保党中央和中央军委决策的贯彻落实；二要树立高度自觉的组织观念，无论客观环境如何变化都必须按组织原则行事；三要严格遵守三大纪律八项注意、条令条例和规章制度；四要严格执行群众纪律，自觉接受群众的监督，维护人民的利益。

5. 保障有力

这是全面加强军队建设，提高战斗力的重要方面，关键就是要解决我军在高技术战争条件下供应保障问题。随着科学技术的快速发展和及其在军事领域的广泛应用，保障是否有力直接关系军队质量建设的进程和战争的胜败。新时期的后勤保障和装备技术保障，要在我军现有条件下妥善运用人力、物力、财力和各种技术装备。做到人员素质过硬、装备性能先进、保障体制优良、管理体制健全和基层工作落实，无论在任何条件下，都能及时、准确且高效地保障军队建设和作战的需要。

上述"五句话"虽各有其特殊的内涵和本质，但它们却是彼此联系、不可分割的统一整体，其中政治合格主要是革命化建设的基本要求和尺度；军事过硬和保障有力主要是现代化建设的基本要求和尺度；作风优良和纪律严明主要是正规化建设的基本要求和尺度。因此只有全面做到了"五句话"，才能全面实现新时期军队建设的总目标，全面提高部队的战斗力。

（四）把思想政治建设摆在全军各项建设的首位

江泽民指出："搞好军队的思想政治建设，是搞好军事训练、后勤保障，以及整个军队现代化建设的重要基础。思想政治建设是革命化建设的核心，是引导全军干部战士拒腐蚀、永不沾，永葆人民军队革命本色的可靠保证。所以我们必须高度重视军队的思想政治建设，必须把它摆在全军各项建设的首位。"

江泽民强调，讲政治是我军优良传统的精髓和核心，注重并始终坚持从思想和政治上建设部队是党领导军队的一条根本原则。他提出在新时期的军队建设中，要始终关注两个最重要的问题，一个是在复杂的国际环境中，我军能不能跟上世界军事发展的趋势，打赢未来可能发生的高技术战争；一个是在社会主义市场经济和对外开放条件下，我军能不能保持人民军队的性质、本色和作风，始终成为党绝对领导下的革命军队。

江泽民同志要求全军必须高度重视思想政治建设，把它摆在各项建设的首位，要为"打得赢"和"不变质"提供强大的精神动力和可靠的政治保障。要不断推进思想政治建设的创新和发展，增强时代感，加强针对性、实效性和主动性。要坚持不懈地开展爱国奉献、革命人生观、尊干爱兵和艰苦奋斗"四个教育"，以及革命气节和理想信念的教育，确保官兵政治上的坚定和思想道德上的纯洁，抵御腐朽思想文化的侵蚀和"酒绿灯红"的影响。使我军真正成为培养人、锻炼人的大学校、大熔炉，在精神文明建设上走在全社会前列。

（五）加强"质量建军"，走中国特色的精兵之路

江泽民同志强调："加强质量建设，走有中国特色的精兵之路，是实现我军现代化的正确选择……减少数量，提高质量，是我军现代化建设的一条基本方针。"

质量建军直接关系我国在21世纪能否占据更加有利的国际战略地位，以及我们能否打赢未来的高技术局部战争。为此，1990—1992年，江泽民先后多次指出加强国防不能在增加军队数量上打主意。不但不能在数量上打主意，我们还应该使军队更精干，政治质量更高，军事素质更高。要从严治军，走精兵之路。进一步收缩摊子，优化结构。加强管理，通过提高部队质量来提高部队战斗力。部队要严格训练，严格管理，加强教育。把质量建设的方针落实到各项工作中，不断提高部队的战斗力和作战指挥能力。在他的提议下，1995年年底，在中共中央和国务院提出科教兴国战略的同时，中央军委明确提出在军队建设上要逐步实现由数量规模型向质量效能型，以及由人力密集型向科技密集型的转变。这一观点的提出，标志着我军科技强军战略的正式形成。

（六）确立新时期军事战略方针

江泽民同志认为，军事战略归根到底是治国之道。一个国家，一个民族要生存和发展，要在激烈的国际竞争中站稳脚跟，就不能没有正确的军事战略方针。在邓小平新时期军队建设思想的正确指导下，根据当今世界军事斗争格局的变化和维护国家安全利益的要求，以江泽民为核心的党中央和中央军委把新时期积极防御的军事战略与当代军事斗争的最新发展趋势相结合，明确提出了新时期军事斗争准备的基点。即要从应付一般条件下的常规战争转到打赢现代技术，特别是高技术条件下的局部战争上来。并进一步提出了军队建设必须从数量规模型向质量效能型，以及从人力密集型向科技密集型转变的战略思想。这是新时期军事斗争准备上具有战略意义的转变，也是军事战略指导上的重大调整。

（七）实施"科技强军"战略，努力完成我军机械化和信息化建设的双重历史任务

江泽民同志指出科学技术是第一生产力，也是非常重要的战斗力。科技进步是经济社会发展的重要动力，也是军队现代化的重要动力。有了强大的国防和先进的科学技术，我们就能顺利实现新时期军事战略方针，因此必须把依靠科技进步作为提高军队战斗力的基础。他

指出首先必须建立现代化的军事理论；其次要实现武器装备的现代化，还要把科技练兵作为增强部队战斗力、提高打赢高技术局部战争能力的根本途径。进一步在全军兴起科技练兵的热潮，真正从难、从严和从实战出发锻炼和摔打部队。

（八）培养高素质新型军事人才

江泽民同志多次强调人才是兴军之本，是根本大计。我军迎接世界新军事革命的挑战，实现国防和军队现代化建设的跨越式发展关键在人才。不把人才培养作为一项战略性任务来抓就难以建设现代化的军队，也就难以战胜拥有高技术优势的敌人。江泽民同志说："人才培养是个长期的任务，又是当务之急。高新技术装备一下子搞不上去，但人才培养要先行。宁肯让人才等装备，也不能让装备等人才。"他强调"治军先治校"，必须把院校教育摆在优先发展的地位，逐步建立起总体规模适当、结构合理和效益较高的具有我军特色的新型院校体系，形成有利于人才成长和科研创新的培训体制和管理体制。新时期高素质的新型军事人才首先要有很高的政治素质，具有全心全意为人民服务的思想，始终与党中央和中央军委保持高度一致；其次，要有很强的工作能力。能够创造性地贯彻上级指示，带领部队完成各项任务；同时还要有很好的作风，始终做到艰苦奋斗、密切联系群众、克己奉公和廉洁自律，永葆共产党人的革命品格和高尚情操。

（九）坚持依法从严治军

江泽民同志指出："依法治军，把党关于国防建设和武装力量建设的主张通过法定程序上升为国家意志，使党的领导同依法办事统一起来。目的是从制度上和法律上保证党对军队的绝对领导，保持人民军队的性质，推动军队现代化建设。"江泽民强调要加强军事立法工作，逐步建立适应社会主义市场经济要求。符合现代军事发展规律，能够体现我军性质和优良传统的军事法规体系；要坚决维护军事法律法规和条令条例的权威性和严肃性，一旦违反，要依法追究，严肃处理；要提高全军各级领导干部依法办事的能力，学会用法规制度教育引导和管理部队。依法治军，贵在严，也难在严。只有坚持按法律法规从严治军，才能维护我军威武之师、文明之师的良好形象，才能有战斗力。

（十）依靠人民建设军队和国防

国防和军队建设是全党和全国人民的共同事业，江泽民同志强调人民战争是我们的真正力量之所在。要按照人民战争的战略思想，实行精干的常备军与强大的国防后备力量相结合。在加强军队建设的同时，高度重视民兵、预备役等国防后备力量的建设；武警部队是我国武装力量的重要组成部分，要继续加强武警部队建设，发挥他们在维护国家安全和社会稳定中的重要作用；坚持"军民结合、平战结合、寓兵于民"的方针，建立适应现代战争快速动员要求的国防动员体制。实现国防资源的合理配置和统一调度，使综合国力在战时迅速转化为战争实力；发展人民战争的战略战术，创新人民群众参战支前的内容和形式，充分发挥高技术条件下人民战争的威力；大力发扬拥军优属和拥政爱民的优良传统，深入开展创建双拥模范城（县）活动，巩固和发展军政军民团结的大好局面；要深入持久地开展以爱国主义为核心的国防教育，增强全民国防观念，建立国家、军队、社会、学校和家庭"五位一体"的国防教育系统工程网络。

（十一）正确处理国防建设与经济建设之间的关系

江泽民同志指出："把经济建设搞上去和建立强大的国防，是我国现代化建设的两大战略任务。"他强调在新形势下，"国防建设和军队建设必须以经济建设为依托，服从国家经济建设的大局。国民经济发展了，才能为国防现代化提供必要的物质技术基础。"江泽民的重要论述丰富和发展了毛泽东和邓小平关于国防建设与经济建设的辩证关系；同时也是我国在新世纪发展过程中，正确处理经济建设与国防建设关系的指导原则。

三、江泽民论国防与军队建设思想的历史地位和指导作用

江泽民论国防与军队建设着眼于时代的发展变化，立足于我国的国情和军情，围绕新的历史条件下建设什么样的军队、怎样建设军队，未来打什么样的仗和怎样打仗的问题科学阐明了国防和军队建设的地位作用、目标任务、指导方针、总体思路、根本途径、战略步骤、发展动力和重要保证等，对我国国防和军队建设具有长远的指导意义。

①江泽民国防和军队建设思想围绕"不变质"和"打得赢"这两大历史性课题，明确提出并回答了在改革开放和社会主义市场经济条件下我军如何"不变质"和"怎么治"的问题，以及在高技术局部战争背景下，我军"仗怎么打"和如何"打得赢"等关键性的问题。

②江泽民国防和军队建设思想在新的历史条件下，进一步解放思想、实事求是和改革创新，积极探索新形势下军队建设、军事斗争准备，以及国防建设的特点和规律。解决了新形势下部队政治工作、军事工作、后勤保障工作和国防科技工业面临的突出矛盾和问题，丰富和发展了具有中国特色的军事科学理论。

③江泽民国防和军队建设思想揭示了新形势下国防和军队建设的基本规律，提出了一系列方针原则，是新形势下我国军队和国防现代化建设的科学指南，是"三个代表"重要思想在军事领域的具体体现，是党的第3代中央领导集体智慧的结晶。

第五节 胡锦涛国防和军队建设重要论述

21世纪，中国的发展跨入了一个重要的战略机遇期。胡锦涛同志以政治家和战略家的远见卓识与战略智慧，着眼时代特点，立足维护国家安全和发展利益的大局，依据国际国内环境的发展变化和新世纪新阶段国防和军队建设的客观实际提出了关于加强国防和军队建设的一系列重要论述。

一、胡锦涛国防和军队建设重要论述的科学含义和历史背景

（一）胡锦涛国防和军队建设重要论述的科学含义

胡锦涛国防和军队建设重要论述是胡锦涛关于新世纪新阶段我国军队和国防建设的思想理论体系。是以胡锦涛为总书记的党中央根据新世纪新阶段的国际战略格局、国家安全形势和经济全球化趋势而制订的我国国防建设和军队建设的纲领、路线、方针和政策；是继承并发展毛泽东军事思想、邓小平军事理论和江泽民国防和军队建设思想的成果；是新的领导集

体智慧的结晶。

（二）胡锦涛国防和军队建设重要论述的历史背景

①世界多极化和经济全球化的趋势进一步凸显，影响国家可持续发展的外部制约因素增加。

新世纪新阶段，国际形势呈现总体和平、缓和及稳定的基本态势，和平、发展及合作是时代的主流。世界多极化和经济全球化的趋势进一步凸显，各国利益相互依存且相互交织，对话合作意愿不断增强。但是随着国际形势的发展变化，我国可持续发展面临的外部制约因素也在增加。表现在西方敌对势力加紧对中国实施西化、分化和遏制政策，千方百计对中国加以牵制；我国周边安全环境存在诸多隐患，围绕海洋权益的斗争加剧；随着国家利益的拓展，保护海外利益的任务更加艰巨。

②社会和经济发展形势总体良好，影响国家安全和稳定的不确定因素增多。

进入新世纪新阶段以后，我国政治安定、民族团结、经济发展及社会和谐的局面得到进一步巩固。我国对世界的影响力在增长，社会和经济发展形势总体良好。但是影响国家安全和发展的不稳定及不确定因素也在增加。台独等民族分裂势力猖獗，恐怖势力和宗教极端势力等邪恶势力加紧勾连聚合，不断组织策划渗透、瓦解和破坏活动；我国人口、就业和"三农"等问题凸显，社会矛盾和犯罪问题增多；国内安全与国际安全的互动性增强，一些国内问题如果处理不当，可能会演变为国际问题。一些国际问题也可能影响我国诱发社会稳定问题，国家传统安全威胁和非传统安全威胁因素相互交织。

③我军所处环境和面临的任务发生了重大变化，国防和军队建设面临时代性的挑战。

由于我军所处环境和面临的任务发生了重大变化，所以国防和军队建设需要解决诸多具有时代性的课题。例如，在国际上单边主义和强权政治仍然存在；多极化趋势日渐呈现；区域化和全球化经济机遇与挑战并存；竞争大于合作的复杂形势下，坚决有效地维护国家的战略利益。如何在我国改革发展进入关键时刻，特别是台独分裂势力严重威胁祖国和平统一大业的背景下，更好地履行党和人民赋予军队的神圣使命，有效维护国家主权、统一和稳定；如何在世界新军事变革加速推进和战略主动权竞争日趋激烈的形势下，大力推进国防和军队现代化建设，不断增强应对危机、维护和平、遏制战争及打赢信息化战争的能力；如何在我国经济实力、科技实力、国防实力和民族凝聚力不断增强，国防和军队建设取得巨大成就的基础上继续抓住机遇、乘势而上，推动国防和军队建设迈上新的台阶。这些都给我国国防和军队现代化建设带来了时代性的挑战。

二、胡锦涛国防和军队建设重要论述的主要内容

胡锦涛关于国防和军队建设的重要论述是新世纪新阶段用科学发展观统筹国防和军队现代化建设，打赢信息化战争的军事指导理论，其主要内容有如下。

（一）用科学发展观统领国防和军队建设

胡锦涛指出，实现国防建设和经济建设协调发展就是要使国防和军队发展战略与国家发展战略相适应。要做到这一点，我们就必须依据科学发展观的要求，站在国家发展战略的高度，考虑和设计国防和军队发展战略。把国防和军队现代化建设融入国家现代化建设的战略

全局之中,使国防和军队现代化进程与国家现代化进程相一致。

新世纪新阶段我军要加速推进中国特色的军事变革,实现军队由半机械化和机械化向信息化的跨越式发展。必须坚持科学发展观指导实践,不断探索国防和军队建设与发展的新规律和新特点,更加科学地把国防和军队建设推向前进。胡锦涛指出我们要坚持以科学发展观为指导,全面、系统并深入地研究军队建设的阶段性特点。把军队建设的基础和现状搞清楚,把影响和制约军队建设的重难点问题搞清楚,把军队建设的发展方向和主要任务搞清楚。不断深化对军队建设规律的认识,正确解决军队建设发展中的深层次矛盾和问题。把军队建设切实转入科学发展轨道,使我军建设发展始终充满生机和活力。

胡锦涛指出科学发展观的本质是坚持以人为本,军队要把以人为本作为重要的建军理念。军队讲以人为本,最重要的是必须始终坚持人民军队的根本性质,坚持维护人民群众的根本利益。坚持以人为本,对军队建设来说,就是要尊重官兵的主体地位,发挥他们在军队建设中的主体作用;军队讲以人为本,必须把推动部队建设与促进官兵全面发展结合起来。要坚定地相信和依靠广大官兵,增强他们的主人翁意识和使命感和责任感。把广大官兵中蕴藏的巨大积极性和创造性充分挖掘和调动起来,凝聚到军队现代化建设上来。

用科学发展观指导国防和军队建设,就必须把握国防和军队现代化建设的时代要求,明确新世纪新阶段我军肩负的使命。胡锦涛提出的"三个提供、一个发挥"的历史使命深刻揭示了军队的职能任务必须与党的历史任务相一致、军事战略必须与国家发展战略相协调,以及军队建设和改革必须与世界军事发展趋势相符合的客观规律。新世纪新阶段我军历史使命的确立是科学发展观在军事领域的具体运用。认真学习领悟科学发展观的内涵和精神实质有助于加深对我军新时期新阶段历史使命的理解和把握,提高履行历史使命的坚定性和自觉性。

(二) 认真履行我军在新世纪新阶段的历史使命

新世纪新阶段,我军应肩负什么样的历史使命?胡锦涛指出:第一,为中国共产党巩固执政地位提供重要的力量保证。根据马克思主义国家学说,国家通常是由政党领导的。军队作为国家机器的重要组成部分,总是为一定阶级和政党而存在和服务的。谁想夺取政权并保持它,谁就应有强大的军队。我们党成为执政党,是历史的选择和人民的选择。进入新世纪新阶段,我们既面临难得的发展机遇,也面临严峻挑战。国际国内敌对势力相互勾结并相互呼应,其最终目的就是企图颠覆我们党的执政地位,颠覆人民民主专政的国家政权,推翻我国社会主义制度。因此必须把坚持党对军队绝对领导的根本原则和制度,加强军队的革命化、现代化和正规化建设作为党执政的一项重要战略任务抓紧抓好,确保我军能够经受住各种斗争任务和各种复杂环境的考验,始终成为党巩固执政地位的中坚力量。第二,为维护国家发展的重要战略机遇期提供坚强的安全保障。当前,影响战略机遇期的因素仍然不少。陆地边界问题尚未完全解决、领海和海洋权益存在争端、"台独"、"藏独"和"东突"等分裂主义和恐怖主义活动给国家的安全带来了严重的威胁,给国家社会稳定造成的不利因素明显增多。国家主权面临的威胁、祖国统一面临的挑战和社会稳定面临的问题,哪一方面防范不好、斗争不力或处置不当,都有可能影响和冲击国家发展的重要战略机遇期。新形势下,面对诸多威胁,军队必须把国家主权和安全放在第一位,履行好维护国家主权的神圣职责,为创造一个有利于全面建设小康社会和加快推进社会主义现代化的长期安全环境做出应有贡献。第三,为维护国家利益提供有力的战略支撑。国家利益包括生存利益和发展利益,它通常是由国家领土、国家安全、国家主权、国家发展、国家稳定和国家尊严等多个层次的要素构成。时代的进步和我国的发展，使我们的国家安全利益逐渐超出传统的领土、领海和领空范围，不断向海洋、太空及电磁空间扩展和延伸，海洋安全、太空安全和电磁空间安全已经成为国家安全的重要领域。我们必须拓展安全战略和军事战略视野，不仅要关注和维护国家生存权益，还要关注和维护国家发展利益，不仅要关注和维护领土安全、领海安全和领空安全，还要关注和维护海洋安全、太空安全、电磁空间安全，以及其他方面的国家安全。第四，为维护世界和平与促进共同发展发挥重要作用。经济全球化趋势不断发展，使世界各国的经济联系空前紧密，任何国家都难以脱离世界经济而孤立地发展。现在中国经济和世界经济总体上形成了一种你中有我和我中有你的局面，中国的发展离不开世界，世界的发展也离不开中国。中国的发展强大是不可阻挡的，但我们必须正确把握世界发展趋势，根据我们社会主义国家的性质坚持走和平发展道路。高举和平、发展和合作的旗帜，坚持依靠自身力量独立自主地建设中国特色社会主义。同时积极通过合作共赢的方式充分利用国外资源和市场，争取和平环境来发展自己，又以自身发展来维护世界和平。也要看到我国要实现和平发展，要维护国家安全和利益，要维护世界和平与促进共同发展，必须要有强大的军事实力作为后盾。以更好地履行维护国家安全、捍卫国家主权和领土完整的职责，发挥维护世界和平的积极作用。

（三）大力加强思想政治建设

胡锦涛主席在视察部队时指出思想政治建设是军队的根本性和基础性建设，要积极适应新的形势和任务，把部队思想政治建设抓得更加有力、更加扎实并更加富有成效。还强调要坚持把思想政治建设摆在全军各项建设的首位，始终不渝地坚持党对军队绝对领导的根本原则和制度。要按照党中央和中央军委的部署，把全军的意志和力量凝聚到履行新使命和完成新任务的具体实践中。

大力加强思想政治建设就要坚持不懈地用党的创新新理论武装官兵，紧密结合形势任务，深入开展我军历史使命教育、理想信念教育、战斗精神教育和社会主义荣辱观教育是始终保持部队正确政治方向的前提。要在全军大力开展"以热爱祖国为荣、以危害祖国为耻，以服务人民为荣、以背离人民为耻，以崇尚科学为荣、以愚昧无知为耻，以团结互助为荣、以损人利己为耻，以诚实守信为荣、以见利忘义为耻，以遵纪守法为荣、以违法乱纪为耻，以艰苦奋斗为荣、以骄奢淫逸为耻"的"八荣八耻"教育，引导官兵树立社会主义荣辱观，坚定理想和信念；树立正确的世界观、人生观和价值观，做到听党指挥、服务人民和英勇善战。

胡锦涛主席强调指出要紧密联系部队建设的新形势和新特点，切实加强和改进思想政治工作。这是确保党对军队绝对领导的必然要求，是确保部队"打得赢、不变质"的必然要求，也是确保广大官兵健康成长的必然要求。要着眼于时代发展和任务变化对思想政治工作提出的新要求，根据部队官兵的成分变化和思想实际有的放矢地做工作。要紧密联系部队建设的新形势和新特点，努力改进思想政治工作，不断增强思想政治工作的针对性、实效性和主动性。要始终把革命化建设放在第一位，更加有力、更加扎实并更加富有成效地推进思想政治建设。

(四) 推进我军"三化"建设

胡锦涛指出加强我军全面建设是贯彻落实科学发展观的基本要求。总结长期以来的历史经验,军队全面建设的基本内容是革命化、现代化和正规化,革命化是军队建设的政治方向;现代化是军队建设的中心任务;正规化是军队建设的重要基础。革命化、现代化和正规化建设相互联系并相互促进,构成一个有机的统一整体。为了建设一支正规化和现代化的革命军队,3代领导人精心设计并不断创新,极力打造这支人民军队的战斗力水平。

我军作为执行党的政治任务的武装集团,必须始终把革命化建设放在第一位,革命化是我军建设中长期的重大任务。胡锦涛指出思想政治建设是革命化建设的核心,是军队最根本的建设,任何时候都不能放松。

推进我军现代化建设,要从我国的国情和军情出发。胡锦涛指出要按照国防和军队现代化建设"三步走"的战略构想,以建设信息化军队和打赢信息化战争为战略目标。坚持以机械化为基础,以信息化为主导,推进机械化和信息化的复合发展。实现部队火力、突击力、机动能力、防护能力和信息能力整体提高,增强我军信息化条件下的威慑和实战能力。

要加强我军正规化建设,必须要加深对新形势下治军特点和规律的认识,推动正规化建设向更高水平发展。胡锦涛指出要把依法治军作为正规化建设的基本要求,加强军事法制建设。把革命化、现代化建设和部队管理中创造的成功治军经验及时用法规的形式确定下来,完善军事法规体系。依照条令条例和规章制度规范军队各项建设和工作,使军队建设进一步走上法制化轨道。

(五) 坚持以人为本,加快转变战斗力生成模式

战斗力是军队履行根本职能的能力,坚持把科学发展观作为加强国防和军队建设的重要指导方针必须依靠科技进步和自主创新,高度重视武器装备和国防科技的发展,加快战斗力生成模式的转变。这是贯彻落实科学发展观与推进中国特色军事变革有机结合的关键所在,也是建设信息化军队和打赢信息化战争的必然要求。在战斗力生成模式的诸要素中,人是最活跃和最具决定性的因素。随着现代科学技术大量应用于军事领域,人的因素在战斗力生成中的作用不但没有降低,反而更加突出。在未来信息化战场上,具备信息素质的新型军事人才将发挥越来越重要的决定性作用。马克思主义战争观认为人是战争中的决定性因素,最终决定战争胜负的是人,而不是物。人是战争中武器装备的使用者、作战方法的创造者和军事行动的实践者,人的素质和精神状态对战斗力的形成和发挥具有重要影响。只有坚持以人为本,充分尊重广大官兵的主体地位和创新精神,军队才能充满活力,不断增强战斗力。胡锦涛要求各部队要坚定地相信和依靠广大官兵,不断提高官兵的思想政治素质、科学文化素质、军事专业素质和身体心理素质,大力培育战斗精神。充分调动官兵练兵积极性,充分发挥官兵在军队建设中的主人翁作用。

(六) 强化战斗精神,树立敢打必胜的信心

强化战斗精神是对我军优良传统的继承和发扬。胡锦涛主席在2004年12月的一次重要会议上强调要在全军深入进行强化战斗精神和提高打赢能力的教育。真正搞清楚为什么要准备打仗、准备打什么样的仗和怎样准备打仗这个重大问题,引导广大官兵牢固树立敢打必胜

的坚定信心。

目前，我军武器装备的现代化水平有了很大改善和提高，但与西方主要发达国家军队武器装备的发展水平相比还有很大差距。对我军来说，还是要坚持以劣抗优和以劣胜优，立足现有装备打仗，因此强化战斗精神就显得非常重要。

（七）加强科学管理，提高军队建设效益

在军队建设中要全面落实科学发展观，必须加强科学管理，不断提高国防和军队现代化建设的质量和效益。胡锦涛指出我国正处于并将长期处于社会主义初级阶段，国家尚不富裕。要解决好军队建设需求和国防投资不足的矛盾，把有限的资源最大化地转换为国防实力和战斗力必须加强科学管理，走一条投入少而效益高的国防和军队现代化建设路子。全军各级要强化质量效益观念，切实转变传统的人力密集型和数量规模型的管理模式。向科学管理要效益、向科学管理要战斗力。

（八）坚持"五个统筹"，实现国防和军队建设可持续发展

胡锦涛同志指出坚持在国防和军队建设中贯彻落实科学发展观，首要问题是坚持国防建设和军队建设全面协调可持续发展的方针，坚持"五个统筹"，即"统筹中国特色军事变革与军事斗争准备，统筹机械化建设与信息化建设，统筹诸军兵种作战能力建设，统筹当前建设与长远发展，统筹主要战略方向与其他战略方向"。

①统筹中国特色军事变革与军事斗争准备，推进中国特色军事变革与做好军事斗争准备是新世纪新阶段我军面临的两大战略任务。中国特色军事变革就是适应世界新军事变革发展趋势，从我国的国情和军情出发走以信息化带动机械化和以机械化促进信息化的跨越式发展道路。通过深化改革实现军队建设的整体转型，建设一支能够打得赢未来信息化战争的强大的现代化正规化革命军队。

②统筹机械化建设与信息化建设。机械化与信息化是两个不同的概念和不同的军事形态。从发展和建设的角度来看，机械化和信息化是军队现代化的两个不同的发展阶段。信息化是建立在机械化基础之上的，二者既有各自的规律性，又密切联系。

③统筹诸军兵种作战能力建设，精干够用的诸军兵种作战力量既是国家强大的象征，也是维护国家安全、捍卫国家利益，以及保卫国家稳定与发展的重要保证；同时还是我国维护和促进世界和平与发展的重要力量。在新世纪新阶段，建设中国特色的作战力量必须着眼于胡锦涛同志提出的建设信息化军队和打赢信息化战争的战略目标。全面贯彻落实科学发展观，调整我军作战力量建设思路。坚持以提高战斗力为核心，统筹诸军兵种作战能力建设。

④统筹当前建设与长远发展，实现国防和军队建设的可持续发展就是要把国防和军队建设作为一个承前启后的发展过程，统筹当前建设与长远发展。既注重当前建设和做好眼前工作，又要着眼未来，谋求长远发展。避免时断时续或大起大落，确保国防和军队建设与发展的连续性与持久性。

⑤统筹主要战略方向与其他战略方向，主要战略方向是指对国家安全和战争全局具有决定意义的方向，是敌我双方矛盾斗争的焦点，是作战力量集中使用的重点和战略指导的关键点。主要战略方向的确定来源于对国内外政治、经济、军事形势，以及面临威胁和挑战的战略判断，并与国家的发展及安全需求相一致。战略方向判断的正确与否，以及各战略方向关

系处理的如何关乎国家安全。并且直接影响国防和军队建设的大局，是一个重要的战略问题。从国家的战略指导上看，战略方向具有明确的指向性，是国防和军队建设及军事斗争准备的主要依据。正确判断周边安全环境，准确确定和统筹好主要战略方向与其他战略方向对于保证我国的国家安全，全面建设小康社会具有十分重要的意义。

（九）加强军事训练，提高部队应对危机和处置突发事件的能力

加强军事训练。胡锦涛主席在视察部队时强调，"军事训练是军队和平时期最基本的实践活动，是战斗力生成的基本途径。"加强军事训练，不仅是军事斗争准备的重要实践，也是重要的治军方式和管理方式。要充分认识加强军事训练的重要性，切实把军事训练作为部队的经常性中心工作，集中精力，抓紧抓实。要坚持从难从严从实战需要出发，坚持高标准、严要求，改进和创新训练的内容和方式方法。要把培养战斗精神贯穿于训练的全过程。

提高部队应对危机和处置突发事件的能力。胡锦涛主席指出"要紧贴部队的各项工作，全面提高部队应对危机和处置突发事件的能力。"军队要把国家主权和安全放在第一位，履行好维护国家主权、统一和稳定的神圣职责，为创造一个有利于全面建设小康社会，加快推进社会主义现代化建设的长期安全环境做出应有贡献。要坚决抵御外来侵略，确保我国领海、领空和边境不受侵犯。坚持反对和遏制分裂势力及其活动，严密防范和打击民族分裂主义势力，决不让各种分裂势力和西方敌对势力分化我国、破坏我国主权和领土完整的图谋得逞。要严密防范和坚决打击恐怖主义活动。要密切关注社会形势，积极支持和配合地方党委、政府妥善处理各种社会矛盾和问题，做好维护社会稳定的工作。

军队建设已经进入了新的发展阶段，中国特色军事变革和军事斗争准备不断向深度和广度推进，我军作战能力与信息化战争的要求不相适应的矛盾更加凸显。胡锦涛主席指出："要进一步增强使命感和紧迫感，扎扎实实抓好军事斗争准备。要加强我军历史使命和战备形势教育，从难从严从实战要求出发搞好训练。要着力解决军事训练、战备落实的重点、难点问题，加大落实训练、战备的各项计划的力度，切实把各项工作量化、细化、具体化。"

（十）推进中国特色军事变革，加快军事创新

推进中国特色的军事变革，关键在于军事领域的创新。创新是军队进步和发展的灵魂。军事创新是军队实现持续发展的动力之源和必要条件，加快军事创新是加速推进中国特色军事变革的内在要求，也是我军履行新的历史使命的客观要求。科学发展观的第一要务是"发展"，没有军事上的不断创新，就难有军队建设上的不断发展和进步。

我军目前正处于机械化尚未完成、信息化刚刚起步的特殊阶段，要完成机械化和信息化复合发展的历史重任，面临着前所未有的挑战。新军事变革有一个从量变到质变的过程，而要想实现质变，只能依靠军事创新。胡锦涛同志要求军队在当前应重点实施军事理论创新、军事组织体制创新、军事技术创新和军事管理创新。

（十一）弘扬求真务实精神，坚持依法从严治军

1. 弘扬求真务实

胡锦涛指出："求真务实，是辩证唯物主义和历史唯物主义一以贯之的科学精神，是我们党思想路线的核心内容，也是党的优良传统和共产党人应具备的政治品格。"求真，就是

求部队建设规律之真；务实，就是务部队建设成效之实。

胡锦涛主席还指出坚持以人为本，在军队建设中必须充分尊重官兵的主体地位和创造精神。心系基层和情系官兵，切实维护官兵的权益，不断改善官兵的物质和文化生活条件。在国防和军队建设中坚持以人为本，不是一般的工作方法问题，而是重要的建军治军理念和立场；不是一般的关心人、体贴人和爱护人，而是事关人民军队相信谁、依靠谁和服务谁的根本原则；不是一般的工作要求，而是各级领导干部和领导机关必须担当的政治责任。

2. 坚持依法从严治军

胡锦涛主席强调要适应军队现代化发展的要求，加强依法治军和从严治军。严格按国家的法律法规和军队的条令条例治理并管理部队，确保部队的高度稳定和集中统一，建立正规的战备、训练、工作和生活秩序。

依法从严治军是提高军队建设效益的重要保证，军队是一个庞大的组织系统。要确保这一系统高效运行，巩固和生成强大的战斗力就必须依法从严治军，通过建立正规高效的各项秩序来提高军队建设的质量和效益。

（十二）坚持国防建设与经济建设协调发展

胡锦涛同志指出："坚持国防建设与经济建设协调发展，建设一支现代化、正规化的革命军队，确保国防安全，是执政党的一项重大战略任务。"2005年4月1日，胡锦涛主席在一次讲话中又强调："坚持在国防和军队建设中贯彻落实科学发展观，首要问题是坚持国防建设与经济建设协调发展的方针。"

我国是一个发展中国家，处于社会主义初级阶段。与世界发达国家相比，国家尚不富裕，经济技术比较落后，我军的现代化建设是在我国特殊国情环境中进行的。由于受国家经济实力所限，我军军费供需矛盾突出的问题不可能在短期内根本解决。我国的国防和军队现代化建设始终面临着双重压力，一方面，我国的军费无论是绝对数还是占国内生产总值的比重，与世界主要国家相比都是较低的；另一方面，如果我们不紧紧跟上世界新军事变革的潮流，不下大力提高国防和军队现代化水平，一旦发生什么事情，就会陷入被动的境地。胡锦涛同志审时度势提出了经济建设与国防建设，二者兼顾并协调发展。要在国家经济发展的基础上，努力建设一支同我国安全和发展利益相适应的军事力量，确保全面建设小康社会目标的顺利实现。

（十三）坚持军民结合和寓军于民的方针

实现国防和军队现代化建设又好又快地发展，必须坚持军民结合和寓军于民的方针，把国防和军队现代化建设深深融入经济社会发展体系之中。信息化战争呈现军民一体和前后方一体的趋势，信息化军队建设和作战对经济、科技和社会的依赖性空前增强。新世纪新阶段，我国高新技术产业和社会信息化的迅速发展对中国特色军事变革的影响不断深入。因此对军民结合和寓军于民的发展国防及军队建设提出了新的更高的要求，也提供了更加有利的条件，利用国家经济社会资源加快国防和军队的建设和发展的前景也更加广阔。胡锦涛指出我们要认真总结自己的成功经验和借鉴国外有益经验，积极探索新形势下军民结合和寓军于民的新途径新方法，全面推进经济、科技、教育及人才等各个领域的军民融合。

三、胡锦涛国防和军队建设重要论述的地位和意义

（一）胡锦涛国防和军队建设的重要论述丰富发展了毛泽东、邓小平和江泽民军事思想的内容

毛泽东、邓小平和江泽民的军事思想，是我国国防和军队建设各个时期取得重大成就的创新理论。新世纪新阶段面对国际战略格局的发展变化、世界军事变革的挑战、我国安全形势的新情况和对台斗争的严峻形势，胡锦涛同志以伟大的马克思主义者的巨大政治勇气和理论勇气，把毛泽东、邓小平和江泽民国防和军队建设思想创造性地运用于新的实践，用科学发展观指导国防和军队现代化建设。把我们对国防和军队建设的思考和认识引领到一个新境界，极大地丰富和发展了3代领导人的军事理论内容，为新时期新阶段国防和军队现代化建设指明了方向。

胡锦涛同志反复强调，我国的国防和军队现代化建设必须着眼于维护国家和发展利益的大局。从我国国情军情出发转变发展观念，创新发展模式，提高发展质量。加快发展步伐，不断提高我军应对多种安全威胁和完成多样化军事任务的能力，确保我军能够在各种复杂形式下有效应对危机、维护和平、遏制战争和打赢战争。胡锦涛国防和军队建设重要论述的精髓突出表现在解放思想、实事求是和科学发展。

（二）胡锦涛国防和军队建设的重要论述是新世纪新阶段我国国防和军队建设实践经验的科学总结

胡锦涛同志以深邃的历史眼光、强烈的忧患意识和深远的前瞻思维，以战略家的远见卓识与战略智慧总结历史，放眼未来，筹划和指导国防和军队建设。他始终高度关注世界军事发展的态势，敏锐洞察20世纪末和21世纪初发生的一系列高技术局部战争的新特点，立足于新世纪新阶段国防与军队建设的客观实际提出国防和军队建设必须跟上世界军事变革和发展的潮流，积极借鉴各国，特别是发达国家国防和军队建设的有益经验。必须进一步解放思想，在实践中不断丰富和发展我国的军事理论。为军事斗争准备服务，为我国国防与军队现代化建设服务。他提出要以时不我待的紧迫感，认真履行新世纪新阶段军队的历史使命。积极推进中国特色军事变革，加快我军由机械化向信息化转变。全面提高我军的威慑和实战能力，为国家的安全统一和全面建设小康社会提供坚强有力的安全保障。胡锦涛国防和军队建设的重要论述深刻揭示了新世纪新阶段国防建设和建军治军的特点与规律，是新世纪新阶段国防和军队建设实践经验的科学总结。

（三）胡锦涛国防和军队建设的重要论述是新世纪新阶段加强我国国防和军队建设的科学指南

新世纪新阶段我军迎接新军事革命的挑战，建设信息化军队和做好打赢信息化条件下局部战争准备等工作任务十分繁重。国防和军队建设是一项宏大的系统工程，必须系统思考并整体筹划。有计划和有步骤地重点突破，全面推进，这是胡锦涛同志谋划国防和军队建设的最具特色的指导原则和领导艺术。新世纪新阶段军队建设面临的主要矛盾是现代化水平与信息化战争需要不相适应的矛盾。要解决这个矛盾，胡锦涛同志在指导国防和军队建设中始终注意把握和处理好两个方面的重大关系，一个是国防建设与经济建设的关系，强调国防建设和经济建设要相互促进和协调发展，不能顾此失彼；另一个是军队革命化、现代化和正规化

建设之间的关系,强调军事工作、政治工作、后勤工作和装备工作要协调发展,武器装备、人才队伍和体制编制要协调发展。胡锦涛同志提出的国防和军队建设要贯彻"五个统筹"的要求就充分体现了这种系统性的思想。与此同时,胡锦涛同志特别善于抓关键、抓重点和抓枢纽,始终紧紧抓住"用科学发展观统筹国防和军队现代化建设"不放,紧紧抓住"三个提供、一个发挥"的历史使命不放,紧紧抓住筑牢党对军队绝对领导的"军魂"意识不放,紧紧抓住军事变革和军事创新不放,紧紧抓住强化战斗精神和打赢信息化战争不放。

实践证明,我国国防和军队建设按胡锦涛同志的要求,在系统谋划的基础上紧紧抓住国防和军队建设的主要矛盾、关键环节和重大问题并实施重点突破,已经取得了巨大的成就。今后将继续指导国防和军队建设,实现我军跨世纪战略目标,把我军建设成为强大的现代化正规化的革命军队。

思考题

(1) 中国古代军事思想对军事思想的发展做出了哪些巨大的贡献?
(2) 毛泽东军事思想的主要内容有哪些?如何理解毛泽东军事思想的科学含义?
(3) 邓小平、江泽民和胡锦涛军事思想的主要内容及重要意义是什么?
(4) 世界新军事变革对军事思想的发展有何影响?

第三章 国际战略环境

第一节 国际战略环境概述

国际战略环境,是指一个时期内世界各主要国家和国家集团在战略上相互联系、相互作用、相互斗争所形成的世界全局性的大环境,是国际政治、经济和军事形势的综合体现,其核心是世界范围内的战争与和平问题。由于国际战略环境关系到国家的生存与发展,影响一个国家军事斗争的对象、性质、目标、敌友关系,以及军事力量建设与应用的基本方向,因而是各个国家在制定战略时必须首先考察和关注的外部环境和条件。国际战略环境包含的内容很多,本章主要介绍时代主题、世界格局、世界安全形势和中国安全观等方面的情况。

一、和平与发展的时代主题仍未改变

时代主题,是指人类社会某一发展阶段中带有全球性、战略性和关于全局的核心问题。它是某一时代基本特征的集中反映,代表着这个时代的本质和发展趋势,规定着该时代各国人民相应的主要任务。正确地判断时代主题,是制定战略策略的重要依据。

当今时代的主题是什么?早在20世纪80年代,邓小平同志就指出,现在世界上真正大的问题有两个,一个是和平问题,一个是经济问题或者说是发展问题。和平问题就是反对霸权主义,维护世界和平,就是争取维护世界整体的非战争状态;发展问题主要是南北问题,即是发展中国家的经济发展问题,也是全人类的经济发展问题,是当今世界的核心问题。当前,求和平、谋发展、促合作已经成为不可阻挡的潮流。

如今30多年过去了,邓小平同志的这一论断并没有过时,。虽然冷战结束已有20多年,国际形势发生了巨大而又深刻的变化,但世界多极化不可逆转,全球和区域合作方兴未艾,和平与发展的时代主题并没有发生根本性改变,其原因如下。

(一)在信息技术和知识经济的推动下,经济全球化已经成为当今世界最主要的发展趋势之一,加深了国家之间相互依存的紧密关系。特别是信息技术的应用和普及,不仅创造了新的劳动工具,生产出了更多的产品,迫使人们寻找国外市场寻求新兴投资,而且为人类社会提供了更先进和快捷的会话工具,保证了国际间能维持经常性的联系与交往。在这种情况下,加之发达国家对欠发达国家能源和资源的依赖,以及欠发达国家国家对发达国家技术的依赖,使得当今世界各国相互依存度大大提高。因此客观上不允许恢复到与世界生产力发展水平不相适应的国家敌对或大国对峙的国际关系格局,从而推动着和平与发展的潮流继续前进,国际形势的基本态势是总体稳定。

(二)冷战结束后,特别是近年来,尽管美国等西方国家在国际关系中推行霸权主义和使用武力的倾向在增长,但主要大国之间尚未形成敌对、对抗关系,特别是如前苏联、华约组织类似的美国全球性战略对手还不可能出现。美国要全力以赴打击恐怖主义和伊斯兰极端势力,在单边主义抬头的同时,明确了同其他大国长期合作的意愿,还将通过加强接触或构

建"伙伴关系",把俄、中纳入美国和西方主导的国际体系;同时对俄、中实施长期战略防范。美国与欧洲大国之间尽管基本能够维系其同盟关系,但在许多重大问题上,如北约与欧盟东扩、北约作用的发挥、部署弹道导弹防御系统,以及朝核问题、伊拉克问题、伊朗核问题甚至反恐问题上有各种各样的矛盾分歧,但"有斗有和、斗而不破"的模式仍将是今后相当长一个时期大国关系的基本模式和特征,其他大国与美国之间将维系"有选择地合作"和"有节制地抗争"的态势。

(三)发展经济和科技仍是各国国家战略的核心。美国和欧盟在经济方面竞争激烈迫切需要注入新的动力,日本正努力重新恢复其经济发展势头,俄罗斯已确立了以发展经济为中心的国家政策,中国将继续保持中高速增长,因此各国更加重视科技创新和国际市场的竞争。美国虽然不满足仅在经济上与其他各大国展开竞争,企图以发动对外战争的形式刺激国内经济增长,但由于其战争政策受到各国抵制,与世界大多数国家产生矛盾并持续发展,这种依赖战争刺激国内经济复苏的企图不会实现。今后的世界格局仍将取决于各国的综合国力较量,这种综合国力必然以经济和科技实力为中心。

(四)南北矛盾更加突出,核心仍然是经济发展问题。第一次世界大战后帝国主义宗主国与殖民地半殖民地的矛盾,随着第二次世界大战后五六十年代民族解放运动的兴起和大批民族国家的诞生,已在政治斗争的层面上得到了总体解决。而随之演变而来的南北矛盾,主要集中在经济发展问题上,尤其是发展中国家的经济发展问题,根本任务是摆脱贫困,摘掉落后的帽子。几十年过去了,发展中国家经过艰苦的奋斗和坚持不懈的努力,确实取得了十分卓越的成就,南北差距有所缩小,但未发生质的变化。在世界经济大环境下,经济全球化加速发展,穷国越穷、富国越富的现象仍在继续,集中精力解决经济发展问题仍是发展中国家的主要任务,必须优先提到日程上,必须致力于加速本国的经济发展,缩小本国经济同世界先进水平的差距,才能在经济全球化进程中生存和发展。

以上充分说明在当今时代背景下,和平与发展的时代主题没有改变。当前国际形势尽管存在起伏时有风浪,但今后一个时期将以"总体和平—局部战争、总体缓和—局部紧张、总体稳定—局部动荡"的基本态势向前发展。我国面临的国际环境依然是总体安全稳定,机遇大于挑战。

二、国际战略格局趋向多极化

国际战略格局是国际大的战略,总的态势。具体是指对国际事务具有重要影响的力量在一定历史时期内相互联系、相互作用而形成的较为稳定的力量结构。

苏联的解体标志着以美苏对抗为特征的两极国际军事格局的终结,并导致了世界军事力量对比的严重失衡。

两极格局结束后,出现了一超和多强并立的态势。世界主要战略力量对比在不断变化和调整,新型国家关系逐步形成,各种政治力量在不断分化和组合。这就是相互借重、相互依存、相互制衡的多极化趋势,它的发展有利于世界的和平、稳定和繁荣,有利于推动建立公正合理的国际政治经济新秩序。

(一)美国企图长期保持唯一的超级大国地位

在世界格局演进的过渡时期,美国成为世界上在政治、军事和经济等方面都具有全球性影响的唯一超级大国。美国拥有一支全球进攻性军事力量，拥有世界上最强的三位一体的核进攻力量，具有很强的远程精确打击、隐形攻击、电子战、信息战和联合作战以及综合保障能力。由于冷战后国际格局的变化具有渐进性，而美国的综合国力又遥遥领先，俄、欧、中、日仍难望其项背，"一超称霸"的局面也将保持相当一段时间，因此短期内国际战略力量失衡的情况不会发生根本改变。

为了实现建立单极世界和独霸世界的目标，美国一直致力于建立由自己主导的霸权体系：政治上极力推行美国模式，以此价值观改造世界，构建新秩序；经济上依仗其强大的经济实力，以进行经济制裁为手段，迫使别国无限度地开放市场，利用高科技和不等价交换等手段剥削发展中国家，确保本国繁荣；军事上持续庞大的"防务"开支，始终发展高、新、尖武器，在世界各地部署军事力量并组建军事联盟，插手干涉他国内部事务；全球战略上既联合又试图控制欧洲；既利用又要制约日本；以北约东扩为手段，进一步挤压并削弱俄罗斯；视中国为主要竞争对手，对台军售；不顾欧洲国家的强烈反对，拒绝接受《京都议定书》。美国甚至宣称要"维持美国的全球领导地位"，保持"超强优势"，尤其是特朗普上台后提出的"美国优先"，都体现了其建立本国主导下的单极世界的企图在不断膨胀。

（二）俄罗斯意欲重振大国地位

20世纪90年代以后，由于苏联解体的余波，俄罗斯国内形势不稳，生产停滞，经济滑坡，金融危机严重，大国地位受到严重削弱。但它毕竟拥有良好的工业和科技基础，而且其国土广袤，具有丰富的资源，发展潜力巨大。在军事上，它仍然是唯一能够和美国相抗衡的核大国。在普京出任总统后，俄罗斯内部情况渐上轨道，社会趋向稳定，经济开始恢复，且增长的速度和质量都明显提高，一系列宏观经济指标均有较大的改善，而后几年各行业开始全面增长，并逐渐保持稳定增长的态势，加之世界石油价格暴涨，给俄罗斯带来巨大的外汇收入，这些都将帮助其跻身世界主要经济体之列。更重要的是，俄在财力有限的情况下，利用高科技提升防务能力，保持了世界第2大军事强国地位。随着经济的复苏，俄加大了国防的投入，加快了军队建设和武器装备更新换代的步伐，正在踏上重振大国雄风的荆棘之路。

（三）日本加快走向政治和军事大国步伐

日本同样是世界经济强国。由于种种原因，日本的政治和军事在国际社会的影响却远未达到其经济上对世界的影响。它在外交上依附于美国，唯美国马首是瞻，唯美日同盟为先，亦步亦趋。人们很少在国际问题上听到日本与美国有不同的声音。近年来由于国际形势的变化，日本不得不通过各种手段调整对内和对外政策，以求提升其国际影响力。加上其强行通过最高军费预算、更新军事装备、大搞核试验、加速修宪解禁集体自卫权、否定侵略历史等等作为，都表明其不满足于经济大国，谋划成为世界政治大国甚至军事大国的野心。

（四）欧盟势力影响日益扩大

欧盟的前身叫欧洲共同体，其成立旨在通过共同市场，推动经济活动的协调进行。进入21世纪以来，欧盟在内统外扩与壮大实力方面都取得重大突破。欧盟实际上已将绝大多数欧洲国家和幅员统合在自己麾下，包含400多万平方公里土地面积和4亿多人口，其首脑会议在2006年一致通过并签署了《欧盟宪法条约》，欧洲的首部宪法即时生效，保证了欧盟的有效运作以及欧洲一体化进程的有效进行。经济上，欧盟的整体形势比较稳定，经济实力大幅提高，欧元在国际金融体系中的地位大幅攀升。这些都表明欧盟在提升实力地位和统合欧洲的道路上实现了一次历史性跨越，朝着建设"欧洲人的欧洲"和成为世界独立一极的目标迈出了实质性步伐。随着一体化的扩大、深化和实力的壮大，欧盟独立自主意识日益增强。它不再甘愿充当美国的"伙计"，而是要求在北大西洋公约中进行权利再分配和角色重新定位，力争与美国建立新的平等伙伴关系。由于战略利益的差异，欧盟在国际秩序观、格局观和安全观，以及对待非西方大国和发展中国家及中东局势等当代世界重大问题上，与美国产生离心，对美国说"不"的次数也越来越多。法国和德国等欧盟核心国家在伊拉克战争问题上甚至与美国分道扬镳。特别是欧盟不认同美国的单极战略，极力主张多极化，努力发展自身成为独立的一极，对美国的单极战略构成强有力的挑战。因此欧盟在国际上发出的声音更为响亮有力，地位和作用日益增强。但是最近英国的"脱欧"事件给欧盟带来不小的影响，既体现了英国在某些方面的独立诉求，也表明了欧盟28个成员国（截至英国正式脱欧前）之间存在分歧。即便如此，欧盟发展潜力巨大，未来也很可能成为对国际社会有重要影响力的一极。

（五）中国综合国力显著增强

中国经济正在保持中高速增长，综合国力迈上新台阶。2010年，中国的国内生产总值近40万亿人民币，跃居世界第2位，成为带动世界经济增长的主要动力源之一。2016年我国内生产总值更达到了74万亿余元，全球总量占比为14.84%。在综合国力和对世界和平与发展的贡献显著提升和扩大的基础上，中国在外交上不断开拓进取，国际地位和影响力明显增强，在地区和全球事务中日益发挥着极其重要的作用。

中国改革开放几十年来保持了持续发展的强劲势头，经济总量明显增大，与世界经济的关系更加紧密。中国坚持独立自主和平外交政策，坚持走和平发展的道路，努力与世界各国平等互利合作。在国际事务上不单纯追求己方利益，而是力主双赢；积极加强区域合作，推动共同发展，不断为促进全球发展和繁荣做出重要贡献。中国高举和平、发展和合作的旗帜，坚持原则，秉承公道，伸张正义，在力所能及的范围内支持和援助其他国家，充分发挥出一个负责任大国的作用，国际影响日益增大。如今随着经济向着良好的势头不断发展，综合国力蒸蒸日上，中国在国际上的地位举足轻重。

（六）区域一体化组织蓬勃发展

经济是基础，发展水平不同也决定了不同国家在国内政治及国际事务中所采取的不同立场。发展中国家间发展不平衡，利益各异，因此一些经济发展水平比较接近的国家和地区组成的地区性组织兴起，活动积极，联合自强的趋势增强。

广大中小国家为了在新形势下有效地维护国家独立和主权，提升本国的国际地位，在致力于自身发展的同时也提升了联合自强和走区域一体化道路的势头。除了区域组织不断发展以外，大区域一体化组织也在形成和不断加强。除欧盟和东盟外，近几年还涌现出诸如非洲联盟和南美洲联盟等组织。随着各地区安全机制的建立，预示着未来的地区军事格局将朝着多样化和区域化的方向演进。

从长远看，美国的霸权主义战略和单极世界目标，必然受到诸多因素的制约，美国并不能凭借一己之力和优势地位在世界上为所欲为。首先，几乎所有国家都不赞成建立以"美国为轴心"的世界新格局；其次，美国国内面临众多的社会问题和经济问题，不具备承担"领导世界重任"的能力；其三，在国际上欧洲、日本等国家和地区的崛起和挑战，对美国的"世界新秩序"形成一大制约；其四，当今世界仍存在许多的尖锐矛盾和复杂问题，无论美国如何强大和富有，都不可能包揽解决所有问题。近年来，一系列针对美国的恐怖活动，特别是"9·11"恐怖袭击之后，美国在反恐战争进程中急需各种形式的国际合作，这也使美国认识到建立单极体制称霸世界的企图是难以成功的。因此未来的国际战略格局绝不可能完全按美国的意图发展，也绝不会是美国一家独霸的局面。美国"一超称霸"的局面既是两极体制被打破后的必然现象，又是一个终将被多极体制所取代的暂时性历史进程。

当前，虽然世界处于新旧格局交替的动荡时期，但世界和平与安全面临的机遇是大于挑战的。当前世界格局处于向多极化过渡的重要时期，国际战略力量对比严重失衡的局面有望改善。各主要力量既相互牵制和竞争，又相互协调和促进，彼此借重和务实合作。一些发展中大国和区域集团实力不断增强，发展中国家整体力量上升。经济全球化趋势深入发展，科技进步突飞猛进。国际分工体系变动深刻，全球和区域经济合作生机勃勃，国家间相互依存的利益关系逐步加深。传统安全领域的对话不断增多，非传统安全领域的合作深入发展。各国更加重视通过国际协调合作和多边机制解决发展和安全问题，联合国在国际事务中的地位和作用得到维护和加强。

三、中国倡导的新安全观

安全是一个国家生存和发展的重要保障，是军事建设和斗争的根本目标。国家安全包括国家主权安全、领土的完整与安全、国体与政体的稳定以及国家职能的有效运作等。安全观就是对于安全问题的基本看法和态度，它包括对安全的界定、对威胁的判断以及如何维护安全等内容，是国家安全战略的一个重要内容。

安全观从总体上划分大致有两种，一是以美国为首的西方国家的安全观，这种安全观认为世界从本质上说是无政府主义的。只有建立单极世界，对世界进行"全球治理"，才是安全的。这种安全观强调追求自身的绝对安全、单向安全，一贯以强大的军事实力换安全，也会以缔结军事同盟运用武力或以武力相威胁的手段谋取安全。冷战结束后，特别是"9·11事件"过后，随着美国先发制人战略的提出，也将其原本在背后的考虑也跃然而出，即不允许出现想象中的不安全因素。多个方面叠加在一起，可概括为美国的国家安全观，或者说是冷战思维在新形势下的继续和发展；另一种是中国所倡导的国家安全观，这种安全观是冷战结束后提出的，相对传统安全观而言的，因此被称为"新安全观"。这种新型安全观认为世界虽然从一定的意义上讲，需要一个力量和机构来治理，但这个机构只能是联合国及其安理会。另外，这样的管理也只能是在尊重各国主权的基础上，以各国的互信和互利为基础，通过国与国之间平等协商的方式共同筹划国际和世界安全问题。同时就涉及安全的领域而言，不能仅强调军事安全，而应当把安全扩展到政治、经济、文化、生态和信息等各个领域，综合运用各种手段而非单一的军事手段来维护国家安全。1995年8月，中国在东盟论坛会议上，首次公开提出了要摒弃冷战时期的旧观念，树立新观念；江泽民同志在2000年《在联合国千年首脑会议上的讲话》中指出："营造共同安全是防止冲突和战争的可靠前提，应彻底抛弃冷战思维，建立以互信、互利、平等、合作为核心的新安全观。"在十六大报告中又提到:"安全上应相互信任,共同维护,树立互信、互利、平等和协作的新安全观。通过对话和合作解决争端,而不应诉诸武力和以武力相威胁。"也就是说,互信、互利、平等、协作"这八字方针即为我国所倡导的新安全观的精髓和核心内容。

互信就是通过对话协商,增进相互了解和信任。国与国之间应该做到超越意识形态和社会制度异同,摒弃冷战思维和强权政治心态。互不猜疑,互不敌视。这是各国和平相处和安全保证的前提,也是新安全观的基础。

互利就是在维护本国安全的同时,也要充分考虑和尊重别国的安全利益,尽力为对方的安全创造条件。互利强调的是共同安全,反对以牺牲别国的安全利益为条件来谋求自身的绝对安全。互利是新安全观的目的。

平等就是遵循和平共处五项原则,主张国家不论大小、贫富和强弱,都是国际社会中平等的一员,应当相互尊重,平等相处,积极推动国际关系的民主化。反对大国以任何理由和借口干涉小国的内政,把自己的价值观和意识形态强加于人。平等是新安全观的保证。

协作就是通过对话协商解决争端,并就共同关心的安全问题进行广泛深入的协作,防止冲突和战争的发生。协作的模式可以灵活多样,包括多边安全机制、多边安全论坛、双边安全磋商,以及具有学术性质的非官方安全对话等。协作是新安全观的方式。

以上4个方面相互联系在一起,共同发挥作用。其实质是超越单方面的安全范畴,以互利合作寻求共同安全。

通过以上新安全观的内容表述,可以看出新安全观与传统安全观有着本质的不同。最主要的是它彻底摒弃了冷战思维,为冷战后处理国与国之间关系,以及解决地区和国际安全问题开辟了一条正确的途径;同时,也为我们观察世界安全形势并处理国家安全事务提供了正确的方法。现在,许多国家都已经注意到了中国提出的新安全观。如在亚洲议会和平协会43个成员国议会首脑及议员会议上,与会者将新安全观写进了《亚洲议会和平协会重庆宣言》。在第5次中国与欧盟领导人会晤时发表的《联合新闻公报》中宣布"双方领导人同意,"9·11"之后,国际社会本着互信、互利、平等、合作的精神加强合作与协调,应对发展问题带来的挑战,和平解决争端变得更为重要。"随着新安全观越来越深入人心,它在国际事务中的影响力也将越来越大。

从实践上看,中国所倡导的新安全观也是正确的,如今新安全观已成为中国对外政策的一个重要组成部分。在新安全观的指导下,中国作为联合国常任理事国,在国际政治和外交舞台上体现了大国风范,发挥着积极和建设性的作用。在对外交往方面,中国签署并严格遵守了大多数的国际条约和公约,努力推动地区安全对话合作机制的建设,积极参与亚太地区内多边安全对话与合作进程,在东盟地区论坛上发挥积极的作用。中国倡导和参与组建的"上海合作组织"是成功实践新安全观的体现,组织成员国通过友好协商妥善解决了历史遗留的边界问题,率先提出了打击恐怖主义、民族分裂主义和宗教极端主义的主张。大力倡导不结盟、不对抗和不针对其他国家和地区的安全模式,对维护世界和地区和平稳定起到了积极的作用。建立在新安全观的基础上,这些国防和军队建设领域的外交活动促进了与世界各国的相互了解,加强了相互信任并扩大了共识,对促进国际安全局势也起到了积极的作用。事实证明,中国的新安全观是适应世界潮流和符合中国复杂环境现实的大安全观念,是与冷战思维相对立的和平、合作及发展的安全观,是对人类探求和平与发展之路的重大贡献。

第二节 我国周边安全环境

周边安全环境是指国家周边有无危险和受到威胁的情况及条件，是一个国家对其周边国家或集团在一定时期内对自己国家主权、领土完整是否构成威胁、有无军事入侵、渗透和颠覆等情况的综合分析和评估。它是关系国家和民族兴衰存亡的大事，对国防建设具有直接的影响，同时国防建设对周边安全环境也具有反作用。

一、我国周边概况和在《联合国海洋公约》中的权益

（一）周边概况

我国地处亚欧大陆的东南部，陆地边界线总长2.2万余公里，海岸线总长1.8万公里。我国陆地与14个国家相接壤，与8个国家的大陆架或200海里专属经济区相连接，还与美国等许多国家隔海（洋）相望。我国既是一个陆地型大国，也是一个海洋型大国。陆地国土面积为960万平方公里，海洋国土面积300余万平方公里。我国陆海相连，总面积达1260万平方公里，疆域辽阔，美丽富饶，有便利的海上通道和丰富的海洋资源。

旧旧中国在封建地主阶级的长期统治下，国弱民贫。从元末明初算起，帝国主义列强先后对我国发动大规模侵略战争20余次。腐朽没落的清政府前后与帝国主义列强签订了500多个不平等条约，割地赔款，丧权辱国。仅1842年、1860年、1895年和1901年，清政府就在4次对外国列强的战争中一败涂地，割让国土160余万平方公里，赔款白银7.1亿两。由于外敌入侵，致使我国边界至今存在诸多历史遗留问题。陆地疆界尚有2 600公里还未最后划定，隶属我国的海洋国土还有100余万平方公里尚有重大争议。岛屿被侵占、海域被分割、资源遭掠夺的严酷事实依然摆在我们面前。亚太地区一些国家和地区近年来在经济上有所发展，其国防拨款随之明显增加，他们纷纷制定国防发展新战略，武装力量悄然崛起，有的已跻身世界军事强国，必然会对我国的周边安全产生重大影响。

（二）我国在《联合国海洋法公约》中的权益

我国是联合国海洋法公约国，海洋对我国安全影响深远。毗邻我国的海域有黄海、渤海、东海和南海。海洋是巨大的宝库，蕴藏着十分丰富的资源，对人类的生活、生产与发展都具有十分重要的战略意义，因此一直是海洋国家争夺的焦点。

1973年12月至1982年4月，联合国召开了第3次海洋法会议。154个国家出席了此次会议，并通过了《联合国海洋法公约》（以下简称《公约》），从1994年11月16日起正式生效。这次会议对领海、海峡、大陆架、专属经济区、群岛国和岛屿制度等一系列重大问题进行了讨论，规定了群岛国制度，将一大片公海划为这些国家的内水；确定了"200海里专属经济区"制度；重新定义了"可达350海里的大陆架"概念。《公约》几乎涉及海洋法的所有方面，其中与我国周边安全环境密切相关的要素有如下内容：

1. 基线、内水、领海和毗连区

基线是陆地和内水同领海的分界线，也是测算领海、毗连区、专属经济区和大陆架宽度的起点线。一是正常基线，即领海基线（也称"低潮线"），是海水退潮时退到离海岸最远

的那条线；二是直线基线，即在海岸和沿海岛屿上选定一系列的基点。在这些基点之间划出一条条相互连接的直线，构成一条折线，这条折线即为领海基线。一般适用于海岸线比较曲折，沿海有许多岛屿的国家。《公约》还规定，"沿海国为适应不同情况，可交替使用以上各条规定的任何方法以确定基线"，称为"混合基线法"。

我国政府在1958年的《中华人民共和国关于领海的声明》中指出："中国大陆及其沿海岛屿的领海以连接大陆岸上和沿海岸外缘岛屿上各基点之间的各直线为基线。"1992年颁发的《中华人民共和国领海及毗连区法》明确规定："中华人民共和国领海基线采用直线基线法划定，由各相邻基点之间的直线连线组成。"依据此法，中华人民共和国政府于1996年5月15日发表声明，宣布了我国领海的部分基线和南海之中西沙群岛的领海基线。

内水是国家内陆和领海基线向陆一面至海岸线的水域，构成沿海国领水的一部分，沿海国在这一海域内享有排他性的主权。其中，根据海湾与沿海国的关系，以及湾口宽度，海湾可分为3种，即沿岸属于一国领土的海湾、沿岸属于两个或两个以上国家领土的海湾，以及历史性海湾。

对于沿岸属于一国领土的海湾，该国可在一定条件下将其划入本国的内水范围，实行完全排他的主权。《公约》规定：一是若海湾天然入口两端的低潮标之间的距离不超过24海里，则可在这两个低潮标之间划出一条封口线，该线所包围的水域应视为内水；二是若海湾天然入口两端低潮标之间的距离超过24海里，则24海里的直线基线应划在海湾内，以划入该长度的线所可能划入的最大水域视为内水。历史性海湾是指海岸同属一国，其湾口宽度虽然超过24海里，但历史上一向被承认是沿海国内海的海湾，如加拿大的哈德逊湾。历史性海湾完全处于沿岸国排他性主权的管辖下。

领海指濒海国陆地领土及其内水以外邻接的一定宽度的海域，其范围为领海基线至领海线之间的海域。领海基线就是量算领海的宽度要有一条起点线，这条起点线在海洋法中被称为"领海基线"。领海基线的主要意义在于：它是沿海国建立海洋管辖权主张的起始线。《公约》规定："每一国家有权确定其领海的宽度，直至从按照本公约确定的基线量起不超过12海里的界线为止。"目前，包括中国在内，世界上有117个国家实行12海里的领海宽度。领海是沿海国家领土的组成部分，受沿海国主权的管辖和支配。沿海国在领海享受有属地最高权，领海内的一切人和物均受沿海国管辖。

根据《国际法》，沿海国对领海内一切资源的开发和利用享有专属权，沿海国享有沿海航运的专属权利，沿海国有权制定和颁布有关领海的法律和规章，外国船舶可以在他国领海上无害通过，但外国飞机未经许可不得飞越他国领海的上空。沿海国的主权不仅及于领海，也及于领海的上空、海床和底土。

毗连区是邻接沿海国领海，但在领海范围之外一定宽度的海域，是保护沿海国权利和利益的重要海域，又叫"连接区"、"特别区"、"保护区"、"补充区"、"尊重区"或"专门管制区"。其外部界限从领海基线量起不得超过24海里。沿海国在毗连区内可对本国和外国公民及船只行使海关、财政、卫生和移民等事项的管制权。

2. 专属经济区和大陆架

专属经济区又称经济海域，是指主权国家在邻接其领海的外部海域设立的经济管辖区，其外部界线从领海基线量起，不应超过200海里。专属经济区是国家自然资源区的组成部分，国家对之行使有关国际海洋法规定的经济主权权利和管辖权。

专属经济区是《公约》确立的一项新制度，它的区域介于领海和公海之间，具有独立的法律地位。专属经济区不同于领海，它虽属沿海国管辖区域，但并不构成沿海国领土的组成部分，沿海国对它不享有绝对和排他的主权。专属经济区也不同于公海，其他国家虽然在专属经济区有自由航行和飞越权，但已不是公海意义上的那种自由，主权国可对其他国家在专属经济区内的活动加以限制。

大陆架指陆地向海面下自然延伸和缓倾的浅水平台，范围从低潮线起到海底坡度突陡止，通常被认为是陆地的一部分，可以说是被海水所覆盖的大陆又叫"陆棚"或"大陆浅滩"。沿海国享有对其行使勘探和开发自然资掘为目的的主权权利。在国际法上，大陆架是指沿海国家的陆地在海水下面的自然延伸，并与大陆形成一个连续的完整的整体。《公约》规定如陆地领土向海底延伸部分不足 200 海里时，可扩展到 200 海里如延伸部分超过 200 海里，不应超过从测算领海宽度的基线量 350 海里，或不超过连接 2500 米深度各点的等深线 100 海里。

我国的海岸线漫长，大陆架极为广阔，属于大陆架超过 200 海里的 18 个国家之一。渤海和黄海海底全部为大陆架；东海有 2/3 的海底是大陆架，最宽处近 400 海里；南海大陆架占海底面积的一半以上，总面积约有 150 万平方公里。但是除渤海大陆架外，我国大陆架都与邻国存在划界问题。中国政府多次郑重声明，根据大陆架是陆地领土自然延伸的基本原则，中国对东海大陆架拥有不可侵犯的权利，东海大陆架涉及其他国家的部分应由中国和有关国家协商加以划分。位于南海上的东沙、西沙、中沙和南沙群岛领海有 150 多个岛屿、礁和滩，自古以来就是中国的领土。南海诸岛大陆架与其他国家的划界问题，应由我国与有关国家依据《公约》和国际习惯，通过谈判协商公平合理划定。

1982 年 12 月 10 日，我国作为首批签约国，在联合国海洋法公约上签字。1996 年 5 月 15 日，我国第八届全国人民代表大会常务委员会第十九次会议批准实施。

二、缓和是我国当前周边安全环境的主流

进入 20 世纪 90 年代，世界形势发生了重大变化。苏联解体，冷战结束。国际力量对比严重失衡；霸权主义和强权政治进一步抬头；世界多极化趋势加速发展。尽管世界形势动荡不安，有些地区的局势还相当紧张，但在我国周边却出现了一个相对平稳的局面。我国的周边安全环境处在建国以来比较好的时期，主要表现在如下方面。

（一）大规模外敌入侵的军事威胁已消除或减弱

第二次世界大战结束后，亚太地区一直是美苏争霸的重要地区之一。从 20 世纪 50 年代开始，我国周边形势之所以长期紧张不安，根本原因是由于当时美苏争霸、两大阵营相互对立所致，有的甚至则是直接针对我新生的社会主义中国的。从新中国成立初期，直到 20 世纪 70 年代中期，美国一直构成对我国构成直接军事威胁。20 世纪 70 年代末，邓小平进一步发展了毛泽东和周恩来打开的中美关系新格局，于 1979 年亲自出访美国，并主持实现了中美关系正常化，使我国完全摆脱了美国全面的现实军事威胁。两极格局结束后，美国是当今世界唯一的超级大国，但其实力地位已相对下降。美国国民生产总值占世界总产值的比重，已由战后初期的 46% 下降到了 1995 年的 24%。1970 年，美、欧、日国民生产总值的比例为 5：3：1，到了 1995 年，美、欧、日国民生产总值的比例为 1.5：1.6：1，美国已不如欧

盟。美国在世界经济多极化的发展过程中，和西欧、日本及德国的经济关系日趋紧张，经济霸主地位已经动摇。美国出于经济上力不从心，政治上矛盾重重和国际形势的多极化趋势，在调整其军事力量在世界各地的部署时，对部署在亚太地区的军事力量也做了较大调整。目前驻亚太地区美军为 15 万余人，名义上是支持其盟国在这一地区保持稳定，不构成对我国的严重军事威胁，但实际上利用第一岛链和第二岛链，对我国实施"封锁"。近十年中美关系已出现明显转折，尽管中美在人权、贸易、技术交易及台湾问题等方面存在重大分歧，但美国政府已认识到合作与对话比对抗更符合美国的利益。随着中美首脑多次互访，中美将取得更大进展，这将对我国周边安全向好的方面发展起到促进作用。

我国跟苏联的关系是从互助同盟，到全面交恶，再到逐渐恢复的过程。20 世纪 60 年代中期中苏关系破裂后，一直到 20 世纪 80 年代后期，苏联长期对我大兵压境，甚至进行核讹诈，使我国周边安全环境异常严峻。再加上当时印尼排华、中印边界军事对峙和台湾当局叫嚣反攻大陆等，世界上的反动势力掀起一场反华大合唱，迫使我们提出建设大三线，把一些重要工业迁往内地山区，毛泽东主席甚至提出重上井冈山。当时我国的军费支出达到国家财政总支出的 42.7%。苏联解体前，由于其经济失去活力，政治危机和民族矛盾加剧，被迫于 1988 年宣布单方面裁军 50 万人，其中驻亚洲部队裁减 10 余万人。1989 年又从阿富汗无条件撤军，撤出越南金兰湾海军基地，1992 年又全部撤走驻蒙苏军。至此，不仅苏联在我边界陈兵百万，大战一触即发的紧张局面不复存在了，而且漫布世界的核战争乌云也大大减少了。1996 年，中、俄、哈、吉和 5 国在上海签署了《关于在边境地区加强军事领域信任的协定》。1997 年在莫斯科签署了《关于在边境地区相互裁减军事力量的协定》，我国与上述其他 4 国 7300 多公里的边界地区实现非军事化，我国北部和西部边界随之得到较长时期的和平与稳定。1996 年 4 月俄罗斯总统叶利钦访华期间，中俄确立了面向 21 世纪的战略协作伙伴关系。近年来，随着中俄、中哈、中吉和中塔领导人频繁互访及裁减边界驻军等协定的签订，特别是 2001 年 6 月"上海合作组织"的成立，我国与上述 4 国在军事和政治上的合作开始进入一个新的时期，我国北部和西部边界安全环境将再上一个新台阶。

（二）曾经与我发生过武装冲突的国家都与我实现了关系正常化

中华人民共和国自 1949 年建国以来，除出兵朝鲜半岛抗美援朝以外，还与印度、苏联和越南因边境问题，在陆上和海上发生过武装冲突。与印度的冲突从 20 世纪 50 年代末一直延续到 20 世纪 80 年代末，20 世纪 70 年代末与越南的冲突不仅前后延续了近 10 年且最为激烈。这些冲突及与这 3 国的长期不和，一直构成对我国周边安全的直接威胁。到 20 世纪 80 年代后期，我国与上述 3 国的关系开始改善，先后与苏联、越南和印度等国家关系实现了正常化。具体表现在国与国之间友好往来日益增多，国家领导人多次互访。我国与上述邻国的友好关系向着健康良好的势头发展。尽管我国与印度、菲律宾等国家尚有领土和领海纠纷，但近期发生大规模武装冲突的可能性极小。

（三）我国周边的热点地区

所谓"热点"，就是指那些发生战争或敌对各方斗争激烈，随时可能爆发战争的国家或地区。从 20 世纪 50 年代初就存在一直持续到现在且愈演愈烈的朝鲜半岛问题，从 20 世纪 70 年代末开始的阿富汗和柬埔寨战争，以及 20 世纪 40 年代末开始的印巴冲突都是发生在我国周边地区的冲突。我国也曾或多或少地卷入这几个热点地区的冲突，它们都危及我国边界地区的安全。随着冷战结束，这些热点地区冲突各方的内外政策都发生了变化，热点出现降温，即便是不久前结束的阿富汗战争对我国的影响也比较小。

（四）我国的国际地位和影响明显增强

在世界格局的大变动中，亚太地区并没有出现战略力量严重失衡的现象。这也缘于亚太各国和地区以发展经济为中心，各国之间促进双边和多边经济合作，在各个领域加强联系。在我国睦邻友好政策的推动下，加上我国的经济快速发展和国内长期稳定，我国的国际影响明显提高。在1998年持续长达8个多月的亚洲金融危机中，中国的行动为世人赞叹，被称为一个对世界负责任的大国，众多西方国家纷纷放弃在人权政策上与我国对抗的立场。中国的国际声望日益提高，安全环境得到重大改善。连美国舆论界也承认我国和平外交取得了重大成果，与亚太周边国家和地区的关系也进入了建国以来的比较好的时期之一。

三、我国周边安全环境面临的威胁

我国的安全环境存在着两重性，一是相对和平稳定的安全环境得到不断地巩固和发展，二是我国仍面临着一些不安全因素和潜在的威胁。

（一）西方军事强国对我国安全环境影响深远

在世界军事强国中，美国对我国安全环境的影响尤甚。美国其本土虽与我国远隔重洋，但对我国安全的影响却无处不在。在各大国与我国关系稳步向前发展的同时，以美国为首的西方世界仍然有一股企图遏制中国的逆流异常顽固，至今坚持冷战思维，不愿意正视中国政治、经济的发展以及在国际社会中的积极作用。他们散布所谓的"中国威胁论"，以"人权"为幌子，干涉中国的内政。无视中国的强烈反对继续坚持对台军售，阻挠我国统一大业。美国对华政策的两面性是我国安全环境的不稳定的主要因素之一。

（二）周边"热点"地区仍有发生情况突变的可能

我国周边"热点"地区之一的朝鲜半岛，由于朝鲜当局在核问题的立场与国际社会相差甚远，所以六方会谈举步维艰，军事对峙的僵局很难打破。朝鲜半岛发生战争的可能性不能排除。一旦这种情况发生，必将对我国安全造成影响。

印度与巴基斯坦的对立一天不解决，我国这一边境地区的安全隐患就无法排除。由于历史原因，印巴两国既存在民族矛盾，又存在宗教纠纷，还在第二次世界大战独立建国后因克什米尔地区的归属问题产生了领土争端，在短时间内难于得到解决。多年来，印巴军事冲突和摩擦不断，大的战争有三次。印度作为地区大国，1996年拒绝在《全面禁止核武器条约》上签字，并以"中国威胁论"为借口，大力发展核武器，妄图谋求世界核大国地位。印巴核军事装备竞赛的升级和对立的加剧，对我国的安全环境产生了不利影响。印巴双方陈兵于边境，相互对峙，谁都不满足己方在克什米尔的实际控制区。一旦小摩擦升级导致战争爆发，必然会对我国边境安全构成较大威胁。

另外，伊朗核问题和伊拉克战争、叙利亚内战造成的地区安全问题，尤其是极端恐怖组织"伊斯兰国"突起给全世界带来的灾难，也不可避免地对我国安全环境产生影响。

（三）边界和海洋权益争端尚存

我国坚持在和平共处五项原则的基础上愿与一切国家发展友好关系，特别注重发展与邻国的睦邻友好关系。但另一方面也必须看到，我国与部分邻国的边界争议情况复杂，尤其是关于海洋权益的争议，解决起来难度很大，这些争议始终是可能影响到我国边境和领海安全的不稳定因素。在这些争议中，陆地边界问题的争议尤以中印边界争议较为突出。关于海洋权益的争议则更为复杂，我国与朝鲜和韩国之间关于黄海及东海大陆架划分，与日本之间关于东海大陆架划分和钓鱼岛的归属问题都存在争议。我国的南海处于岛屿被侵占、海域被分割，以及资源被掠夺的严重局面，南沙群岛的海面岛礁十有八九被他国占领，关于南沙群岛的争议，短期难以解决。为了迫使中国就范，日本在钓鱼岛问题上、菲律宾在南海争端问题上还分别使出了所谓"购岛"和"南海仲裁"的伎俩，丑态百出。但另一方面也说明了紧张形势不容乐观，如果处理不当，还有可能引起国际争端或诱发局部战争。

思考题

（1）简述当今国际战略环境的基本特点及其发展趋势。
（2）《联合国海洋法公约》赋予了我国哪些合法权益？
（3）我国周边安全环境面临哪些主要威胁？

第四章 军事高技术

第一节 军事高技术概述

以高新技术为先导和制高点的科学技术的发展,不仅对整个社会经济的发展和科学技术的进步产生了深远的影响,高新技术与军事相结合立即引发了一场前所未有的新军事革命,导致军事领域发生了许多突破性的变化。要想加强新形势下的国防建设,就需要努力提高我国的科学技术水平,而军事高技术是关键。

一、军事高技术的基本概念与分类

所谓军事高技术,就是应用于军事领域的现代高新科学技术。即已经应用或即将应用于军事领域中,并对现代军事和现代战争产生重大影响的高新科学技术群。按照科学分类方法,科学技术的体系结构通常划分为基础科学、技术科学和工程技术三个层次。军事高技术的体系结构是由科学体系中面向军事应用的那部分技术科学和工程技术所组成的。它包括两个层次,即军事基础高技术和军事应用高技术。

(一)按照军事高技术的领域分类

目前军事高技术主要可分为6大新技术群,即电子信息、新材料、新能源、生物技术、航天技术和海洋技术6大领域,每个高技术领域都包含成千上万的高技术。这6大技术群之间相互渗透、相互交叉,不断涌现新的学科和技术,并且都被运用到军事上。

军事高技术的分类:从军事高技术与武器装备的关系来看,军事高技术可分为两大类,一是支撑武器装备发展的基础技术,主要包括微电子技术、光电子技术、计算机技术、新材料技术、高性能推进与动力技术、仿真技术、先进制造技术等;二是直接用于武器装备并使之具有某种特定功能的应用技术,主要包括侦察监视技术、伪装与隐身技术、精确制导技术、信息战技术、指挥控制系统技术、军事航天技术、核生化武器技术、新概念武器技术等。

(二)按军事高技术的应用分类

①夜视技术,即通过使用各种夜视器材,突破夜幕的障碍的一种技术。
②侦察监视技术,包括太空侦察(使用卫星)、航空侦察(预警飞机)、地面侦察(雷达)和水下侦察(声呐)。
③伪装与隐形技术,即通过在外形和涂料两个方面的措施来减小雷达波的散射能量的一种技术。
④军事激光技术,如激光武器和激光测距仪等。
⑤军事航天技术,借助部署在太空的各种遥感器和观测设备、通信设备和武器系统等执

行侦察、监视、预警、通信、导航和气象预报等任务。

⑥精确制导技术,主要有导弹、制导炸弹和制导炮弹等。

⑦指挥自动化技术,如 C^4I 系统等。

⑧电子战技术,主要目的是争夺电磁频谱的控制权和使用权。

除此之外,还有核武器、化学武器与生物武器技术,以及目前正在探索中的新概念武器等新技术,如定向能武器、动能武器和各种反装备武器等。

二、军事高技术的主要特点

军事高技术具有高投资性、高智力性、高风险性、高竞争性、高效益性、高渗透性、高创造性。

(一) 高投资性

高技术的研究开发需要昂贵的设备和较长的研制周期,因而研制过程需要耗费巨额资金。据统计,目前,一般高技术企业用于研究开发的经费占其产品销售额的比例高达 10 - 30%,而科研成果产业化的投资又比研究开发投资高出 5 - 20 倍,形成高技术产业后的设备更新投资还会越来越大。比如制造集成电路的设备,十年之中关键设备就更新了三代,每更新一代,设备投资就要增加一个数量级。

(二) 高智力性

高技术是知识密集型技术,它的发展必须依靠创造性的智力劳动,依靠富有创新意识、创新能力的高素质人才,体现了高智力的特性。比如半导体集成电路,从成本上讲,原料及能源仅占其总成本的2%,而其余98%都是其智力含量。

(三) 高风险性

高技术竞争的失败,对企业而言,就意味着投资的失败;对国家而言,意味着国家利益将要受到损害。此外,高技术研究本身也蕴含着巨大的风险,甚至要以生命作为代价。以航天技术的发展为例,40多年来,航天技术取得了神话般的巨大成就,但其风险也高得惊人。1961年3月23日,苏联的邦达连科就成为为航天事业献身的第一人。另据英国《新科学家》杂志数据分析:目前正在组装的国际空间站,在组装过程中,发生至少一次重大失误的可能性为 73.6%。

(四) 高竞争性

高技术的时效性决定了谁先掌握技术、谁先开发出产品并抢先投放市场或用于战场,谁就能获得优势,占据主动。为此,世界军事强国和大国都制定了高技术发展计划,试图在世界高技术发展的竞争中占有一席之地。

(五) 高效益性

新型武器装备往往是军事高技术的物化,是军事高技术的综合集成。战争实践证明,军事高技术成果一旦转化为新型武器装备,不仅能够大大提高部队战斗力,而且能够逐步改变作战样式甚至战争形态。例如，航天技术的投资效益比高达 1∶14，充分体现了高效益的特点。

（六）高渗透性

高技术本身具有极强的综合性和技术辐射性或渗透性，隐含巨大的技术潜力。既可用于传统产业的改造，又可用于新兴产业的创立。因而能带动社会各行各业的技术进步，成为经济、国防、科技、政治、外交、教育和社会生活等各个领域发展变化的驱动力。有些高技术给社会带来的影响甚至是革命性的，如计算机技术已经广泛渗透到了经济、国防、科技、教育和社会生活等各个领域。

（七）高创造性

高技术的高创造性指的是高技术是人类凭借自己的聪明才智创造出的知识和技术密集的高新技术群；高技术成果是在广泛利用已有的科技成就的基础上，通过研究与发展所创造出的高水平的科技成果。高技术的发展主要依靠富有创新意识和创新能力的高素质人才。没有创新，就没有高技术的发展。

三、军事高技术的应用与发展

当前，军事高技术前沿领域主要有军用信息技术、作战平台技术、军事航天技术、新概念武器技术、军用新材料技术、先进推进与动力技术，以及军用生物技术和核武器技术等。其中军用信息技术、作战平台技术、军事航天技术和新概念武器技术的应用和发展，直接影响现代战争的作战样式和进程；军用生物技术发展的潜力巨大且影响深远。本节主要介绍军用信息技术、军用新材料技术和军用生物技术的应用和发展。

（一）军用信息技术

1. 计算机技术

计算机是由电子器件及相关设备和系统软件组成的自动计算系统，计算机技术包括：运算方法的基本原理与运算器设计、指令系统、中央处理器（CPU）设计、流水线原理及其在CPU设计中的应用、存储体系、总线与输入输出。根据数的表示方式和计算原理的不同，电子计算机通常分为数字计算机和模拟计算机两大类，前者是对离散形式表示的数进行操作；后者是对连续变化的物理量进行处理。

从 20 世纪 90 年代初期以来，混合计算机和多媒体计算机的发展也十分迅速。混合计算机是指既能处理数字信息，又能处理连续变化的物理量的计算机。它由混合接口、数字计算机和模拟计算机 3 个主要部分组成，主要功能是实时仿真复杂系统，如仿真导弹系统和航天飞行器系统等；多媒体计算机是具有综合处理文本、图形、图像、声音和视像等多种媒体信息能力的计算机，具有数字化、集成性和交互性等特点。

计算机软件技术内容包括可信操作系统、应用程序设计语言、数据库系统、应用可移植性、软件工程、分布式计算与网格计算、Agent 技术、应用系统集成、软件安全等。软件技术是一个非常庞大的领域，随着软件的规模越来越大，如何测试程序已成为当今软件业面临的最大问题，也是软件生产中成本最高的部分。目前软件编制工作中的 50% 是测试和验证，因此测试对软件的发展至关重要。

目前计算机技术已在军事领域广泛应用，成为现代战争中战斗力的倍增器。例如，计算机辅助订定作战计划、精确引导和定位，以及智能化武器系统等，使得现代战争发生了翻天覆地的变化；除此之外，计算机还广泛地应用于军事训练、新型武器研制、军事科研与评估等各个方面，如武器训练模拟器、驾驶模拟器、维修模拟器和作战模拟系统等。随着计算机技术的发展，尤其是超级计算机的发展，计算机在武器系统中的应用还将更加广泛，对现代军事的影响也将会更加强烈。

2. 微电子技术

微电子技术是建立在以集成电路为核心的各种半导体器件基础上的高新电子技术，特点是体积小、重量轻、可靠性高、工作速度快，微电子技术对信息时代具有巨大的影响。微电子技术是现代电子信息技术的直接基础，它的发展有力推动了通信技术，计算机技术和网络技术的迅速发展，成为衡量一个国家科技进步的重要标志。

美国贝尔研究所的三位科学家因研制成功第一个结晶体三极管，获得1956年诺贝尔物理学奖。晶体管成为集成电路技术发展的基础，现代微电子技术就是建立在以集成电路为核心的各种半导体器件基础上的高新电子技术。集成电路的生产始于1959年，其特点是体积小、重量轻、可靠性高、工作速度快。衡量微电子技术进步的标志要在三个方面：一是缩小芯片中器件结构的尺寸，即缩小加工线条的宽度；二是增加芯片中所包含的元器件的数量，即扩大集成规模；三是开拓有针对性的设计应用。

随着微电子技术发展水平的不断提高和在军事领域的广泛应用，武器装备的性能将发生巨大变化，一是武器系统的体积、质量和功耗大大减少，可靠性大大提高；二是武器系统自身的信息处理能力得到质的飞跃，使一些原来作为设想的高技术兵器成为现实；三是传统装备的电子化水平将不断提高，从而使保障手段逐步走向多样化和智能化。

（二）军用新材料技术

新材料技术是介于基础科技与应用科技之间的应用性基础技术。而军用新材料技术则是用于军事领域的新材料技术，这部分技术是发展高技术武器的物质基础。目前，世界范围内的军用新材料技术已有上万种，并以每年5%的速度递增，正向高功能化、超高能化、复合轻量和智能化的方向发展。常见的军用新材料技术高级复合材料是指两种以上不同性质或不同结构物质组合而成的材料，通常由基体材料和增强剂构成。如碳纤维复合材料，它是一种质轻、强度高的复合材料，主要以聚丙烯腈为原料，也可用人造丝、石油沥青或煤沥青为原料，具有强度高、刚度高、耐疲劳、重量轻等优点。采用这种材料后，美国的AV-8B垂直起降飞机的重量减轻了27%。F-18战斗机减轻了10%。先进陶瓷材料先进陶瓷材料是当前世界上发展最快的高技术材料，它已经由单相陶瓷发展到多相复合陶瓷，由微米级陶瓷复合材料发展到纳米级陶瓷复合材料。先进陶瓷材料主要有功能陶瓷材料和结构陶瓷材料两大类。其中，在结构材料中，人们已经研制出氮化硅高温结构陶瓷，这种材料不仅克服了陶瓷的致命的脆弱性，而且具有很强的韧性、可塑性、耐磨性和抗冲击能力，与普通热燃气轮机相比，陶瓷热机的重量可减轻30%，而功率则提高30%，节约燃料50%。

当前，世界各国重点发展和研究的军用新材料，主要包括信息材料、能源材料、纳米材料、先进复合材料等。其目的就是要最大限度地用材料的高性能支撑武器装备的高性能和新功能。

在支撑新军事变革和武器装备迅速发展的过程中,军用新材料发展趋势表现在以下几个方面:一是复合化,通过微观、介观和宏观层次的复合,大幅度提高材料的综合性能。二是低维化,通过纳米技术制备纳米颗粒(零维)、纳米线(一维)、纳米薄膜(二维)等纳米材料与器件,以实现武器装备的小型化。三是高性能化,通过材料的力学性能、工艺性能以及物理、化学性能指标的提高,实现综合性能不断优化,为提高武器装备的性能奠定物质基础。四是多功能化,通过材料成分、组织、结构的优化设计和精确控制,使单一材料具备多项功能,以达到简化武器装备结构设计,实现小型化、高可靠的目的。五是低成本化,通过节能、改进材料制备和加工技术、提高成品率和材料利用率等方法降低材料制备及应用成本。

我国政府对新材料的研究开发给予了高度重视,近年出台了一系列相关鼓励政策,建设了一批新材料研发中心和重点实验室,规划了一批新材料成果转化与产业建设基地,特别是在一些重大科技开发和产业化计划中,均把新材料列为重点支持的领域之一。随着我国中长期科技发展规划纲要的实施,我国的新材料技术将会有更快的发展。

(三) 军用生物技术

生物技术(biotechnology),是指人们以现代生命科学为基础,结合其他基础科学的科学原理,采用先进的科学技术手段,按照预先的设计改造生物体或加工生物原料,为人类生产出所需产品或达到某种目的现代生物技术综合基因工程、分子生物学、生物化学、遗传学、细胞生物学、胚胎学、免疫学、有机化学、无机化学、物理化学、物理学、信息学及计算机科学等多学科技术,可用于研究生命活动的规律和提供产品为社会服务等。随着生物技术的快速发展,在军事领域应用具有巨大的潜力。

生物技术(Biotechnology)是以生命科学为基础,利用生物(或生物组织、细胞及其他组成部分)的特性和功能,设计、构建具有预期性能的新物质或新品系,以及与工程原理相结合,加工生产产品或提供服务的综合性技术。信息技术(information science)是研究信息的获取、传输和处理的技术,由计算机技术、通信技术、微电子技术结合而成,即是利用计算机进行信息处理,利用现代电子通信技术从事信息采集、存储、加工、利用以及相关产品制造、技术开发、信息服务的新学科。信息技术和生物技术都是高新技术,二者在新经济中并非此消彼长的关系,而是相辅相成,共同推进 21 世纪经济的快速发展。

生物技术可用于发展高性能的信息探测系统、通信系统、导航定位系统和信息处理系统等。美军已研制出可探测生物战剂的专用抗体传感器、酶传感器及生物战剂探针,并利用大规模集成电路的手段获得了带有 135 000 个基因探针的 DNA 芯片,可直接用于基因武器的侦检;同时,利用仿生技术制造的各种信息搜集系统可以大幅提高探测、监视和导航能力。例如,模仿复眼结构制成了多元相控阵"蝇眼"雷达、高能宇宙射线空气簇射"蝇眼"探测器和复眼照相机。

采用仿生设计可显著提高作战平台的性能和生存能力。例如,海豚有极佳的流线型体形,依照海豚的体形轮廓和身体各部位比例建造的新式核潜艇,其航速提高了 20% ~ 25%。美国海军仿制了"人工海豚皮",用这种人造海豚皮包在鱼雷表面,阻力减少了 50%,速度提高 1 倍;另外,F - 117A 的外形像一只由多面体组成的燕子,B - 2A 战略轰炸机外形像一只大蝙蝠。这都是由于它们采用了隐身外形设计,据称这种设计能散射 30% 左右的雷达波。

基因武器是运用基因技术对已有的生物战剂(细菌、病毒和毒素等)或良性物质进行有目的的修饰或改造,制造出新的生物战剂并武器化。日本已通过基因重组的方法把肉毒毒素植入良性原料试剂中,成功地研制出了一种新的大肠杆菌生物战剂,未来目标是要研究一种含有剧毒结构成分且具有一定潜伏期的生物战剂;另一种专门攻击某一类人种的基因武器(也称"种族基因武器")也可能正在研究之中。据英国医学家透露,医学上正在发展的"神弹"基因治疗方法可能被用来研制可怕的灭绝种群的基因武器。

生物技术是一项具有革命性的高技术。虽然现阶段军事生物技术的发展尚处在初期,但随着 21 世纪生物学时代的到来,生物技术将在军事领域里大显身手,它的飞速发展将把军队武器装备的高技术化推向更高层次。

四、军事高技术对现代战争的影响

在高技术战争条件下,从保卫国家的安全角度来说,仅仅考虑核威胁、核保护战略已远远不够了。航天战略(或宇宙战略)将成为国家战略的重要内容。一个国家的高技术水平是这个国家威慑力量中不可分割的一部分。国家的安全除了有赖于必要的常规武器、核武器外,更加有赖于高技术武器。随着军事高技术的发展及其在军事领域的广泛应用,已经对现代战争行动产生了巨大影响。可概括为"五化",即指控智能化、侦察立体化、反应快速化、打击精确化和防护综合化。

(一)指控智能化

现代军事高技术的发展和应用使武器装备的射程、威力和精度都几乎达到了各自的极限,交战双方的差别在很大程度上取决于其对作战力量的指挥控制水平上。在战役和战术级,信息战的表现样式是以电子战为核心的指挥控制战,夺取制信息权的核心是使拥有信息密集型武器的部队取得信息能力的优势。

未来战争以计算机为核心的网络将把所有的通信系统、探测装置和武器系统联成一体,作战将从"以平台为中心"转向以"网络为中心"。美海军网络中心战的网络结构由 3 个互相连接的部分组成,即探测装置网络、交战网络和信息传输网络。网络中心战的体系分为 3 级,第 1 级战术级,网络用户数量在 24 个之内。信息传输时间为零点几秒,信息精度达到武器控制级;第 2 级为战区级,网络用户数量在 500 个之内。信息传输时间为秒级,精度达到部队的控制所需的要求;第 3 级为战略级,网络用户数量在 1 000 个之内。信息传输时间为几分钟,精度达到部队的协同所需的要求。各级指挥官利用网络交换大量信息,感知整个战场的态势。并阐述指挥意图,制订作战计划,解决各种问题。网络中心战特点是提高了部队的指挥速度,建立了对战场空间的持续的完备的态势感知。

(二)侦察立体化

侦察立体化通俗地讲就是"眼观六路、耳听八方"。在未来战争中,新型信息化装备将使战场更透明。可实现全球感知,实时进行远程指挥控制。从大洋深处到茫茫太空,布满了天罗地网式的侦察监视系统。水下的声呐能够偷偷寻找军舰和潜艇的踪迹;地面的传感器能够警惕地注视人员与车辆的动静;空中的侦察飞机能够同时监视高空、低空、地面和海上的各种活动目标。例如，当 E-3A 预警机飞行高度为 9 公里时，可以探测到 500~650 公里远的高空目标、300~400 公里远的低空目标和 270 公里远的巡航导弹。间谍卫星"站得高，看得远"，其侦察效果更加显著。例如，同样一架视角为 200 的照相机，装在 3 公里高的侦察机上，一张照片可以拍摄到 1 000 平方公里面积的地面；装在 300 公里高的侦察卫星上，一幅照片可囊括 1 万平方公里的范围。如果把侦察卫星定位到地球同步轨道上，则一颗卫星就能同时看到太平洋两岸，监视地球表面 42% 的面积。

在未来战争中，"侦察—判断—决策—行动"的回路越来越短，信息化装备的广泛使用使得争夺信息优势成为高技术战争的首要任务。特别是战略信息战，就如核战争一样具有大规模毁灭性作用，将成为新的威慑手段。美国参联会原副主席欧文斯曾对美、伊两军的侦察监视能力做过一番比较，得出的结论是如果交战的一方"可以一天 24 小时，仅以 30 秒的延迟，在各种气象条件下透过云层在 10 厘米的误差以内非常精确地看到另一方，而他的对手则不能，那么他一定会赢"。侦察能力的差异性，决定了交战双方的不对称性。

（三）反应快速化

"兵贵神速"历来是兵家所追求的情形，但传统武器装备因受技术条件限制，常常"欲速不达"。高技术武器装备在现代战争中应用才使"兵贵神速"成真，实现了机动快、反应快、打击快和转移快。

高技术武器从发现目标到攻击目标的反应时间也大为缩短。当前计算机控制的火控系统，能在 96 秒内操纵 4 门火炮摧毁 35 个分离的目标，而传统武器摧毁这些目标需要两个小时。在信息化战争中"被发现就意味着被命中"，于现代防空系统的反应时间更是以秒计时，如美国的"爱国者"、俄罗斯的 C-300 地空导弹系统的反应时间为 15 秒。

在未来战争中，时间因素将变得越来越重要。西方军事家已经把"兵贵神速"赋予了新的含义，即"时间就是一切，时间就是胜利"和"时间是未来战争的第四维战场"，越来越强调战争准备的及时性、战争指挥控制的实时性，战争行动的突然性。战争从旷日持久向速战速决演变，战争的进程将大大缩短。

（四）打击精确化

精确打击武器和精确的信息支援系统有机结合，使精确打击成为战争的重要样式。作战精度越来越高，攻击距离越来越远。精确打击在现代战争中的地位日益重要，根据推算，就杀伤破坏效果而论，爆炸威力提高 1 倍，杀伤力只能提高 40%。而命中概率提高 1 倍，杀伤力却能提高 400%。当前，1 架次 F-117A 战斗机投掷 1 枚或 2 枚 2 000 磅激光制导炸弹的作战效果，相当于过去 B-17 重型轰炸机 10 架、4 500 架次投掷 9 000 枚炸弹。统计显示越南战争中，所用精确制导弹药占总弹药数的比例仅为 0.02%，海湾战争达 8%，科索沃战争为 35%，阿富汗战争为 56%，伊拉克战争达 68%。目前，一种全新的作战样式——"精确战"正在登上战争舞台。它要求探测目标精确、攻击目标精确、摧毁目标精确和毁伤评估精确，总之仗越打越"精"了。

在求"精"的同时，借助军事高技术特别是智能化技术，未来战争也开始在"巧"字上下工夫。例如，对于人，是打死好还是打伤好；对于物，是打碎好还是打废好。随着时代的发展，人们已经开始重新审视这个古老而又崭新的话题。美国人认为要想最有效地削弱敌人的战斗力，致死不如致伤；致伤不如使其失能。这里讲的"失能"，既可以指武器，也可以指人员。这样的战争效费比更高，副作用更小，后遗症更大。

（五）防护综合化

"保存自己，消灭敌人"是一切战争的共同原则。由于现代侦察、监视和探测手段具有全方、全频谱、全天候和全时域的特点，所以进攻一方不能有效地保护自己，就可能出现"发难者先遭难"的结局。

现在当一架战斗机在重要地区 300 米以上高度飞行时，可能受到 800~900 部雷达的探测，其中可能有 300~400 部雷达以 600~700 个不同频率的波束进行搜索，有 30~40 部雷达跟踪飞机。如果再加上光电探测设备的威胁，战场电磁环境必将更加复杂，这对飞机和导弹等进攻性武器是一个严峻的挑战。在这种情况下，防护的地位显得特别重要。海湾战争中 F-117A 飞机大出风头，而且无一损伤，其奥妙之处便是借助于外形设计和表面涂料，有效地实现了隐身要求。其雷达反射面只有 0.1 平方米，和一顶钢盔差不多。

除了隐身技术外，先进的伪装、预警告警、致盲致眩、施放诱饵、加固装甲和防电磁脉冲等也都成了现代武器装备的防护手段。对于武器装备处于相对劣势的一方而言，搞好防护和伪装隐蔽，直接关系到胜败与存亡。在科索沃战争中，南斯拉夫人民和军队敢打善藏，在北约进行的 78 天的空袭轰炸中巧妙地保存了自己的军事实力。由此可见，那种认为"高技术侦察监视手段发展了，伪装隐蔽没有意义了"的观点是错误的。

人类已经进入 21 世纪，回顾世纪之交的几场高技术局部战争，特别是海湾战争、科索沃战争、阿富汗战争以及伊拉克战争，人们不难得出结论：科学技术是最重要的军事战斗力。军事高技术的发展给现代战争带来的新变化还远远不止这些，随着新军事革命的兴起及在全球范围内的迅速拓展，未来战争还将出现更多更新的变化。

第二节　高技术在军事领域的主要应用

军事高技术的主要领域包括两个方面，一是支撑高技术武器装备发展的共性基础技术，包括微电子技术、光电子技术、电子计算机技术、新材料技术、新能源与动力技术，以及先进制造技术和仿真技术；二是应用于武器装备的应用性高技术，包括侦察监视技术、精确制导技术、伪装与隐身技术、信息战/电子战技术、指挥自动化系统技术、航天技术、核生化武器技术，以及新概念武器技术等。

第二次世界大战以来，高技术在军事领域里的广泛应用得到突飞猛进的发展。高技术武器装备不断涌现。海湾战争表明，高技术武器装备投入战争，使作战规模、作战方式以及作战战能力发生了巨大变化。军用基础高技术军用离技术的发展是建立在众多基础高技术之上的、由于未来战争是在陆、海、空、外层空间多维战场展开，武器装备直接依赖于高技术的发展。军用基础商技术主要有以下六个方面：电子技术这是军事高技术的核心和基础。高技术的迅猛发展，武装备的巨大变革，从某种意义说，是微电子技术广泛应用的结果。现有武器的发展及全新概念武器的实现，几乎都要依袭于微电子技术的发展。因此。有人把海清战争的结局称为"硅对钢的胜利"，这里的硅即是微电子技术的象征。计算机技术这是军用高技术中其有战略意义的领域。电子计算机对于提高武器命中精度和指挥、控制、侦察能力都有重要意义。计算机的应用水平已成为军事技术和武器装备现代化的重要标志。

目前世界发达国家在军事高技术研究和发展方面竞争非常激烈,其发展重点主要是以计算机为核心的微电子技术、软件技术与信息技术;以战场监视和目标探测为中心的遥感与传感技术;以传输信号、图像和信息为目的的通信技术;以提高机动性能和增大作战距离为目的的推进技术、动力技术、制导技术与能源技术;以提高杀伤破坏能力为目的的弹药技术;以保障机动、提高生存力与防护力为主要目的的军事工程技术和防化技术;以军事系统工程为核心的军队指挥和管理技术等。本节主要介绍几种常见的应用,包括精确制导技术、伪装与隐身技术、侦察监视技术、电子对抗技术、航天技术、指挥自动化系统及新概念武器。

一、精确制导技术

(一)精确制导技术的概念

精确制导技术是指按照一定规律控制武器的飞行方向、姿态、高度和速度,简称制导律;用于引导其战斗部准确攻击目标的军用技术。按照不同控制导引方式可概括为自主式、寻的式、遥控式和复合式等四种制导。

在第二次世界大战末期出现了由纳粹德国制造的 V-1 和 V-2 导弹,创造了武器系统采用制导技术的先例。当时采用了惯性制导和辅助程序控制技术,成功地解决了常规弹头不能远程作战和不能在飞行中自动修正弹道的缺陷。而精确制导技术则是在这种制导技术基础上的延伸和发展,特别注重提高武器末段制导的可靠性和精度。尤其是被动寻的制导技术的应用,使精确制导武器具有远程作战、"发射后不用管"、自动选择目标和攻击目标要害部位的能力。

(二)精确制导技术的分类

任何一种精确制导武器都需要通过某种制导技术手段随时测定它与目标之间的相比位置和相对运动,根据偏差的大小和运动的状态形成控制信号,控制制导武器的运动轨道,使之最终命中目标。随着高新技术的发展,精确制导武器系统的制导技术有多种类型。按照不同控制导引方式可概括为自主式、寻的式、遥控式和复合式等四种制导。

1. 寻的制导

寻的制导或称自寻的制导、自动导引制导、自动瞄准制导。它是利用导弹上设备接收来自目标辐射或反射的能量,靠弹上探测设备测量目标与导弹相对运动的技术参数,并将这些技术参数变换成引导指令信号,使导弹飞向目标。寻的制导对目标探测的原理和方法大多利用目标的某些物理特征,如目标反射的阳光和夜光,以及目标反射或发出的红外线、微波、毫米波和声波等,通过相应的探测器发现和识别目标。因此自动寻的制导系统的技术途径是多种多样的,可以是微波、毫米波和红外,也可以是电视自动寻的。寻的制导的精度很高,但作用距离比较短,所以多用于末段制导。精确制导武器的高精度主要是靠末段制导保证的,远程精确制导武器都有末段制导,而末段制导大多采用寻的制导。寻的制导根据目标信号的来源,又可分主动、半主动和被动式寻的几种制导方式。

主动寻的制导系统的探测信号发射装置和接收装置全部装在精确制导武器上,发射与接收装置的工作波段可以从微波到毫米波。因为主动寻的制导系统信号能源装在精确制导武器上,故能从任何角度向目标攻击。而且越接近目标分辨率越高,所以可达到很高的命中精度。在主动寻的制导中,微波主动寻的制导技术最为成熟。毫米波主动寻的制导刚开始出现,尚处于研究阶段。

半主动寻的制导的信号发射装置设在地面、军舰或飞机上的指挥站,工作波段主要在微波,放在精确制导武器上的制导设备比较简单且成本低。但是在制导系统工作期间指挥站的探测雷达要始终对准目标,指挥站及载体易暴露和遭敌方反辐射导弹的打击。

被动寻的制导系统不需要信号能量辐射装置,也不需要专门的照射源,设在精确制导武器上的制导系统通过接收目标辐射的信号能量来捕获和跟踪目标。在微波波段工作的主要是反辐射导弹;在毫米波波段工作的主要是毫米波对比寻的制导系统,它利用高灵敏度的接收机(又称"毫米波辐射计")来探测目标及背景自然辐射的毫米波,通过系统内的计算机完成目标与背景的对比识别,这种系统尺寸小、质量轻且精度高,特别适合装在灵巧弹药的子弹头上;工作于红外波段的被动式制导系统可分为非成像制导和成像制导两大类,非成像制导系统简单且成本低。但只能识别目标的高温部分,且易受干扰。成像制导是正在发展的新型系统,有较强的目标识别能力和更高的精度可全向进行攻击;工作于可见光的为电视寻的制导的制导方式虽然很容易获得清晰的目标图像,但光学系统受气象条件影响大。对能见度要求高,应用中会受到很多限制。

主动寻的和被动寻的都具有"发射后不用管"的能力,寻的制导常用的寻的器有微波(包括毫米波)雷达寻的器、红外寻的器、电视(可见光)寻的器和激光寻的器等。

2. 遥控制导

遥控制导是由设在导弹以外的地面、水面或空中制导站控制导弹飞向目标的制导技术。波束式制导是主要用于地对空、舰对空、空对空和空对地导弹攻击活动目标的武器系统。

指令制导系统由制导站和装在精确制导武器上的控制设备组成,制导站根据制导武器在飞行中的误差计算出控制指令,指令通过有线或无线的形式传输到制导武器上。有线指令制导系统主要用于射程为几千米的反坦克导弹;无线指令制导的常见形式是微波雷达指令制导,由制导雷达分别测出目标和导弹的位置和速度,并根据这些数据计算出控制指令,然后发送出无线电遥控指令纠正导弹的飞行误差,直至命中目标。这种制导方式的作用距离比较远,弹上设备的成本较低,但是易受干扰。而且制导距离越远,精度越低,因此适用于中段制导。

波束制导系统由指挥站和精确制导武器上的控制装置组成,指挥站发现目标后,对目标自动跟踪并通过雷达波束或激光波束照射目标。当精确制导武器进入波束后,控制装置自动测出其偏离波束中心的角度和方向控制精确制导武器沿波束中心飞行,直至命中目标。波束制导系统的控制装置比较简单,成本很低,可以同时制导数枚精确制导武器。并且由于控制装置直接接收波束能量,所以不易受到干扰。该制导方式的缺点是在整个攻击过程中,指挥站必须不间断地以波束照射目标,使指挥站很容易受到对方攻击。

3. 地形匹配制导

地形匹配制导系统通常用来修正远程惯性制导的误差,发射前要把选定的飞行路线中段和末段下方的若干地区的地面特征图预先存储在弹上计算机内。当导弹飞行到这些地区时,将探测器现场实测到的地面图像与预先存储的地面图像做相关对照检查二者的差别,计算出导弹的飞行误差并形成控制指令就能控制导弹沿预定的航线飞向目标。存储在弹上的地面图像是由侦察卫星或侦察飞机预选测定的，经过处理转换成数字信息后存储在弹上的计算机中。由于同一地域对于可见光、微波、红外和激光所表现的地面特征并不相同，从而可构成各种地形匹配制导，如微波雷达图像匹配制导、可见光电视摄像匹配制导、激光雷达图像匹配制导和红外成像匹配制导等。地形匹配制导的制导精度与射程无关，可使射程为几千千米的导弹达到较高的命中精度。

4. 惯性制导

惯性制导是一种只依靠弹上惯性部件提供制导数据，而不依赖外部信息的自主制导方式。惯性制导技术主要用于弹道式导弹，它利用陀螺仪和加速度计等惯性元件来测量和确定导弹的运动参数，然后控制导弹飞行。其精度会随射程的增大而降低，所以只装有惯性制导系统的武器不可能成为精确制导武器。但是惯性制导最大优点是不受外界的干扰，只要精度能保证将制导武器引导至末段制导系统的作用范围，仍不失为一种简便可靠的中段制导方式。

5. 卫星定位制导

也称"GPS 制导"。是指制导武器接收全球定位系统（Global Positioning System，GPS）中卫星播发的导航信号，实现三维精确定位并获取速度和时间信息的制导方式。全球定位系统是美国在1993年完成部署并投入使用的卫星导航和定位系统，这个由24颗卫星组成的定位系统可用于各种军用与民用的定位与导航。如果在精确制导武器上安装全球定位系统的接收机，就可以在飞行过程中精确地测出自己的空间位置和飞行速度用来修正惯性制导的误差。虽然它的作用同地形匹配制导相似，但是攻击前的准备工作却要简便得多，所以用全球定位系统制导来代替地形匹配制导可改善远程精确制导武器的性能。

6. 复合制导

复合制导是在一种武器中采用两种或两种以上制导方式组合而成的制导技术。先进的精确制导武器系统往往采用复合制导技术。在同一武器系统的不同飞行段，不同的地理和气候条件下，采用不同的制导方式，扬其所长，避其所短，组成复合式精确制导系统，以实现更准确的制导。常用的复合制导技术有：自主式制导+寻的式制导 自主式制导+指令式制导 自主式制导+指令式制导+寻的式制导 指令式制导+寻的式制导 以上这些复合制导技术在地对空、空对地、地对地战术导弹中均被采用。除上述分类方法外，制导技术还可根据所用物理量的特性进行分类，如无线电制导、红外制导、激光制导、雷达制导、电视制导等。

（三）精确制导武器（Precision Guide Weapon）

精确制导武器起源于20世纪70年代中期，美国在越南战争中大量使用了精确制导炸弹。由于它具有精确的制导装置，在战场上取得了惊人的作战效果，因而引起人们的极大注意。我军对精确制导武器的定义是采用精确制导技术，直接命中概率在50%以上的武器。主要包括精确制导导弹、制导炮弹和制导地雷等。直接命中指制导武器的圆概率误差（也称为"圆公算偏差"，表示为"CEP"，即英文 Circular Error，Probable 的缩写）小于该武器弹头的杀伤半径。

精确制导武器系统以无可争辩的事实，确立了它在现代高技术战争中的地位。在越南战场，美国为了炸毁河内附近的清化桥，曾出动600架次飞机，投弹数千吨，付出了18架飞机的重大代价，但仍未能炸毁该桥。后来，美国把刚刚研制成功的激光制导炸弹投入实战，

F-4战斗机仅出动12次，就炸毁了此桥，飞机却无一架损伤。1973年10月的第四次中东战争期间，埃及和以色列之间展开了一场第二次世界大战以来最大的坦克战。开战头3天，以军在西奈半岛损失坦克约300辆，其中77%是被精确制导反坦克导弹击毁的。海湾战争被称作高技术武器的试验场，多种精确制导武器纷纷登场。如"战斧"巡航导弹、"爱国者"防空导弹、"斯拉姆"空对地导弹、"哈姆"反辐射导弹、"海尔法"反坦克导弹，以及"小牛"、"鱼叉"、"响尾蛇"、"麻雀"等各种机载精确制导导弹和激光制导炸弹上场亮相。据统计，多国部队在海湾战争中使用的精确制导武器多达20余种。目前，精确制导武器系统注重向超远程、隐形、智能化方向发展。

随着光电器件、微波半导体器件、集成电路和信息处理等技术的迅速发展，相继制成了各种小型化、高精度和低成本的制导系统。它们可装在弹体很小的导弹、炮弹和炸弹上，使打击面目标的无制导弹药变为能攻击点目标的精确制导武器，其制导方式，已采用的有有线指令制导、电视制导、红外制导、激光制导和微波雷达制导等。射程较远的则通常采用复合制导，先用精度较低的制导系统把武器引导到目标附近，后用高精度末段制导系统引向目标。20世纪80年代初使用的精确制导系统，在全天候、自主寻的制导、抗干扰能力和制导精度等方面还存在一些缺陷，今后将在改进现有制导系统的同时发展综合性能较完善的由红外成像、毫米波和合成孔径雷达探测器等构成的制导系统。精确制导武器武器的发展，对未来战争的战略、战术运用，武器系统的发展和装备体制均将产生深远的影响。

二、伪装与隐身技术

随着电子信息技术高速发展及其在军事领域中的广泛应用，战场军事侦察的技术手段已经实现了高技术化。精确制导武器的广泛应用意味着战场目标"发现即可命中"，这就促使了反侦察技术的发展。在现代战争中，伪装与隐身技术作为高技术反侦察手段已成为战场重要组成部分。

（一）伪装与隐身技术的概念

伪装技术是为了隐蔽自己和欺骗迷惑敌人所采取各种隐真示假的技术措施，是军队战斗保障的一项重要内容。隐身技术又称"隐形技术"，是通过降低武器装备等目标的信号特征，使其难以被发现、识别、跟踪和攻击的综合性技术。

隐身技术是传统伪装技术走向高技术化的发展和延伸，作为一门交叉性学科，综合了流体动力学、材料学、电子学、光学和声学等众多领域的技术。

目前，隐身技术通常分为雷达隐身技术、红外隐身技术、电子隐身技术、可见光隐身技术和声波隐身技术等。随着隐身技术的发展和应用，在未来战场上的作用越来越大，一方面，大大提高武器装备的生存能力、空防能力和作战效能，打破已形成的攻防平衡态势；另一方面，推动防御系统中的各种探测系统发生重大变革，刺激反隐身技术的发展。

（二）伪装与隐身技术的发展

伪装自古就为兵家所重视，《孙子兵法》中指出："兵者，诡道也。故能而示之不能，用而示之不用，近而示之远，远而示之近。"这是关于在战争中如何运用伪装的最早论述。在古代战争中曾有许多实施伪装的成功战例，如我国春秋时期的平阴之战和战国时期的即墨之战等。

隐形技术和武器系统的发展可以分为探索阶段、发展阶段、应用阶段。

1. 探索阶段（20世纪70年代以前）

飞机一出现，人们就企图降低它的可见光特征信号，后来，重点转变为反雷达探测。在第二次世界大战中，德国、美国和英国都曾尝试降低飞机的雷达特征信号。德国潜艇通气管采用过能够吸收雷达波的涂料。

20世纪60年代中期以后，一体化防空系统效能得到很大提高，提高飞机生存能力的重要性和迫切性变得异常突出，西方国家研究出了一些战术和技术对抗措施，并研制出U-2、A-12、YF-12、SR-71、D-21等具有一定隐形能力的飞机。但由于缺少提高生存能力的系统方法，更缺少支撑隐形的先进技术，所以还没有出现真正的隐形武器系统。

2. 发展阶段（20世纪70年代至20世纪90年代初）

在采用降低特征信号以提高飞机生存能力的强烈需求推动下，提出了研制以降低雷达截面为主要目标的、实用的、真正的隐形飞机的要求；由于理论，以及计算机、电子、控制、材料技术的进步，以减小雷达截面为主要目标的实用的第一代隐形飞机——F-117A"夜鹰"于1975年问世。美空军1981年开始发展第二代隐形飞机——B-2隐形轰炸机。

此外，F-16C、F/A-18C/D、B-1B等也采用了部分隐形技术，隐形技术还被推广到各种导弹、直升机、无人机、水面舰艇当中。潜艇的噪声以每10年降低10～20分贝的速度下降，世界上最好的核潜艇的噪声已经降低到90～100分贝，低于海洋环境噪声（115分贝）。

3. 应用阶段（20世纪90年代以后）

第二代隐形飞机研制成功，第一、第二代隐形飞机多次参加军事行动，取得显著战果。开始研制第三代隐形飞机。隐形技术向导弹、舰艇、直升机、战车，甚至弹药、地面设备、服装和机场等领域推广和移植。

美空军于1993年12月开始部署B-2隐形轰炸机，这是集低可观测性、高空气动力效率和大载荷于一身的第二代隐形飞机，采购数量为21架。

美空军于20世纪80年代开始设计F-22"猛禽"战斗机，1993年开始研制"联合攻击战斗机"，它们都属于第三代隐形飞机。

隐身飞机开始大量参加战斗是这个时期的一大特点。1991年海湾战争期间，美在海湾部署的43架F-117A隐形飞机出动了1 271架次，攻击了伊拉克40%的战略目标。1999年6架B-2隐形轰炸机首次参加科索沃军事行动，共出动40架次，投下500枚"联合直接攻击弹药"，总重450吨。

目前，隐身技术主要包括以下5种技术。

1. 雷达隐身技术

雷达是最重要的侦察探测装置之一，雷达隐身技术自然成为一种最重要的隐身技术。其原理是根据雷达在无干扰时自由空间的测距方程，具有一定性能参数的雷达的探测距离与目标（如飞行器）的雷达散射面积的4次方根成正比。因此要想缩短雷达的探测距离，就要减小目标的雷达散射截面积，目前雷达隐身的主要技术措施如下。

（1）隐身外形技术

合理设计目标外形是减小其雷达散射截面积的重要措施。例如，美国下一代CVN-21

级航空母舰就采用了最新的隐身技术。即上层建筑采取集成化设计，使传统拥挤的舰桥体积明显缩小，质量大为减轻并靠后推移；干舷显著降低，舰面设施非常简化。使飞行甲板与航空作业区连成一片，从而最大限度地减小其雷达反射截面。

(2) 隐身材料技术

目前研制的隐身材料主要有雷达吸波材料和雷达透波材料，按其使用方法可分为涂料型和结构型。吸波涂料敷在目标表面，所使用的是高性能的磁性耗能吸波材料、"铁球"涂料和"超黑色"涂料等。涂料层薄，但容易脱落。而且覆盖的频率范围有限，所以又发展了结构型隐身材料，它们用来制造机身、机翼和导弹壳体等。

(3) 自适应阻抗加载技术

在金属体目标（如飞行器）表面附加上集中参数或分布参数的阻容元件，使其产生与雷达波的频率、极化和幅值相等，但相位相反的附加辐射波。它与雷达回波相抵消，从而达到减小目标雷达散射截面积的目的。

(4) 微波传播指示技术

即利用计算机预测雷达波束在不同大气条件下传播发生畸变所产生的"空隙"和"波道"，使空防飞行器在雷达波覆盖区的"空隙"、"盲区"内或"波道"外飞行，以避开敌方雷达的探测。

(5) 等离子体隐身技术

即用等离子气体层包围飞机、舰船和卫星等目标的表面，利用其对雷达波具有的特殊吸收和折射特性，使雷达回波的能量减小。

2. 红外隐身技术

许多军事目标，如飞机和导弹等都因在飞行途中发出强大的红外辐射而被对方发现。红外隐身技术除采用红外干扰外主要就是通过抑制目标的红外辐射，使敌方红外探测系统难以发现的一种技术。目前，红外隐身的主要技术措施如下。

(1) 改变红外辐射波段

使飞机等目标的红外辐射波段处于红外探测器的响应波段范围之外，或者使目标的红外辐射避开大气窗口而在大气层中被吸收和散射掉，从而达到隐身目的。

(2) 降低红外辐射强度

这是红外隐身的主要技术手段，主要措施有改进发动机结构；使用能降低排气的红外辐射的新燃料；装备表层采用吸热、隔热材料和涂料；利用气溶胶屏蔽发动机尾焰的红外辐射；采用闭合环路冷却环境控制系统降低荷载设备的工作温度。

(3) 调节红外辐射的传输过程

直升机动力排气系统的红外抑制器就有这种功能，因而能有效抑制红外探测器威胁方向的红外辐射特征。

3. 电子隐身技术

电子隐身技术主要是抑制武器装备等目标自身的电磁辐射，目前，采用的主要技术措施如下。

(1) 减少无线电设备

如用红外设备代替多普勒雷达、用激光高度表代替雷达高度表以及用全球定位系统或天文惯导系统代替无线电导航系统等。

（2）采用低截获概率技术改进电子设备

如采用发射功率自动管理技术；在时间、空间和频谱方面控制无线电设备的电磁波发射；采用频率捷变技术；武器装备采用被动雷达等电子探测系统等。

（3）减小电缆的电磁辐射

如尽量缩短各种电子设备的距离，以及用光缆取代电缆等。

（4）避免电子设备天线的被动反射

如将天线做成嵌入目标体内的结构，不使用时回收体内等。

（5）对电子设备进行屏蔽

如改进装备结构，采用特殊材料和涂料等。

4. 可见光隐身

可见光探测系统的探测效果取决于目标与背景之间的亮度、色度和运动等视觉信号参数的对比特征，采用可见光隐身技术目的就是要减少这些对比特征。目前，可见光隐身技术主要技术措施如下。

（1）改进目标外形的光反射特征

如飞机采用平板或近似平板外形的座舱罩，以减少太阳光反射的角度范围和光学探测器瞄准和跟踪的时间等。

（2）控制目标的亮度和色度

如涂敷迷彩涂料或挂伪装网、涂敷能随环境亮度变化而变化自身亮度与色度的涂料，以及用有源光照亮目标低亮度部位等使目标与背景的亮度和色度匹配。

（3）控制目标发动机喷口的火焰和烟迹信号

如采用不对称喷口或转向喷口或喷口遮挡，以及使燃料充分燃烧或在燃油中加入添加剂以减少烟迹等。

（4）控制目标照明和信标灯光，以及控制目标运动构件的闪光信号等。

5. 声波隐身

声波隐身技术是控制目标的声波辐射特征，以降低敌方声波探测系统对目标的探测概率。

目前，声波隐身技术措施主要有发动机和辅助机采用超低噪声设计；采用吸声和阻尼声材料、减振和隔声装置；减小旋桨对介质的扰动噪声；合理进行目标整体设计，以避免发生共振现象等。

（三）伪装与隐身技术的运用

1. 现代伪装器材

目前各国装备部队的伪装器材一般都是配套的遮蔽伪装器材，包括遮障面和支撑系统。其中遮障面（伪装网和伪装盖布）是进行遮障伪装的主体，可单独使用。针对现代侦察技术和手段，世界各国所使用的遮障面都具有防可见光、红外线和雷达侦察的综合性能，其中美军伪装装备在性能上较为优越。

我军现装备的人工遮障制式器材有成套遮障、各种伪装网和角反射器等；外军列装的气溶胶即烟幕伪装器材有40多种，包括发烟手榴弹、发烟火箭、发烟炮弹、发烟炸弹、烟幕施放器、飞机布撒器和航空发烟器等。

2. 隐身兵器

隐身兵器是把隐身技术应用于武器装备上而形成的新式武器,它可以是对原来不具隐身能力的武器装备的改进,也可以是新设计和研制的武器。

(1) 隐身飞机

所谓隐身飞机(stealthaircraft),就是利用各种技术减弱雷达反射波、红外辐射等特征信息,使敌方探测系统不易发现的飞机。目前,飞机隐身的方法主要有以下三个方面:一是减小飞机的雷达反射面,从技术角度讲,其主要措施有设计合理的飞机外型、使用吸波材料、主动对消、被动对消等;二是降低红外辐射,主要是对飞机上容易产生红外辐射的部位采取隔热、降温等措施;三是运用隐蔽色降低肉眼可视度。

(2) 隐身导弹

隐身导弹是伴随隐身飞机发展起来的,目的是减小被拦截概率,增强突防和攻击能力。导弹隐身主要是通过采用雷达吸波材料及特殊的头部外形设计以减小雷达散射面积,以及改进发动机及尾气排放装置以降低导弹的红外特征来实现的,如 AGM–86B 型、AGM–109C 型和 AGM–129 型隐身战略巡航导弹,以及 AGM–137 型和 MGM–137 型导弹等都是近年来美国成功研制的隐身战术导弹。法国生产的巡航导弹采用翼身融合体,使用吸波材料来减少雷达截面积。隐身导弹已成为一种发展趋势,不仅发展隐身的巡航导弹、地空导弹和反舰导弹,有些国家还正在探索研制隐身的洲际弹道导弹。

(3) 隐身舰艇

所谓隐形军舰,不是指肉眼见不到的军舰,而是指用现代化探测装置,如雷达、声纳、红外探测器等探测不到,或极难探测到的一种新型军舰。它出现于本世纪 90 年代的几个世界海军强国的舰队中,如美国的"海影"号、瑞典的"斯迈杰"号、法国的"拉斐特"号军舰,都属于隐形军舰。

美国"海影"号隐身军舰于 1983 年开始秘密设计建造,10 年后,脱颖而出。并进行了一系列海上试验,曾掀起了轩然大波。目前美海军装备的 SSN–688"洛杉矶"级和"海狼"级潜艇都可谓是隐身潜艇,如"海狼"(SSN–21)攻击型核潜艇是世界上最安静的潜艇,其优越性超过俄罗斯"奥斯卡"级核潜艇。"美洲狮"级隐身护卫舰由美国与法国联合研制,现已进入海上试验阶段。俄罗斯充分利用其在舰艇隐身技术处于世界领先水平的优势,精心打造超级隐身舰。俄罗斯海军新型多功能型"立方体"隐身护卫舰早已在北方造船厂动工,俄海军订购了 10 艘该型护卫舰,2005 年已全部交货。目前俄海军已装备了"基洛夫"级隐身驱逐舰,隐身潜艇有 636 及 877"基洛"级潜艇、"阿库拉"(又名"鳖鱼")级潜艇、SSN–P–Ⅸ 级潜艇,其中"造鱼"潜艇在隐身性能上当属世界一流。

(4) 隐身坦克和装甲车

随着现代高技术反坦克武器的发展,坦克一旦被发现就很容易被摧毁,引入隐身技术使其难以被发现是增强坦克生存能力十分有效的技术途径。目前,隐身坦克和装甲车辆的研制步伐加快并推出 M–113 隐身装甲车。美英已计划联合发展未来的隐身侦察/步兵战车,美国在"未来作战系统"中采用的隐身技术,其绝大部分都将在这种未来的隐身侦察/步兵战车上被采用。美英计划该车于 2007 年开始装备部队,至少要生产装备 1 500 多辆。俄罗斯已经问世的 T–95 主战坦克和 BM–2T 步兵战车等都具有很强的隐身性能。

波兰新型主战坦克 PL–O1 是波兰防御控股公司与 BAE 系统公司联合研制的,全世界第一型隐形坦克。全车采用了多种高新技术手段，对抗声光热等侦查手段，减小坦克被发现的几率。PL-O1 的主要技术指标没有公布，研制单位简单介绍称，采用新型复合装甲，无人炮塔，120mm 滑膛炮，多弹种选择，全自动装填，主动防御系统。据称，波兰军队希望 2016 年 PL-O1 完成定型，2018 年生产线建成，2022 年全军换装。

三、侦察监视技术

现代侦察监视的基本技术原理是：利用多种媒介传感器，探测目标的红外线、光波、声波、应力（振动）波、无线电波等物理特征信息，从而发现目标并监视其行动。各种侦察监视器材装备搭载不同的作战平台，就形成了对战场侦察监视的不同手段。

（一）侦察与监视技术概述

1. 侦察与监视技术的基本概念

侦察是军队为获取军事斗争所需敌方或有关战区情况而采取的措施。

我们讲的侦察是指在战争中或为战争做准备过程中所从事的获取敌方情况的工作。侦察的直接目的是探测目标，具体可分为发现目标、识别目标、监视目标、跟踪目标和对目标进行定位。要达到探测目标的目的，一定要借助于技术手段和装备。现代侦察监视技术是指发现、识别、监视、跟踪目标并对目标进行定位所采用的技术。

2. 实施侦察与监视的基本依据和工作过程

由于任何物体都具有向外发射和反射电磁波的能力，而且不同的物体发射和反射电磁波的情况千差万别，这样可以通过人的感官或借助一些技术手段将目标与背景区分开来，这就是实施侦察与监视的基本依据。

从电磁波发射特性上讲，任何物体只要其温度高于绝对温度，即 -273℃ 时内部就有电子在运动，就会不断地以电磁波的形式向外释放能量，这就是热辐射。大多数目标在常温下的热辐射都处于红外线波段，对于温度大都处于 -15℃ ~ 37℃ 的一般军事目标而言也不例外。被动式侦察与监视系统就是利用物体的这一发射特性工作的。

从电磁波反射特性上讲，一方面，同一物体对不同波长的电磁波反射能力不同；另一方面，不同物体对同一波长的电磁波反射能力也不同。如在阳光的照射下，红花只反射红色光波，绿叶只反射绿色光波。主动式夜视仪就是利用反射特性的原理工作的，这种手段在探测目标的同时也很容易使自己暴露。实施侦察与监视的工作过程通常是探测器接收目标发射或反射的电磁波等目标特征信息，然后对信号进行加工处理。显示或记录图像，进而发现、区分、识别、定位、监视和跟踪目标。

（二）侦察与监视技术的原理和手段

1. 地面侦察与监视技术

地面侦察与监视是在陆地上进行的侦察与监视行动，是一种传统的侦察与监视方式。其手段除熟悉的光学侦察外，主要还有无线电技术侦察、雷达侦察和地面传感器侦察等。

（1）无线电技术侦察

无线电技术侦察是指使用无线电技术器材搜集和截收对方无线电信号的侦察。通过无线电技术侦察可以截收和破译敌方无线电通信信号，查实敌方无线电通信设备的配置、使用情况及战技术性能，以此判明敌人的编成、部署、指挥关系和行动企图。

无线电技术侦察具有隐蔽性好、获取情报及时、侦察距离大、不受气象条件限制和能不间断地对敌进行侦察等优点；同时也受到敌无线电通信距离、器材性能和采取的各种隐蔽措施的制约，其侦察方式包括无线电侦收、无线电侦听和无线电测向等。

（2）雷达侦察

雷达侦察就是使用雷达设备进行的侦察，是目前应用非常广泛的一种侦察手段。它是利用物体对无线电波的反射特性来发现目标和测定目标距离、速度、方位和运动速度的一种侦察手段，具有探测距离远、测量精度高和能全天候使用等特点。

雷达利用无线电波能被目标反射的原理探测目标位置，雷达与测定目标的距离等于雷达测定的电磁波从雷达到目标往返时间的一半与光速的积，目标的方位角和仰角是利用无线波束的指向特性测出的，根据目标距离和仰角，便可得到目标的高度。当目标与雷达之间存在径向相对运动时，雷达接收的目标回波的频率就会产生变化。其数值与目标运动速度的径向分量成正比，这样即可测定目标的径向速度。

雷达的种类很多，按任务或用途可分为侦察雷达、警戒和引导雷达、武器控制雷达和航行保障雷达等。

（3）地面传感器侦察

地面传感器是指对地面目标运动所引起的电磁、磁、声、地面振动和红外辐射等变化量进行探测，并把它们转换成人能识别与分析的图像及电信号的设备。地面传感器通常由探测器、信号处理电路、发射机和电源4个部分组成，具有受地形限制小、结构简单、便于使用、易于伪装和易被干扰等特点。其设置方法也较简单，主要有人工埋设、火炮发射和飞机空投等方式。

地面传感器的工作过程是运动目标所引起的地面振动波、声响、红外辐射、电磁或磁能等被探测器接收并转换成电信号。再由信号处理电路放大和处理后送入发射机进行调制发射出去。然后由接收机接收并解调，从而发现和识别目标。

目前地面传感器使用较广泛的有震动传感器、声响传感器、磁性传感器、应变电缆传感器和红外传感器等。

2. 水下侦察与监视技术

水下侦察与监视是利用水下侦察与监视设备来探测水下的各种目标，它是现代侦察监视系统的重要组成部分之一。

水下侦察设备大体可分为两类，即水声探测设备和非水声探测设备，水声探测设备主要有声呐、水下噪声测量仪、声线轨迹仪和声速仪等；非水声探测设备主要有磁探仪、红外线探测仪和废气探测仪等。目前水下严密的侦察网络是以水声探测为主构成的，非水声探测设备作为水下侦察与监视的补充也得到了较快的发展。

声呐是最主要的水声探测设备，是水下的"千里眼"和"顺风耳"。声呐是利用声波对水中目标进行探测、定位和识别的水声探测装备，按其工作方式分为主动式和被动式两种。

被动式声呐主要由换能器、接收机和显示控制台等组成。当目标在水中或水上航行时，所产生的噪音被换能器接收变成电信号传给接收机，经放大处理再传送到显示控制台进行显示。可见被动式声呐不主动发射声信号，只接收海中目标发出的噪声信号，从而发现目标，测出目标方向和判别其性质。被动式声呐隐蔽性和保密性好，识别目标能力强，侦察距离也较远，但不能探测静止无声的目标，也不能测定目标距离。

主动式声呐主要由发射机、换能器、接收机、显示器、定时器和控制器等组成，发射机产生电信号，通过换能器把电信号变成声信号向水中发射。声信号在水中传递过程中，如遇到目标，则被反射。返回的声信号被换能器接收后，又转变成电信号，经接收机放大处理就会在显示器的荧光屏上显示出来。可见主动式声呐是主动地向海中发射声信号，测定目标方位和距离的。它能够探测静止无声的目标，但同时也很容易被敌方侦听，使自己暴露；另外，侦察距离也比较近。

根据使用对象不同，声呐可分为水面舰艇声呐、潜艇声呐、航空声呐和海岸声呐等。

3. 航空侦察与监视技术

航空侦察与监视是指使用航空器在环绕地球的空气空间对地面、水面或水下以及空中情况进行的侦察。由于航空侦察具有灵活、机动、准确和针对性强的特点，所以它是获取战术情报的基本手段，也是获取战略情报的得力助手。即使是有了侦察卫星，航空侦察也仍是不可缺少和不可代替的。

航空侦察与监视就是利用侦察设备接收并记录各种目标的电磁辐射，经加工处理后从中提取有价值的信息。航空侦察与监视平台主要是飞机侦察平台，包括有人驾驶侦察机、侦察直升机、无人驾驶侦察机和预警机。平台上实施侦察与监视的主要设备有可见光照相机、多光谱照相机、激光扫描相机、红外扫描装置、电视摄像机、合成孔径雷达和机载预警雷达等。

4. 航天侦察与监视技术

航天侦察与监视是指使用有侦察设备的航天器在外层空间进行的侦察，航天侦察与航空侦察所使用的侦察设备基本相同，包括照相机、电视摄像机、红外遥感器和合成孔径雷达等。随着航空和航天技术的发展，航天侦察与监视已经不仅能满足战略情报的需要，而且也能满足某些战役和战术情报的需要。航天侦察与监视具有轨道高、速度快、范围广和限制少等优点，还能根据需要，可长期并反复地监视全球或定期和连续地监视某一地区。也能在较短的时间内乃至实时地提供侦察情报，满足军事情报的实时性要求。

航天侦察与监视的分类方法很多，如按使用的航天器是否载人，可分为卫星侦察和载人航天侦察。其中卫星侦察是航天侦察与监视的主要方式，按其任务和侦察设备又可分为成像侦察卫星、电子侦察卫星、导弹预警卫星和海洋监视卫星等。

（三）侦察与监视技术的发展趋势

随着微电子、光电子、通信、雷达和航天等技术的发展及广泛应用，现代侦察与监视技术已经进入了一个崭新的发展阶段。不仅从侦察方式、侦察手段和侦察设备上，而且从战术技术运用上，也都将提高到一个新的水平。侦察与监视技术的发展趋势主要表现在以下几个方面。

1. 侦察与监视技术在空间上的多维化

为了适应未来高技术立体战争的需要，太空中的侦察卫星，天空中的侦察飞机，陆地上的雷达、地面传感器和无线电设备，水下的声呐等侦察监视设备，不能是孤立的，必须有机地形成一个整体，组成一个涵盖陆、海、空、天、电和磁的综合的侦察监视网络。在侦察与监视的地域、时间、周期，以及对情报的处理和利用方面，使不同的侦察与监视设备之间互相取长补短、相互印证，使侦察与监视设备的优点和特长充分发挥出来。

2. 侦察与监视技术在速度上的实时化

高技术战争火力和兵力机动快，作战节奏快，要求侦察与监视提供的信息也要快，否则满足不了作战的需要。为此，必须要提高信息处理和传输能力。随着遥感技术和计算机技术的迅速发展，借助大容量和运算速度快的计算机对遥感图像进行自动分类和识别可大大地提高信息处理速度，将使侦察与监视获得的信息实时地传递给指挥员决策使用成为现实。

3. 侦察与监视技术在手段上的综合化

侦察技术的发展反过来又促进了反侦察技术和伪装干扰技术的发展。为了有效地发现、区分、识别、定位、监视和跟踪目标，特别是有效剥除其伪装，不仅要加强目标特征研究，还要加速研制新的遥感器。使用多种遥感器同时观测同一地区，既能获得较多的信息，也能使各种信息之间相互对照、比较和印证，从而提高信息的可信度。

4. 侦察、监视系统与攻击系统结合更加紧密

在未来高技术战争中，只有将侦察监视系统与武器系统，特别是精确制导武器有机地结合起来，才能充分发挥侦察与监视的效果。武器系统要"够得着"，侦察监视系统要"看得到"。侦察与监视系统不仅能以自身携带的武器攻击，更重要的是能引导空中和地（水）面的武器攻击所发现的目标。通过信息传输是侦察监视系统与武器系统紧密结合最重要，也是最主要的途径。

5. 提高侦察与监视系统的生存能力

由于精确制导武器的迅速发展，对侦察与监视系统的生存构成了严重的威胁。能否确保侦察与监视系统的生存，将直接关系作战结局。航空侦察与监视系统要向高空、高速、隐形和超低空方向发展，以便让对方的防空火力"够不着"、"追不上"和"看不见"。反卫星武器的出现，使航天侦察与监视系统也不再"高枕无忧"，而必须在如何躲避攻击、抗电子干扰和耐核辐射等方面采取措施。在水面和水下实施侦察与监视，更要随时做好反侦察与监视的准备。

四、电子对抗技术

（一）电子对抗概述

1. 电子对抗定义

电子对抗是指敌对双方利用电子设备或器材进行的电磁斗争，又称"电子战"。它既不是常规武器间的彼此相击，也不是火箭与导弹现代尖端武器之间的相互交锋，更不是用电子流和电磁能量直接进行的杀伤或破坏，而是现代信息技术与军事斗争相结合，在信息空间敌对双方利用专门电子设备和采用战术技术措施所进行的电磁信息斗争。

电子对抗目的是破坏削弱敌方电子设备效能直至摧毁，保证己方电子设备正常工作。就是使敌方雷达迷盲、通信中断、协同失调，直至敌方指挥瘫痪，以及火炮与制导武器失控，为保卫自己和大量杀伤敌有生力量创造条件。因此电子对抗在现代战争中的地位越来越重要，成为军事电子技术中发展最快的领域之一。

电子对抗的技术手段主要有电子侦察与反电子侦察、电子干扰与反电子干扰和摧毁与反摧毁。从电子对抗作战对象来分，有射频对抗、光电对抗、水声对抗、计算机对抗、通信对抗、雷达对抗、导航对抗、制导对抗和敌我识别系统对抗等。

2. 电子对抗的基本原理

无线电通信、遥测、遥控及雷达探测等都是依靠向空间辐射和接收无线电波来实现的。在电子对抗中，侦察敌方的电子设备的工作情况和扰乱敌方电子设备正常工作，也是依靠发射和接收无线电波来实现的。无线电波又称"电磁波"，简称"电波"。电磁学理论和实践证明，电流通过导体时在导体周围会产生磁场，变化的电场在其周围会产生变化的磁场，变化的磁场又在其附近产生变化的电场。这种交替变化的电磁场以波的形式一圈一圈地向外传播，这就是电磁波，简称"无线电波"。发射无线电波的过程也就是将电流能量转换为电磁场能量的过程，接收电波的过程也就是将磁场能量转换为电流能量的过程。

无线电波在传播过程中有 3 个特性，一是在均匀的同一种媒质中以恒定速度直线传播，传播速度为在均匀的同一种媒质中，以恒定速度 v 作直线传播，$v=30$ 万公里/秒；二是传播中遇到障碍物时将发生反射和绕射；三是传播中遇到导体时将会消耗一部分能量。

此外，由于电波的波长不同，电波的特性有所差异。波长不同，传播方式也不同。长波主要用于地波传播，即电波沿地表面传播到收方；短波主要用于天波传播，电波由发射台向天空发射，并经电离层反射而传到接收一方；超短波主要用于直射波传播，指收发两方之间没有任何阻隔，电波直接传播到对方；微波直射波传播。

电子对抗就是利用无线电波在传播中的这些特征来实现的，如电子通信设备依靠向空间辐射和接收通信电波达到通信的目的。电波在空间传播，敌我双方都能发射和接收，这就有可能被侦察、截获、破译和干扰。无线电通信对抗就是利用无线电波在空间传播中展开的获取通信信息和阻止获取信息的斗争，在掌握了敌方通信频率、呼号、联络规律和通信密码的前提下，即可截获敌人的通信内容。并可对敌台实施干扰，以达到破坏敌方通信的目的。

又如根据电波能定向传播及遇到障碍物能产生反射这一特征，人们制造出雷达用来发现各种目标测定飞机和舰船的位置；同时人们又利用锡箔条、金属带和气悬体欺骗并干扰敌雷达，使雷达操作员难分真假。

3. 电子对抗在战争中的作用地位

①获取敌方军事情报，为作战指挥提供依据。在战略上及时发现对方战略意图和行动企图，搞清敌方军事实力和新式武器的研制；在战役战斗方面，查明敌方兵力部署、武器配置和作战行动企图；在战术技术上，查明敌电子设备技术参数，为电子干扰提供依据。

②破坏敌方作战指挥，使其战斗陷入困境。利用电子干扰阻断通信联络，使其指挥失灵，贻误战机；利用电子欺骗迷惑对方造成指挥混乱，如发假命令、假信号和假情报等。

③通过电子斗争隐蔽己方作战战略意图和行动，掩护突防和攻击。在战术上使用无线电静默和无线电伴动造成敌人的错觉，隐蔽己方作战意图，达到暗度陈仓和出奇制胜之目的。

④干扰敌方武器系统，掩护突防和攻击。在进攻行动中主动干扰敌各种火控雷达和通信指挥系统，使对方兵器失控而不能击中目标，从而掩护己方飞机、舰艇和导弹顺利突防和攻击。

⑤保卫重要军事目标。在重要城镇、桥梁、机场、工厂和军事要地等目标附近，设置有力的雷达干扰设备或欺骗手段能有效地干扰敌轰炸机瞄准雷达和导弹制导系统。使飞机投弹不准，导弹失控。从而减少被击中的概率，达到保卫重要目标的目的。

⑥夺取战场主动权。未来高技术战争中电子对抗将发挥重大作用，没有制电磁权，就很

难有制天权、制空权、制海权和制陆权，就很难掌握战场主动权。国外有人把电子对抗比作高技术武器的保护神和效能倍增器，视为与精确制导武器和 C^3I 系统并列的高技术战争 3 大支柱之一。

（二）电子对抗的技术手段

电子对抗宏观上包括电子对抗与电子反对抗两个方面，电子对抗手段不断创新，派生有电子隐身与反隐身、电子制导与反制导等，归结起来主要包括电子侦察与反侦察、电子干扰与反干扰，以及电子摧毁与反摧毁。

1. 电子侦察与反侦察

电子侦察是利用电子设备获取敌方电子设备电磁辐射信号，从中获取战术技术特征参数及位置数据等情报活动；电子反侦察是采取措施防止敌方获取己方的电子情报而采取的措施。电子侦察与电子反侦察是实施电子对抗的前提，是电子对抗的重要组成部分，是电子对抗在平时的主要形式。电子侦察无论平时和战时都在不间断地进行着；反电子侦察已成为经常性的电子防御措施，涉及所有作战部队，必须严密组织和统一实施，与其他反侦察手段结合使用。

（1）电子侦察

电子侦察是通过截获、探测、分析和识别威胁辐射源信号特征及有关参数，输出各类辐射源的特征报告。然后对多类报告的信息进行相关跟踪、滤波、融合、归并、识别、更新、态势评价和威胁估计等数据处理，获得准确可靠和完整的电子情报，为电子对抗及为部队作战行动提供准确的情报。

电子侦察按对象可分为雷达侦察、通信侦察和光电侦察，雷达侦察是指侦测和记录敌方雷达及雷达干扰设备的信号特征参数，并对其定位与识别；通信侦察是指对敌方无线电通信电台和通信干扰设备，进行侦察测向与定位，并根据通信电台的技术性能、通信诸元和通联规律判别通信网的组织、级别和属性；光电侦察是指截获和识别敌方激光雷达与激光制导武器的激光辐射信号，以及飞机、坦克与导弹等本身的红外辐射信号。

电子侦察是夺取电磁优势的前提条件，没有时空限制，每时每刻都要进行，是电子对抗的主要形式。

（2）电子反侦察

电子反侦察是为了防止敌方截获，利用己方电子设备发射的电磁信号而采取的措施。目的是使敌方难以截获己方的电磁信号，或无法从截获的信号中获得有关情报。

电子反侦察的主要措施一是电子设备设置隐蔽频率和战时保留方式，平时采用常用频率工作；二是减少发射次数，缩短发射时间，尽可能采用有线电通信、摩托通信和可视信号通信等通信手段；三是使用定向天线，充分利用地形的屏蔽作用，减少朝敌方向的电磁辐射强度；四是将发射功率降低至完成任务的最低限度；五是转移发射阵地不使敌人掌握发射规律；六是减少发射活动，实施静默。其具体做法还有设置简易辐射源，实施辐射欺骗或无线电伴动；采取信号保密措施，使用不易被敌截获和识别的跳频电台等电子设备。

2. 电子干扰与反干扰

电子干扰与反干扰是现代战争中夺取战场电磁优势极为重要的作战手段，应当灵活掌握，正确决策并实施计划管理。

(1) 电子干扰

电子干扰是采用专用的发射信号干扰和破坏敌方电子系统正常工作的专用技术，目的是削弱或破坏敌方电子系统执行战场侦察、作战指挥、通信联络和兵器控制能力。并且为隐蔽己方企图，达成战役和战斗的突然性，提高己方飞机、舰艇和装甲车辆等武器装备的生存能力创造有利条件。

电子干扰按产生的机理可分类为有源干扰和无源干扰两大类，有源电子干扰是用专门干扰发射机发射或转发某种形式的电磁波，使敌方电子设备或系统的接收部分受到扰乱和破坏。发射的干扰信号是根据被干扰电子设备类型、工作频率和体制等确定。无源电子干扰是用本身不发射电磁波的器材散射、反射或吸收敌方电子设备的电磁波，使其效能受到削弱或破坏，主要用于干扰雷达和激光测距装置等接收反射回波的电子设备。

按干扰的作用性质可分为压制性电子干扰和欺骗性电子干扰，压制性电子干扰是指造成电子设备的接收系统过载、饱和或难于获取有用信号的干扰。欺骗性干扰是发射与有用信号完全相同或相似并含有假信息的干扰信号，使电子设备或操作人员真假难辨，造成错误的识别和判断；按干扰的对象可分为无线电通信干扰、无线电导航干扰、雷达干扰、无线电遥控遥测干扰、红外干扰和激光干扰等。

(2) 电子反干扰

电子反干扰是识别和阻止敌方干扰以保护己方电子系统处于正常状态的技术，目的是削弱或消除敌方电子干扰对己方电子设备使用效能的影响。电子反干扰按电子设备的种类分为雷达反干扰、通信反干扰、光电设备反干扰、导航设备反干扰和引信反干扰。按作战使用分为技术反干扰和战术反干扰两大类，技术反干扰主要是提高电子设备本身在干扰条件下的工作能力，即在电子设备的发射机、天线、接收机和信号处理系统中采取的反干扰措施。反干扰技术措施的针对性比较强，通常一种反干扰措施只能有效地对抗某一种干扰。在实际作战中，电子设备是军队指挥系统或武器系统的一部分。在单一电子设备反干扰技术措施的基础上，采取一些战术措施来保障作战任务的完成是反干扰的重要方面。反干扰的战术措施主要是调整电子设备的配置、组网工作和综合运用等，即将不同体制、各种频段的雷达配置成网，以发挥网的整体抗干扰能力。综合应用多种探测和通信手段，如有源探测和无源探测相结合；红外寻的、激光制导和雷达制导相结合；有线通信、运动通信和无线电通信相结合等；设置隐蔽台站（网）并适时启用；利用干扰信号对干扰源进行跟踪寻的和定位，可能时用火力将其摧毁。

3. 摧毁与反摧毁

专用电子对抗设备和作战手段在战场上的广泛应用，不仅使雷达、通信和光电设备难以发挥效能，并且对作战飞机、舰船、装甲车辆和精确制导武器等构成了严重威胁。电子对抗手段不断升级，已由消极防御发展到"软"杀伤，进而发展到软硬结合，对敌方电子设备直接摧毁。

(1) 摧毁

摧毁是指在查明敌方电子对抗装备及其工作的情况基础上，用直接毁伤的方法使其瘫痪并在短期内难以恢复正常工作的一种电子对抗手段，主要有常规火力摧毁、派遣人员摧毁和反辐射摧毁等。

反辐射导弹和反辐射无人机等是这种"硬摧毁"的反辐射武器系统，反辐射导弹对辐射源实施摧毁攻击有两种方式，一种是接收到目标信号后发射。由于导弹具有"记忆"（锁定）装置，所以发射后即使被攻击的雷达关机，它也可"记住"其位置，不偏离航线击中目标；另一种是"先升空后锁定"方式，先盲目发射，让其无定向在空中飞行和盘旋。一旦接收到目标信号，即咬紧目标将其摧毁。反辐射导弹的自导引系统是采用无源被动跟踪方式，本身不辐射电磁信号，具有稳定性好和不易受干扰和突防能力强等特点。引导头带很宽，具有较高的制导精度，是当今战场上威慑力较高的一种有效电子战武器。

（2）反摧毁

反摧毁是雷达利用战术或技术保护自己及友邻雷达免遭反辐射导弹攻击的技术，目前常用的有采用诱饵引偏技术，部署假雷达阵地；采用雷达发射控制、关机和间歇交替工作；采用反辐射导弹告警系统；采用新体制雷达，如低截获概率雷达、双/多基地雷达、高频雷达和毫米波雷达等；雷达与无源传感器联合组网实施综合对抗技术。

五、航天技术

1957年10月4日，苏联将人类第1个航天器"地球"卫星1号送入太空，标志着人类进入了新的时代——航天时代。航天技术在军事领域的广泛应用极大地拓展了军事斗争的空间领域，给现代战争带来了深刻的变化。

（一）航天技术概述

航天技术是指将航天器送入太空，以探索、开发和利用太空及地球以外天体的综合性工程技术，又称"空间技术"，它是20世纪人类认识和改造自然进程中最有影响的科学技术之一。

1. 航天技术的组成

航天技术主要由航天运载器技术、航天器技术和航天测控技术组成。

（1）航天运载器技术

航天运载器技术是航天技术的基础，常用的运载器是运载火箭。运载火箭主要由动力系统、控制系统、箭体和仪器和仪表系统组成，通常分为单级运载火箭和多级运载火箭。

（2）航天器技术

航天器是在太空沿一定轨道运行并执行一定任务的飞行器，也称"空间飞行器"，通常分为无人航天器和载人航天器两大类。

无人航天器按是否环绕地球运行又分为人造地球卫星和空间探测器等，人造地球卫星接用途分为科学卫星、应用卫星和技术试验卫星等；空间探测器按探测目标分为月球探测器、行星（金星和火星等）探测器和星际探测器。

载人航天器按飞行和工作方式分为载人飞船、空间站和航天飞机等，载人飞船可分为卫星式载人飞船、登月式载人飞船和行星际载人飞船等；空间站可分为单一式空间站和组合式空间站。

（3）航天测控技术

航天测控技术是对飞行中的运载火箭及航天器进行跟踪测量、监视和控制的技术。为了保证火箭正常飞行和航天器在轨道上正常工作，除了火箭和航天器上载有测控设备外，还必须在地面建立测控（包括通信）系统。地面测控系统由分布全球各地的测控台、站及测量船组成。航天测控系统主要包括光学跟踪测量系统、无线电跟踪测量系统、遥测系统、实时数据处理系统、遥控系统和通信系统等。

2. 航天器飞行的基本条件

目前,将航天器送入外层空间的手段和运载工具有两种,一种是多级火箭发射;另一种是航天飞机向近地轨道运载和布放。不论采用哪种手段和运载工具,要使航天器在太空飞行,必须具备一定的速度和一定的高度这两个条件。

(1) 航天器飞行的速度

从地球上将航天器发射上天,使其沿一定轨道运行而不落回地面来必须借助运载火箭的推力产生足够大的飞行速度,航天器才能冲破地球引力和空气的阻力飞向太空。根据对航天器的不同运行要求,通常将航天器运行速度分为第1、第2和第3宇宙速度。

(2) 航天器飞行的高度

地球周围有稠密的大气层,空气密度与距地面的垂直高度成反比。在距地面100公里的高度上,空气密度约为海平面的一百万分之一;在200公里高空,空气密度只有海平面的5亿分之一。航天器运行轨道太低时,与空气摩擦产生的高温会将航天器烧毁,空气的阻力也会使航天器运行速度下降而陨落。因此要使航天器在空间轨道上安全运行,除必要速度外,运行高度通常在120公里以上。

3. 航天器的运行轨道

航天器运行轨道是其运行时质心运动的轨迹,由其入轨点位置、入轨速度和入轨方向决定。

(1) 轨道参数

人们为了说明航天器运行轨道的形状、在空间的方位及其在特定时刻所在的位置,常用轨道参数来描述。一是轨道形状和高度,绕地球运行的航天器轨道形状有圆轨道和椭圆轨道两种。航天器到地球表面的垂直距离称为"航天器的轨道高度",沿圆轨道运行的航天器只有一个高度参数。沿椭圆轨道运行的航天器在轨道上离地面最近的位置称为"近地点",离地面最远的位置称为"远地点",这两个点到地面的垂直距离分别称为"近地点高度"和"远地点高度"。根据执行任务不同,航天器可以选用不同形状和不同高度的轨道。二是轨道周期,即航天器在轨道上绕地球运行一周所用的时间。航天器高度越高,速度越慢,周期也就越长。三是轨道倾角,即航天器绕地球运行的轨道平面与地球赤道平面之间的夹角,使用地心至北极的方向与轨道平面正法向之间的夹角度量。倾角小于90°的轨道,航天器自西向东顺着地球自转方向运行,称为"顺行轨道"。倾角大于90°的轨道,航天器自东向西逆着地球自转方向运行,称为"逆行轨道"。倾角为0°的轨道,航天器始终在赤道上空飞行,称为"赤道轨道"。倾角为90°的轨道,航天器飞越地球两极上空,称为"极轨道"。

(2) 常用轨道

常用轨道主要有地球同步轨道、地球静止轨道、太阳同步轨道和极轨道,轨道周期与地球自转周期(23小时56分4秒)相同的航天器轨道称为"地球同步轨道",此种航天器每天在相同时刻经过地球相同地方的上空;地球静止轨道即轨道周期与地球自转周期相同且倾角为0°的航天器轨道。在这种轨道上的卫星,高度为35 786公里,星下点(卫星和地心连线与地面的交点)轨迹为赤道上的一个点。从地面上看好像静止不动,故称为"静止卫星",通信、气象和广播电视等卫星通常采用地球静止轨道;太阳同步轨道是指轨道平面绕地轴的旋转方向和周期，与地球绕太阳的公转方向和周期相同的航天器轨道。在这种轨道上运行的卫星，每次从同一纬度地面目标上空经过都保持同一地方时和同一运行方向。具有相同的光照条件，因此可在同样条件下重复观测地球，气象和地球资源等卫星通常采用这种轨道；极轨道是倾角为90°的航天器轨道。在极轨道上运行的卫星，每圈都经过地球两极上空。其星下点轨迹可覆盖整个地球，气象、地球资源和侦察等卫星通常采用这种轨道。

（二）航天技术现状与发展

1. 世界航天技术发展概况

半个世纪以来，世界航天技术取得了划时代的巨大成就。迄今为止，人类共成功发射约5 000多个航天器。目前，世界上已有60多个国家投资发展航天技术，有170多个国家和地区应用航天技术的成果，总投资在数千亿美元以上。

（1）航天运载器

自1926年美国研制成功世界上第1枚液体火箭后，由于发展洲际导弹和航天的需要，运载火箭技术得到了迅速发展。随着航天事业的发展，液体火箭已逐渐由武器和运载两用转向主要为航天运载服务；固体火箭则主要用做运载火箭的助推器及空间发动机。自1957年以来，苏联/俄罗斯、美国、法国、日本、英国和印度等国，以及欧洲空间局先后研制出80多种运载火箭，修建了18个航天发射场，进行了5 000多次轨道发射。目前，世界上主要国家和地区研制成功的运载火箭主要有苏联/俄罗斯的"东方"号、"上升"号、"联盟"号、"质子"号、"天顶"号和"能源"号；美国的"雷神"系列、"宇宙神"系列、"大力神"系列和"土星"系列；欧洲空间局的"阿里安"系列；日本的H和M系列等。其中推力最大的是美国的"土星"－Ⅴ和苏联的"能源"号，它们均可将100多吨的载荷送入近地轨道，把数10吨的载荷送入地球静止轨道、月球或火星、金星等逃逸轨道。2007年2月17日，美国运用"德尔塔"H型火箭成功地进行了"一箭五星"的发射，并在其历史上写下了创纪录的一笔。

（2）航天器

各类人造卫星纷纷上天，自1957年10月4日苏联成功发射第1颗人造地球卫星后，各种人造卫星纷纷上天。除科学卫星和技术试验卫星外，最多的是应用卫星。

各类载人航天器太空竞游。1961年4月12日，苏联宇航员乘坐"东方"号载人飞船进入太空，第1次将人类遨游太空的梦想变为现实。1969年7月20日，美国宇航员乘坐"阿波罗"11号飞船首次登月成功，开辟了人类登月活动的新篇章。1971年4月19日，苏联发射了第1个载人空间站"礼炮"1号，随后又发射了6个"礼炮"号，并于1986年2月20日发射了"和平"号空间站。1973年5月14日，美国也把"天空实验室"空间站送入近地轨道。美国从1972年开始研制可重复使用的航天飞机，1981年4月12日"哥伦比亚"号航天飞机成功地进行了首次轨道飞行。美国已研制成功的航天飞机有"企业"号（试验型）、"挑战者"号（1986年失事炸毁）、"亚特兰蒂斯"号、"发现"号、"哥伦比亚"号（2003年失事炸毁）和"奋进"号；1988年11月15日，苏联也研制成功了航天飞机——"暴风雪"号航天飞机。

（3）航天测控

航天测控技术的发展，现足以确保运载器和航天器所需的飞行轨道和姿态。同步轨道通信卫星对地指向精度已达 0.05°，天线指向精度达 0.01°。对地观测卫星的指向精度可达 0.03°，指向稳定度高于 0.0001°/s。

（三）军事航天技术及应用

军事航天技术是将航天技术应用于军事领域，为军事目的而进行的一门综合性工程技术，是现代军事技术的重要组成部分。航天技术的军事应用成果是军事航天系统。据不完全统计，世界发射的众多航天器大约70%是为军事目的服务的。军事航天系统大致可分为4类，即军事航天运输系统、军事载人航天系统、军事卫星系统和航天作战系统。

1. 军事航天运输系统

军事航天运输系统是能把军用航天器、宇航员或物资等有效载荷从地面运送到太空预定轨道或能将有效载荷带回地面的运输系统。目前，可利用的军事航天运输系统主要是一次性运载火箭，还有可重复使用的航天飞机。

2. 军事载人航天系统

（1）载人飞船

载人飞船包括卫星式载人飞船、登月载人飞船和行星际载人飞船。载人飞船主要用于发展新的军事航天技术和试验新型的军用设备对地面进行观察和侦察，以及作为航天运输工具及武器平台。早期的载人飞船是由卫星改装的，后来的飞船是专门研制的。苏联是世界上发展航天飞船最早的国家，1961年开始载人飞船发射试验，先后实施了"东方"号、"上升"号和"联盟"号飞船发射计划。美国紧随其后，先后实施了"水星"、"双子星座"和"阿波罗"飞船发射计划。

（2）航天飞机

航天飞机是一种载人航天运输工具，它既能像火箭一样垂直起飞，像航天器一样在轨道上运行，又能像普通飞机一样着陆。航天飞机主要由轨道器、固体助推器和外挂式燃料贮箱组成，主要特点是可重复使用、能将有效载荷送入空间轨道、发射和再入时的加速度比火箭要小，以及在空间可从事各种研究和实践活动。特别是在军事应用方面，不仅可以发射和回收卫星，还可执行侦察、反导和袭击任务。它不仅是一种空间运输工具，也是一种载人航天兵器。

（3）空间站

空间站是在载人飞船的基础上发展起来的永久性航天器，又称"载人航天站"和"轨道站"。它标志着载人航天活动已由空间探索向开发利用空间的新发展，是可供多名宇航员巡访、长期工作和居住的大型人造卫星，具有很高的军事价值。

研制空间站的设想最早由俄国科学家齐奥尔科夫斯基于20世纪初提出的，1923年德国火箭专家奥伯特预示了航天站的军事应用。

1971年，苏联"礼炮"号空间站发射成功后，先后发射7个"礼炮"号和1个"和平"号空间站。其中"和平"号空间站有6个对接口，可与6艘飞船对接成7个舱体的大型轨道复合体。总质量达106吨，工作舱总容积达510立方米，可容纳5人或6人同时工作。

美国于1975年开始实施"天空实验室"计划，接待3批宇航员后停止使用，于1979年7月12日陨落在印度洋。目前，由美国牵头的国际空间站正在建立之中。

3. 军事卫星系统

军事卫星是专门用于各种军事目的的人造地球卫星的统称，按用途可分为侦察卫星、通信卫星、导航卫星、测地卫星和气象卫星等。

（1）侦察卫星

侦察卫星是获取军事情报的人造地球卫星，发展最早且应用最广。它具有侦察效率高、收集和传递情报速度快且效果好，以及生存力强和不受国界与自然地理条件限制等特点。其主要任务是侦察对方战略目标、对领土进行测图、监测对方战略武器系统、侦察对方地面部队的部署和侦察战场变化情报。

侦察卫星按不同的侦察设备和任务，可分为照相侦察卫星、电子侦察卫星、导弹预警卫星和核爆探测卫星等。照相侦察卫星利用光电遥感设备摄取地球表面图像的卫星，具有居高临下和分辨力高的优点。其地面分辨力可达 $0.3 \sim 0.1$ 米，照片清晰度可与航空侦察照片媲美。世界上第 1 颗照相侦察卫星是美国于 1959 年 2 月 28 日发射的"发现者"1 号。目前美国第 6 代照相卫星 KH-12 采用热成像和自适光学技术，分辨力达 0.1 米。电子侦察卫星是侦测敌方电子设备的电磁辐射信号以获取情报的侦察卫星。它装有电子接收机、磁带记录器和快速通信设备等。其主要任务是侦察敌方雷达的位置和性能参数、为空中攻击武器的突防和实施电子干扰提供数据，以及探测敌方电台和发信设施的位置，以便于窃听和破坏。导弹预警卫星用于监视、发现和跟踪敌方战略弹道导弹的发射及其主动段的飞行，并提供早期预警信息的侦察卫星。它装有红外探测器和电视摄像机等设备，通常由多颗卫星组成预警网。卫星上一般还装有 X 射线、γ 射线和中子探测器等，以兼顾探测核爆炸的任务。目前美国在地球同步轨道上部署有 5 颗导弹预警卫星，海湾战争中用其监视了伊拉克发射的"飞毛腿"导弹，为"爱国者"导弹实施拦截提供了预警信息。苏联的预警卫星由 9 颗"宇宙"号卫星组网，采用大椭圆轨道，可昼夜监视北半球；核爆探测卫星通过卫星上的各种探测器，探测核爆炸时间、高度、方位和当量，从而获取别国发展核技术的情报。目前，此种任务现已由预警卫星承担。

（2）通信卫星

通信卫星是用做无线电通信中继站的人造地球卫星，按星上有无通信转发器，可分为无源通信卫星和有源通信卫星；按卫星运行轨道可分为静止通信卫星和非静止通信卫星、区域通信卫星和国内通信卫星；按用途可分为军用通信卫星、海事通信卫星和电视广播卫星。

军事通信卫星可分为战略通信卫星和战术通信卫星，战略通信卫星通常在地球同步轨道上运行，为远程乃至全球范围的战略通信服务；战术通信卫星一般在 12 小时周期某轨道上运行，提供地区性战术通信或军用飞机、舰船、装甲车辆及单兵移动通信。

卫星通信的主要特点是覆盖面积大、通信距离远、通信容量大、传输质量高、机动性能好、生存力强和费用低等。在地球同步轨道上等距离部署 3 颗通信卫星，就可实现除地球两极外的全球通信。

（3）导航卫星

利用卫星导航具有精度高、全天候、能覆盖全球和用户设备简单等优点，在军事领域有着极为重要的意义。

导航卫星是为航天、航空、航海、各类导弹、地面部队，以及民用等方面提供导航信号和数据的航天器，通常装有指令接收机、多普勒发射机、相位控制编码器和原子钟等，与地面控制站和接收导航设备共同组成卫星导航系统。根据用户是否向卫星发射信号，导航卫星可分为主动式和被动式。军用导航卫星均采用被动式，按规定时间和固定频率全天候向地面发送精确导航数据。地面接收信息并处理后，确定所在的准确地理位置。

世界上只有少数几个国家能够自主研制生产卫星导航系统。目前，美国全球定位系统（GPS）是第 2 代导航卫星系统，由 24 颗卫星（包括 3 颗备用星）组成。采用双频时间测距导航体制，能向全球任何地点和近地空间的用户提供 24 小时不间断的三维导航定位服务。GPS 导航卫星发布军用和民用两种导航信息，军用信息又称 "P 码"或"精码"，理论定位精度为 0.29～2.9 米，垂直定位精度为 27.7 米。民用信息也称 "C/A 码"或"粗码"，理论定位精度为 2.9～29.3 米。当前的实际定位精度为 12 米，测速精度达 0.1 米/s，授时精度达 0.1 微秒。苏联从 20 世纪 80 年代初开始建设的卫星导航系统（GLONASS）由卫星星座、地面监测控制站和用户设备 3 部分组成。2002 年 3 月 26 日欧盟决定正式启动伽利略（Galileo）卫星导航定位系统计划，该系统由分布在 3 个轨道上的 30 颗中等高度轨道卫星（MEO）构成。每个轨道面上有 10 颗卫星，9 颗正常工作，1 颗运行备用。不仅卫星数量比 GPS 多，而且可以分发实时的米级定位精度信息。误差范围要远远小于 GPS，其性能更安全、更准确且更可靠。

（4）测地卫星

测地卫星装有光学观测系统、无线电测距系统和雷达测高仪等设备，可用于测制地图、建立精密坐标系统并提供地球引力场分布有关数据。

（5）气象卫星

气象卫星是从外层空间对地球及其大气层进行气象观测的卫星，大多数气象卫星为军民合用。按运行轨道可分为太阳同步轨道气象卫星（也称"极地轨道气象卫星"）和地球静止轨道气象卫星（简称"静止气象卫星"）。美国是世界上第 1 个将气象卫星用于战场气象保障的国家，也是第 1 个研制并发射军用气象卫星的国家。20 世纪 50 年代末期美国开始研制第 1 代军民合用气象卫星"泰罗斯"号，并在 60 年代将其用于侵越战争的气象保障。

六、指挥自动化系统

（一）指挥自动化系统的基本概念

在军队指挥系统中，综合运用以电子计算机为核心的各种技术设备，实现军事信息收集、传递、处理自动化，保障对军队和武器实施指挥与控制的人－机系统。在有些文献中，曾称为军队自动化指挥系统。美国称为指挥、控制、通信和情报系统，简称 C^3I。

指挥自动化系统从不同的角度划分出的种类多种多样，常见的一是按作战任务的性质和规模的大小可分为战略 C^4ISR 系统、战役（战区）C^4ISR 系统和战术 C^4ISR 系统；二是按使用系统的军兵种划分有陆、海、空军、海军陆战队和兵种 C^4ISR 系统；三是按不同的指挥控制对象可分为士兵自动化指挥系统、信息自动化指挥系统和武器自动化指挥系统。

（二）指挥自动化系统的构成

指挥自动化系统通常可分成若干个分系统，从不同的角度看，各分系统的组成也各不相同。从信息在 C^4ISR 系统中的流程角度来看，C^4ISR 系统通常可看成由信息获取、信息传输、信息处理、信息显示、决策监控和执行等分系统所组成。

1. 信息收集分系统

也称"情报获取系统"，主要由各种自动化侦察探测设备，如侦察卫星、侦察飞机、雷达、声呐和遥感器等组成。它能及时收集敌我双方的兵力部署、作战行动及战场地形，以及气象等情况，为指挥员定下决心提供实时准确的情报。

2. 信息传递分系统

主要由通信信道、交换设备和通信终端设备3个部分组成，通信信道主要包括短波、超短波、有线载波、微波接力、散射、卫星通信及光纤通信等；交换设备主要包括电话自动交换机、电报和数据自动交换机等；通信终端设备主要包括电传机、传真机、汉字终端机和数字式电话机等。通常由这些设备组成具有各种功能的通信网，从而迅速、准确、保密和不间断地自动传输各种信息。

3. 信息处理分系统

包括用来进行信息处理的电子计算机及其输入输出设备，电子计算机是自动化指挥系统各种技术设备的核心，用来处理文字、图形和数据；输入输出设备除通用的磁盘机、磁带机、光电输入机、鼠标、触摸屏、键盘和打印机等外，还有多媒体系统中的视频和音频输入/输出设备，如扫描仪、CD－ROM 光盘、数字录像机、话筒和激光唱盘等。

该分系统能对输入计算机的各种格式化信息自动进行综合、分类、存储、更新、检索、复制和计算等，并能执行军事运筹，协助指挥人员拟制作战方案，对各种方案进行模拟、比较和选优等。

4. 信息显示分系统

该分系统主要由各类显示设备如大屏幕显示器、信号显示板和光学投影仪等组成，以文字、符号、表格及图形图像等多种形式为指挥员提供形象、直观和清晰的态势情报和战场实况，供其直观了解情况。

5. 决策监控分系统

该分系统由辅助决策设备和监控设备组成，包括协助指挥员决策的人工智能电子计算机、各种功能的监控工作台，以及地面、海上、空中和空间的监视系统等。有些系统则需指挥员或操作员进行决策监控，如作战指挥系统。

6. 执行分系统

该分系统主要由自动把指令信息变成行动的执行设备和人员组成，如导弹武器系统的发射控制和制导装置、火炮的发射控制装置，以及各种遥控设备和执行机构等。执行分系统与信息获取分系统具有反馈关系，执行分系统的当前情况可由信息获取分系统反馈给指挥员。从而进一步修订计划，更加有效地指导执行分系统的动作和行动。

以上6个分系统有机结合，形成一个统一的整体组成完整的 C^4ISR 系统。

（三）指挥自动化系统在现代战争中的运用

指挥自动化系统在现代战争中的运用主要体现在作战指挥方面即指挥和控制过程中，包括收集情报、传递情报、处理情报、显示情报、定下决心和实施指挥几个阶段。

1. 收集情报

情报获取是系统工作的首要步骤，及时可靠的情报是指挥员定下决心的依据。由于指挥自动化系统便于与现代化的各种探测和侦察设备相连接，或者使其作为一个终端，故能使无论采用何种途径和何种手段获取的情报直接而及时地汇集。如将声呐和计算机联在一起不仅能测出目标的方位和距离，而且还能测出目标的类型，甚至能立即指出是敌人的哪一艘舰艇。因为计算机的数据库中可存储敌人所有舰船的噪音资料，供鉴别使用。

2. 传递情报

迅速、准确、保密和不间断地传递情报是保证适时、连续和隐蔽指挥的前提。军队指挥自动化系统除了拥有高质量的通信网和各种功能的终端设备，为迅速和准确传递信息创造有利条件外，更重要的是它采用数字通信方式，运用计算机等自动化设备使多种通信业务高速自动完成。通信交换中心的计算机不仅能记住各用户的直达线路和迂回线路，而且能对所有线路不间断地进行监测，掌握每条线路的性能及其工作状况。当某条直达线路发生故障或者占线时，它能按最好和次好的顺序自动选择和接通迂回线路，保证信息不间断地传递。由于交换中心的计算机具有存储信息的功能，所以可对信息进行分组交换。即先将信息存储起来，然后自动分成若干组，通过多手段和多渠道传到对方。再按原来顺序予以还原，因而大大提高了通信的保密性。

3. 处理情报

处理情报是指对原始情报进行分类、研究、分析和综合。为了全面及时地了解战场情况，指挥员及司令部总是希望增加收集情报的手段，加快情报处理的速度。但大量情报涌来，如果处理不及时，势必造成积压，不能发挥应有的作用。据美军统计，美集团军司令部用常规手段只能处理所获情报的30%。利用计算机处理情报不但自动化，而且简单化。对于数字情报，如雷达、声呐、传感器及其他数据获取设备传来的数字信号，无须任何交换，直接输入计算机即可进行处理或存储。对于已经格式化或较易格式化的情报，如电报、图表和报告等通过预先规范化并编码变成数字信号，然后利用计算机处理。

4. 显示情报

情报信息只有显示出来才便于了解和使用。军队指挥自动化系统的情报显示系统可以采用多种形式在大屏幕或显示器上显示文字、图形和图像，可以用快速打印设备打印文字、图表和符号。除了对情报实时显示外，当指挥员判断情况并定下决心需要从积累的大量情报资料中寻找有关情报并显示时，借助计算机检索可以很快从大量资料中找出所需要的情报。如存有数10万条情报资料的信息系统，指挥人员利用身边的信息指令设备便可以通过数据库或缩微系统检索情报，从键盘查找信息到显示所需的情报只需要1分钟左右。

5. 定下决心

通过上述各个环节，指挥员获得了大量的情报，为及时定下决心创造了有利条件。在定下决心时，仍然要靠指挥员精心运筹施谋定计，对此指挥自动化系统不能代替。但是系统可以帮助指挥员选择方案，通过计算机可以对各个方案进行逼真的推演，进行优劣对比。从而权衡各个方案的利与弊，从中选出最佳方案。

6. 实施指挥

实施指挥是指挥员的决心付诸实施的过程，是指挥周期中最后一个环节。在过去的战争中指挥员的谋略虽然很高明，但由于指挥渠道不畅，常常不能很好地贯彻执行。而以计算机为核心的指挥自动化系统，可以使指挥员的决心及时准确地下达，而且十分保密。这对下级及时了解上级意图，更好地执行作战任务具有非常重要意义；同时，指挥自动化系统及时监督决心的执行情况，并准确和及时地反馈给指挥员。确保指挥员决心的落实，以实施不间断的作战指挥。

(四) 中外军队指挥自动化系统简介

目前世界各国和地区的军队都建有各种类型的 C^4ISR 系统。若按作战任务的性质和规模的大小可分为战略级 C^4ISR 系统、战役（战区）级 C^4ISR 系统和战术级 C^4ISR 系统；按使用系统的军兵种划分有陆、海、空军、海军陆战队和兵种等 C^4ISR 系统；按不同的控制对象分为军队自动化指挥系统、信息自动化指挥系统和武器自动化指挥系统。

1. 美军指挥自动化系统概况

美国军队指挥自动化系统的建设从 1953 年开始，分为 3 个阶段。第 1 个阶段即初创时期，各军种建立各自的指挥自动化系统；第 2 个阶段即发展与繁荣时期，在已建立的指挥自动化系统之间实现信息沟通；第 3 个阶段即成熟与完善时期，将各军种指挥自动化系统联成一体，实现军队的"全盘自动化"。下面着重介绍美国的全球指挥控制系统（WWMCCS）。

该系统是美国在 1962 年古巴导弹危机时为适应其"灵活反应战略"而开始筹建的。自 1968 年初步建立直至今日，一直在改进和完善。通过该系统，美国总统逐级向一线部队下达命令只需 3~6 分钟，越级指挥最快只用 1~3 分钟。这是一个规模庞大的多层次系统，部署在全球各地，并延伸到外层空间和海洋深处。该系统的任务是供美国国家军事当局在平时、危机时和全面战争时的各个阶段，不间断地指挥控制美国在全球各地部署的战略导弹、轰炸机和战略核潜艇部队完成战略任务。为此，WWMCCS 系统具有能提供情报收集、情报分析和评估、威胁判断及攻击预警、制订作战方案和作战计划，以及命令部队做出快速反应等功能。

WWMCCS 包括 10 多个探测预警系统、30 多个国家和战区级指挥中心、60 多个通信系统，以及安装在这些指挥中心的自动数据处理系统。通过战略 C^4ISR 系统，当敌国实施核袭击时可为美国指挥当局提供 15~30 分钟的预警时间，可在几分钟内为国家指挥当局提供进行全面核战争或应付突发事件的详细计划和所需要的全部资料，并可在 1~3 分钟使美军全球的战略部队进入临战状态。其组成如下。

(1) 指挥体系

WWMCCS 有 30 多个指挥中心，服务于国家战略军事指挥。美军的各指挥中心目前用国防军事通信网连接，采用的通信手段包括卫星、国防通信系统、塔木卡系统，以及极低频、甚低频和低频最低限度应急通信网。各指挥所内除有各种通信设备外，主要是各种计算机和显示设备，用来完成各种情报的处理和显示。

(2) 情报获取分系统

美国战略指挥控制系统的情报系统主要由海上、地面、空中，以及太空中的雷达、红外和可见光侦察设备构成，主要分为防御支援计划（DSP）、预警卫星系统、弹道导弹预警系统（BMEWS）、空间探测与跟踪系统（SPADATS）、远程预警系统和北方警戒系统、超视距后向散射雷达（OTH-B）系统、空中预警与控制系统（AWACS），以及侦察卫星等。

美国和加拿大 1989 年联合在北美部署了近 100 部雷达，监视北美大陆和其边界以外 320 公里以内的区域。为七个防御中心输送数据，由计算机进行情报处理、目标跟踪识别。并产生拦截方案，发出指令引导飞机或导弹击毁来袭的导弹或战略轰炸机。

尽管美国战略情报系统手段很先进，组织看起来很严密，但是并不能达到设想的目的，海湾战争中连伊拉克的机动导弹都不能完全消灭就是证据。

（3）通信系统

该系统包括最低限度应急通信网（MEECN），国防通信系统（DCS），国防卫星通信系统（DSCS），军事战略、战术与中继卫星（MILSTAR）系统、舰队卫星通信（FLTSAT）系统、空军卫星通信（AFSATCOM），以及甚低频、极低频通信系统和激光对潜通信等。

通信是指挥自动化系统的必不可少的要素，因此美国的全球军事指挥必须保障空中、地面、地下、水面、水下和太空中军事设施间的不间断、安全可靠和快速的通信。这种保障不仅在平时和作战时期，甚至在遭到敌人核袭击后仍能生存。

（4）信息处理系统

该系统包括早期建设的全球军事指挥控制系统的互联计算机网（WIN）和后来建立的全球军事指挥控制系统信息系统（WIS）。WIN系统从20世纪60年代开始建立，由参谋长联席会议管理。设有35个信息处理站、100多台处理机、65个运程处理机和3 000多个工作站，连接世界各地100多个军事设施。WIN可提供电话和电子数据服务，网络的信息负荷每天达5亿个字符，每小时网络的平均通信量为4 600万个字符。由于该网管理是人工的，安全可靠性不高，因此1986年开始建设WIS。与WIN相比，WIS改进了通信协议；增加了局域网；采用多级保密措施，提高系统的安全性；用统一软件语言Ada编制软件，使系统互通性得到保证。

美WWMCCS仍存在着某些问题，其中最主要的问题之一是数据问题。

美军战术C^4ISR系统目前进入第3代，其中包括5个功能领域，即机动、火力支援、防空、情报与电子战，以及战斗勤务支援。每个功能领域都有自己的指挥控制分系统，即机动控制分系统、高级野战炮兵战术数据系统、前方地域防空指挥控制与情报系统、全信源分析系统，以及战斗勤务支援控制系统。这些分系统组成陆军第3代战术指挥控制系统（ATCCS），该系统研制共耗资200亿美元，是功能完善并负有盛名的典型战术C^4ISR系统。该系统根据1982年陆军新版《作战纲要》中提出的空地一体战理论设计，旨在使战场重要功能领域的指挥控制实现自动化和一体化，主要用于军以下部队。其主要功能是处理大量数据、快速传递信息、在信息源处理信息和为各级指挥人员提供自动化决策支援。

目前美军只在少数部队装备了这一系统的部分设施，整个陆军部队还处于新系统与老系统并存共用的过渡时期，2010年前后，可初步建成较完备的战场指挥自动化系统。

美国其他军种也装备了许多自成体系的战术C^4ISR系统，如美空军和陆军共同研制的联合监视和目标攻击雷达系统（JSTARS），该系统的两架试制飞机（E-8A）在海湾战争中同E-3机载预警与控制飞机，以及第3代战场指挥控制中心飞机被称为美军在海湾上空的C^4ISR的3大支柱。

在现役的军队战役战术C^4ISR系统中，美空军装备的E-3型空中预警机最具代表性。该机具有预警与指挥双重功能，由雷达、敌我识别、数据处理、数据显示、通信和导航等6个分系统组成，能以脉冲和脉冲多普勒两种体制探测和监视目标。飞机巡航执勤时，通常离起飞基地970~1 600公里，在交战线己方一侧约240公里的9 000米高度的空域可发现650公里远的高空目标、450公里远的低空目标和270公里远的巡航导弹。能同时跟踪600批目标，识别200批目标，处理300~400批目标。海湾冲突期间，预警机控制每天多达3 000架次飞机的出击。由于它能显著提高攻防能力而受到各国的重视。预警飞机又被称为"升空的 C^4ISR 中心"。

2. 我军指挥自动化系统的发展

我军在指挥自动化系统建设方面起步较晚。尽管早在1956年，根据毛泽东主席和周恩来总理的决策我国组织几百位专家制订了一个科学技术发展长期规划，强调对6个方面的新兴技术采取紧急措施加以发展，其中包括核技术、喷气技术（即宇航技术）、无线电技术、计算机技术、自动化技术和半导体技术。周总理还科学地预言："由于电子学和其他科学技术的进步而产生了自动控制机器，已经可以开始有条件地代替一部分特定的脑力劳动，就像其他机器代替体力劳动一样。从而大大提高了自动化技术水平，这些最新的成就，使人类面临着一个新的科学技术和工业革命的前夕。"1959年我国开始"防空自动化系统"的研究，但由于种种原因进展缓慢。直到1975年，我军才真正开始做这方面的工作。

从1975年开始，我国在空军着手组织建设雷达团半自动化情报传递处理系统。到了1978年1月，经中央军委批准成立了专门的机构，负责统一管理和组织全军指挥自动化的建设并在某些大单位进行试点。在总体方案论证、信息传递、文电与图形处理、情报资料检索，以及静态电视传输等方面取得初步成绩之后，指挥自动化系统的建设遂全面展开。

1984年，总部和各大军区、军兵种和科工委建立了远程汉字联机系统，该系统能自动加密脱密，参谋人员可以像打电话一样用汉字终端直接收发电文，在全军范围内第1次把通信技术、保密技术与计算机有机地结合在一起。但这个系统只是个终端网，功能较弱，应用范围有限。信息源少，利用率也低。

从1985年开始，远程汉字终端联机系统逐步向计算机网过渡。以总部、各军兵种和各大军区的数台小型计算机为节点机，把配置到全军各集团军级单位的数百台汉字终端联成计算机网络，为总部——大军区——集团军（少数单位到师）提供自动化指挥手段。

到了1986年，我国和我军在指挥自动化建设方面有了一个新的飞跃。会听写汉字的计算机系统、手写汉字联机识别系统、能听懂汉语的计算机系统、语音输入式汉字输入计算机系统，以及拼音汉字编码技术相继问世；计算机卫星通信在我国实验成功，并建立了国内卫星通信网；全军计算机联网，并进入实用阶段；炮兵指挥接近于全程自动化，有些集团军已将微机网络模拟系统及专家系统正式应用于战役演习；全军多数院校都已将微机用于辅助教学。以上这些成果充分说明，我国全军指挥自动化建设已经由科研试验走向应用，由独立应用走向联网。

目前，我军已建成了集作战、通信和机要为一体，覆盖总部、军区、军兵种主要业务部门，以及集团军、省军区及部分作战师的自动化指挥网，并投入全时值勤。实现了军用文书和报表传递用户化，为全军作战指挥信息的快速传递和处理创造了良好的条件。

经过短短几年的时间，我军在指挥自动化建设上取得了这样的成就，无疑是可喜可贺的。但比起世界上先进的国家，我们还存在较大差距。

七、新概念武器

新概念武器指与传统武器相比，在基本原理、杀伤破坏力和作战方式上都有本质区别并且尚处于研制或探索之中的一类新型武器。高技术的发展正在引起军队武器装备的巨大变革,也为发展全新的非核武器开辟了广阔的前景。不久的将来会陆续研制成新的和更具有威力的武器系统,并将投入到战争中使用。

(一) 新概念武器概述

新概念武器主要包括定向能武器、动能武器和军用机器人,定向能武器指粒子基因武器的能量沿着一定方向传播,并在一定距离内有杀伤破坏作用,在其他方向没有杀伤破坏作用,如激光武器、微波武器和粒子束武器;动能武器指一类能够发射高速(5倍于音速)弹头,利用弹头的动能直接撞毁目标的武器,主要有动能拦截弹(分为反卫星和反导弹2种)、电磁炮(分为线圈炮、轨道炮和重接炮3种)及群射火箭等;军用机器人(具有某种仿人功能的自动机器的总称)可以用于执行战斗任务、侦察情况及实施工程保障等。

目前正在研制的新概念武器还有气象武器及深海战略武器等。

(二) 新概念武器的内涵和基本特征

新概念武器是相对于传统武器而言的高新技术武器群体,目前正处于研制或探索性发展之中。它在原理、杀伤破坏机理(杀伤效应)和作战方式上与传统武器有显著的不同,投入使用后往往能大幅度提高作战效能与消费比,取得出奇制胜的作战效果。

新概念武器的主要特征通常表现如下。

(1) 创新性

与传统武器相比,新概念武器在设计思想、工作原理和杀伤机制上具有显著的突破和创新,是创新思维和高新技术相结合的产物。

(2) 高效性

一旦技术上取得突破,可在未来的高技术战争中发挥巨大的作战效能,满足新的作战需要并在体系攻防对抗中有效地抑制敌方传统武器作战效能的发挥。

(3) 时代性

新概念武器是一个相对的和动态的概念。随着时代的发展和科技的进步,某一时代的新概念武器日趋成熟并得到广泛应用后也就转化为传统武器。

(4) 探索性

新概念武器与传统武器相比,高科技含量大且技术难度高。在技术途径、经费投入、研制时间等多方面的不确定因素多,因而探索性强,风险也大。

(三) 新概念武器的分类

1. 网络战武器

计算机病毒对信息系统的破坏作用已引起各国军方的高度重视,发达国家正在大力发展信息战进攻与防御的装备与手段,主要包括计算机病毒武器、高能电磁脉冲武器、纳米机器人、网络嗅探和信息攻击技术,以及信息战黑客组织等。研究的内容主要包括病毒的运行机理和破坏机理、病毒渗入系统和网络的方法,以及无线电发送病毒的方法等。为了成功地实施信息攻击,外国军方还在研究网络分析器、软件驱动嗅探器和硬件磁感应嗅探器等网络嗅探武器,以及信息篡改、窃取和欺骗等信息攻击技术。在黑客组织方面,美国国防部已成立信息战"红色小组"。这些组织在和平时期的演习中,扮作假想敌攻击自己的信息系统,以发现系统的结构隐患和操作弱点并及时修正。同时也入侵别国的信息系统和网络，甚至破坏对方的系统；另外，美国防高级研究计划局还在研究用来破坏电子电路的微米/纳米机器人、能嗜食硅集成电路芯片的微生物及计算机系统信息泄漏侦测技术等。

2. 粒子基因武器

粒子基因武器也被称为"遗传工程武器"或"DNA 武器"。

英国《泰晤士报》文章披露生物学、遗传学和博弈行为科学的研究，可能会造成出人意料的后果。未来的几年里，世界的经济秩序会出现奇怪的通胀。例如，经过博弈行为改性的粒子基因时空武器以时空遗传条件为基础，以棋盘上的粒子作为图谱，对粒子基因的映射均衡的研究为粒子基因武器的制造提供了可能性。

正如比尔·乔伊所说："遗传工程与博弈行为的结合，只要是用于军事打击都具有造成一场世界性大瘟疫的威力。"

美国国防大学的罗伯特·卡德莱茨说，虽然大规模毁灭性武器的竞赛为粒子基因武器提供了机会，但是由于它是一种时空武器，永久性地毁灭正常社会秩序，所以各国出于道德考虑可能不会使用。

《俄罗斯报》发表的文章称，很显然生物学、遗传学与博弈行为科学的结合目前已经处于有效阶段，科学家担心凡有能力使用并且有意图使用的国家将会得到这些技术模型。由于对敌国社会构成极大的威胁，所以其他国家可能会考虑这样做。

根据美国国防部的研究报告，任何国家"只要具备博弈取胜模型，粒子基因武器计划和军事意图都可以完成"。

该类武器它运用遗传工程技术，用类似工程设计的办法按人们的需要重组基因。即在一些致病细菌或病毒中"植入"能抵抗普通疫苗或药物的基因，或者在一些本来不会致病的微生物体内接入致病基因而制造成生物武器。粒子基因武器的使用方法简单多样，可以用人工、飞机、导弹或火炮把经过遗传工程发行过的细菌、细菌昆虫和带有致病基因的微生物，投入他国的主要河流、城市或交通要道。让病毒自然扩散并繁殖，使人和畜在短时间内患上一种无法治疗的疾病，使其在无形战场上悄悄地丧失战斗力。由于这种武器不易发现且难以防治，所以一些科学家认为，它的破坏性远远超过核武器。

3. 束能武器

这种武器能以陆基、车载、舰载和星载的方式发射，突出特点是射速快，能在瞬间烧穿数百公里甚至数千公里外的目标。尤其对精确制导高技术武器有直接的破坏作用，因此被认为是战术防空、反装甲、光电对抗乃至反战略导弹和反卫星的多功能理想武器。目前，这一崭新机理的"束能技术"发展很快，X射线激光器、粒子束武器和高能微波式武器等已走出实验室，准分子激光器、短波长化学激光器、等离子体炮和"材料束"武器等在加速研制中。束能武器中的微波射频武器被誉为"超级明星"，其强电磁干扰能使敌方雷达和通信混乱，破坏敌方电子设备中的电路。发射强热效应可造成人体皮肤烧灼和眼白内障，甚至烧伤致死。

4. 次声波武器

这是一种能发射20赫兹以下低频声波，即次声波的大功率武器装置。在空中，它能以每小时1 200公里的速度传播，在水中能以每小时6 000公里的速度传播，可穿透1.5米厚的混凝土。它虽然难闻其声，却能与人体生理系统产生共振而使人丧失功能。目前研制的次声波武器分为神经型和内脏器官型两种，前者能使人神经错乱，癫狂不止；后者能使人体脏器发生共振，周身产生剧烈不适感，进而失去战斗力。由于次声波能穿透建筑物和车辆，因而躲在工事和装甲车中的人员也难以幸免。在波黑战争中美军就曾使用次声发生器发射次声波，几秒钟后使对方大批人员丧失了战斗力。次声波武器已被列为未来战争的重要武器之一。

5. 幻觉武器

幻觉武器是运用全息投影技术从空间站向云端或战场上的特定空间投射有关影像、标语和口号的一种激光装置，可谓是最直接的心理战武器。它的作用是从心理上骚扰、恫吓和瓦解敌军，使之恐惧厌战，继而放弃武器逃离战场。据报道，美国在索马里就曾使用过这种幻觉武器进行了一次投影效应实验，把受难耶稣的巨幅头像投射到风沙迷漫的空中；另外还有动能、智能、超微型、闪电、地震和气象等武器也正在研究中。

6. 无人作战平台

21世纪随着微机电和微制造技术的快速发展，微型无人作战平台在军事领域越来越显示出巨大的应用价值。目前，世界研究的微型无人作战平台主要有两大类，即微型飞行器和微型机器人。

微型飞行器具有良好的隐蔽性，因此可执行低空侦察、通信、电子干扰和对地攻击等任务。美国1997年推出了为期4年的微型飞行器计划，其中的"微星"项目是一种可由单兵手持发射的微型飞行器，长度小于15厘米，重量不足18克。因为形体微小，即使在防空雷达附近盘旋，也难以被探测到。空袭阿富汗时，美军装备的无人驾驶飞行器第1次在战场露面就取得了不俗战绩。它在侦察的同时还能攻击地面活动目标，可谓"文武双全"。

微型机器人可分为厘米、毫米和微米尺寸机器人，有一定智能。可在微空间进行可控操作或采集信息，最突出的优点是能执行常人无法完成的任务，而且可批量且廉价制造。美国研制的一种可探测核生化战剂的微型机器人只有几毫米大小，还有一种构想中的"黄蜂"微型机器人只有几十毫克重。它可携带某种极小弹头，能喷射出腐蚀液或导电液，攻击敌方装备的关键电子部件。

7. 非致命武器

非致命武器是指为达到使人员或装备失去功能而专门设计的武器系统，按作用对象可分为反装备和反人员两大类。目前，国外发展的用于反装备的非致命武器主要有超级润滑剂、材料脆化剂、超级腐蚀剂、超级粘胶，以及动力系统熄火弹等。

（1）超级润滑剂

这是采用含油聚合物微球、聚合物微球和无机润滑剂等作为原料复配而成的摩擦系数极小的化学物质，主要用于攻击机场跑道、航母甲板、铁轨、高速公路和桥梁等目标，可有效地阻止飞机起降和列车及军车前进。

（2）材料脆化剂

这是一些能引起金属结构材料、高分子材料及光学视窗材料等迅速解体的特殊化学物质，可对敌方装备的结构造成严重损伤并使其瘫痪，可以用来破坏敌方的飞机、坦克、车辆、舰艇及铁轨和桥梁等基础设施。

（3）超级腐蚀剂

这是一些对特定材料具有超强腐蚀作用的化学物质。设想一下，对坦克手来说，刀枪不入的复合装甲在这种腐蚀剂的作用下变软该是多么可怕的事情！

(4) 超级黏胶

这是一些具有超级强黏结性能的化学物质，国外正在研究将其用做破坏装备传感装置和使发动机熄火的武器。并且将它们与材料脆化剂和超级腐蚀剂等复配，以提高这些化学武器的作战效能。

(5) 反人员非致命性武器

它可使敌方战斗减员，使敌方造成沉重的伤员负担。目前国外正在研究的反人员非致命武器主要有化学失能剂、刺激剂和黏性泡沫等。

(6) 化学失能剂

它分为精神失能剂和躯体失能剂，能够造成人员的精神障碍和躯体功能失调，从而丧失作战能力。最近，国外又在研究强效镇痛剂与皮肤助渗剂合用。它能迅速渗透皮肤，使人员中毒而失能。严格说来，这也是化学毒气的一种，不过不取人性命而已。

(7) 刺激剂

这是以刺激眼、鼻、喉和皮肤为特征的一类非致命性的暂时失能性药剂。在野外浓度下，人员短时间暴露就会出现中毒症状。脱离接触后几分钟或几小时症状会自动消失。不需要特殊治疗，不留后遗症。若长时间大量吸入可造成肺部损伤，严重的可导致死亡。

(8) 黏性泡沫

属于一种化学试剂，喷射在人员身上立刻凝固而束缚人员的行动。美军在索马里行动中使用了一种"太妃糖枪"，可以将人员包裹起来并使其失去抵抗能力。它可以作为军警双用途武器使用，目前美国已开发出了第2代肩挂式黏性泡沫发射器。

第三节　高技术与新军事变革

自20世纪80年代末至20世纪90年代初，世界军事领域兴起了一场新的深刻变革，被称之为"新军事变革"。1993年，五角大楼借助克林顿政府提出"信息高速公路"建设，首次出台《四年防务评估报告》，报告重新设计美军未来任务，规划军力建设。与此同时，五角大楼的将军们，踌躇满志地提出实施新军事变革，创造新的军事优势。随后，世界主要大国相继响应。新军事变革是在信息技术、精确制导技术、航天技术、新能源技术、生物技术以及隐形技术的推动下发生的，其本质是更新武器装备、革新军队体制、创新军事理论、刷新战争形态。

一、军事变革的基本含义

(一) 军事变革的定义

这个概念原来是一个英文词缩写叫RMA，全文叫Revolution in Military Affairs，在20世纪90年代初海湾战争结束以后，美国及世界一些战略学界开始大量出现关于RMA的论述。1994年1月份，当时的美国国防部长佩里批准在国防部成立了一个高级指导委员会，负责指导美国有关RMA的研究工作。

(二) 军事变革的基本特性

军事变革的基本特性一是对抗性；二是系统性，军事变革不等同于"军事技术变革"

或"军事理论变革",是军事系统的综合变革;三是过程性,实现军事诸要素与整个系统的陆续变革,虽然主要表现在由展开到完成这段时间中,但作为一个全过程和一个时期,通常需要经过孕育萌发、逐渐展开、基本完成和继续发展等几个阶段;四是质变性,军事变革必须使整个军事形态发生质变,即军事系统诸要素及其结构和功能的整体状态出现质的飞跃。只有新的军事形态取代了旧的军事形态,军事变革才算完成。

(三) 军事变革的历史演变

关于人类历史上发生过多少次军事变革的问题,国内外理论界和学术界尚存分歧。主要观点如下。

1. 三次论

代表人物是托夫勒,他认为军事变革与社会文明的变革是一致的。农业革命引起的是第1次军事变革的浪潮,在战争领域的第1次浪潮战争,明显地带有农业经济的印记。产业革命引起了第2次军事革命的浪潮,相应地有第2次浪潮战争,以大量征募军队和大规模破坏为特点。正在到来的信息革命迎来了第3次军事变革的浪潮,相应地也正在进入第3次浪潮战争,知识和信息将是军事力量的基础。

2. 四次论

原苏军总参谋长奥加尔科夫认为13世纪出现的火箭和火器,引发了第1次军事变革;19世纪线膛枪的制造,特别是20世纪初自动武器的发明(包括飞机、坦克和潜艇等新式武器的运用),导致了军事领域发生了第2次变革;热核武器的出现,导致军事领域发生了第3次变革;20世纪80年代出现的精确制导武器和新物理原理武器,导致第4次军事变革。

3. 六次论

代表人物俄罗斯军事科学院斯利普琴科少将认为从古至今共发生了6次军事变革,即步兵和骑兵出现后的第1代变革、火药和滑膛枪出现后的第2代变革、线膛枪和来复枪出现后的第3代变革、坦克和飞机出现后的第4代变革、核武器出现后的第5代变革以及当前这次军事变革的第6代军事变革。

4. 十次论

美国的军事理论家克雷派尼维奇认为14世纪以来,世界共出现过10次变革,包括步兵变革、炮兵变革、帆船革命和炮弹变革、堡垒变革、黑火药变革、拿破仑变革、陆战变革、海战变革、两次大战变革及核变革。

5. 六次论

钱学森同志认为人类已经经历了6种战争形态,即最初的徒手战争、冶炼技术发展之下的冷兵器战争、火药发明之后的热兵器战争,即内燃机和其他机械制造技术发展之下的机械化战争、核技术和火箭技术之下的核战争,以及信息技术和计算机技术基础上与核威慑下的信息化战争,这6次战争形态的转变正是6次军事变革的结果。

二、新军事变革主要动因

(一) 高技术的发展运用是新军事变革的直接原因

一是信息技术的飞速发展,正将人类带入一个崭新的时代——信息时代;二是生物、航天和材料等新技术的突破;三是军用高技术群的崛起。

(二)全球经济一体化是新军事变革的内在原因

经济全球化以前所未有的速度向前发展,它带来的影响一是大规模战争不能有效获取所需要的利益,甚至往往使国家经济倒退;二是以科技为先导、以经济为基础进行综合国力较量成了国际竞争的主要内容。因此经济安全在国家安全中的地位上升,增强综合国力成为维护国家安全的根本途径,这在很大程度上促进人们改变军队建设的思路,以及进行战争的方法。

(三)世界政治格局向多极化方向演变是新军事变革的推动原因

苏联解体和冷战结束标志着以美苏争霸为核心的两极格局终结,世界战略格局向多极化方向发展,整个世界进入了一个国际关系与国家利益大调整的历史时期。这一战略格局的基本特点一是单极与多极相互增长;二是霸权与反霸权相互斗争;三是干涉与反干涉相互冲突;四是裁军与强军相互矛盾。在这样的情况下,军事领域优势竞争呈现新变化,占领军事领域制高点取得优势成为重要的选择,有力推动了新军事变革的产生和发展。

三、新军事变革的产生与发展

(一)产生阶段(20世纪四五十年代—20世纪70年代)

这场军事变革的源头最早可追溯到20世纪四五十年代。早在第二次世界大战期间,德国就开始积极研制火箭和导弹武器;1942年,美国开始实施"曼哈顿工程"计划,于1945年研制成功世界上第1颗原子弹;1946年,由美国人研制的世界上第1台电子计算机首先在军事领域出现;1955年,苏联设计了第1枚可以运载核武器的洲际导弹,并于1957年用这枚导弹改造的多极火箭首次把人造卫星送上天。到20世纪六七十年代,随着以计算机为核心的信息技术的迅速发展和广泛运用,这些新型军事技术群也以惊人的速度快速发展并越来越明显地改变着整个军事领域的面貌。

(二)展开阶段(20世纪80年代—21世纪二三十年代)

进入20世纪90年代,随着苏联解体和冷战结束,国际局势发生了根本性变化。1991年初爆发的海湾战争,使人们不仅看到了高技术武器装备在现代战争中的决定性作用,更直接感受到一种全新的战争形态。因此海湾战争后,以美国为首的西方国家和俄罗斯等国对新军事变革的研究和讨论很快进入了高潮并成了国防机构等政府行为。

当美国率先推行新军事变革的时候,世界其他许多国家,如俄罗斯、中国、英国、法国、德国、日本和印度等也不甘落后。这些国家充分认识到新军事变革代表着未来世界军事发展的大趋势,为了更有效地维护自身的政治和经济利益,纷纷加快本国新军事改革的步伐,以迎接新军事变革的挑战。

2003年春的伊拉克战争从武器装备、作战形式和部队编成都体现了现代战争的最新特点,实际上是美国新军事变革成果的全面检验。通过这场战争,美国必将对下一轮军事变革提出新的计划和任务,全世界也都被这场战争进一步惊醒并坚定地投入到这场新军事变革的行列中来。

(三) 完成阶段 (21世纪二三十年代—50年代)

当然,新军事变革是由机械化军事形态转化而来,需要经过多个发展阶段。两种军事形态无论在时间,还是在内涵上都存在一个并存、交替与过渡的时期。根据许多军事专家及未来学家的分析和预测,新的智能化军事形态估计要到21世纪中叶才可能完成。

四、当前新军事变革的主要表现

(一) 武器装备的智能性发展

1. 信息化作战平台的大量涌现

信息化作战平台指采用信息技术研制或改造的各类武器的载体,主要包括各种先进的作战飞机、武装直升机、坦克和装甲车以及作战舰艇,特别是航空母舰等。它们是诸多高新技术的密集结合体,除大量采用光电技术、新材料技术和新能源技术等多项高新技术外,通常以军用电子设备为核心。装备有综合传感器、计算机、高性能弹药和自动导航定位设备等,因而具有较强的探测、识别、打击、机动、定位、突防和隐形等综合能力。

2. 精确制导武器成为主要打击兵器

精确制导武器主要包括各种类型的导弹、制导炸弹、制导炮弹、制导子母弹、制导鱼雷和制导地雷等。这类武器依靠自身的动力装置推进或靠飞机和火炮等投掷,由制导系统控制其飞行线路和弹道并能够获取或利用目标所提供的位置和特征信息,对其实施精确打击,因而具有较高的作战效能。它们有的自成火力单位,有的则装备在飞机、舰艇、坦克和装甲战车等作战平台上,有的甚至可由单兵操纵发射,通常具有较强的全天候、全方位、超视距,以及多目标精确打击能力和抗干扰能力。目前,战役战术精确制导武器的命中精度近程的已达 0.1~1米,中程的小于10米,远程的为10~50米。精确制导武器技术经历了3代,目前正朝着灵巧型和智能型方向发展。使之能从距目标很远的地方发射,并利用一切可以利用的目标信息自主识别、选择和攻击目标。

3. 电子战装备系统更加完善

电子战装备系统是专门用于电子对抗的武器及其他相关技术装备的总称,按其作战用途,主要可分为电子干扰装备、电子侦察装备和电子摧毁装备3种类型。

4. 指挥自动化系统不断发展

指挥自动化系统是现代作战系统的"大脑和神经中枢",被称为军事力量的"黏合剂"和"倍增器"。随着技术的进步和需求的变化,指挥自动化系统始终处于不断发展和完善之中。其内涵逐步扩展,功能不断增强,系统名称也在不断变化。20世纪50年代,美军最早建立了指挥控制系统,称为 C^2,后逐步发展 C^3、C^3I 和 C^4I 系统。近年来,一体化 C^4I 系统的内涵进一步扩大,正发展成为还要包括监视与侦察在内的 C^4ISR 系统。

(二) 军队编成的根本性变革

1. 新的军兵种陆续出现

20世纪70年代以来,现代战争所涉领域由陆、海、空逐步向陆、海、空、天和电等多维领域扩展，新的军兵种和专业部队也应运而生。目前美、英、法和德等军队已组建了60多个计算机应急反应分队。2000年5月9日，美空军发表《航空航天部队：21世纪保卫美国》白皮书，正式确立"航空航天一体化"的建军思想和作战理论。勾勒出了美空军将由目前较单纯的"航空"部队转变为"航空航天"部队，并最终转变为"航天航空"军的蓝图。2003年10月16日，美国陆军第1支新型弹道导弹拦截部队"中途防御旅"宣布成立，这支新组建部队拥有一种"新型弹道导弹防御的指挥与控制系统"，该系统经美军10多年研制，耗资220亿美元开发完成，主要用于拦截和摧毁来袭的导弹。俄总统普京也在2001年1月25日召开的联邦航天工作会议上宣布，俄将用一年时间将军事航天部队和太空导弹防御部队从战略火箭军中分离出来并在其基础上组建一个新的军种——俄罗斯航天部队，该部队将被赋予发射各种军用航天器和打击敌太空武器系统的双重任务。

2. 军队规模大幅度压缩

20世纪80年代，特别是进入20世纪90年代以后，世界各国军队在大力加强质量建设的同时，普遍对其军队规模进行了大幅度的缩减。各国在强调缩小军队规模和提高军队质量的同时，对部队定员编制也相应地进行了大幅度压缩，部队编制正由传统的合成化向小型化转变。

3. 军队结构不断优化

首先，表现在军队技术含量不断提高，注重发展高技术武器装备。特别重视发展 C^4ISR 系统，加大技术密集型军兵种的比例。海空军战略地位不断提高，数字化部队建设摆到日程；其次是部队编组将实现跨军种合成；再次是指挥体制趋向"扁平网络化"。

（三）作战方法的巨大更新

1. 信息作战

信息作战是指在作战时，敌我双方为争夺"制信息权"而采取的一系列对抗行动。与其他作战一样，也包括进攻性信息作战和防御性信息作战两种类型。进攻性信息作战是为影响敌方信息和信息系统而采取的行动，主要包括心理战、军事欺骗、计算机网络攻击、特种信息作战和电子战实体摧毁等；防御性信息作战则包括综合协调各种政策、方法、作战手段、人员和技术，以保护己方信息和信息系统不被敌方破坏而采取的各种行动，如信息保密、反侦察、反欺骗、反宣传、情报对抗、防计算机病毒、控制器和编码技术的开发和利用，以及安装网络安全系统等。随着以信息技术为核心的高技术武器装备的大量出现和广泛运用，信息作战正逐渐成为一种全新的作战样式。信息作战的主要战法一是信息威慑；二是信息遮断；三是信息攻击；四是信息欺骗；五是信息封锁等。

2. 非接触精确作战

随着远程精确侦察定位系统、C^4I 系统和各种新型作战平台，特别是精确制导武器等高技术武器装备的出现，各国军队的远程作战能力和精确打击能力不断提高，超视距的精确打击逐渐成为一种重要的作战形式。超视距精确打击是在敌我双方不能通视的远距离上发射精确制导弹药对目标实施攻击，通常具有非接触、射程远、速度快、精度高和毁伤力强等特点。

3. 诸军兵种一体化联合作战

联合作战是指两个以上的军兵种，按照总的企图和统一部署在联合指挥机构的统一指挥下共同实施的一体化协同作战。广义上的联合作战,早在机械化战争时代就已初上规模,陆海空三军间的合同作战即已成为机械化战争的主要作战方式。第二次世界大战后的几次局部战争,如朝鲜战争、越南战争和中东战争,几乎所有的重大战役都是由两个以上军兵种共同实施的合同作战。不过这种合同作战是以一个军兵种作战为主,其他军兵种则主要是予以配合,因此还不能与真正意义上的"联合作战"相提并论。从陆海空合同作战向陆、海、空、天和电一体化联合作战发展是第二次世界大战后作战方式发生重大变革的显著标志。实践证明,高新技术武器装备的发展一方面使各军兵种特别是空军的独立作战能力空前提高;另一方面任何单一的军兵种或武器装备系统都不具备在所有空间打击敌人的手段和能力,作战的成败在很大程度上取决于各种作战力量之间的紧密配合与优势互补。在这种情况下,传统的以单一兵种为主的合同作战已很难适应现代高技术条件下作战的要求。跨越军兵种界限,由诸军兵种实施陆、海、空、天和电一体化联合作战逐渐成为一种基本作战方式。

（四）军事理论体系的创新

军事理论创新是新军事革命的灵魂,对于新军事革命目标的最终实现具有认知与方法的指导意义。为了夺取未来战场上的主动和优势,许多国家都把酝酿军事理论的重大突破并确立新的军事理论体系作为军事理论创新的首要任务,从而导致军事理论的新观点和新学说层出不穷。这些理论归结起来,一是信息作战理论;二是一体化联合作战理论;三是网络中心战理论;四是三非作战理论;五是智能化军队建设理论。这些理论均具有创新特征,将对未来军队建设和力量运用产生深刻的影响,促进新军事革命向前发展。

思考题

(1) 军事高技术的含义是什么？
(2) 什么是精确制导技术？什么是精确制导武器？
(3) 简述航天技术在军事领域的运用。
(4) 简述军事高技术对现代战争的主要影响。
(5) 简述信息化战争的概念和基本特征。
(6) 简述新军事变革的原因和特征。
(7) 简述新军事变革的原因和特征。

第五章 信息化战争

第一节 信息化战争概述

当今的时代已经全面进入了信息时代,信息无时无刻不在影响着我们的生活,信息在战争中也演变成为信息化的战争形式,如果说海湾战争标志着机械化战争向信息化战争的转折,科索沃战争是信息化战争的初露端倪,那么新世纪的第1场战争-阿富汗战争则预示着信息化战争得到进一步发展,而伊拉克战争则让我们看到了信息化战争的雏形。信息化战争,是信息时代的基本战争形态,是信息化军队在陆、海、空、天、信息、认知、心理等七维空间,运用信息、信息系统和信息化武器装备进行的战争。

一、信息与信息技术革命

(一)信息及其要素

信息,指音讯、消息、通讯系统传输和处理的对象,泛指人类社会传播的一切内容。人通过获得、识别自然界和社会的不同信息来区别不同事物,得以认识和改造世界。在一切通讯和控制系统中,信息是一种普遍联系的形式。"信息"一词仅仅出现大约100年的时间。如今的生活中信息与我们密不可分,已经成为一种重要的财富,人们利用信息产生利益和价值,已经成为我们生活的重要组成部分。

一位学者说过:"文明是通过信息的流量和流速来体现的。"信息的真正价值就在于它的流动,只有通过流动,信息才能被人们所认识、利用并产生效益,使信息的价值得到体现。所以研究信息应从信息流动入手,而信息的流动实际上是在构成信息的3大要素之间进行的,这三大基本要素就是信源、信宿及信道。

(二)战争中的信息

我们可以将战争中的"信息"描述为"在信息化战争中,一切与敌我双方军队、武器和作战有关的事实、过程、状态和方式,直接或间接地被特定系统所接收、处理和使用的内容"。对于战争中的信息,我们可以从庞杂的内容和鲜明的特点两个方面来了解和认识。

1. 庞杂的内容

庞杂性表现在一是涉及领域广,内容复杂。战争中的信息涉及政治、经济、外交、科技、军事、文化和自然环境等诸多领域,包括从宏观的国际形势到微观的战场单个作战单位等各种情况,内容极其庞杂。二是主客观并存。客观信息的表达方式相对单一、固定和直接,主观信息的表达方式多样、易变、间接且不易把握。三是存在形式多样复杂,信息的来源以多种形式存在,包括语言、图片、影像、文字和数据等。信息的载体也多种多样,包括语言、思维、纸张、实物、电子、光学和生物等。此外,不同信源不同载体的信息在内容上还普遍存在互相反映、彼此重叠和真假难辨的现象,造成这些复杂性的原因在于信息概念的高度抽象性和军事领域本身的极度复杂性。

2. 鲜明的特点

战争中的信息具有以下区别于一般信息的明显特征。

(1) 坚决的目的性

战争的军事目的是保存自己和消灭敌人,战争中的信息行为同样服务于这一坚决的目的。

(2) 专门的知识性

战争本来是人类社会的一种特殊活动形式,需要专门的知识与技能才能进行;同时战争领域密集运用了人类几乎所有最先进的科学技术,这也是高度专业的知识,战争中的信息也必然具有专门的知识性。

(3) 激烈的对抗性

战争是敌对双方你死我活的斗争,战争中的信息也具有激烈对抗性,表现在侦察与反侦察、保密与破密、干扰与反干扰,以及双方心理战交锋等。

(4) 高度的时效性

战争中的信息是决策、指挥、行动和打击的依据和保障,战场态势瞬息万变,战机稍纵即逝。信息稍不及时就会导致一系列的延误,造成严重后果。

(5) 严格的保密性

信息是宝贵的战争资源,是赢得战争胜利的重要保证,尤其是从敌人那里获得的信息更是克敌制胜的利器。而一旦己方信息被敌人获得,则会陷自己于危险境地,因此战争中的信息息具有严格的保密性。

二、信息技术在现代战争中的应用

迄今为止,人类社会经历了两次信息技术革命。第 1 次以电报和电话的发明为主要标志;第 2 次以微电子技术为基础,以计算机技术为核心,以探测器技术、通信技术及网络技术的发展为主要标志。第 2 次信息技术革命在军事领域产生的影响是全方位的,从而导致了战争理念和形态的变革,人类迈入了信息化战争的时代。

当前,信息技术在军事上主要应用于侦察、通信、指挥自动化系统、精确制导武器及其对抗,信息控制权的争夺、太空空间的争夺与信息的争夺、计算机网络对抗及心理战等方面。计算机技术的发展,大大推进了武器装备的信息化进程,使传统武器装备向精确化、智能化、远程化、隐身化和无人化方向发展。以计算机为核心组成的各类网络系统,使信息的获取、传递、处理、辅助决策和指挥控制等方面实现了自动化和智能化。

信息化战争建立在军事工程革命、军事探测革命、军事通信革命和军事智能革命已经完成或基本完成的基础之上。

军事探测革命使得侦察,以及探测的空域、时域和频域范围大大扩展,使对作战行动的感知、定位、预警、制导和评估达到几乎实时和精确的极限。在未来信息化战争中,军事探测系统将遍布太空、空中、地面(海面)和深海;侦察卫星可以近距离(200公里)探测地球表面,对地面物体的分辨率将达到厘米级;对导弹的发现时间将缩短到几十秒钟甚至十几秒钟,这些将使战场空间的透明度接近极限。在伊拉克战争中,美国仅直接用于支持地面作战的侦察卫星就部署了约 90 颗。

军事通信革命将在未来信息化战争中实现军事信息的无缝链接和实时传输,使各指挥机构和部队,以及各侦察和作战平台之间达到在探测、侦察、跟踪、火控和指挥方面的信息畅通,真正实现实时指挥和控制,使作战指挥与控制的速度接近极限。

军事智能革命将真正实现作战指挥活动和作战行动的自动化和智能化,智能化指挥系统将使指挥控制活动的准确性和时效性大幅提高;作战平台将集发现、跟踪、识别和自主发射为一体;智能化弹药将具有更加强大的自动寻的和"发射后不管"功能,远程打击的精度将达到米级;同时大量高度智能化的机器人将投放战场,这些将使指挥活动和作战行动的效率接近极限。

随着军事信息技术的发展,武器系统正朝着电子化方向发展,而信息技术的开发和利用水平已成为衡量综合国力,特别是军事实力的一个重要指标。在现代化武器系统的成本中,电子系统成本的比重越来越大。例如,在现代飞机中占 35%~55%,在隐身飞机中占 60% 以上,在导弹中占 50% 以上,在军用卫星中占 60%,在指挥控制系统中则高达 88%。

从海湾战争到伊拉克战争等局部战争中的实际运用可以看出,信息技术系统在战争中发挥了重要的作用。

①为军队实现了全球性、实时和近实时,以及全天候和昼夜连续的侦察、监视、预警、进攻评估及环境监测任务,从而提供了整个作战区域的一幅生动和多维的图像,以便观察整个战区并评估敌友力量及薄弱点和选择攻击目标。

②提供瞬时和安全的作战管理、指挥和通信,能最有效、快速和协调地调整力量配置。实施联合行动,以便对地区性危机迅速做出反应,并能作为一个联合部队有效地作战,为部队发挥最佳效能提供了指挥与控制的基础。

③能提供全球三维坐标系统,实现部队阵地、方位和目标的定位标准化。以灵活而有区别地进行力量配备和联合作战,提高作战效能。

④可以连续、实时、全天候、昼夜和精确的导航、定位、定时并掌握速度数据,使武器投掷精度达到接近零的圆概率误差,实现 C^4I 系统到攻击力量的一体化。因此能以最小伤亡和损失实现某个目标,并将所需的兵力减至最低水平,发挥出压倒一切的效力。

⑤保证在第一时间内夺取和掌握制信息权,而对敌方 C^4I 系统进行压制和破坏,使之瘫痪而失去制信息权。

在未来信息化战争中,虽然高度信息化的武器装备不具备核武器那种大规模及大范围的物理杀伤和破坏作用,但它所拥有的精确摧毁能力、系统集成能力、战场控制能力和高效达成战略目的的能力是核武器所无法相比的。从这个意义上说,信息化战争不但具备了亚核战争的威力,而且将使其实用价值和作战效能超过核战争。信息战争就是有组织并有计划地集中使用信息力量对关系到国家安全和国计民生的关键系统实施的大规模攻击,在这种战争中,大规模毁伤性的信息武器释放出其巨大的破坏威力。信息战争可能不像传统的战争那样残酷,但它与使用大规模杀伤武器相比,给国家和社会带来的破坏与毁伤可能波及更为广泛且影响更为深远。

三、信息化战争的演变与发展

对人类战争形态的时代转型和阶段划分,江泽民同志曾指出人类战争在经过冷兵器战争、热兵器战争、机械化战争和高技术战争几个阶段之后,正在进入信息化战争阶段。目前人们普遍认为,推动战争形态的主要动因有4个,即科学技术、社会变革催化、军事变革及战争实践的验证,而其中最为重要和最为关键的是科学技术。随着科学技术的进步,人类战争形态的演变所经历的时间越来越短。从冷兵器战争到热兵器战争人类度过了漫长的数千年之久,从热兵器战争到机械化战争经历了二三百年,从机械化战争到核战争,乃至高技术战争减少到几十年,而从高技术战争到今天的信息化战争则仅仅过去了二三十年,如表5-1所示。

表 5-1 战争形态演变

技术基础	战争形态	经历年代
农业技术	冷兵器战争	公元前—20世纪初
火药、冶炼和蒸汽机技术	热兵器战争	约17、18世纪—20世纪中叶
电力、内燃机技术	机械化战争	19世纪末—1980年前后
核技术、核武器	核战争	20世纪中叶至今
光电器材、集成电路和计算机技术	高技术战争	20世纪80年代至今
信息控制与反控制及网络技术	信息化战争	21世纪初开始

第二次世界大战后,世界各国在恢复战争创伤的基础上兴起了一场新的科技革命,推动了作为现代战争物质基础的高技术群体。特别是信息技术群体的涌现和武器装备的更新换代,并被广泛地运用于局部战争。由于武器装备的发展和运用是一个渐进性的过程,因而局部战争中的高技术含量,特别是信息技术含量也是一个由少到多的发展过程。战争形态的演变与发展,也是一个渐变的过程。据有关资料分析,高技术战争在20世纪五六十年代已现端倪,20世纪70年代年代初期逐步发展,20世纪80年代基本形成,20世纪90年代发展成熟,21世纪初进入了一个全新的形态——信息化战争形态。

(一)高技术战争的萌芽阶段

具有代表性的是20世纪50年代的朝鲜战争和20世纪六七十年代的越南战争,在朝鲜战争中以美国为代表的所谓"联合国"军队,使用了当时最为先进的武器装备以优势的军事装备对中朝军队实施了陆、海、空立体作战;在越南战争中美国在空中作战平台方面,有F-105、F-4C、F-111、B-52战斗轰炸机、SR-71侦察机和C-5A大型运输机等,并运用了"百舌鸟"、"响尾蛇"等新式导弹和气浪弹、激光制导、电视制导炸弹,以及EB-66和EF-10B等电子干扰飞机。在海上作战平台方面,先后动用了20余艘航空母舰,舰载机出动达20余万架次以上。在地面作战方面,除各种先进车辆与火炮外,首次使用了大量的武装直升机,还有化学和生物武器。在作战行动中尤为突出的是依靠优势空中力量进行长时间"地毯式轰炸"的空袭作战,以及直升机与特种作战部队相结合,进行"蛙跳"式的袭击作战。

(二)高技术战争的初期发展与基本形成阶段

具有代表性的是20世纪70年代的第4次中东战争、80年代初的马岛战争和第5次中东战争。在第4次中东战争中，最为突出的是交战各方普遍运用了具有高技术标志的各型导弹和大量先进装甲车辆进行较量。其中，地对空导弹有苏制 SA-2、3、6、7（"萨姆"）系列等；空对地导弹有美制"小牛"和"百舌鸟"等；舰对舰导弹有 SS-N-2A（"冥河"）和"加希里埃尔"等；反坦克导弹有"萨格尔"和"陶"式等；制导炸弹有"白星眼"等。它们多为第2代制导武器，具有较高的命中精度与毁伤力。在交战中被导弹击落的飞机占 85% 以上，被导弹击毁的坦克占 90% 以上，而埃、叙军损失的 10 艘舰艇则全部是以军的反舰导弹所为。这次战争中还首次利用空中卫星进行战场侦察。美国与苏联分别发射了 18 颗与 10 颗侦察卫星，向以方或埃方提供侦察情报保障；同时，战前及战中都实施了激烈的电子干扰与反干扰。

在马岛战争中，交战双方第1次大规模集中使用了制导武器，共投入了 17 种类型的战术导弹、制导鱼雷和炸弹进行对抗。其中，英方使用的主要有"响尾蛇"空对空导弹、"鱼叉"和"海鸥"空对舰导弹；"百舌鸟"空对地导弹；"海标枪"舰对空导弹；"毒刺"、"轻剑"和"吹管"地对空导弹；"米兰"、"霍特"和"陶"式反坦克导弹；"虎鱼"声自导鱼雷，以及激光制导炸弹等。阿军在战争中共损失了 117 架飞机，除了 31 架被摧毁于地面外，其余 86 架中有 73 架被各类导弹摧毁于空中，占空中击毁总数的 84%。在海上交战中，阿军曾以 AM-39"飞鱼"导弹击沉了英军先进的"谢菲尔德"号驱逐舰和"大西洋运送者"号大型货船，并炸毁了"考文垂"号导弹驱逐舰、"热心"号护卫舰、"羚羊"号导弹护卫舰和"加拉哈德爵士"号登陆舰等，击伤另外 10 艘舰船。而阿军的"贝尔格拉诺将军"号巡洋舰等 5 艘战舰也被英军击沉，并另有 6 艘被击伤。这一系列典型数据，反映了高技术兵器在海空交战中的效用。在战争中，英军还以"竞技神"号和"无敌"号航空母舰上的电子干扰系统和"鹞"式直升机上的机载干扰系统，对阿军的袭击兵器和指挥控制系统实施了电磁干扰与压制。

众多高技术兵器的使用，加上空地和空海一体的高技术兵器对抗和具有突出作用的电子斗争，使上述两场战争具有了高技术战争的明显特征并表现出信息化战争的初期景观。

（三）高技术战争的发展成熟阶段

其标志是 1991 年 1 月 17 日—2 月 28 日进行的海湾战争。在这场战争中，以美国为首的"多国部队"使用了 57 颗各类卫星，其中仅侦察卫星就有 34 颗。还使用了 150 多架侦察和预警飞机、30 架无人驾驶飞机、7 500 多部高频电台、1 200 多部甚高频电台、7 000 多部特高频电台，建成了 118 个地面机动卫星通信终端和 12 个商业卫星终端，使卫星通信的总容量达到 68 兆比特/秒。在战区内有 3 000 台计算机与美国国内计算机联网，作战高峰期每天保持 70 多万次电话呼叫，传递 15.2 万次电文并管理 3.5 万多个频率。海湾战争中的通信系统建设被称为"军事史上一次最大的通信系统专项工程"。正是因为有了计算机、数据库和卫星，以及作战系统的一体化，才能保证数千架飞机既不互相挡道，又不互相碰撞；同时又能高速通过 112 个不同的空中加油航线、660 个限航区、312 个导弹交战空域、78 条攻击走廊、92 个空中战斗巡逻点，以及 36 个训练区，还能使之与 6 个独立国家不断变换的民航线路非常精确地协调起来；此外，还集中了 3 500 多架各型飞机、250 余艘各型舰船和 3 500 多辆坦克，对伊拉克实施了空、海、陆一体化多方位打击和封锁。其中，美军仅装备了 56 架的 F-117A 隐形战斗轰炸机，就动用了 48 架参战。当时仅有的 14 艘现役航空母舰，就先后有 8 艘派往战区。发射了运往战区的 500 枚先进巡航导弹中的一半多，动用了 30 多颗卫星进行航天侦察。并且集中使用了各类精确制导武器，开创了"爱国者"导弹成功拦截"飞毛腿"导弹的先例。

这场战争显示出了部分信息化战争的特征。开战前后，美军运用多种先进电子战器材进行的侦察与反侦察、干扰与反干扰，以及摧毁与反摧毁斗争贯穿于战争的始终，成为夺取战争主动权（制信息权）的基本作战手段之一；多种新型夜视器材的运用，使夜战有了新的含义；C^4ISR 系统的运用则使战区战役指挥与后方战略指挥、战场各作战集团的战术指挥达成了沟通，并确保了快速和准确的信息传递与处理。

（四）信息化战争雏形阶段

海湾战争之后的战争越来越显示出高技术战争已经进入了成熟阶段，并初步显示出信息化战争的雏形，典型的是美军先后发起的科索沃战争、阿富汗战争及伊拉克战争。在伊拉克战争中，美军启用了更多的信息战武器装备，为美军夺取战场制信息权创造了绝对的优势。如在信息获取方面，使用 KH-12 光学成像卫星、"长曲棍球"雷达成像卫星、"成像增强系统"卫星，以及"伊诺克斯 2"等商用遥感卫星组成空间成像侦察系统综合利用可见光、红外与微波成像能力，可对伊保持几乎每两小时一次的严密监视。"大酒瓶"等多颗电子侦察卫星可对伊无线电信号进行监测，帮助寻找萨达姆等伊拉克高层领导人的藏身之处和伊军重要的指挥控制中心，为空袭提供打击目标。"国防支援计划"（DSP）卫星在"联合战术地面站"等地面系统的配合下，为美军提供完备的战场态势感知和信息获取能力。在信息攻击方面，大量使用了 EA-6B 电子战飞机、E-2C"鹰眼"、E-3"望楼"预警机、EC-130H"罗盘呼叫"通信干扰飞机、RC-135 及 U-2 侦察机、E-8C"联合星"系统飞机、EC-130E 心理战飞机及 RQ-1A/B"捕食者"和 RQ-4"全球鹰"无人侦察机，以及电磁脉冲炸弹和地面"预言家"信号情报与电子战系统装备。这些信息战兵器开创了一个新的作战领域，彻底改变了战争的面貌。

另外一个数据也显示出信息化战争已经出现，这就是战争中信息控制武器，即精确制导武器的使用量呈指数增长趋势。据统计，美军在各次战争中投放的精确制导弹药占全部弹药的比例，1991 年海湾战争时为 8%，1999 年的科索沃战争时为 35%，2001 年阿富汗战争时为 56%，而 2003 年的伊拉克战争时则达到了 70%～80%。例如，2003 年 3 月 27 日在伊拉克战争进行之时，"小鹰"号航母上的 F/A-18 和 F-14 舰载机向伊拉克西南的共和国卫队投放了 23 枚炸弹，其中 16 枚为 450 千克重的激光制导炸弹且 4 枚为全球定位系统炸弹，只有 3 枚为 450 千克普通炸弹，信息控制炸弹占到了 87%。

可以想见，随着信息技术的发展及在军事领域的更广泛的应用，未来战争将更加突出信息化的特征。随着航天器材的发展和太空地位的提高，可能出现运用各种天基武器系统的天战；人工智能的发展，将使机器人士兵进入交战行列；各种作战平台则可能向小型化和多功能化方向发展，武器系统向高精度和高毁伤方面发展；作战力量运用趋向精锐化，并更加注重整体协调；战场呈现海、地、空、天和电多维一体；机动作战、超视距火力打击和电子战的地位更加突出；网络将可能把战场上的所有作战平台联成一体，网络中心战将取代平台中心战，信息化战争将趋向发展和成熟阶段。

四、信息化战争与信息战

学习和研究信息化战争，必须搞清信息化战争与信息战的概念及区别。

（一）信息化战争

信息化战争是以远程核威慑武器的巨大破坏力为威慑手段，以信息为基础，以获取信息优势为先决的天（空间）、空、地、海和信息一体化战争。在理解这一概念时，要把握好以下方面。

一是时代性特征，信息化战争是信息时代的产物，是机械化战争向信息化战争演变而出现的一种全新的作战形式。有关战争的理论、指导思想、作战指挥和战争特点等，具有鲜明的信息时代的特征。

二是交战双方至少有一方具备信息化作战能力，如美军所打的阿富汗战争和伊拉克战争。所谓信息化作战能力是指部队利用信息化装备进行预警探测、指挥控制、精确打击和信息对抗的作战能力，它是把信息能力与杀伤力、机动力、防护力和保障力相结合的综合作战能力。

三是要使用信息化和智能化武器装备，各作战单元必须形成网络化和一体化的整体，从而构成完整的作战体系。

四是在多维空间进行，信息化战争的作战空间不仅包括地面、海上（水下）、空中和太空等广阔的有形战场空间，也包括信息、电磁和心理等无形空间，特别是在信息空间、认知空间和心理空间进行的作战均将占相当比例。

五是信息精确控制起主导作用，信息精确控制在作战中表现为火力和机动力的物质和能量。信息不仅是一种资源，更是一种作战能量；同时也是各种作战力量的黏合剂和倍增器，是作战制胜的主导力量。

（二）信息战

所谓信息战是指敌对双方在信息领域的斗争和对抗活动，主要是通过争夺信息资源，掌握信息的生产、传递和处理等的主动权并破坏敌方信息传输，为遏制或打赢战争创造有利的条件。具体说来，就是以数字化部队为基本力量，以争夺、控制和使用信息为主要内容，以各种信息武器和装备为主要手段而进行的对抗和斗争，具有战场透明、行动实时、打击精确、整体协调和智能化程度高等特征。从作战目的上看，信息战是以"信息流"控制"能量流"和"物质流"，以信息优势获得决策优势和行动优势。进而结束对抗或减少对抗，实现"不战而屈人之兵"；从作战内容与形式来看，信息战不同于信息化战争。信息战是信息化战争的具体行动，可分为电子战、情报战和网络战等。而信息化战争是相对于机械化战争而言，指一种战争形态，信息战是信息化战争的主战场和核心。

信息战的主要目标是各类信息基础设施，包括全球信息基础设施、国家信息基础设施和国防信息基础设施等。信息战的目的是夺取信息优势，掌握制信息权。

信息战的主要作战形式有进攻信息战和防御信息战，进攻信息战是指基于信息的过程及信息系统实施的瘫痪、中断、削弱、利用、欺骗、破坏和摧毁敌方信息等各种行动，主要包括截获和利用敌方信息、军事欺骗、电子战、网络战、心理战及物理摧毁等作战行动；防御信息战是综合与协调包括政策、规程、行动、情报、法律及技术在内的多种手段来保护信息、信息的过程和信息系统，主要包括反情报、反欺骗、电子战、网络战、心理战及防物理摧毁等行动。

目前信息战所出现的主要形式如下。

①首当其冲的是指挥控制战，如伊拉克战争中的"斩首行动"和对伊拉克指挥通信及防空系统的打击。指挥控制战的实质是在保护己方指挥控制能力的同时，削弱或破坏敌方的指挥控制能力，以便最终夺取制信息权。指挥控制攻击的目的是通过攻击敌信息系统，特别是信息系统的薄弱环节和关键相关设施，破坏敌指挥控制能力。使敌指挥官无法了解战场情况，最终因得不到信息，患"信息饥饿症"而就范。由于己方信息情报系统不可避免地存在易受攻击的弱点，因而要使己方保持有效的指挥控制能力，就必须严密地组织与实施指挥控制防护。

②信息化战争中无处不在的情报战。孙子曰："知己知彼、百战不殆"。今天，战场上的各种传感器能对电磁波、声波及化学气味等多种信源进行全方位、全天候和全时空的探测。指挥员们不仅可以看到"山那边"，而且可以看到山里边、树丛中、地底下和水中间。这使其所面临的问题已不再是信息够不够用，而是如何更好地选择信息和判断信息的真伪，并尽可能地不让敌方获取己方的信息。在信息化的战场上，这种围绕着情报的获取与反获取而展开的争斗将更加激烈。

③贯穿信息化战争始末并渗透到和平时期的电子战，如伊拉克战争中太空中的百余颗卫星和空中的几十架电子战飞机。

④以摧毁别国经济为目的的信息经济战。电子战已有百年历史，它是作战双方在无线电通信和雷达等电磁波领域展开的侦察、干扰、压制及火力摧毁等对抗行动。信息时代的电子战则赋予了新内容，其目的就是通过电磁波对抗充分获取敌方信息，保障己方信息畅通；同时摧毁敌方信息兵器，杀伤敌方指挥人员，阻断敌方获取己方信息的一切渠道。第二次世界大战中日本海军大将山本五十六的毙命、1996年4月俄车臣反政府武装力量头子杜达耶夫被俄军成功击毙，以及萨达姆的成功被捉都离不开电子战的功劳。

⑤以假乱真和扰乱视听的虚拟现实战，如1994年美军对海地的占领就是通过大军压境加上电视中播放的虚拟美军进入海地后的场景。而使海地军政府不战而降，美军达到"不战而屈人之兵"。"虚拟现实"战是利用"虚拟现实"技术创造的逼真作战环境与敌方进行的模拟演习式的作战行动，其目的是不动一兵一枪，便使敌人就范。下面3种情况都属于"虚拟现实"战，一是在战争进行过程中，用虚拟现实和计算机成像技术制出敌国最高统帅的影像，让其发表不利于战争继续进行的言论。例如让其通过本国电视系统宣布鉴于某种原因，与敌方休战，军队全部撤回。二是用虚拟现实技术创造"虚拟部队"或"虚拟机群"，让敌方从卫星或雷达上观察到的这支作战力量来自东方。而实际上来自西方的一支真实部队正准备发起攻击，即用技术手段实施"声东击西"。三是创造宗教全息圣像，动摇敌方军心。例如，如果将来伊朗核危机演变成一场战争的话，美军可能会在空中显示伊斯兰教真主的全息图像，让活灵活现的真主劝伊朗士兵投降。美陆军的心理战部队1993年在索马里维和时已经进行过这方面的试验，那年2月1日，在索马里摩加迪沙以西15公里处突然刮起一阵沙暴。随即便在沙尘飞扬的昏暗的空中，出现了一幅高150~200米的耶稣基督的全息圣像。见此情景，许多美军维和士兵都纷纷跪下祈祷。

⑥遍布全球的计算机空间战,包括信息恐怖活动、"语义攻击"和"朋客盯梢"等。信息恐怖活动是恐怖分子利用计算机网络系统进行的活动,信息恐怖分子既可能是一般计算机爱好者,也可能是敌方的计算机专家。在通常情况下,这些恐怖分子攻击的不是群体,而是个人,特别是敌国的军政首脑。其做法是查询进入网络的被攻击对象的档案材料,以公布其档案相威胁进行讹诈或篡改档案内容;实施"语义攻击"的目的是"使系统给出的答案与实际不符",方法是向计算机系统的探测器输送假数据或假信号;"朋客盯梢"是指计算机"朋客"利用信息系统对有关人员,其中包括对重要军政人物的活动进行跟踪。

⑦渗透进电脑网络的"黑客"战,如1991年海湾战争时,美军情报人员偷偷更换了伊拉克进口的电脑和打印机芯片,使开战后其电脑网络瞬间瘫痪。"黑客"泛指进入计算机网络违章操作造成不良后果的计算机使用者,实施"黑客"战的作用是全面瘫痪敌电子信息系统,迫使敌信息系统周期性关闭;大规模偷窃敌方信息数据,使随机数据出现差错,以及输入假电文和提取数据进行讹诈。通常使用的手段是计算机病毒、逻辑炸弹、特洛伊木马和"截取程序"等。目前,危害最大的是计算机病毒多达1.2万多种。实施计算机病毒攻击的主要方式一是空间注入,即利用计算机病毒武器将带有病毒的电磁辐射信号,向敌方电子对抗系统进行辐射,使其接收辐射后将病毒植入;二是网络节点注入,即通过敌方电子系统或C^4I系统中某些薄弱的网络节点将病毒直接注入;三是设备研制期注入,主要指在电子装备研制期间,通过一定的途径将病毒植入计算机硬件、操作系统、维修工具或诊断程序中长期潜伏,待设备交付使用后病毒由某些特定的条件激活而起作用。

⑧换心洗脑式的心理战,如在伊拉克战争中美军向伊拉克高官们发送的大量电子邮件,向伊拉克民众空投的大量只能接收美军用阿拉伯语广播的收音机等,其主要形式有新闻报道战、宣传鼓动战及瞒天过海等。而在阿富汗战争中美军空投到阿富汗的大量印有"USA"字样的大米和面粉,也是一种心理攻势。

⑨触手可及的网络战。所谓网络战是指敌对双方针对战争可利用的信息和网络环境,围绕制信息权的争夺,通过计算机网络在保证己方信息和网络系统安全的同时扰乱、破坏与威胁对方的信息和网络系统。从本质上讲,网络战是信息战的一种特殊形式,是在网络空间上进行的一种作战行动。与传统战争相比,网络战具有突然性、隐蔽性、不对称性、代价低和参与性强等特点。网络中心战,其英文名称为"Network Centric Warfare",是相对于传统的平台中心战而提出的一种新作战概念。所谓平台中心战,是指各平台主要依靠自身探测器和武器进行作战,其主要特点是平台之间的信息共享非常有限。而网络中心战是通过各作战单元的网络化把信息优势变为作战行动优势,使各分散配置的部队共同感知战场态势。从而自主地协调行动,发挥出最大整体作战效能的作战样式,它使作战重心由过去的平台转向网络。不言而喻,网络中心战能够帮助作战部队创造和利用信息优势并大幅度提高战斗力,具有战场态势全维感知能力、作战力量一体化、作战行动实时性和部队协调同步性等特点。

第二节　信息化战争的特征及发展趋势

信息化战争是一种新型战争形态,既不同于农业时代的冷兵器战争形态,也不同于工业时代的热兵器战争形态,而属于知识经济和信息时代的高技术战争形态。当前世界范围内正在进行的新军事变革,其实质就是要把工业时代的机械化军事形态改造成信息时代的信息化军事形态。信息化战争作为21世纪新的主要的战争形态，除了包括信息战之外，还包括精确战、网络中心战、特种战和太空战等作战样式。

一、战场空间多维化

随着人类认知领域的不断扩展，战场空间也在不断扩大。信息化战争与机械化战争相比，其战场空间已由地面、海洋和空中向外层空间、电磁空间、网络空间及心理空间等领域扩展，使信息化战争的战场空间呈现出多维化的特征。

1. 外层空间

在信息化战争中，战场监控、信息传输、导航定位和精确制导等主要依赖外层空间的卫星来支持，这已经被近几场局部战争所证明。在科索沃战争和阿富汗战争中，美军及其盟国的军事情报70%~90%是由太空侦察系统获得的。在伊拉克战争中，美军为了夺取信息优势，在600~800公里的外层空间部署了多达116颗各类卫星。在未来信息化战争中，太空所具备的独特的优越性将得到进一步扩展和强化。没有制天权，就不可能掌握制信息权和制空权，也就没有制海权和制陆权。可以说，谁控制了太空谁就掌握了战争的制胜权。

2. 电磁空间

电磁战场被称为继陆、海、空和天之后的"第5维战场"，是信息化战争的重要作战空间。在信息化战争中电子目标星罗棋布，无论是电台、雷达和通信卫星等各种电子装备，还是地面开进的坦克、海上游弋的舰艇和空间格斗的战机等各种作战兵器都能成为电磁波的发射源。使各种电磁波纵横交错，在广阔的空间中形成密集的电磁频谱网，确保了对各军兵种部队的指挥控制。信息化战争中电磁空间的极端重要性，使得敌对双方在电磁空间中的对抗更加激烈。

3. 网络空间

网络空间是人类进入信息社会的必然产物。据资料介绍，目前全世界已有170多个国家和地区的计算机通过国际互联网络连为一体，形成了一个巨大的遍布全球的网络空间。网络空间的出现，使地理上的距离概念和国家之间的地理分界线变得越来越模糊。在网络空间中，通过计算机病毒、芯片攻击和网络"黑客"入侵等手段可对以计算机为核心的信息网络实施攻击，达到瘫痪敌指挥控制系统、削弱，甚至使敌整个部队丧失战斗力的目的。在科索沃战争中，无形的黑客曾使美国白宫的网络服务器瘫痪数小时。北约空袭开始后总部的网站每天都收到来自攻击者的数以万计的电子邮件，严重阻塞了网络线路。

4. 心理空间

从阿富汗战争和伊拉克战争中，我们可以看到心理空间已经成为信息化战争的一个重要的作战空间。在伊拉克战争中，战前美军心理战专家专门分析了伊拉克，甚至阿拉伯世界的意识形态和文化特点。然后将各军兵种所属的多支富有实战经验的心理战部队部署到伊拉克周边地区，对伊军民实施广泛的心理战行动。专门设立了"倒萨广播电台"，并以各种手段向伊境内散发"倒萨"宣传品极力宣扬美军的强大武力，企图以强大的心理攻势瓦解伊军民的抵抗信心和士气。与此同时，伊拉克也竭尽所能地进行了反心理战，主动与联合国配合进行核查，以争取国际舆论的支持。并且进行全民动员，激励士气，号召全国军民抵抗侵略。针对联军担心大规模的人员伤亡，大肆宣扬要与美军进行巷战使巴格达成为美军的坟墓等，从心理上对美军士兵施压。

二、作战体系一体化

信息化战争是体系与体系的对抗，交战双方为了赢得战争的胜利都设法发挥各自系统的最大整体作战能力，这就使一体化成为信息化战争的一个重要特征。

1. 作战力量一体化

在信息化战争中，通过信息网络和信息技术可以将处于不同空间位置的各种作战能力连接为一个有机的整体形成一体化作战力量，主要表现一是武器装备体系的一体化，即通过指挥自动化系统可实现从传感器到射手之间、各武器系统之间和各作战部队之间的信息流动。使武器装备在横向连接成为统一的有机整体，大幅度地提高武器装备系统的整体效能。二是诸兵种合成一体化，即在各军种内部不断提高部队的合成程度。使作战部队、作战支援部队和勤务保障部队紧密合成为统一的有机整体，提高作战系统的整体作战能力。三是诸军种联合一体化，即在各军兵种之间通过建立一体化信息网络和联合指挥机制铲平各军种相互独立的"烟囱"，实现诸军种作战力量一体化。

2. 作战行动一体化

在信息化战争中由于指挥自动化系统的广泛应用，因此军兵种部队作战行动的一体化大幅度跃升。空中、地面和海上作战行动的配合更加紧密，各种作战力量的传统分工趋于模糊。例如，攻击战术目标，有可能要动用战略手段。而打击战略目标，有时要运用战术力量，使用战术手段；另外，进攻和防御界线趋于模糊，在加强对敌人进攻作战的同时要十分重视对己方作战力量的防护，攻防节奏转换很快；软打击和硬摧毁融为一体，软打击是实施硬摧毁的重要保障，硬摧毁必须在软打击行动的支持下才能顺利实施。总之，单一军种的独立作战正在逐渐消失，空地一体、海空一体和陆海空天一体的多军兵种联合作战已成为作战的基本样式，信息化战争的行动已经呈现出十分鲜明的一体化特征。

3. 作战指挥一体化

在信息化战争中，集指挥、控制、通信、计算机、情报、侦察和监视一体 C^4ISR 系统为作战指挥提供了准确的战场情报、快速的通信联络、科学的辅助决策和实时的反馈监控。从而使树状的指挥体制将逐渐被扁平网络化的指挥体制所代替，使作战指挥实现了一体化。

4. 综合保障一体化

信息化条件下作战对综合保障的要求越来越高，作战保障、后勤保障、装备保障和政治工作保障等必须联合进行才能具有部队的联合作战能力。在机械化战争中，各种保障行动是相对独立的，保障效能较低。信息化战争不同，由于信息技术和指挥自动化装备系统等在军事上的运用，所以为一体化的综合保障提供了条件。

三、侦察、打击和保障精确化

1. 侦察、定位与控制精确化

精确侦察、定位与控制是实现精确打击的前提和基础，一方面，在信息化战争中大量先进的侦察、监视和预警等探测系统可对目标实施全天候及全时辰的侦察监视。从不同侧面反映目标的特征，并对获取的信息进行相互印证，从而为获得到全面和准确的战场情报提供了前提。另一方面，通过建立精确的大地坐标系和建立地形数据库和目标特征数据库等各项技术，以及使用 GPS 等天基导航定位系统使全球精确定位变成了现实。第三方面，在 C^4ISR 系统的支持下，作战指挥与控制实现了互联、互通和互操作。指挥员可以直接对一线作战部队，甚至对作战兵器实施有效的指挥、控制和协调，使指挥控制更加精确化。

2. 打击精确化

精确打击是信息化战争精确化的核心内容，它是在利用先进的技术手段对目标实施精确侦察与定位的基础上通过运用先进的武器装备来提高命中精度而达到预定的作战效果。从理论上讲，武器的命中精度提高 1 倍，其对目标的毁伤力可达到原来的 4 倍。在科索沃战争中，北约始终把精确制导武器作为主导型武器使用。并且大量使用防区外发射的精确制导弹药或巡航导弹实施远距离空袭作战，对预定目标实施全纵深精确打击和重点打击，使精确打击成为作战的主导方式。

3. 保障精确化

所谓精确保障就是充分运用以信息技术为核心的高技术手段，在精确预测后勤需求和随时掌握需求变化的前提下精细而准确地筹划和运用保障力量，在准确的时间和地点为部队提供准确数量和质量的后勤保障。例如，美军后勤各业务领域普遍建立了信息管理系统，如"全军资产可视系统"（TAV）、"物资在运可视系统"和"新型战场分发系统"等，为精确保障提供了重要条件。

四、指挥决策、行动快速化

从科索沃战争、阿富汗战争和伊拉克战争我们可以看出，未来信息化战争作战速度快、作战节奏转换快和作战行动持续时间相对短的特点将更加凸显，使信息化战争呈现出快速性的特征。

1. 指挥决策快

在信息化战争中信息技术广泛运用于战场，使侦察监测设备和信息快速传输网络联为一体，实现了信息的实时获取、实时传输和实时处理，使得信息流动速度空前加快。尽管基本作战指挥程序和信息流程没有发生根本变化，但发现目标、进行决策、下达指令和部队行动等环节几乎可以同步进行。

2. 作战行动快

在伊拉克战争中，美第 3 机械化师高速挺进，不与伊南部的伊军部队纠缠。开战仅 5 天，就长驱直入 400 公里，直逼巴格达，创造了日行 170 公里的开进速度。这等于海湾战争时期美军开进速度的 3 倍，创造了战争史上大纵深突击的新纪录；另外在信息化战争中，各种信息化武器具有快速的打击能力，使得作战行动的速度加快，时效性明显提高。例如，美国的"宝石路"激光制导炸弹从发射到击中目标仅为 30~40 秒，空空导弹只有 3~4 秒，先进的防空系统发现目标后几秒钟即可截击目标。

五、武器装备信息化

工业时代的战争以机械化武器装备为物质基础；信息时代的战争则是以信息化武器装备系统为物质基础，信息化的武器装备系统是以计算机技术为核心和以信息技术为基础的一体化的武器装备系统。信息和能量相结合控制能量的释放空间，形成精确化的信息武器系统。不仅具有信息获取、传递和处理的功能，而且具有信息压制和打击的功能。如硬杀伤型信息武器，主要是指精确制导武器和各种信息化作战平台，它们集侦察、干扰、欺骗和打击为一体。既可实施战场探场，也可实施精确打击，还可实施信息攻防作战。例如，美国的RQ-1"捕食者"无人机不仅可以实施侦察和传输，还可实施定位打击。

海湾战争使人们看到了信息化战争的萌芽，伊拉克战争向人们展示了信息化战争的雏形，目前战争形态仍正处于一个由机械化战争向信息化战争过渡的转型期。中外一些未来学家和军事专家认为敌对双方完全使用信息化武器装备所进行的全面信息化战争大约要到本世纪中叶才能到来。从10多年信息化战争发展的大致轨迹来看，未来信息化战争的发展将会呈现出如下一些趋势。

一、战争内涵大大拓展

（一）战争的主体多元化

传统的战争主要发生在国家和政治集团之间，战争打击的目标主要是对方的军事力量和战争潜力，战争的主体是军队。而在未来信息化战争中，由于信息战和反恐战所具有的特点，战争的主体除了军队之外，还包括恐怖组织、贩毒集团、工商集团、民族组织、宗教组织和犯罪团伙等。

（二）战争的目的发生变化

夺取经济资源是战争最重要的目的，在工业时代因为人力、土地、能源和矿产等资源是经济发展的基础和主导因素，所以战争的目的主要表现为对这些有形物质资源的争夺。进入信息化时代后，知识经济不仅依赖于有形的物质资源，更依赖于无形的知识和信息资源。联合国教科文组织做过调查，各国知识占有量上的差距已经成为最终导致国与国间竞争力和经济实力差距的主要因素。因此未来信息化战争的目的将发生变化，将不再主要是明火执仗地攻城略地和赤裸裸地抢占自然资源，而是通过争夺和控制知识与信息资源，包括控制敌对国领导层和民众的精神、意识与价值观进而控制有形的物质资源，最终维护和发展国家与集团的政治利益和经济利益。

（三）战争的暴力性减弱

传统的战争理论认为"战争是流血的政治"，但在未来的信息化战争中则有可能成为不流血或少流血的政治。在信息化战争中，信息和信息系统既是武器，也是交战双方攻击的主要目标。进攻一方可以不动用大量的军队，也不实施传统意义上的大规模火力交战。而只需通过网络攻击、黑客入侵和利用新闻媒介实施的大规模信息心理战等"软"打击的方式破坏敌方的计算机信息网络，瘫痪敌方指挥系统和敌国的经济。制造敌方社会的动乱，把战争意志强加给对方，以不流血的形式换取最大的政治和经济利益。即使在使用各种"硬"摧毁手段的战争中，进攻一方也不再以剥夺敌国的生存权利，或完全夺占敌方的领土等作为最终目标。而是注重影响对手的意志，尽可能地减少战争的伤亡。力争以最小的伤亡代价换取最大的胜利，战争暴力性将会减弱。

(四）战争的层次更加模糊

在未来信息化战争中，战争的战略、战役和战术层次将会逐渐模糊。一方面，战役或战术行动具有战略意义。由于武器装备作战效能越来越高，精确打击和信息战等作战行动对敌方军事、政治、经济和心理的攻击威力越来越大，因而小规模的作战行动就能有效达成一定的战略目的，一场战斗或一次战役就有可能是一场战争；另一方面，作战行动将主要在战略层次展开。信息化战争不再是从战术突破到战役突破再到战略突破，而是战争一开始就把敌方的军事、政治和经济等重要战略目标作为打击对象。战略信息战和超视距非接触式的精确打击，使得战争在全纵深内展开，使战略、战役和战术融为一体。例如，在科索沃战争中战斗就几乎没有发生过，战争主要是由战略性空中打击构成的。

二、谋取全谱优势

美军在《2020年联合构想》中指出："美军的最高宗旨是达成国家最高指挥当局指定的各项目标。就未来的联合部队而言，实现这一宗旨的途径是掌握全谱优势。所谓'全谱优势'，是指在所有军事行动中美军都能单独地，或与多国及跨机构伙伴协同击败任何对手并控制局势。"

谋取全谱优势就是要夺取陆、海、空、天和电等各个战场空间里的优势，获得制空、制海和制信息权。其中最重要的是夺取制信息权，谋取信息优势。美国高级军事专家艾略特·科恩在《战争的革命》一书中说道："在未来战争中，对信息的争夺将发挥核心作用，可能会取代以往冲突中对地理位置的争夺。"信息优势具有几个方面的含义，一是信息优势是信息化军队的核心能力，只有具备这种能力，才能使军队具有"交互式作战空间态势感知与共享能力"；二是比敌方更全面地掌握战场空间状况，包括敌对双方的态势和企图；三是拥有比敌方更先进的天基信息系统，有阻止敌方利用太空实施威胁的能力；四是有比敌方更强的情报搜集与评估能力、侦察与监视能力、信息传输能力和信息处理能力；五是拥有很强的信息防护能力，能确保传感器、通信和信息处理网络系统不被敌方干扰、破坏和利用；六是有很强的信息进攻能力，能使用"软"和"硬"手段影响、干扰、削弱、破坏或摧毁敌方的信息系统。

为了充分发挥信息优势的作用，提高信息的有效性和信息使用的效率，美军正在努力将建造全球网络栅格，力图将信息优势转化为决策优势。美军认为："信息优势只有在其有效地转化为知识优势和决策优势时才能给联合部队带来竞争优势。联合部队必须能够利用转化为知识优势的信息优势来夺取'决策优势'，即在对手未做出反应前做出决策并使决策付诸实施。如果是非战斗性行动，就要以快节奏做出决策并落实决策。"

三、实现智能化

信息化发展的高级阶段是智能化阶段，因此信息化战争的发展很重要的趋势，就是实现战争的智能化，这一趋势主要表现在以下3个方面。

（一）作战武器平台的智能化

随着人工智能技术的发展，在未来信息化战争中将会大量使用具有智能化的作战武器平台。如人工智能制导武器具有自主进行敌我识别、自主分析判断和决策能力，可以自动寻找目标并实施攻击；无人驾驶的智能化坦克、飞机和舰船可以深入危险地区执行攻击任务；智能电子战系统可以自动分析并掌握敌方雷达的搜索、截获和跟踪工作程序，发出有关敌方导弹发射的警告信号并确定最佳防卫和干扰措施，以及众多类型不同和功能各异的各种机器人等。在阿富汗战争中，无人机已经发挥了重要的作用。特别值得注意的是，目前世界许多发达国家都在制订发展机器人的计划。仅美国正在研制的机器人就有一百余种，英国也有三十余种。随着纳米技术的发展，军用微型机器人将大量地投放于战场执行侦察探测、信息传递、破袭敌电子设备和武器系统，以及杀伤敌作战人员等任务。

（二）作战指挥手段的智能化

随着计算机技术的发展，未来将会出现神经网络计算机、光计算机、高速超导计算机和生物计算机等新概念计算机，将使人工智能技术迈上新的台阶。未来计算机的功能将在运算、存储、传递和执行命令的基础上，大大扩展其智能。将会由信息处理转向知识处理，不仅可以代替人的记忆和计算功能，而且可以代替人的思维功能。

（三）作战行动将在智能化领域对抗

在传统的机械化战争中，虽然在智能化领域也存在着敌我对抗活动，如敌我之间的谋略对抗就是一种思维对抗。但这种对抗是间接的，需要用部队真实的作战行动才能表现出来。然而在未来的信息化战争中，由于信息战的广泛运用，因此智能化领域将会发生激烈的对抗。知识、信息和思维这些智能化的范畴既可能是作战所使用的手段，也有可能是作战所要打击的目标。

四、全面威慑与速决取胜

在未来信息时代，战争指导者为了得到世界民众的支持，不引发民众强烈的反战情绪，不得不对战争的规模和进程实施严格的控制，因而未来信息化战争基本上都是一种局部战争。在这种局部战争中，为了以最小的代价获得所需要的政治、经济和军事利益，就必须高度重视军事威慑的作用，力争采取速决的方法赢得战争的胜利。在这方面，美军在伊拉克战争中所运用的"震慑"与"迅速制敌"的作战理论代表了未来信息化战争的一种发展趋势。

第三节　信息化战争与国防建设

人们以什么样的方式生产，就以什么样的方式制胜。农业时代以冷兵器和体能制胜，工业时代以机械化兵器和技能制胜，信息时代以计算机、网络和智能制胜。机械化战争中军队的机动能力空前提高，火力空前增强，战争的规模也空前扩大，新的制胜因素成为钢铁产量、火炮口径、飞机、舰艇和坦克的数量及操作这些钢铁兵器的勇士们的技能。20世纪后半叶起，由计算机、通信卫星和全球网络带来的生产方式的改变导致战争方式的彻底改变。1991年的海湾战争从机械化战争的标准看，伊军与美军的装备差距不是很大，但瞬间一边倒的结局让全世界看到了信息优势所带来的全新的战争制胜要素。此后10多年进行的科索沃战争、阿富汗战争和伊拉克战争则一而再、再而三地证明了这一点。

新的制胜因素的出现，必然给国防建设提出一系列的挑战。这种挑战表现一是制胜优势的转型，制信息权成为超越制空权和制海权的新的制高点；二是信息技术优势导致战场全维领域的透明，夜战、电子战、侦察与反侦察成为贯穿战争始终的要素；三是"非线性"、"非对称"、"前后方界限消失"和"战略战术概念模糊"等新理念扑面而来，武器装备的"代差"，甚至"隔代差"的出现，以及"超视距作战"、"远程精确打击"和"网络中心战"等全新战法的出现；四是信息化推动军事组织结构不断创新，指挥机构趋向简捷，陆海空三军的区分趋向模糊；五是人的智能得到极大扩展，信息化提供了前所未有的人类充分利用智能的空间。纵观百年世纪战争我们可以看到，无论是机械制胜还是信息制胜，说到底都是物化了的人的综合素质的较量。没有高素质的军人，既打不赢机械化战争，更打不赢信息化战争。

面对信息化所带来的这场变革，我们应当看到这既是挑战，更是历史的机遇。我们必然要提高认识，更新观念，创新思维，竭尽全力。加速以武器装备和人才队伍为核心的军队信息化建设，以打赢未来的信息化战争。实现伟大祖国的和平统一，实现中华民族的伟大复兴。

一、始终坚持"积极防御"的军事战略方针，广泛开展信息时代的人民战争

"积极防御"战略具有强大的生命力，在信息化战争中这一方针的核心是"积极主动、攻防兼备"。其基本要点是在没有战事的情况下，利用和平时期加强战争准备。宁可千日不战，不可一日不备，防患于未然；当敌方蓄意挑起事端时迅速做出反应，以积极的攻势行动，消灭入侵之敌；战前充分准备，不打则已，打则必胜。因此"积极防御"的方针战略在应对信息化战争中，仍然具有非凡的生命力，并赋予了新的内容，我们必须始终坚持。

贯彻积极防御的战略方针，必须正确估计所面临的主要威胁，充分考虑国家的安全利益和军事行动的有效性，把握好以下几个关系。

（1）威慑与用兵的关系

威慑是指以军事力量辅以多种手段避免和制约战争的发生，用兵则是以武力达成战争目的。二者相互联系并相互作用，又相互区别。威慑也包含用兵的内容，因为只有具备强大的军事力量，才能更有效地遏制战争。但赢得战争并非必须用武力手段，可以强大的威慑力量达到"不战而屈人之兵"的目的。从而遏制战争的爆发，同样可以达到维护国家安全的目的。我国正在致力于经济建设时期，需要一个长期稳定的和平环境。从这种意义上讲，制约战争显得更为现实和重要。然而，当国家主权受到侵犯的情况，而采取非军事行动又不足以解决问题时，采取武力手段则是势所必然。

（2）后发制人与先机制敌的关系

后发制人即绝不首先对任何国家使用武力，这是我国的社会主义性质决定的；先机制敌则强调军事上应预先创造和把握有利战机以求得主动，这是由信息作战的特点决定的。由于信息化战争具有发起突然和进程短暂的特点，如拘泥于一般的防御原则，则将给敌人以可乘之机，而自己就将陷入被动地位，因此后发制人不能理解为被动还手。

同时，我们还应研究与信息时代相对应的人民战争，用广泛的人民战争取得未来信息化战争的胜利。

二、提高对信息化战争的全面认识，增强信息制胜的思维意识

（一）提高信息作战能力是争夺信息化战争战略主动权的需要

面对战争形态由机械化向信息化转变，世界各军事强国已把关注的重点聚焦到信息战上，并把军队建设的重点转移到加强以数字化信息系统为中心的质量建设上。以极大地提高整体战斗力，谋求21世纪的战略主动权，形成了以争夺信息优势为主要标志的新态势。为了迎接信息化战争的挑战和顺应信息技术发展趋势，夺取新世纪战略主动权，我们必须把军事战略调整到打赢信息战上。因此大力加强信息战研究，积极推进我军数字化部队和数字化战场建设，努力提高我军信息化水平和信息作战能力，已成为摆在我们面前十分紧迫和重大的历史责任。

（二）提高信息作战能力是军事斗争准备的客观要求

信息技术的广泛应用使主战武器信息化和指挥手段自动化，信息系统已成为军队战斗力的关键要素。制信息权已成为敌对双方争夺的制高点，信息化已成为未来战争的基本特征。这就清楚地表明，我军未来面对的战争是核威慑下的信息化战争。因此把军事斗争准备定位在打赢信息化战争、加强信息战理论和数字化部队和数字化战场建设，以提高我军的信息战能力是军事斗争准备的正确选择。适应这一客观要求，就从根本上选准了提高部队作战能力的突破口。

（三）提高信息战能力是军队质量建设的重大依据

从军队质量建设的战略需求来讲，军队质量建设是以战斗力为标准的并最终通过作战实际来检验。从根本上说，信息化战争的客观需求决定着军队质量建设的方向。从推动军队质量建设的强大动力来看，以信息技术为核心的高技术正在广泛渗透于战斗力的诸要素之中，对战斗力的生成和发展起着愈来愈重要的作用，以至成为战斗力的新的增长点和质量建设的强大推动力。这就要求我军在加强质量建设上必须坚持科技强军战略，充分发挥信息技术的推动作用，不断提高我军官兵的素质和武器装备的高科技含量，从根本上提高打赢信息战的能力。

三、打破传统观念，树立新型（信息）制胜观念

（一）确立综合制胜的观念

在战争史上曾出现过"空军制胜论"和"海军制胜论"等单一军种或兵种取胜的论调，而我军则受"陆军主宰战场"的影响较深。然而由于武器装备的进步和军兵种成分的巨大变化，在信息作战中的地位作用将会出现根本改变，陆军在战场上的主导地位将发生动摇。在信息作战中，战场空间呈现明显的多维化和一体化特征。随着空中、海上、太空和电磁等空间领域的地位作用不断增强，作战行动对比不存在以陆战场为主的局面，必须彻底改变陆战第一、陆军老大的传统思想。从海湾战争到伊拉克战争已清楚地显示了作战能力的较量不只局限在地面，其他几维战场空间的地位作用与陆战场平分秋色，有些战争甚至只是进行了

几十天的空战。

在信息化战争中单纯依靠某一军种或某一兵种的单一力量是不能取胜的,必须依靠整体的力量与敌方抗衡。可以这么说,信息化战争形态与机械化战争形态的一个根本区别就在于战争力量的组织形式是多种力量的联合。未来信息化战争不论其规模大小都将表现为以信息系统为支撑、由多维战争空间力量和多个战斗力量单元共同参加的联合行动,有的往往是由多国力量共同参加的联合行动。作为信息化战争雏形的海湾战争,多国部队投入了包括陆军、海军舰队、海军陆战队、空军力量,以及大量军用卫星、全球定位系统和电子战设备在内的多维战场空间的力量。

局部战争的实践表明随着信息技术的发展,在信息化战争中多维空间的联合力量将通过各力量成分和协同单元的有机组合将各自的作战效能凝合为一个整体,发挥综合效益和整体威力。

(二) 树立信息致胜的思想

立体的情报侦察系统、完善的自动化指挥系统、综合的电子战系统和远程精确打击系统改变了战争的面貌;同时标志着"制信息权"与军队行动的"自由权"和战场的"主动权"关系重大。海湾战争以来的战争实践表明,完全"打钢铁"的时代将让位于"打硅片"。火力优势将依赖于信息优势,这是一个革命性的转变。我们的军事思想必须适应这一新的要求,使国防建设和军队建设走向信息化。

所以我们要构建信息化战争条件下的战争体系。

1. 建设能打赢信息化战争的信息化军队。建设一支强大的能打赢信息化战争的信息化军队,是国防建设的重要任务。我国要实现打赢信息化战争的目标,也必须建设强大的信息化军队。

2. 建造完备的社会信息化基础。打赢信息化战争不仅依靠军队的信息化,还需整个信息化社会的支撑。战争的对抗会表现为以军队为中心的国家与国家之间在所有领域里的信息对抗,信息资源的争夺具有全民性质。而军队之间的信息对抗也受制于社会信息化水平。因此,必须积极推进社会信息化。

3. 建立信息化战争条件下的国防动员体制。在信息化战争条件下,国防动员必须首先着眼于信息资源的转型,使其由和平时期状态迅速有效地转为战争状态,激活信息化战争体系,促使信息力量迅速汇集。

4. 发展信息化战争条件下的军事理论体系。国防建设不仅要着眼于发展进行信息化战争必需的硬力量,还必须发展软力量,即构建和发展反映信息化战争规律及战争指导规律的军事理论体系。

(三) 跳出过去的思维定式

面对信息化战争这一新的战争形态,必须跳出过去的思维定式。在观念上绝不能墨守成规,要研究新事物,适应新情况并探索新战法。虽然以往的战争仍有值得借鉴的经验,但不能使其成为束缚思想的枷锁。因为历史不会重演,战争永远不会重复。胜利的砝码往往偏向于有创新思维者,军事思想的保守只能导致失败,军事思想的创新比发展武器装备更重要。

军事变革往往伴随着作战方式的革命,而作战方式的革命要以军事思想的革命为先导。

在信息化战争中,我们仍然要贯彻积极防御的战略方针,仍然面对着以劣势装备战胜优势装备之敌的现实。但在具体战法上绝对不会与过去相同,需要我们以创新的思想观念,在实践中研制出一套新的制敌的思路来。例如,要更多地运用精确战、电子战和网络战的作战形式,强调打"关节点",和瘫痪敌方的指挥控制系统,而不是铺天盖地的大面积的毁伤。又如在信息作战中,特别强调系统方法和强调全局观念。并且注重一体化作战,发挥整体威力,而不提倡脱离系统和不利于全局的单独行动等。

随着信息化智能武器系统的远距离作战能力的提高,多维力量的超视距联合精确打击已成为一种常见和主要的交战模式,近距离接触式作战的地位大大降低。一些军事家们分析,信息作战开始使传统的地面集群胶着、空中机群的航炮格斗、海上舰炮直接对抗和空对地的临空轰炸扫射等交战模式成为历史。远战武器的超视距对抗已经取代千军万马的短兵相接和拼搏刺杀等传统交战模式占据的主导地位,近战歼敌演变成作战行动的尾声。1991年整个42天的海湾战争远程精确打击占到了38天,地面近距离交战只占了4天。而历时78天的科索沃战争,全部采用的是远程精确打击。阿富汗战争也是进行了60天的空袭之后,才转入地面部队的打扫战场。多维力量的超视距联合精确打击的地位作用还表现在有时通过这种交战模式就能直接达成战争目的,美国空袭利比亚和北约空袭南联盟都是这方面的典型事例。

在信息作战中,地面交战的主要模式是数字化部队非线式一体化作战。"非线式"概念是相对于以往作战中在接触线附近实施"拉锯式"的阵地战而提出的。其基本特征主要表现在两个方面,一是在空间态势上,双方部队在战场上不再保留一条相对稳定的展开对峙线和战斗接触线,战场态势没有前方后方可言。各部队的作战任务不会再划分明确的战斗分界线,只有部队的行动目标和任务地域概略区分,担任各自任务的部队将随机地在宽阔的战场上快速机动地执行任务。二是在时间进程上,不再像以前那样预先确定好战役、战斗目标和任务地域,按照固定的模式和程序按部就班地进行。而是在整个战场空间范围内根据态势的变化和任务需要,随时调配力量,多方向并快速地集中各种作战的效能于目标点。

战争是一种浑浊现象,信息作战的非线式加深了这一浑浊现象。我们要善于在浑浊现象中观察或研究出本来存在的信息作战方法。这要求我们必须讲究创造性思维,善于从旧的模式中解脱出来。

四、着力铸造"杀手锏",为打赢创造物质条件

打赢信息化战争取决于多方面的因素,但具备必需的物质条件是其中的重要因素。信息作战在深层次上表现为信息技术间的斗争,信息技术发展的结果直接影响信息作战的结果。信息技术的关键性技术是探测器技术、通信技术和计算机技术,关键性的系统是 C^4I 系统、电子战系统和精确制导武器系统。打赢信息战,这些硬件设备是必不可少的。

从总体上讲,我们在信息技术和信息化武器系统方面与主要作战对手存在较大的技术差,目前有不少方面还比较落后。但我们也不必自卑,经过我们的艰苦努力,在较短时期内在某些领域完全有能力铸造自己的"杀手锏"。

(一)下大力发展情报预警系统

随着武器信息化和军队整体信息化水平的不断提高,整个军事系统和作战行动对情报信息的依赖程度越来越大。从目前情况看,我军情报侦察的手段还相对比较落后,并且比较单一，必须大力加强发展这方面的手段和装备。首先要建立战略早期预警防空系统，力争对敌人的突然袭击行动能够早期发现并有所准备；其次要重点发展战场监视系统，包括无人驾驶侦察机、战场侦察雷达、战场电视监视系统，以及各种性能先进的夜视器材和电子侦察设备，以提高战场的透明度。

（二）有重点地发展精确打击武器

高精度和突防能力强的中远程精确打击武器将成为未来战争的"杀手锏"。在这方面，我们已有较强的实力。但是设计及生产能力有必要继续加强，务必使我们在对空、对地和对海上等目标的精确打击上有令敌人生畏的"杀手锏"；此外，防空和反导导弹系统是对抗空袭的重要手段，在这方面也要有一定的经费投入和科技力量的投入。从而形成自己的防御体系，以免被动挨打。

（三）进一步加强一体化 C^4I 系统建设

C^4I 系统不仅是信息作战的"力量倍增器"，而且是信息系统的核心。当前，在继续加强和完善战略级 C^4I 系统建设的同时应重视战术级 C^4I 系统的建设，特别是在提高通信能力和情报获取能力上争取有所突破。

（四）在提高电子对抗能力上下功夫

电子战是具有 21 世纪时代特征的信息对抗，已成为信息战的主要作战样式，是夺取信息优势的主要内容。我军的电子对抗装备应在提高性能和扩展频谱上下功夫。电子战飞机要能执行雷达对抗、通信对抗和发射反辐射导弹等任务，并且有战场毁伤评估能力；此外，各类作战平台要装备综合电子对抗系统和自卫干扰系统，以适应未来信息作战的复杂电磁环境。还要注重研制计算机病毒武器和防计算机病毒的措施，提高计算机空间的对抗能力。

（五）注重发展新概念武器

随着新概念武器陆续登上战争舞台并得到广泛应用，我军也要注重对新概念武器的开发和研制。如动能武器、高能激光武器、高功率微波武器等，还有非致命武器如激光致盲武器、次声波武器、光学弹药、失能剂、材料摧毁剂等等，虽然我们不能做到全面去发展，但在某一领域开发研制一两件有威慑的新概念武器还是有可能的，在这方面我们应该有所作为，只要有一定的经费和科技力量的投入，组织攻关，在某些方面是能够见成效的。现在我们海上作战平台有了新的作战平台，即我国的航母已经下水，可以以此为平台构建起新的作战体系，将新概念武器与航母相结合，实现作战能力的提升。

五、树立新型人才观念，打造应对信息化战争的高素质军事人才

培养能够适应信息作战要求和从事信息作战的人才是信息化军队建设的重要内容，从某种意义上说，信息作战是具有高科技知识的人才较量，我军必须把培养人才作为作战准备的基础工程和为刻不容缓的战略性任务。

（一）信息作战迫切需要高素质的人才

在信息作战中信息的获取、传递、处理、控制和利用都要通过人完成，计算机也要人操作和控制。还是毛泽东说的对："武器是战争的重要因素，但不是决定的因素，决定的因素是人不是物。"无论信息化武器如何发展，其威力如何巨大，人是战争的决定因素这一真理是不会改变的。因为在人和武器相结合的统一体中人始终处于主导地位，武器则处于从属地位。信息化武器的发展只不过是人的能力的延伸，丝毫也没有降低人的因素的作用；相反，武器装备越是信息化，对人的素质要求也越高，人的因素就越重要。美国国防部关于海湾战争致国会的最后报告中指出："高质量的人才是美军第一需要。没有能干和富有主动精神的青年男女，单靠技术本身是起不到决定性作用的，优秀的领导和高质量的训练是战备的基本素质。只有训练有素，部队才能对自己、对领导人和武器装备充满信心。"

在信息作战中对人才素质提出了新要求，并不是什么人都可以成为夺取信息作战胜利的决定因素，对信息作战理论和信息技术知之甚少的人是无法取得信息作战胜利的。

适应信息作战需要，不仅要普遍提高全体军人的素质，而且要下大力培养关键人才。信息作战需要的关键人才主要包括中高级指挥人才、信息网络管理人才和高层次科技人才。中高级，尤其是高级指挥员必须是具备扎实信息知识和驾驭信息作战能力，具有高技术谋略意识善于利用信息技术组织指挥作战的复合型人才；信息网络系统组织指挥人才是信息网络系统的具体组织者和指挥者，他们应当是既通晓信息技术、熟悉信息技术装备和信息网络，又精通信息作战特点和战法，有较强组织指挥能力的指、技合一型人才；高层次信息科技人才是信息作战各类信息技术手段的设计者和管理者，他们必须通晓信息作战特点、战法与技术保障的要求并善于利用信息技术手段支撑信息侦察、信息进攻和信息防御作战，能使己方信息技术手段效能得到最大限度的发挥。

（二）信息化战争对人才素质提出了更高要求

信息作战及数字化部队建设需要的人才既包括一般军事人才的共性要求，也包括体现与信息作战相适应的特殊要求。这些特殊要求主要包括在人才类型结构上，应着力建设好指挥控制、信息系统管理、信息技术运用和信息装备维护保障等各类人才队伍；在人才培养格式上，应注重人才的科技性、通用性、综合性和超前性特征；在人才素质要求上，应熟悉信息作战理论、掌握高科技知识，并熟练运用信息网络系统和信息化武器系统；在人才文化层次上，应注重高学历和复合型人才培养。这些要求具体体现在政治思想素质、科学文化素质、军事专业素质、开拓创新素质和身体心理素质等方面。

1. 优秀的政治思想素质

战争永远与政治是结伴同行的。提高军人特别是中高级指挥员的政治素质，是夺取信息作战的重要保证。首先，要牢固树立马克思主义的战争观、人生观，坚持国家利益高于一切的原则，在任何情况下都能坚定不移地为捍卫祖国的安全而斗争；其次，要坚决听从党的指挥，自觉贯彻党中央、中央军委的军事战略方针和各项指导原则，坚决执行命令，一切行动听指挥；第三，要充满必胜信念，具有敢于压倒一切敌人和克服一切困难的大无畏精神，不怕疲劳，不怕牺牲，勇敢战斗，顽强拼搏。

2. 较高的科学文化素质

提高官兵的科学文化素质，历来是军队建设特别是人才建设的重要内容。信息作战是知识的较量，是技术的较量，对人才的科学文化素质提出了极高的要求。例如，指挥军官的学历层次要达到大学本科水平，在指挥、管理和技术军官中形成占适当比例的硕士及博士群体。他们应具有扎实的科学技术知识，对高科技领域，特别是信息技术的基本原理及其军事应用比较熟悉；具有扎实的计算机和网络知识功底，能熟练地操作计算机；能熟练地操作使用现代通信工具实施正确的指挥；具有较强的文字和语言表达能力；较熟练地掌握一门以上外语。

3. 过硬的军事专业素质

军事专业素质是军事人才必须具备的基本素质，信息作战对军人的军事专业素质的基本要求主要包括具有丰富的军事理论知识，懂得马克思军事理论、毛泽东军事思想和邓小平新时期军事理论，熟悉信息作战的思想和原则；具有扎实的军事高科技知识和军事专业知识，熟悉侦察与监视技本、隐形与反隐形技术、夜视技术、通信技术、电子对抗技术和指挥自动化技术，熟练掌握和使用信息化武器装备；具备较强的组织指挥能力和管理能力，熟悉信息作战的特点和规律，善于运用信息化武器系统和信息网络系统组织攻防作战，有较强的决策能力、协调能力和应变能力。

4. 开创性的创新素质

创新素质是现代军人必备的素质。在信息作战中，谁拥有更多具有开拓精神和创造能力的人才，谁就能在竞争中稳操胜券。例如，指挥员要具备创造性思维能力，能够跳出旧的思维模式，探索新思路；善于依据敌我双方的客观实际创造出新的战法，灵活制敌；善于使用最新的技术和科学理论，提高创造性谋略运筹能力；熟练运用对信息作战依赖性很强的战场信息系统，具有创造性开发能力和增强信息系统的攻防作战能力。

5. 强健的身体和良好的心理素质

军事领域不仅充满危险，更充满艰辛。现代军人在战场上必须具备高强度的负荷力、耐久力、适应力和抗病力，具有良好的心理素质。比如，具备必胜的信念，牢固树立以劣胜优的决心和信心，以敢打必胜的信念，能动地运用现有装备云争取胜利；具有坚强的意志，能经得起各种艰难困苦、残酷激烈、痛病折磨、生死关头的考验；具有稳定的情绪，无论遇到何种危机和意外情况，要镇定自若，处变不惊，理智思维，紧张而有秩序地处理各种情况；无所畏惧的精神，要有敢于压倒一切敌人的气概和攻如猛虎守如泰山的勇敢精神。这对当代军人提出了更高的要求，信息化战争条件下，作战双方对敌方采取的信息攻击对参战双方都会产生影响，如果没有良好的心理素质，会对整个作战体系甚至战争产生不可逆转的影响。

（三）培养信息作战所需人才的基本途径

学习和训练是培养人才的主要方法和途径。在信息化战争的形势下，军队要积极适应信息作战的要求，采取新的能够适应信息作战的训练方式。我军新一代人才的培养，应在继承传统训练经验、借鉴外军经验的基础上，走出一条适合我军的新路子。

1. 重视高层次学历教育，逐步提高军官的文化水平

学历在某种程度上可以反映出其受教育的程度，文化程度又是提高官兵政治思想素质和军事专业素质及其他能力的基础。信息化战争需要具有高层次学历的军人去驾驭。正因为如

此，各发达国家的军队都十分重视提高官兵的学历层次。我军培养信息作战人才也必须从提高学历层次入手，把具备相应的学历作为选拔使用干部的基础条件。首先要充分发挥军队院校的重要作用。军队院校是培养军事人才和军事干部的摇篮，军队精英的沃土，因此，军队院校在教学中要加大高新技术知识的比重，提高部队信息化条件下的训练水平，创造良好的信息化环境和信息化文化氛围，争取多培养出高技术新型军事人才。再次，要把好兵员质量关，达不到高中毕业的青年不能入伍，逐步实现大学毕业生到部队服兵役的制度，提高士兵的文化层次；把好选拔干部关，达不到大学本科学历的不能晋升为军官；把好军官晋升关，逐步扩大从研究生中选拔领导干部的比例，团以上军官普遍能达到硕士研究生学历，师以上高级指挥军官要逐步达到博士水平。

其次，要依托国民教育。军事教育与国民教育之间具有兼容性和相同性，军事院校尽管能培养出大批高技术的军事人才，但由于种种条件限制，难以承担军队所需的所有高素质新型军事人才的培养，因此，要依托地方高校进行信息化人才的双向培养，弥补军事院校这方面的不足之处，完善我国培养高素质新型军事人才的体系。

2. 抓好关键性人才的培养，造就一批高层次的指挥军官

人才培养也要突出重点，重视培养造就中高级指挥员、信息网络系统组织指挥人才和高层次科技人才的培养。

中高级信息作战指挥人才的培养可选拔具备大学本科学历以上的团以上领导干部在中级以上指挥院校举办培训班，进行学制一年以上的系统训练。通过训练学习，使他们熟悉信息技术及其相关知识，通晓信息作战的特点规律。并且熟练掌握计算机等指挥手段，确立信息作战意识，成为能用新的作战思想、新的作战手段和新的战法指导信息作战的新型指挥人才。通过学习训练的优秀人才应大胆提拔并配备到师以上领导岗位，逐步改变我军中高级指挥员的结构，使之适应新型作战指挥的需要。

信息网络系统管理人才的培养可从师以上指挥、通信、电子对抗和指挥自动化岗位挑选具有本科学历以上的营、团职指挥或技术军官，在有关指挥院校进行学制一年以上的系统培训。其目的是使他们由熟悉某一项信息技术业务到掌握综合信息技术业务，掌握师以上信息系统装备战术技术性能及组织运用原则。并且熟悉信息作战的特点、规律和战法，成为能组织运用各类信息系统装备和组织信息作战的复合型人才。

高层次信息科技人才功培养应当从军内外选拔年轻优秀、具备硕士以上学历、具有扎实信息技术功底并有一定实践经验的科技人员，在相关技术院校进行一年以上的系统培训。训练的目的是使他们在信息技术，特别是网络技术方面成为专家，在军事指挥方面成为内行。能准确把握信息作战对技术的要求，创造性地进行信息技术开发利用，使我军信息技术手段得到最佳程度的发挥。

3. 适应改革开放的新环境，拓展信息作战人才培养的途径

我国改革开放的大气候，为军队培养高层次信息作战人才拓展了新的途径。我们应打破传统的、封闭型的人才培养模式，在人才培养上进行开放创新的思维。抓好专题培训，加紧培养信息化环境下作战、训练和教学的"明白人"。集中力量开展信息作战专题培训，对于重点培养联合作战指挥人才、技术保障骨干人才和教学科研人才意义重大。信息技术所具有的军用与民用的双重性质，为军民结合培养信息作战人才提供了客观可能性。在这方面，已经开展多年的"国防生"、"强军计划"等都是十分有效的，应当继续开展下去。

此外，借鉴外军经验对于提高我军的信息作战能力也是必不可少的重要途径之一。通过多种途径、多种方式，加强与外军的交流与合作。要充分借助战略战役战术级演练、中外联合军演、国际维和行动以及基地化训练、模拟化训练和网上对抗训练等实践平台，让更多的人才在重大军事活动中担当重要角色，在实践中摔打磨炼，不断提高信息化环境下作战指挥和技术保障的实际本领。指挥参谋人才着重提高复杂环境下作战信息掌控、精确指挥、电子对抗、火力运用的能力，以及沉着冷静、临危不惧、处变不惊的素质。另外还要采取走出去、请进来的方式，派遣军官出国留学、进修、讲学、参观，或聘请外国专家来讲学等，都是很好的途径。

思考题

（1）信息化战争有哪些基本特点？将来的发展趋势是什么？

（2）如何增强我军打赢信息化战争的作战能力？

（3）信息化战争对我国加强国防建设有哪些新的要求？

下 篇

军事技能训练

第六章　条令条例教育与训练

条令条例，是军队以简明条文规定，并通过命令颁布的关于战斗、训练、生活、勤务活动的行动准则。主要依据军队战斗、训练和管理的经验，武器装备和组织编制的状况，以及军事研究的成果等制定。我军的条令一般分为战斗条令和共同条令。战斗条令，分别规定战役战斗的准备、组织、部署、实施、保障等基本原则，以指导训练和作战。共同条令主要规定军人的基本职责、权利、相互关系、生活制度、活动方式、队列行动、执勤办法、奖惩和纪律等，适用于全军。

第一节　解放军共同条令

《中国人民解放军内务条令》、《中国人民解放军纪律条令》和《中国人民解放军队列条令》统称共同条令，也称为三大条令。有时共同条令和《警备条令》一起也被并称为四大条令。

共同条令规定了军队基本的日常生活和工作制度，为我军维护良好的内部关系和对外关系，建立正规的战备、训练、工作和生活秩序，加强日常管理等提供了基本的依据。并且共同条令规定了军队基本的激励措施，明确了奖励与处分的原则、项目、条件、实施程序和权限，是鼓励先进、鞭策后进，调动官兵棋极性和保证各项任务完成的重要手段。

胡锦涛同志于 2010 年 6 月 3 日签署命令，发布施行新修订的《中国人民解放军内务条令》、《中国人民解放军纪律条令》和《中国人民解放军队列条令》。此次修订共同条令，是深入贯彻党的十七大精神和推动军队建设科学发展的重大举措，对于在新的历史起点上推进我军革命化、现代化和正规化建设，巩固和提高部队战斗力，确保部队高度集中统一和安全稳定，具有十分重要的意义。

新修订的内务条令，在总则中增写了把科学发展观作为国防和军队建设的重要指导方针、全面履行 21 世纪新阶段我军历史使命、发扬"听党指挥、服务人民、英勇善战"的优良传统、大力培养当代革命军人核心价值观、实施科学管理，以及坚持安全发展理念等重要内容。针对我军内务建设和管理教育工作面临的新情况新问题，对军人誓词、着装规定、仪容举止、与军外人员的交往、保密守则、警卫制度、财务管理、装备日常管理和常见事故防范等做了修改与完善，增加了心理疏导、土官留营住宿、军人居民身份证使用、移动电话和国际互联网使用管理，以及军事交通运输管理等新内容。

新修订的队列条令适应了军队建设发展的新变化新要求，适用性和规范性明显增强。主要增写了军人宣誓、新式轻武器操作和纪念仪式中礼兵行进的"礼步"等队列动作，以及晋升（授予）军衔、授枪和纪念仪式等新的内容，并修改了坐姿脱（戴）帽和放帽、分队乘坐交通工具，以及车辆行进中的调整指挥等队列动作和一些过时的称谓。

新修订的共同条令自 2010 年 6 月 15 日起施行。

一、内务条令

《中国人民解放军内务条令》是以法规的形式规定军人职责、军队内部关系、日常制度、管理和勤务规则的条令,是全军行政管理工作和军事生活的基本准则。它为军队建设正规的生活、工作、训练和战备秩序提供了重要依据,为军人的行为规定了准则,是我军正规化建设的一项重要法规,在我军建设中具有极为重要的地位和作用。

第一章 总则。集中阐述了我军的性质、宗旨和任务,以及我军在新的历史时期建军的总方针。强调要进行马克思列宁主义、毛泽东思想和邓小平理论教育,并保证党对军队的绝对领导和政治工作的生命线地位,保证全军上下政治上、思想上和行动上与党中央保持高度一致。

第二章 军人宣誓。是军人对自己肩负的神圣职责和光荣使命的承诺和保证,军人誓词涵盖了我军的根本职能。即巩固国防,抵抗侵略,捍卫国家,建设国家,保卫人民。阐明了军人的崇高责任,明确了军人应具备的品质和应遵守的行为准则。为了保卫社会主义祖国,保卫人民的和平劳动,在任何情况下,军人都要忠于党、忠于国家、忠于社会主义、忠于人民、无私奉献、勇于牺牲、报效祖国、决不背叛;同时,规定了宣誓的基本要求和宣誓的程序。还规定了军人退出现役前士兵和军官应举行向军旗告别仪式。

第三章 军人职责。规定了士兵职责、军官职责、首长职责和主管人员职责等。

第四章 内部关系。规定了军人相互关系、官兵关系、机关相互关系和部队(分队)相互关系等。

第五章 礼节。规定了军队内部的礼节,军人和部队对军外人员礼节等。

第六章 军容风纪。规定了军人的着装、仪容、称呼和举止的具体要求,还规定了军容风纪检查制度。

第七章 对外交往。规定了军人在对外交往中必须遵纪守法。

第八章 作息。规定了一日时间的分配,以及一日生活的具体项目、内容和要求。

第九章 日常制度。包括行政会议、请示报告、请假、登记统计、查铺查哨、军官留营住宿、点验,以及证件、印章管理和保密制度等。

第十章 值班。规定了各级值班制度、值班人员一般职责和换班交接等内容。

第十一章 警卫。为保卫首长、机关、部队和重要设施的安全,防止遭受袭击和破坏,规定了警卫注意事项和守则。

第十二章 零散人员管理。规定首长和机关要加强对公勤人员、及单独外出人员的管理教育,使他们保持良好的军人形象和严格的作风纪律,维护军队荣誉。

第十三章 日常战备和紧急集合,有关日常战备和紧急集合的相关规定。

第十四章 装备日常管理,有关装备的日常保养等相关规定。

第十五章 财务和伙食、农副业生产管理,有关财务管理、伙食管理和农副业生产管理的相关规定。

第十六章 卫生,有关个人卫生和保健、室内和室外环境卫生的相关规定。

第十七章 营区及房地产管理,有关营区管理和房地产管理的相关规定。

第十八章 野营管理,有关部队野营时的相关规定。

第十九章 安全工作,安全工作的基本要求及常见事故预防。

第二十章 国旗、军旗、军徽的使用，以及国歌和军歌的奏唱，有关国旗的使用和国歌的奏唱、军旗的使用、军徽的使用和军歌的奏唱等内容。

第二十一章 附则。

二、纪律条令

《中国人民解放军纪律条令》是中国人民解放军共同条令之一，是维护和巩固中国人民解放军的纪律，正确实施奖惩，保证军队的高度集中统一，加强革命化、现代化、正规化建设，巩固和提高战斗力的重要军事法规。

第一章 总则
主要规定了如下 6 个方面的内容。
（1）制定纪律条令的目的和依据。
（2）纪律条令在我军建设中的法律地位和适用范围。
（3）纪律的基本内容，即"五项纪律"和"十个必须"。
（4）我军纪律的性质、作用和维护纪律必须遵循的原则。
（5）奖惩与维护纪律的关系。
（6）全体军人维护纪律的责任和义务。

第二章和第三章 奖励和处分
奖励和处分的主要内容如下。
（1）奖励和处分的目的和原则。
（2）奖惩和处分的项目。
（3）奖惩和处分的条件。
（4）奖惩和处分的权限和实施。

第四章 特殊措施，包括行政看管和其他措施。
第五章 控告和申诉。
第六章 首长责任和纪律监察。
第七章 附则。

三、队列条令

本条令自 2010 年 6 月 15 日起施行。1997 年 10 月 7 日中央军事委员会发布的《中国人民解放军队列条令》同时废止。《中国人民解放军队列条令》分为总则；队列指挥；队列队形；队列动作；分队乘坐汽车；敬礼；国旗的掌持和升降；军旗的掌持、授予与迎送；阅兵，以及附则，共 9 章 65 条和 5 个附录。

第一章 总则。着重指出制定本条令和加强队列训练的目的是培养良好的军姿、严整的军容、过硬的作风、严格的纪律性和协调一致的动作，促进军队正规化建设，巩固和提高战斗力。

第二章 队列指挥。对队列指挥位置、指挥方法和指挥要求等方面做了明确规定，队列指挥要做到位置正确、姿态端正、精神振奋且动作准确；口令准确、清楚且洪亮；清点人数、检查着装并认真验枪；严格要求，维护队列纪律。

第三章 队列队形。对队列的基本队形、队列间距，以及班、排、连、营、团和军兵种部（分）队的队形做了明确规定。

第四章　队列动作。从单个军人的队列动作，到班、排、连、营、团和军兵种部（分）队的队列动作，以及团以下分队集合、离散、整齐、报数、出列、入列、行进、停止、队形、方向变换和指挥员位置的变换等做了明确规定。

第五章　分队乘坐汽车。规定了组织实施方法和要求，明确了行车和停止的注意事项。

第六章　敬礼。明确了敬礼种类，规定了单个军人和分队在不同场合的敬礼动作。

第七章　国旗的掌持和升降，以及军旗的掌持、授予与迎送。规定了掌持国旗、升降国旗，以及掌、授军旗和迎送军旗的队形与队列动作。

第八章　阅兵。明确了阅兵的时机和形式，规定了阅兵和分列式的组织、程序和分队的动作要领。

第九章　附则。

第二节　队列训练

一、单个军人的队列动作

立正是军人的基本姿势，是队列动作的基础。稍息是队列动作中一种休息和调整姿势的动作，可与立正互换。

（1）口令：立正和稍息

（2）动作要领

立正时两脚跟靠拢并齐，两脚尖向外分开约60°；两腿挺直；小腹微收，自然挺胸；上体正直，微向前倾；两肩要平，稍向后张；两臂下垂自然伸直，手指并拢自然微曲。拇指尖贴于食指第2节，中指贴于裤缝；头要正，颈要直；口要闭，下颌微收；两眼向前平视，如图6-1所示。

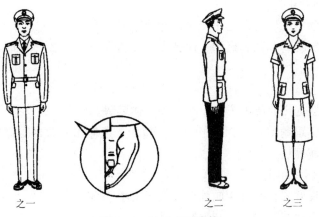

图6-1　徒手立正姿势

稍息时左脚顺脚尖方向伸出约全脚2/3，两腿自然伸直。上体保持立正姿势，身体重心大部分落于右脚。稍息过久，可自行换脚。

（3）动作标准与要求

立正时要着装整齐，精神振奋。姿态端正，表情自然，要求如下。

- 正：两脚站正，上体正直，头要正。
- 挺：两腿挺直，胸部自然挺出，颈挺直。
- 收：收小腹，收下颌。
- 平：两肩要平，两眼向前平视。
- 贴：两臂自然下垂，中指贴于裤缝。
- 顶：身体稳固，头有向上顶的感觉。

稍息时要求快：即出脚快，立正收脚快。

（4）训练重点和难点

立正和稍息训练时，重点练好军姿。着重把握3点，一是身体重心大部分落于两脚前脚掌上，保持立正时身体的稳固和持久站立；二是掌握正确的呼吸方式，保证吸气时胸部自然挺出。呼气时胸部不下塌，小腹不鼓胀；三是掌握好两膝后压与并拢相协调，收小腹。收臀部与自然挺胸相协调，收下颌与挺颈和头上顶相协调。

（5）训练步骤

- 手型练习

口令：手型练习，一和二。

动作要领：听到"手型练习，一"的口令，两手手型不变平行前举，约与肩同宽；听到"二"的口令，两手放下成立正姿势，然后按"一"和"二"的口令反复练习。

主要解决的问题：手型的准确和定位。

立正时，四指自然微曲，不要绷成三角形。拇指尖内侧贴于食指第2节，两臂自然下垂，中指贴于裤缝。

- 静站练习

口令：立正。

动作要领：（同立正）。

主要解决的问题为准确掌握立正要领，并使军姿定型。

站立时注意到挺腿、挺胸和挺颈，保持立正姿势不变。达到半小时不动，一小时不倒，30秒内不眨眼。

- 综合练习

主要解决的问题为出收脚的方向、距离和上体姿势。

强调出收脚时脚跟稍抬起，脚腕稍用力，脚掌迅速伸出和收回。做到上体稳、两腿直、方向正、距离准和速度快。

（6）常犯的毛病和纠正方法

- 两脚跟未靠拢并齐，两脚尖向外分开大于或小于60°。

纠正方法通常由教练员以口令和限制法进行纠正。

- 腿挺不直和夹不紧。

纠正方法为强调两膝后压的同时内合，臀部上提使裆部夹紧并保持力量。可结合夹石子等方法进行纠正。

- 小腹不能自然微收，上体后仰。

纠正方法为强调小腹向后上微收，腰杆正直上顶；同时重心落在两脚形成的三角形中心。

- 蹶臀部。

纠正方法为强调小腹向后上收与臀部向前上提，二者的用力和协调，形成向上的合力。

- 胸部不能自然挺出

纠正方法为强调两肩自然下沉并稍向后张，呼吸时保留一部分气使胸部鼓涨，在此基础上使胸部自然挺出。

- 两肘外张，手腕不直。

纠正方法为强调两臂自然下垂，肘部稍用力向里合。使之轻贴两肋，手腕自然伸直。

- 稍息出脚时速度慢，方向和距离不准。

纠正方法为出脚时脚跟稍提起，脚腕稍用力，向脚尖方向出脚。

二、跨立

跨立，即跨步站立，跨立主要用于军体操、执勤和舰艇上分区队等场合。也可与立正互换，以保持身体的平衡和稳定。跨立动作各国军人、军警通用，体现着受训者不失严谨整齐的一种雄壮姿势。

（1）口令：跨立

（2）动作要领

左脚向左跨出约一脚之长，两腿挺直。上体保持立正姿势，身体重心落于两脚之间。两手背后，左手握右手腕。拇指跟部与外腰带下沿（内腰带上沿）同高；右手手指并拢自然弯曲，手心向后，如图6-2所示。

（3）动作标准与要求

跨立时要军姿端正，精神振作。左脚跨出与两手后背协调一致，定位准确。

（4）训练重点和难点

上体保持立正姿势，左脚跨出迅速；同时两手在背后交叉定位准确。

之一　　　之二

图6-2　跨立姿势

（5）常犯的毛病和纠正方法

•跨立时，两脚跟不在一条直线上，距离过大或过小。

纠正方法为在地上画直线反复练习。

•两手后背的位置不准确。

纠正方法为注意左手握右手手腕时，左手中指位于右手腕关节上，左手上沿约与腰带下沿同高。

三、停止间转法

停止间转法是停止间变换方向的方法，分为向右转、向左转和向后转，需要时也可以半面向右（左）转。

（1）口令：向右——转、半面向右——转、向后——转、向左——转和半面向左——转

（2）动作要领

听到"向右（左）——转"的口令，以右（左）脚跟为轴。右（左）脚跟和左（右）脚掌前部同时用力，使身体和脚协调一致向右（左）转90°。重心落在右（左）脚，左（右）脚取捷径迅速靠拢右（左）脚，成立正姿势。转动和靠脚时，两腿挺直，上体保持立正姿势。

半面向右（左）转，按向右（左）转的要领转45°。

听到"向后——转"的口令，按向右转的要领向后转180°。

（3）动作标准与要求

上体正直，动作迅速、准确、协调且节奏明显。要求做到"快、稳、准"，"快"即：转体快，靠脚快；"稳"即身体要稳，转动时腰杆挺直，身体重心落在支撑脚上；"准"即转体角度要准，靠脚位置要准。

特别注意转体时两腿挺直，裆部夹紧。上体保持立正姿势，两臂不得外张。

（4）训练重点与难点

重点掌握转动时身体协调、转体的速度及靠脚的力度。

（5）训练步骤

•分解动作练习

口令：分解动作，向右（左、后）——转、二。

动作要领：听到"分解动作，向右（左、后）——转"的口令，按要领转向新方向，不靠脚；听到"二"的口令，迅速靠脚成立正姿势。

主要解决的问题为转动时用力的部位和靠脚的力量。

练习时应做到转体迅速、上体稳固。两手不得外张，眼睛平视，直腿靠脚。

•连贯动作练习

主要解决的问题为转体和靠脚的速度及节奏。

练习时应做到"快、稳、准"，在转体和靠脚之间稍停顿。

（6）常犯的毛病和纠正方法

•转体时，上体和腿转动不一致

纠正方法为强调头向上顶，两腿挺直。腰杆当家，使上体和腿一致转动。

•转体和靠脚时，身体晃动，站不稳

纠正方法为注意掌握好重心的移动，向左（右）转动时重心落于左（右）脚跟上；向后转动时，重心大部分落在右脚跟上。在转正身体后脚掌迅速着地，后腿蹬直，裆部夹紧。

- 靠脚时外扫和跺脚

纠正方法为由慢到快地反复体会取捷径靠脚的要领，靠脚时注意膝盖用力向后挺压，以防止弯腿和跺脚。

- 靠脚时速度慢，无力

纠正方法为注意脚跟和脚腕发力，使脚内侧加速加力前靠。

四、齐步走和立定

齐步走是军人的常用步伐，一般用于队列的整齐行进。

(1) 口令：齐步——走和立——定

(2) 动作要领

听到"齐步——走"的口令，左脚向正前方迈出约75厘米着地。身体重心前移，右脚照此法动作。上体正直，微向前倾。手指轻轻握拢，拇指贴于食指第2节。两臂前后自然摆动，向前摆臂时，肘部弯曲。小臂自然向里合，手心向内稍向下。拇指根部对正衣扣线，并与最下方衣扣同高（着夏季作训服时，与第4个衣扣线同高；着冬季作训服时，与第5个衣扣线同高；着水兵服时，与腰带同高），离身体约25厘米；向后摆臂时，手臂自然伸直，手腕前侧距裤缝线约30厘米，如图6-3所示。行进速度每分钟116～122步。

听到"立——定"的口令，左脚再向前大半步着地。两腿挺直，右脚取捷径迅速靠拢左脚，成立正姿势。

(3) 动作标准与要求

齐步行进时要精神振奋，姿态端正。两腿协调，节奏分明。摆臂自然大方，定型定位。步幅和步速准确，两眼注视前方，要有勇往直前的精神。要求做到"脚跟先着地，脚腕稍用力。膝盖向后压，身体向前移"。

图6-3 齐步

立定时两腿挺直，做到不弯膝，不外扫，不跺脚。靠脚要迅速有力，腿臂靠放一致。

(4) 训练重点和难点

- 重点：摆臂的定位和臂腿动作的协调自然。臂腿协调是动作的关键，强调出脚的同时摆臂，脚跟着地手摆到位。
- 难点：步幅和步速的准确。

(5) 训练步骤

- 摆臂练习

口令：摆臂练习，一、二、停。

动作要领：听到"摆臂练习，一"的口令，按齐步摆臂的要领右臂向前，左臂向后同时摆动；听到"二"的口令，两臂交替摆动。而后按"一"和"二"的口令依次反复练习。听到"停"的口令，两手迅速放下（通常右臂在前时下"停"的口令），恢复立正姿势。

主要解决的问题为摆臂的路线、定位及用力的部位。

摆臂时要求做到两臂轻擦身体两侧自然摆动,路线正确。前后定位,上体保持正直。肩关节放松,不耸肩。前摆不夹臂,后摆不外张,摆动时不使皱劲。

- 三步一靠练习

口令:三步一靠,齐步——走,停。

动作要领:听到"三步一靠,齐步——走"的口令,按齐步要领向前走3步。第3步为大半步,不靠脚。听到"停"的口令,在右脚靠拢左脚的同时两手放下,恢复立正姿势。主要解决的问题为臂腿的协调、靠腿的力量和直腿靠脚。

- 连贯动作练习

主要解决的问题为行进时臂腿的协调自然及步幅和步速的准确。

(6) 常犯的毛病和纠正方法

- 上体松,左右晃动

纠正方法为行进时上体要正直,自然收腹挺胸。腰要挺直,头有上顶的感觉。肩关节放松,两臂自然摆动,两膝用力要适当。

- 摆臂路线不正确

纠正方法为强调以小臂带动大臂轻擦身体两侧前后摆动。

- 脚尖着地方向不正

纠正方法为行进时要按选定的目标照直前进,脚掌着地时脚尖向里合,两脚内侧走直线。

- 步幅和步速不准确

纠正方法为采用走步幅线、踏乐和卡秒表等方法反复练习。

- 立定时身体后仰并弯膝

纠正方法为向前大半步应准确,左脚全部着地的同时体重前移到位。右脚抬起,右膝适当用力向后挺压,保持力量取捷径迅速向左脚靠拢。

- 行进中两眼看地

纠正方法为行进中强调挺胸,两眼注视远方水平线略高的物体。

- 立定时,臂腿不协调

纠正方法为强调靠脚的同时手腕稍用力,手放下要迅速,做到靠放一致。

五、正步走与立定

正步走主要用于分列式和其他礼节性场合。

(1) 口令:正步——走和立——定

(2) 动作要领

听到"正步走"的口令,左脚向正前方踢出(腿要绷直,脚尖下压。脚掌与地面平行,离地面约25厘米)约75厘米。适当用力使全脚掌着地同时身体重心前移,右脚照此法动作。上体正直微向前倾,手指轻轻握拢,拇指贴于食指第2节。向前摆臂时肘部弯曲,小臂略成水平。手心向内稍向下,手腕下沿摆到高于最下方衣扣约10厘米处(着夏季作训服时,约与第3个衣扣同高;着冬季作训服时,约与第4个衣扣同高;着水兵服时,手腕上沿距领口角约15厘米);向后摆臂(左手心向右,右手心向左)时手腕前侧距裤缝线约30厘米,如图6-4所示。行进速度每分钟110~116步。

图6-4 正步

听到"立定"的口令，左脚向前大半步着地，两腿挺直。右脚取捷径迅速靠拢左脚，成立正姿势。

（3）动作标准与要求

正步行进时要军姿端正，动作自然大方。节奏分明，摆臂定型、定位，步幅和步速准确。要求做到"三快两稳一协调"，即踢腿摆臂快、着地快和跟体快；两稳即踢腿到位稳，脚着地上体要稳；一协调即腿臂结合要协调。

（4）训练重点和难点

● 重点：踢腿的速度、定位及臂腿的协调。踢腿时应将力量集中到脚上，以脚带动小腿，以小腿带动大腿猛力向前踢出；同时迅速绷压脚面，做到"踢、压、绷"相结合。行进中做到踢腿的同时迅速摆臂，脚着地时臂不动。

● 难点：摆臂的定位定型及步幅和步速的准确。

（5）训练步骤

● 摆臂练习

口令：摆臂练习，一、二、停。

动作要领：听到"摆臂练习，一"的口令，按要领右臂向前摆，左臂向后摆；听到"二"的口令，两臂交替摆动；听到"停"的口令，两手迅速放下（通常右臂在前时下达"停"的口令），恢复立正姿势。

主要解决的问题为摆臂的路线、弯臂加速的时机及定位的准确，摆臂时，两臂要轻擦身体前后摆动。前摆当肘部超过裤缝线时屈肘，同时小臂加力上端将小臂摆至略平，使小臂与大臂略成直角。

摆臂的要领可归纳为："摆、平、直、松"

摆：以小臂带动大臂，按正确要领前后自然摆动。向后摆臂时，注意先下手，后下肘。

平：前摆定位后，小臂要平。

直：前摆定位后，小臂与大臂略成直角，后摆时臂要伸直。
松：摆臂时肩关节和大臂要放松。

● 原地踢腿练习

口令：原地踢腿练习，准备；左（右）脚练习，一、二、停。

动作要领：听到"原地踢腿练习，准备"的口令，两手背后（左手在上握右臂，右手在下托左肘）同时两脚尖并拢；听到"左脚练习"，左胯上提，左脚跟离地。脚尖上翘，靠在右脚跟内侧，听到"一"的口令，左脚按要领迅速踢出；听到"二"的口令，左脚迅速收回，使脚内侧弯曲部位靠在右脚跟内侧；而后按"一、二"的口令依次进行。听到"右脚练习"的口令后，进行交换，依照上述方法进行练习；听到"停"的口令，两手放下，恢复立正姿势。

主要解决的问题为踢腿的力量、速度、定位及上体的稳固。

踢腿的要领归纳为"踢、压、绷、停、端"。

踢：在踢腿时，将力量集中到脚上，按脚带小腿和小腿带动大腿的顺序向前猛力踢出。

压：向前踢腿时，边踢边压脚尖，使脚掌与地面平行。

绷：在踢压的同时迅速绷脚面，脚将达到定位时脚腕用力向前顶送，控制定位。此时膝关节绷紧下压，大腿肌肉紧张。

挺：支撑腿和腰杆挺直，收小腹，头上顶。上体稍前倾，以控制身体的平衡。

端：腿踢出后，大腿稍向上端（提臀）。以控制踢腿的高度，使其定位。

● 一步两动练习

口令：一步两动，正步——走、二、停。

动作要领：听到"一步两动，正步——走"的口令，左脚迅速踢出后停住。同时右臂前摆，左臂后摆；听到"二"的口令，左脚着地右脚迅速前跟（此时右脚跟离地并下蹬，腿伸直。脚尖上翘，右脚大拇指根部靠在左脚跟内侧），两臂不摆动，然后按"一、二"的口令反复练习；听到"停"的口令，左脚向前大半步着地（通常左脚在前时下口令）。右脚迅速靠拢左脚同时两手放下，成立正姿势如图 6-5 所示。

图 6-5　正步一步两动

主要解决的问题为臂腿结合的时机及动作协调。臂腿结合要领归纳为踢腿摆臂要同时脚踢到位手到位，着地用力臂不动，跟体跟腿要迅速。

练习时可结合步幅线等，做到"三快一稳"即：踢腿快、着地快、跟体跟腿快、上体稳。

● 一步一动练习

口令：一步一动，正步——走、二、停。

动作要领：听到"一步——动，正步—走"口令，左脚踢出停住，同时两臂摆动；听到"二"时，左脚着地同时跟上体。右脚踢出，同时两臂摆动；听到"停"的口令，动作同一步两动，如图6-6所示。

图6-6　正步一步一动

主要解决的问题为臂腿动作的协调及节奏。

练习时应做到收腹停腰，臂腿定型定位，着地有力不回拖臂腿结合紧密且动作协调。

● 快慢步练习

口令：快慢步，正步—走、二、停。

动作要领：听到"快慢步，正步—走"的口令，左脚迅速踢出后着地。右脚靠左脚内侧，踢腿的同时两臂摆动；听到"二"时，右脚照此法交替进行，如图6-7所示。

主要解决的问题为行进间臂腿结合时机及动作的协调。

练习时应做到踢腿迅速，稍稳再着地，并同时摆臂。

● 连贯动作练习

图6-7　快慢步

练习时应做到上体挺直，头向上顶，面部表情自然。踢腿迅速，着地有力。臂腿结合紧密，步幅步速准确，节奏分明。

(6) 常犯的毛病和纠正方法

● 摆臂耸肩

纠正方法为强调肩关节下沉放松，用手腕和小臂内侧的力量带动大臂摆动。不使皱劲。

● 摆臂时外扫

纠正方法为强调向前摆臂肘部过裤缝时，小臂内侧上迎迅速弯臂；向后摆臂时，肘部稍向里合，手腕向后摆至定位。

● 踢腿时掏腿

纠正方法为摆动时向前运动，过垂直线时膝盖向后压，压脚尖加速踢出；踢腿时以小腿带动大腿，以膝盖向后脚尖向下的压力绷直腿猛力踢出，脚尖对正前方。

● 踢腿时弓腿或弹腿

纠正方法为强调踢腿时摆动腿过直线时，膝关节后压，使腿拉直。踢出时要下压脚尖、绷直脚面，踝关节用力使小腿带动大腿。

• 脚着地无力，上体不稳

纠正方法为强调上体正直上顶，脚着地时上体要跟上，脚要正直向下落地。着地时，以脚腕的力量使全脚掌适当用力着地。

• 上体后仰，步幅过小

纠正方法为腰杆挺直，脚着地不回拖。重心前移，支撑脚挺直。

六、跑步行进与立定

跑步主要用于快速行进。

（1）口令："跑步——走"、"立——定"

（2）动作要领

听到预令，两手迅速握拳（四指卷握，拇指贴于食指第1关节和中指第2节）提到腰际，约与腰带同高。拳心向内，肘部稍向里合。听到动令，上体微向前倾，两腿微弯；同时左脚利用右脚掌的蹬力跃出约85厘米，前脚掌先着地，身体重心前移。右脚照此法动作。两臂前后自然摆动，向前摆臂时，大臂略直，肘部贴于腰际。小臂略平，稍向里合，两拳内侧各距衣扣线约5厘米；向后摆臂时，拳贴于腰际。行进速度每分钟170~180步。听到"立——定"的口令，再跑两步。然后左脚向前大半步（两拳收于腰际，停止摆动）着地，右脚靠拢左脚；同时手放下，如图6-8所示。

图6-8 跑步

（3）动作标准与要求

跑步行进时，上体正直，两眼注视前方。利用前脚掌的弹力前进，臂腿协调自然；摆臂时，两拳不要上下打鼓。不左右围绕腹部摆动，肘部不得外张。做到前摆不露肘，后摆不露手；立定时不垫步，不跨步，不弯膝，腿臂靠放要一致。

（4）训练重点与难点

• 重点：摆臂的定型定位和臂腿的协调自然。摆臂时，两臂要轻贴身体，前后自然摆动。脚着地时，前脚掌先着地，不要全脚掌着地或脚跟先着地。行进中身体重心前移，利用前脚掌的弹力前进。

• 难点：步幅和步速的准确。

（5）训练步骤

• 摆臂练习

口令：摆臂练习，准备；一、二、停。

动作要领：听到"摆臂练习，准备"的口令，两手迅速握拳提到腰际；听到"一"的口令，右臂前摆，左臂不动；听到"二"的口令，两臂交替摆动，按"一、二"的口令反复练习；听到"停"时两拳收于腰际，迅速放下（通常左拳在前时下"停"的口令）恢复立正姿势。

主要解决的问题：摆臂的路线和定位的准确。

练习时，两手握拳要迅速、准确且两臂摆动要自然。小臂内侧轻擦身体前后摆动，肘部适当内合。做到前不露肘，后不露手。

● 第一步跃出练习

口令：第一步跃出练习，跑步——走、停。

动作要领：听到"第一步跃出练习，跑步——走"的口令，左脚按要求跃出。"停"时右拳收至腰际，右脚靠拢左脚；同时两手放下，恢复立正姿势。

主要解决的问题为第1步跃出的距离、方向和用力的部位。

练习时，应做到听到预令不弯膝和听到动令上体不后仰，前脚掌先着地。

● 五步一靠练习

口令：五步一靠练习，跑步——走、停。

动作要领：听到"五步一靠练习，跑步——走"的口令，按要领向前跑4步。第5步左脚向前大半步，收回左拳，右拳不摆动；听到"停"的口令，两手放下同时右脚迅速靠拢左脚恢复立正姿势。

主要解决的问题为臂腿的协调和动作的准确。

练习时，要做到听到预令抱拳快；听到动令跃出迅速，利用前脚掌的蹬力前进；立定时，腿臂靠放一致。训练中首先进行以齐代跑的五步一靠练习，而后进行跑步练习。

● 连贯动作练习

（6）常犯的毛病和纠正方法

● 听到预令弯膝，上体前倾过大

纠正方法为强调听到预令腿部不动；听到动令两腿微弯，身体重心前移。

● 摆臂时上下打鼓或围绕腹部摆动

纠正方法为强调肩关节放松，肘部适当用力稍向里合，摆臂时小臂内侧轻擦身体前后运动。

● 摆臂时，前后不到位

纠正方法为强调向前摆不露肘和向后摆不露手，两拳都都贴于腰际。

● 行进时，全脚掌着地或脚跟先着地

纠正方法为强调行进时身体重心前移，脚腕适当放松。脚尖自然下垂，使前脚掌先着地。

● 行进时，上体后仰或臀部下坐

纠正方法为强调收小腹，收臀部，腰杆挺直，上体前倾。

● 立定时，臂腿不协调

纠正方法为强调听到"立——定"的口令后，继续向前跑两步时要减速，控制向前的惯性。左脚向前大半步时两拳要收于腰际，靠腿时和放手动作一致。

七、便步

按日常习惯行走的步调，区别于正步，便步用于行军和操练后恢复体力及其他场合。

（1）口令：便步——走

（2）动作要领

听到"便步——走"的口令，用适当的步速和步幅行进。两臂自然摆动，上体保持良好姿态。用小于或慢于齐步的步速和步幅练习。

八、踏步与立定

一般是原地不移动，用于调整步伐和队列的整齐。

（1）口令

停止间口令："踏步——走"，"立——定"。

行进间口令："踏步"，"立——定"。

（2）动作要领

听到"踏步——走"或"踏步"，的口令，按齐步和跑步行进的规定两脚在原地上下起落（抬起时脚尖自然下垂，离地面约15厘米；落地时，前脚掌先着地）。上体保持正直，两臂按齐步或跑步摆臂的要领摆动。

踏步时听到"前进"的口令，继续踏两步后换齐步或跑步行进。

听到"立定"的口令，左脚踏一步。右脚靠拢左脚，原地成立定姿势（跑步的踏步，听到口令，继续踏两步，再按上述要领进行）。

（3）常犯毛病及纠正方法

● 脚尖不能下垂，脚尖离地面高度不够

纠正方法为练习时脚尖向前下压，脚跟上提。大腿尽量抬起，保持脚尖离地面约15厘米。

● 踏步时两脚移位

纠正方法为两脚原地起落，不得左右移动。落地时应做到按脚尖、脚掌和脚跟的顺序，防止满脚掌着地。立定时最后一步不得跨步，应就地落下右脚靠拢左脚。

九、移步

挪动脚步，用于调整队列的位置。

（1）口令：右（左）跨×步——走

（2）动作要领

上体保持正直，每跨一步并脚一次。其步幅约与肩同宽，跨到指定步数停止。

（3）口令：向前×步——走、后退×步——走

（4）动作要领

向前移步时，应当按照单数步要领进行（双数步变为单数步）。向前1步时用正步，不摆臂；向前3步和5步时，按照齐步走的要领进行；向后退时，从左脚开始每退一步靠脚一次，不摆臂，退到指定步数。

（5）常犯的毛病和纠正方法
• 移步时身体不稳

纠正方法为掌握好身体重心的移动，右（左）跨步和退步时，上体保持立正姿势；向前移步时，按齐步的要领。

• 移步动作慢，靠脚无力

纠正方法为强调移步时出脚快，靠脚时要迅速和有力。

十、步法变换

步法变换的作用是为了适应不同紧急程度、地形地势变化等情况的需要变换行进的步法，均从左脚开始。

（1）口令："齐步——走、正步——走、跑步——走"

（2）动作要领

• 齐步与正步互换：听到口令，右脚继续走一步，即换正步或齐步行进。

• 齐步换跑步：听到预令，两手迅速握拳提到腰际，两臂前后自然摆动；听到动令，即换跑步行进。

• 跑步换齐步：听到口令，继续跑两步，然后换齐步行进。

• 齐步换踏步：听到口令即换踏步。

• 跑步换踏步：听到口令继续跑两步，换踏步。

• 踏步换齐步或跑步：听到"前进"的口令，继续踏两步，再换齐步或跑步。

（3）动作标准与要求

步法变换时要求做到军姿不变形，时机准确，并且动作规范协调。

（4）训练重点和难点

掌握变换的时机和变换时腿臂动作的协调。

（5）分解动作练习

• 齐步和正步互换

口令：分解动作，齐步——走、二；正步——走、二。

动作要领：齐步换正步时，听到"正步——走"口令，右脚按齐步的要领继续走一步后停止，听到"二"的口令，从左脚开始正步行进。

正步换齐步时，听到"齐步走"的口令右脚按正步的要领再走一步后停止；听到"二"的口令从左脚开始换齐步行进。

• 跑步、齐步互换

口令：跑步——走、二；齐步——走、二。

动作要领：齐步换跑步时，听到预令两手迅速握拳提到腰际，两臂前后自然摆动；听到动令，即刻停止，听到"二"的口令，从左脚开始即换齐步行进。

分解动作练习后做。

（6）常犯的毛病和纠正方法

• 齐步和正步互换时时机掌握不好

纠正方法为强调听到动令后，右脚按原地步法再走一步，左脚迅速变换步法；同时自然摆臂。

● 齐步换跑步时，听到预令握拳提到腰际动作慢，易产生听到动令约出换跑时才提臂

纠正方法为强调当听到预令时，即两手握拳提到腰际，并且两臂自然摆动；听到动令即从左脚换成跑步行进。

十一、行进间转法

行进间转法是行进间变换方向的方法，分为向左转走、向右转走和向后转走。

（1）齐步、跑步向右（左）转

● 口令：向右（左）转——走。

● 动作要领

左（右）脚向前半步（跑步时，继续跑两步，再向前半步），脚尖向右（左）约45°。身体向右（左）转90°时，左（右）脚不转动；同时出右（左）脚按原步法向新方向前进。

（2）齐步、跑步向后转

● 口令：向后转——走。

● 动作要领

左脚向右脚前迈出约半步（跑步时，继续跑两步，再向前半步），脚尖向右约45°。以两脚的前脚掌为轴，向后转180°，出左脚按原步法向新方向行进。

（3）半面向右（左）转

● 口令：半面向右（左）转——走。

● 动作要领

半面向右（左）转走，按向右（左）转走的要领转45°。

（4）动作标准及要求

转动时保持行进时的节奏，两臂自然摆动，不得外张；两腿自然挺直，上体保持正直，做到上步、转体、出脚和摆臂协调一致。

（5）分解动作练习

● 口令：分解动作，向右（左）转——走，二。

● 动作要领

听到"分解动作，向右（左）转——走"的口令时，左（右）脚向前半步（跑步时继续跑两步，左或右脚再向前半步），脚尖向右（约）45°；听到"二"的口令，身体向右（左）转90°，同时出右（左）脚向新方向行进。

● 主要解决的问题

上步的距离、方向及转动时臂腿的协调。

分解动作练习后做连贯动作练习，主要解决的问题是掌握好身体重心，齐步时体重大部分落在后脚；跑步时体重落于两脚掌之间。

（6）常犯的毛病和纠正方法

● 向前半步时重心不稳

纠正方法为掌握身体重心，齐步向右（左）转走向前半步时，体重大部分落于右（左）脚；跑步向右（左）转走向前半步时，体重落于两脚掌上。

● 齐步行进间转动时两臂外张

纠正方法为强调两臂轻贴身体摆动。

●转动时前脚掌随身体转动

纠正方法为强调转体同时出脚，两脚掌不转动。

十二、脱帽和戴帽

脱帽和戴帽通常用于队伍集会或军容检查等正式场合。

（1）口令：脱帽、戴帽

（2）动作要领

听到"脱帽"的口令，双手捏帽檐或帽前端两侧。将帽取下取捷径置于左小臂，帽徽向前，掌心向上。四指握帽檐帽前端中央处，小臂略成水平。右手放下，如图6-9所示。

图6-9 徒手脱帽姿势

听到"戴帽"的口令，双手捏帽檐或帽前端两侧，取捷径将帽迅速戴正。

需夹帽时，将帽夹于左腋下，左手握帽檐。帽徽向前，帽顶向左。

动作要求做到姿态端正、动作准确、定型定位和节奏明显。

（3）分解动作练习

●口令：分解动作，脱帽，二、三；戴帽，二、三。

●动作要领

听到"分解动作，脱帽"的口令，双手迅速捏帽檐的两侧；听到"二"的口令，将帽取下，置于左小臂上；听到"三"的口令，右手放下；听到"分解动作，戴帽"的口令，右手捏帽檐右角；听到"二"的口令，两手将帽迅速戴正；听到"三"的口令，两手迅速放下。主要解决的问题是动作的准确和定位。

分解动作练习后做连贯动作练习

注意每个动作之间稍有停顿，但不要过久，并且解决克服歪头、勾头、耸肩和后仰等问题。

（4）常犯的毛病和纠正方法

●脱帽时两手捏帽檐不迅速

纠正方法为强调要用手腕和小臂力量加速上提。

●脱帽时歪头，上体晃动

纠正方法为上体保持正直，两眼注视前方，两手正直向上用力取帽。

●脱帽时左小臂定位不准

纠正方法为肩关节放松，左小臂一次到位。使肘部贴于腰际，小臂略平。

● 脱帽后左手腕不平，四指位置不准

纠正方法为强调脱帽时手腕自然放松，四指转至帽檐中央处。

● 戴帽时勾头

纠正方法为戴帽时强调上体正直，两手将帽上举到略高于头再往下戴。

十三、坐下和起立

（1）口令：坐下和起立

（2）动作要领

听到"坐下"口令时，左小腿在右小腿后交叉。迅速坐下（坐凳子时，听到口令，左脚向左分开约一脚之长），手指自然并拢扣放在两膝上，上体保持正直；起立时，全身协力迅速起立，左脚收回，成立正姿势。

（3）动作标准与要求

坐下和起立要做到，姿态端正，动作迅速、准确和协调。

（4）训练重点和难点

重点掌握身体平衡和重心移动，以及坐下时右脚向左滑动的动作。

（5）分解动作练习

● 口令：分解动作，坐下、二；起立、二。

● 动作要领

听到"分解动作，坐下"的口令，左小腿在右小腿后交叉；听到"二"的口令迅速坐下；听到"分解动作，起立"的口令，全身协力迅速起立，不靠脚；听到"二"的口令，左脚靠拢右脚成立正姿势。主要解决的问题是身体重心平衡及右脚向左滑动的要领。

练习坐下时，右脚向左滑动的同时臀部正直向下，重心稍向前移。使臀部尽量靠近两脚跟坐下，保持上体的正直；起立时，重心稍向前移，落于两脚的交义点上。利用两脚外侧下压的力量，全身协力迅速起立，同时右脚向右滑动至原位。

分解动作练习后做连贯动作练习。

（6）常犯的毛病和纠正方法

● 坐下时身体后倒

纠正方法为坐下时强调上体稍向前倾；同时右脚向左滑动使两脚分开，臀部尽量靠近脚跟坐下。

● 坐下后弯腰低头

纠正方法为腰杆挺直，挺胸、抬头且两眼平视前方。

● 起立时手扶地

纠正方法为起立时，两脚跟靠近臀部，上体稍向前倾使重心前移。利用两脚外侧的力量，全身协力迅速起立。

十四、蹲下和起立

（1）口令：蹲下和起立

（2）动作要领

蹲下时，右脚后退半步。前脚掌着地，臀部坐在右脚跟上（膝盖不着地）两腿分开约

60°，手指自然并拢放在两膝上。上体保持正直，如图6-10所示。蹲下过久可自行换脚。

之一　　　　之二

图6-10　蹲下时的姿势

起立时，全身协力迅速起立，成立正姿势。

（3）动作标准及要求

蹲下和起立要做到姿态端正，动作迅速、准确和协调。

（4）分解动作练习

● 口令：分解动作，蹲下、二；起立、二。

● 动作要领：听到："分解动作，蹲下"的口令，右脚后退半步，前脚掌着地；听到"二"的口令，迅速蹲下，听到"分解动作，起立"的口令，全身协力迅速起立，不靠脚；听到"二"的口令，右脚靠拢左脚成立正姿势。

主要解决的问题是右脚后退的方向、距离及蹲下时上体的姿势。

分解动作练习后做连贯动作练习，注意身体重心大部分落在右脚跟上。

（5）常犯的毛病和纠正方法

● 蹲下时弯腰，低头

纠正方法为腰杆挺直，抬头、挺胸、挺颈且两眼向前平视。

● 蹲下时，身体重心后移过快，造成身体不稳。

纠正方法为强调在右脚后退半步时，身体的重心在两脚之间。

十五、整理着装

整理着装通常在立正的基础上进行，整理着装的时候要迅速不要拖泥带水，并且在整理的时候要一套动作从上到下行云流水的做完。

（1）口令：整理着装

（2）动作要领

双手从帽子开始，自上而下将着装整理好。必要时，也可以相互整理。整理完毕，自行稍息。听到"停"的口令，恢复立正姿势。

（3）动作标准及要求

整理着装时要做到姿态端正、动作迅速和整理切实。

（4）训练重点和难点

重点掌握整理着装时抬手的速度及着装整理的切实。

（5）常犯的毛病和纠正方法

● 姿态不端正

纠正方法为强调腰杆挺直，除两手动作外，其余均保持立正姿势。

• 抬手不迅速

纠正方法为强调两手取捷径迅速抬起，可反复练习抬手放下的动作。

• 整理不切实

纠正方法为可两人一对整理，互相纠正并反复练习。有条件时，也可以面对镜子自己对照纠正，反复练习。

十六、敬礼与礼毕

敬礼是表示军人相互之间的互敬互爱，表示部属与首长，以及下级与上级的相互尊重。军人必须有礼节，见面时，部属或下级应当首先向首长或上级敬礼，首长或上级同时必须还礼。

（1）举手礼

• 口令：敬礼。

• 动作要领

上体正直，右手取捷径迅速抬起。五指并拢自然伸直，中指微接帽檐右角约2厘米处（戴无檐帽或者不戴帽时微接太阳穴，与眉同高）。手心向下，微向外张（约20°），手腕不得弯曲。右大臂略平，与两肩略成一线；同时注视受礼者，如图6-11所示。

图6-11 停止间徒手敬礼

（2）注目礼

• 口令：敬礼。

• 动作要领：面向受礼者成立正姿势，同时注视受礼者，并目迎目送（左右转头不超过45°）。

（3）举枪礼（用于阅兵或者执行仪仗任务）

• 口令：向右看——敬礼。

• 动作要领

右手将枪提到胸前，枪身垂直并对正衣扣线。枪面向后，离身体约10厘米。枪口（半自动步枪准星护圈）与眼同高，大臂轻贴左肋；同时转头向右注视受礼者，并目迎目送（右、左转头角度不超过45°）。

（4）礼毕

• 口令：礼毕。

● 动作要领

行举手礼者,将手放下;行注目礼者,将头转正;行举枪礼者,将头转正。右手将枪放下,使托前踵(半自动步枪托底钣)轻轻着地,同时左手放下,成持枪立正姿势。

(5) 动作标准及要求

敬礼时姿态端正,精神振奋,表情自然。时机恰当,动作迅速、准确和协调。要做到不歪头,不耸肩,上体不晃动。举枪礼时,枪定位要准,转头角度好。

(6) 训练重点和难点

训练重点和难点为举手礼的手型、举枪礼枪的定位和注目礼的眼神。行举手礼时,要五指并拢自然伸直,手腕不得弯曲;行举枪礼时,枪身要垂直。准星护圈与眼同高,离身体约10厘米;行注目礼时,两眼的黑眼珠应保持在眼睛中央,注视受礼者。

(7) 分解动作练习

● 举手礼:口令为"分解动作,敬礼,二;礼毕"。

● 动作要领

听到"分解动作,敬礼"的口令,右手取捷径迅速抬起。五指并拢自然伸直。小臂略平,手心向内,拇指与右上衣口袋上沿平齐;听到"二"的口令,小臂抬起,中指微接帽檐右角前约2厘米处(不戴帽子时微接太阳穴,与眉同高);听到"礼毕"的口令,右手放下。

● 注目礼和举枪礼:口令为"分解动作,敬礼,二;礼毕。分解动作,向右看——敬礼、二;礼毕"。

● 动作要领

听到"分解动作,敬礼"(向右看——敬礼)的口令,迅速转头(同时提枪);听到"二"的口令,由右向左转头;听到"礼毕"的口令,迅速将头转正(同时枪放下)。

主要解决的问题为敬礼时的手型、路线及定位的准确、转头时的角度,以及提枪的速度和枪的定位。

练习时,肩和臂自然放松。注意大臂和手同时到位,五指自然并拢,保持正确的手型。分解动作练习后做连贯动作练习。

(8) 常犯的毛病和纠正方法

● 右手抬起划弧

纠正方法为强调右手抬起时以小臂带动大臂,沿胸部右侧取捷径抬起。

● 手腕下塌或上凸

纠正方法为手腕适当放松,五指适当用力,使手腕自然伸直。

● 手心外张过大

纠正方法为手心向下稍向外张约20°,右眼的余光能看到无名指和小指,反复练习。

● 右臂不到位,大臂与两肩未略成一线

纠正方法为右大臂抬起时肘部稍向后张,使大臂与两肩略成一线。

● 中指未能一次到位

纠正方法为可在帽檐右角前2厘米处作一标记(或面对镜子)反复练习。

● 敬礼时歪头和耸肩

纠正方法为强调上体保持正直,肩部适当放松。

二、班队列动作

班队列动作是在单个军人队列动作的基础上进行的,是单个动作的组合和整齐配合。内容包括集合、离(解)散、整齐、报数、出列、入列、行进、停止、队形变换和方向变换。通过对以上内容的训练来培养部队战士优良的精神面貌、令行禁止的战斗作风,达到提高部队战斗力的目的。

(一)班的队形

班的基本队形分为横队和纵队,需要时,可以成二列横队或者二路纵队。横队时,队列人员之间的间隔(两肘之间)通常约10厘米;班二列横队时,后列人员脚尖距前列人员脚跟约75厘米。纵队时,队列人员之间的距离(前一名脚跟至后一名脚尖)约75厘米;二路纵队时,右路人员与左路人员的间隔约10厘米。需要时,可以调整队列人员之间的间隔和距离。

步兵班通常按照班长、机枪射手、机枪副射手、步枪手或者冲锋枪手、火箭筒手、火箭筒副射手和副班长的顺序列队,必要时可以按照身高列队,如图6-12所示。

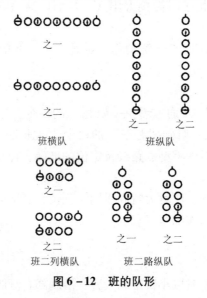

图6-12 班的队形

(二)集合与解散

集合是使单个军人、分队和部队按照规范队形聚集起来的一种队列动作。

集合时,指挥员应当先发出预告或者信号,如"全班(或者×班)注意"。然后站在预定队形的中央前,面向预定队形成立正姿势。下达"成××队——集合"的口令。所属人员听到预告或者信号,原地面向指挥员成立正姿势。听到口令,跑步到指定位置面向指挥员集合(在指挥员后侧的人员,应当从指挥员右侧绕过),自行对正、看齐并成立正姿势。

1. 口令及要领

(1)班横队(二列横队)集合

● 口令:成班横队——集合或成班二列横队——集合。

● 要领

集合时,基准兵迅速到班长左前方适当位置,成立正姿势。其他士兵以基准兵为准,依次向左排列,自行看齐。成班二列横队时,单数士兵在前,双数士兵在后。

(2) 班纵队(二路纵队)集合

● 口令:成班纵队——集合或成班二路纵队——集合。

● 要领

基准兵迅速到班长前方适当位置,成立正姿势。其他士兵以基准兵为准,依次向后排列,自行对正。成班二路纵队时,单数士兵在左,双数士兵在右。

(3) 解散

● 口令:解散。

● 要领

队列人员迅速离开原列队位置。

2. 指挥与动作要点

①班长发出预告后稍停顿,待全班士兵转向班长后交换指挥位置。

②基准兵站位迅速和准确(横队时,使班长位于队列中央前5~7步处;纵队时,使班长位于队列正前方3~5步处;二路纵队时,位于两路中央前3~5步处),站立方向要正。

③在班长后侧的人员从班长右侧绕过,自行标齐,成立正姿势并保持好规定的间隔、距离(后一名脚尖距前一名脚跟75厘米)。

④成班二列横队集合时,第2列排头把握好与前一列的距离。其他人员自行对正并标齐,成立正姿势。

⑤听到"解散"的口令,要迅速离开原列队位置,向不同的方向散开。

3. 标准要求

集合时,班长要姿态端正、精神振作、动作规范且指挥位置正确,口令要准确、吐字清楚且声音洪亮,预令和动令要分明。

基准兵站位准确,其他士兵动作迅速。精神饱满,间隔和距离准确,保持肃静。

4. 组织训练的步骤及方法

练习时,可参照相应程序,即班横队解散、班二列横队集合;班二列横队解散、班纵队集合;班纵队解散、班二路纵队集合;班二路纵队解散和班横队集合的顺序进行。

5. 易出现的错误动作及纠正方法

(1) 集合动作不迅速和不肃静,拖沓。

纠正方法为强调动作紧张迅速,肃静和不讲话。

(2) 基准兵的站位不准确和站立方向不正

纠正方法为用口令调整基准兵的动作,先在训练场地标出班长和基准兵的站立点进行站点练习,熟练后离线练习。

(3) 间隔和距离不准

纠正方法为用米尺检查,或者在训练场地画出间隔和距离线进行站线练习。

(4) 解散时离开原位不迅速或者做其他动作

纠正方法为强调听到口令不要做其他动作,并保持肃静,迅速向不同的方向散开。

（三）整齐和报数

1. 口令及要领

（1）整齐

整齐是使列队人员按照规定的间隔和距离，保持行列齐整的一种队列动作，分为向右（左）看齐和向中看齐。

● 向右（左）看齐

口令：向右看——齐、向左看——齐和向前——看。

要领：基准兵不动，其他士兵向右（左）转头（持枪或炮时，听到预令，迅速将枪或炮提起），眼睛看右（左）邻士兵腮部。前4名能通视基准兵，自第5名起以能通视到本人以右（左）第3人为度。后列人员先向前对正，后向右（左）看齐。听到"向前——看"的口令，迅速将头转正（枪或炮着地），恢复立正姿势。

● 向中看齐

口令：以×××为准向中看——齐和向前——看。

要领：当指挥员指定"以×××为准（或者以第×名为准）"时，基准兵答"到"；同时左手握拳高举，大臂前伸与肩略平，小臂垂直举起。拳心向右，如图6-13所示。

图6-13 向中看齐时基准兵的举手姿势

听到"向中看——齐"的口令后，其他士兵按照向左（右）看齐的要领实施；听到"向前——看"的口令后，基准兵迅速将手放下。其他士兵迅速将头转正，恢复立正姿势。一路纵队看齐时，可以下达"向前——对正"的口令。

（2）报数

报数是使队列人员依次报出在队列中序数的一种队列动作，通常用于清点列队人数或者班的队形变换等时机。

● 口令：报数。

● 要领：横队从右至左（纵队由前至后）依次以短促洪亮的声音转头（纵队时向左转头）报数，最后一名不转头。

2. 指挥与动作要点

①士兵转头的角度以看到右（左）邻士兵腮部为度，转头迅速且整齐一致。

②向中看齐时，基准兵答"到"，左手握拳高举。动作迅速，规范。

③听到"向前——看"的口令，基准兵放手和其他士兵将头转正的动作协调一致。

④转头和报数要同时。

3. 标准要求

班长指挥位置准确，下达口令吐字清楚、声音洪亮且姿态端正；基准兵站立方向正，答"到"声音洪亮，左手握拳高举迅速规范；士兵看齐时动作迅速，转头的角度和间隔准确且整齐一致，精神饱满排面整齐；"报数"时，声音清楚洪亮、短促有力且连接紧凑。报数与转头要同时，将头转正的速度要快。

4. 组织训练的步骤及方法

①练习横队的整齐和报数，再练纵队的整齐和报数。

②轮流充当班长，练习口令的下达、动作程序及纠正错误的方法。

③练习"整齐"时，先后进行站线和离线练习或者令基准兵"向前（后退）一步——走"，练整齐。

5. 易出现的错误动作及纠正方法

①看齐时转头不一致，勾头含胸。纠正方法为强调听到口令后转头，用口令提示收腹挺胸正直转头。

②报数转头时扭动身体，纠正方法为用手扶其上体，反复练习转头。

③排面方向不正，脚线、胸线与帽檐线不齐。纠正方法为先进到基准兵正前方纠正其立正姿势和站立方向，然后回到队列中央前下达"向右看——齐"的口令。其他士兵迅速转头用碎步看齐，看齐后班长下达"向前——看"的口令。然后班长进到第2名前方3~5步处，逐个对士兵进行正面检查，主要检查身体是否正直和间隔是否适当等。检查完毕，班长到基准兵右侧（纵队时在基准兵正前方）3~5步处面向队列，检查脚尖线、胸线和帽檐线。须纠正时，班长可令"第×名或者××同志，稍向前（后）、挺胸、收下颌"等。被纠正的同志听到呼点自己的姓名或者序号时答"到"并将头转向右（纵队时头不动），按照班长的口令"前进（稍左）"或者"后退（稍右）"。班长下达"好"的口令后，被纠正士兵将头转正，检查完毕班长回到原指挥位置。

④当报数出现错误时，班长要先下达"停"的口令，然后下达"报数"的口令，不能下达"重报"。

⑤二路纵队整齐时，应下"向左看——齐"的口令，不能下"向前——对正"的口令。

（四）出列和入列

单个军人出列和入列通常用跑步（5步以内用齐步，1步用正步），或者按照指挥员指定的步法执行。然后进到指挥员右前侧适当位置或者指定位置，面向指挥员成立正姿势。

1. 口令及要领

出列

- 口令：×××（或者第×名），出列，入列。

- 要领

出列军人听到呼点自己姓名或者序号后应当答"到",听到"出列"的口令后,应当答"是";听到"入列"口令后,应当答"是",然后按照出列的相反程序入列。

2. 指挥与动作要领

①出列之前转向新方向,然后进到班长右侧前5~7步处,面向班长成立正姿势。

②入列到位后,应主动向右翼邻兵(听到入列士兵答"是"后自行立正)标齐,稍息后,右邻士兵稍息。

③基准兵入列时,应主动向其左翼邻兵(听到基准兵答"是"后自行立正)标齐,稍息后,左邻士兵再稍息。

3. 标准要求

班长下达口令时,要姿态端正、吐字清楚且洪亮有力;士兵出列和入列答"到"和"是"时,要声音洪亮、短促有力、动作迅速且路线正确。

4. 组织训练的步骤及方法

轮流充当班长练习指挥和出列和入列动作。

5. 易出现的错误动作及纠正方法

①出列和入列动作不规范、层次不清楚且出列后位置不准确,纠正方法为要求每个细小动作做到位,在地上标出出列后的位置反复练习。

②入列后看齐动作不迅速且排面不齐,纠正方法为严格要求,对动作不迅速和标不齐的人员进行纠正。

(五)行进和停止

1. 口令及要领

(1)口令:齐步——走、正步——走、跑步——走和立——定

(2)要领

横队行进以右翼为基准,纵队行进以先头为基准(二路纵队行进以左翼为基准)。

• 行进,班长应当下达"×步——走"的口令。听到口令,基准兵向正前方前进,其他士兵向基准翼标齐,保持规定的间隔和距离行进。行进中,需要时,用"一二一"(调整步伐的口令)、"一二三四"(呼号)或者唱队列歌曲,以保持步伐的整齐和振奋士气。

• 停止,班长应当下达"立——定"的口令。听到口令,按照立定的要领实施,动作要整齐一致。停止后听到"稍息"的口令,自行对正和看齐后稍息。

2. 指挥与动作要点

①横队行进时,班长由班横队的中央前跑步进到队列的左侧前。面向队列下达"×步——走"的口令,并随着队列的行进而不断变换方向(始终面向队列),基准兵向正前方行进;其他士兵向基准翼(右翼)靠拢并标齐。

②反排行进时,班长的指挥位置不变(在队列的右前方),基准兵向正前方行进;其他士兵向左翼靠拢并标齐。

③纵队行过时,班长在队列的左侧中央前下达口令(不变换指挥位置,使队列围绕指挥员转),基准兵向正前方行进;其他士兵向前对正并保持好与前一名75厘米的距离。

④立定后,听到"稍息"的口令,标齐(对正)后按先后顺序稍息。行进停止后,班长的指挥位置不在队列中央前时不能下达"向右(左)看——齐"的口令。

⑤班长位于队列中央前,下达"稍息"口令时队列人员只能做"稍息"动作,而不能做"看齐"的动作。

3. 标准要求

指挥员下达口令时要姿态端正、吐字清楚、声音洪亮,而且预令和动令分明。队列中的人员要精神振作,做到"三等"(等步速、等步幅和等间隔)和"四齐"(脚线齐、臂线齐、胸线齐和头线齐)。

4. 组织训练的步骤及方法

轮流充当班长练指挥。练习时可在训练场地画出方向线和步幅线,按照齐步、正步和跑步的顺序进行,以横队行进为重点。

(1)横队行进

班长由横队的中央前跑步进到队列的左侧前适当位置下达"×步——走"的口令,队列往返行进,进行3种步法的练习。

(2)纵队行进

纵队行进时,班长由纵队的正前方进到队列的左侧适当位置,面向队列下达口令,进行3种步法的练习。

5. 易出现的错误动作及纠正方法

①横队行进时,排面不齐且方向不正。纠正方法为踩方向线和步幅线行进,用眼睛的余光标齐排面,迅速调整。

②纵队行进时,向前对不正。纠正方法为脚的内侧行进在方向线上,眼睛看前一名的后帽檐,迅速调整。

③行进时精神不振奋,纠正方法为收腹部,胸部向前上方挺出。头向上顶,眼睛睁大,向前看。

④步速不一致,纠正方法为用调整步伐的口令和"呼号"调整,或者播放队列进行曲踩乐练习。

(六)队形变换

队形变换是由一种队形变为另一种队形的列队形式,分为班横队和班纵队互换、班横队和班二列横队互换,以及班纵队和班二路纵队互换。

1. 口令及要领

(1)班横队和班纵队的互换

● 班横队变班纵队

停止间口令:向右——转。

行进间口令:向右转——走。

● 班纵队变班横队

停止间口令:向左——转。

行进间口令:向左转——走。

要领为停止间,按照单个军人向右(左)转的要领实施;行进间,按照单个军人向右(左)转走的要领实施,全班动作要整齐一致。

（2）停止间班横队和班二列横队互换

● 班横队变班二列横队

口令：成班二列横队——走。

● 要领为变换前，先报数。听到口令，双数士兵左脚后退1步，右脚（不靠拢左脚）右跨1步；左脚向右脚靠拢，站到单数士兵之后自行对正并看齐。

● 班二列横队变班横队

口令：间隔1步，向左离开，成班横队——走。

要领为听到"间隔1步，向左离开"的口令，取好间隔；听到"成班横队——走"的口令，双数士兵左脚左跨1步，右脚（不靠拢左脚）向前1步；左脚向右脚靠拢，站到单数士兵左侧后自行看齐。

（3）班纵队变班二路纵队

口令为成班二路纵队——走。

要领为变换前，先报数。听到口令，双数士兵右脚右跨1步（不靠拢左脚）向前1步。右脚向左脚靠拢，站到单数士兵右侧后自行对正看齐。

（4）班二路纵队变班纵队

口令为距离2步，向后离开，成班纵队——走。

要领为听到"距离2步，向后离开"的口令，取好距离；听到"班纵队——走"的口令，双数士兵右脚后退1步。左脚（不靠拢脚）站到单数士兵之后右脚靠拢左脚，自行对正。

2. 指挥与动作要点

①横队变纵队时，变换前，班长从班横队的中央前进到基准兵右侧3步~5步处，面向队列下达"向右——转"的口令。横队变为纵队后，班长下达"向前——对正"的口令。听到口令，队列中的士兵迅速向前对正，取好距离，如图6-14所示。

②班横队变班二列横队时，班长在班横队的中央前左跨1步，然后下达"成班二列横队——走"的口令。

③班纵队变为班二路纵队时，班长在班纵队的中央前左跨半步，然后下达"成班二路纵队——走"的口令。

④班二路纵队变为班纵队时，班长右跨半步，然后下达"距离2步，向后离开"的口令，距离调整后，下达"成班纵队——走"的口令。

⑤班纵队变为班横队时，班长由纵队的中央前跑步进到队列的左侧中央前，下达"向左——转"的口令。队形变换后下达"向右看——齐、向前——看"的口令，如图6-15所示。

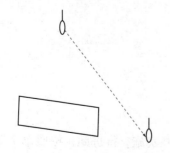

图6-14 班横队停止间变班纵队

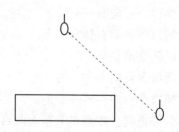

图6-15 班纵队停止间变班横队

⑥队形变换训练时不得变为反排,即横队变纵队时,不能下达"向左——转"和"向左转——走"的口令;纵队变横队时,不能下达"向右——转"和"向右转——走"的口令。

在日常队列生活中,如果是过渡性的(变换后开始行进),班长可以在班横队的中央前下达"向右——转、×步——走"的口令。此时不必调整人员之间的距离,可以边行进边调整。

在队列训练时,如果是过渡性的(为了调整队列的位置,带开(集合)的距离不远时)可以调整为反排,即可以下达"向后(左、右)——转"、"×步——走"的口令。

⑦停止间调整间隔、距离和队形变换后,用小碎步迅速调整并自行标齐。横队看齐后,由右至左自行将头转正成立正姿势。

⑧班横队与班二列横队互换时,双数士兵左脚靠拢右脚的同时向右转头(排头兵不转头)靠拢标齐。标齐后,自行将头转正,成立正姿势。

⑨班纵队与班二路纵队互换时,双数士兵右脚靠拢左脚的同时向左转头(二路纵队变班纵队时不转头)并标齐。向前对正并标齐、对正后将头转正成立正姿势。

⑩行进间的横队换纵队训练时,班长由班横队的中央前进到队列的右侧前下达"齐步——走"和"向右转——走"的口令;队列在班长正前方适当位置时下达"立——定"的口令,如图6-16所示。

⑪行进间的纵队换横队训练时,班长由班纵队的中央前进到队列左侧前适当位置,下达"齐步——走"和"向左转——走"。口令;队列在班长正前方适当位置时下达"立——定"的口令,停止后对队列进行整齐,如图6-17所示。

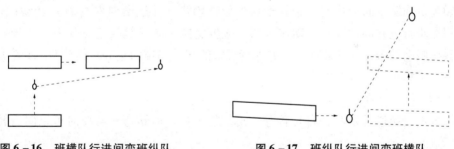

图6-16 班横队行进间变班纵队　　图6-17 班纵队行进间变班横队

⑫进行行进间横队与纵队互换训练时,可以把动作连起来做。班长由班横队的中央前在接近到队列的右侧前适当位置时面向队列下达"齐步——走"、"向右转——走"、"向左转——走"和"立——定"的口令,队列在班长正前方停止。

3. 标准要求

班长指挥位置和变换指挥位置的路线正确,指挥口令准确、下达及时、吐字清楚且洪亮;士兵动作迅速和整齐一致,并且间隔和距离准确。

4. 组织训练的步骤及方法

①轮流充当班长练指挥和动作,先停止间练习,后行进间练习。可参照的程序进为班横队与班二列横队互换、班纵队与班二路纵队互换、班横队与班纵队互换,以及行进间班横队与班纵队互换。

②训练时,在单项练习的基础上为了锻炼班长的指挥能力和士兵的反应能力,行进间的

队形变换可以将动作串起来做。此时，班长由班横队的中央前跑步进到队列的右侧前实施指挥。操练完毕后队列在班长正前方停止，然后班长对队列进行整齐。

5. 易出现的错误动作及纠正方法

①班长指挥程序不清楚和指挥位置不准确，纠正方法为熟悉程序，分段练习，然后进行综合练习。

②停止间变换队形时，步幅不准且上体晃动大。纠正方法为画线练习退步和上步动作，做到步幅准确。调整间隔和距离时用碎步，上体正直且不晃动。

③行进间变换队形时，转体不一致，调整间隔和距离不迅速。纠正方法为强调出脚的同时转体，队形变换后，迅速调整间隔和距离。

（七）方向变换

方向变换是改变队列面对方向的一种队列动作。

1. 口令及要领

（1）横队方向变换

停止间通常是左（右）转弯或者左（右）后转弯，必要时可以向后转。

停止间口令为左（右）转弯，齐（跑）步——走；左（右）后转弯，齐（跑）步——走；向后——转，齐（跑）步——走（当需要向后转走时，应当先下"向后——转"的口令，当方向变换后下"齐（跑）步——走"的口令）。行进间口令为左（右）转弯——走和左（右）后转弯——走。

要领为班横队方向变换时，轴翼士兵先原地踏步，并逐渐向左（右）转动；外翼第1名士兵用大步行进并同相邻士兵动作协调，逐步变换方向（越接近轴翼者，其步幅越小）；其他士兵用眼睛的余光向外翼取齐，并保持规定的间隔和排面整齐。转到90°或者180°时踏步并取齐，听口令前进或者停止。

（2）纵队方向变换

纵队方向变换通常是左（右）转弯，或者左（右）后转弯，必要时可以向后转（纵队的反排行进）。

停止间口令为左（右）转弯，齐（跑）步——走；左（右）后转弯，齐（跑）步——走；向后——转，齐（跑）步——走（按照横队和纵队向后转走的方法实施）。

行进间口令为左（右）转弯——走和左（右）后转弯——走。

要领为一路纵队方向变换，基准兵在左（右）转弯时按照单个军人行进间转法（停止间，左转弯走时，左脚先向前1步）的要领实施。在左（右）后转弯时，用小步边行进边变换方向，转到90°或者180°照直前进；其他士兵逐次进到基准兵的转弯处，转向新方向跟进。

2. 指挥与动作要点

①停止间，横队左（右）转弯时，班长由横队的中央前进到队列的左（右）侧前适当位置面向队列下达"左（右）转弯，齐步——走"的口令。队列向左（右）转90°后自行踏步，标齐后下达"立——定"的口令。队列停止后，班长位于队列中央前5～7步处，如图6-18和图6-19所示。

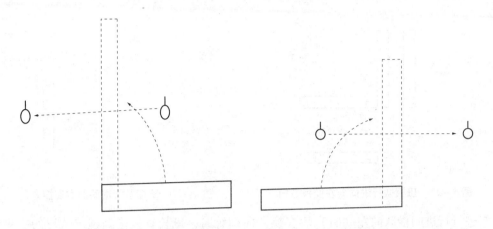

图 6-18　班横队停止间向左变换方向　　图 6-19　班横队停止间向右变换方向

②停止间横队左（右）后转弯时，班长由横队的中央前进到队列的左（右）后侧适当位置，面向队列下达"左（右）后转弯，齐步——走"的口令。队列人员按照左（右）转弯走的要领转180°后踏步，标齐后下达"立——定"的口令。队列停止后，班长位于队列中央前5步~7步处，如图6-20和图6-21所示。

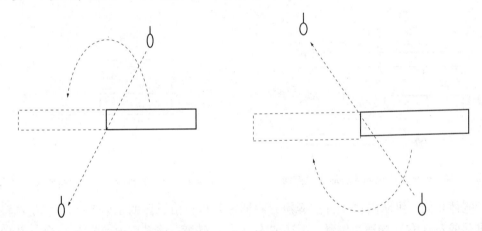

图 6-20　班横队停止间向左后变换方向　　图 6-21　班横队停止间向右后变换方向

③在日常队列生活中，行进间班长在班横队的左侧前适当位置实施指挥。当队列需要左（右）转弯时，班长要在队列的行进过程中进到预定的指挥位置下达"左（右）转弯——走"的口令。队列转到90°后踏步，标齐后下达"前进"、"立——定"的口令。队列停止后位于班长的右侧前适当位置，然后班长由队列的左侧前进到队列中央前进行整齐。

④进行行进间横队向左（右）变换方向训练时，为了避免频繁地变换指挥位置和观察队列人员的动作，班长由班横队的中央前直接进到队列的左（右）侧前适当位置。先下达"齐步——走"的口令。再下达"左（右）转弯——走"的口令。队列向左（右）转90°后自行踏步，标齐后下达"前进"的口令。当队列行进到班长正前方适当位置时，下达"立——定"的口令。停止后，队列位于班长前5~7步处，如图6-22和图6-23所示。

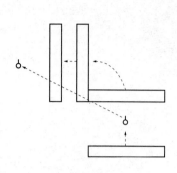 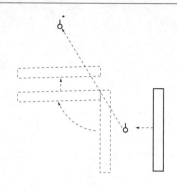

图 6-22　班横队行进间向左变换方向　　图 6-23　班横队行进间向右变换方向

⑤进行行进间横队向左（右）后变换方向训练时，班长直接进到预定队形的中央前实施指挥。先下达"齐步——走"的口令，再下达"左（右）后转弯——走"的口令。队列左（右）转180°后踏步，标齐后下达"前进"和"立——定"的口令。队列在班长正前方适当位置停止，如图6-24和图6-25所示。

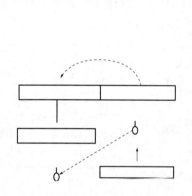 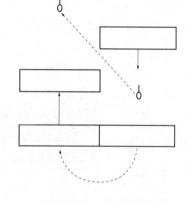

图 6-24　班横队行进间向左后变换方向　　图 6-25　班横队行进间向右后变换方向

⑥停止间，纵队向左（右）变换方向训练时班长由纵队的正前方向右（左）转。进到基准兵的左（右）侧适当位置，下达"左（右）转弯，齐步——走"的口令。基准兵按照要领做动作，其他士兵在基准兵转弯处转向新方向跟进。当基准兵行进到班长正前方适当位置时，下达"立——定"的口令，如图6-26和图6-27所示。

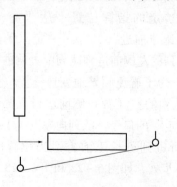 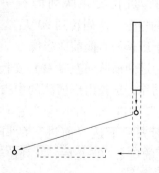

图 6-26　班纵队停止间向左变换方向　　图 6-27　班纵队停止间向右变换方向

⑦停止间，纵队向左（右）后交换方向时，班长由纵队的正前方从队列的左（右）侧跑步进到队列的左（右）后侧，面向队列下达"左（右）后转弯，齐步——走"的口令。基准兵用小步边行进边变换方向，转到180°后，照直前进；其他士兵逐次进到基准兵转弯处转向新方向跟进。当基准兵行进到班长正前方适当位置时，下达"立——定"的口令，如图6－28和图6－29所示。

图6－28 班纵队停止间向左后变换方向

图6－29 班纵队停止间向右后变换方向

⑧行进间，纵队向左（右）变换方向训练时，班长由纵队的中央前进到班纵队的左（右）侧前。先下达"齐步——走"的口令，然后下达"左（右）转弯——走"的口令。队列行进到班长正前方适当位置时，班长下达"立——定"的口令，如图6－30和图6－31所示。

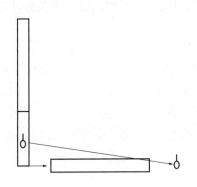
图6－30 班纵队行进间向左变换方向

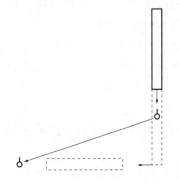
图6－31 班纵队行进间向右变换方向

⑨行进间，纵队向左（右）后变换方向训练时，班长由纵队的中央前从队列的左（右）侧进到班纵队的左（右）后侧。先下达"齐步——走"的口令，然后下达"左（右）后转弯——走"的口令。队列行进到班长正前方适当位置时，班长下达"立——定"的口令，如图6－32和图6－33所示。

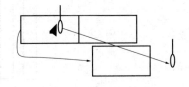
图6－32 班纵队行进间向左后变换方向

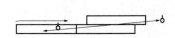
图6－33 班纵队行进间向右后变换方向

⑩行进间班纵队向左变换方向时，动令落于右脚。听到口令，基准兵左脚继续走1步，然后按照单个军人向左转走的要领实施。

3. 标准要求

班长指挥位置和变换指挥位置的路线正确且动作规范，指挥口令准确、下达及时、声音清楚且洪亮。排面整齐一致，做到"三等"（等步速、等步幅和等间隔）和"四齐"（脚线齐、臂线齐、胸线齐和头线齐）。

4. 组织训练的步骤及方法

（1）单项内容练习

● 停止间，班横队向左（右）变换方向、向右（左）变换方向、向左（右）后变换方向和向右（左）后变换方向；

● 行进间，班横队向左（右）变换方向、向右（左）变换方向、向左（右）后变换方向和向右（左）后变换方向；

● 停止间，班纵队向左（右）变换方向、向右（左）变换方向、向左（右）后变换方向和向右（左）后变换方向；

● 行进间，班纵队向左（右）变换方向、向左（右）后变换方向、向右（左）变换方向和向右（左）后变换方向。

（2）综合动作练习

为了锻炼班长的指挥能力，可以在单项练习的基础上进行综合项目练习。综合练习时，先练停止间动作，后练行进间动作。行进间动作练习时，班长可以在一个位置实施指挥。操练完毕，班长再进到班横队的中央前整齐队列。

● 行进间班横队方向变换综合练习

班长在班横队的左侧前适当位置下达口令"齐步——走"、"右（左）转弯——走"、"前进"、"左（右）转弯——走"、"前进"、"左（右）后转弯——走"、"前进"、"右（左）后转弯——走"和"前进"，队列行进到班长右侧前适当位置时下达"立——定"的口令。队列停止后，班长跑步进到班横队的中央前5~7步处对队列进行整齐，如图6-34所示。

● 行进间班纵队方向变换综合练习

班长由班纵队的中央前进到班纵队的左侧实施指挥，下达"齐步——走"、"左（右）转弯——走"、"左（右）后转弯——走"、"右（左）转弯——走"、"右（左）后转弯——走"和"立——定"的口令。队列在班长正前方停止后下达"向左——转"的口令。然后进行整齐，如图6-35所示。

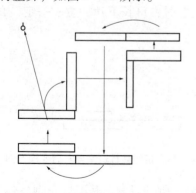

图6-34 班横队行进间综合动作练习

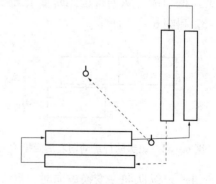

图6-35 班纵队行进间综合动作练习

5. 易出现的错误动作及纠正方法

①指挥员变换指挥位置的路线和指挥位置不准，纠正方法为在训练场地画出变换指挥位

置的路线和指挥位置反复练习。

②横队方向变换时排面不整齐，纠正方法为在训练场地画出行进线，先踩线练习，熟练后进行离线练习。

③纵队方向变换时走捷径或转弯过大，纠正方法为在转弯处做出标记，以规范转弯的具体位置。

④在操场训练时，指挥员随意频繁地变换指挥位置。纠正方法为先熟悉口令和动作，在队列人员能听清楚口令的前提下尽量少变换指挥位置。

第七章　轻武器射击

轻武器通常是指枪械及多种由单兵或班组携行战斗的武器。其传统概念是指手枪、步枪、冲锋枪和轻机枪等。根据现代战争的特点，轻武器所包含的范畴还包括单兵或班组使用的其他武器，如手榴弹、火箭筒以及单兵杀伤武器、便携式反坦克武器和单兵防空导弹等。基本作战用途是在近距离内杀伤生动目标，毁伤轻型装甲目标，低空飞行目标，破坏地方设施和军事器材。

轻武器的主体是枪械，自动步枪、冲锋枪和班用机枪是步兵分队在近战中歼敌的主要武器；手枪是近距离歼敌的自卫武器。本章主要介绍1995年式95自动步枪的武器常识、射击原理、射击动作及实弹射击组织等知识。

第一节　武器常识

一、1995年式自动步枪战斗性能

（一）战斗性能

95式5.8毫米自动步枪（图7-1）与95式班用轻机枪组成班用枪族，其活动机件和弹夹、弹鼓完全可以进行互换，并能使用实弹直接从枪管发射40毫米枪榴弹，使射手具有全面杀伤以及反装甲能力，是近战中杀伤敌方有生力量的自动武器和步兵分队对抗反装甲目标的辅助武器。对单个目标在400米内射击效果最好，集中火力可射击500米内的敌人飞机、伞兵以及集团目标。

图7-1　自动步枪

（1）供弹方式：弹匣供弹，每支枪配有5个弹匣。必要时也可使用弹鼓供弹。
（2）射击方法：可实施短点射（2~5发），还可实施长点射（6~10发）和单发射击。
（3）战斗射速：战斗射速也称"射速"，点射每分钟100发，单发射每分钟40发。
（4）弹头侵彻力：指弹头物体的贯穿能力，600米距离上能射穿2毫米厚的冷轧钢板

后,还可继续贯穿 14 厘米厚的松木板,在 300 米距离上贯穿 10 毫米冷轧钢板的穿透率为 100%。

(二) 主要诸元(表 7-1)

表 7-1 主要诸元

全重	3.25 公斤
全长	745 毫米
枪管长	463 毫米
口径	5.8 毫米
弹药	5.8×42 毫米(DBP87 式枪弹)
枪机种类	短行程导气式活塞,转拴式枪机
初速	930 米/秒
战斗射速(单发)	40 发/分
发射速率	600-650 发/分
有效射程	400 米
最大射程	600 米
供弹方式	30 发可卸式弹匣 75 发可卸式弹鼓
瞄准具型式	机械瞄具:觇孔式照门及准星(照门可上翻式调节) 提把上的战术导轨上安装光学瞄准镜或夜视镜 白光瞄准镜 微光瞄准镜

二、各部机件名称、用途及原理

(一) 主要机件名称及用途

95 式自动步枪由刺刀、枪管、导气装置、瞄准装置、护盖、枪机、复进簧、击发机、枪托、机匣、弹匣等十一大部组成,还有一套附件(图 7-2)。

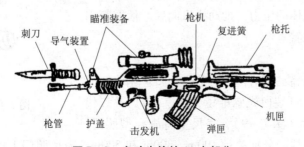

图 7-2 自动步枪的 11 大部分

1. 刺刀：用以刺杀敌人。可作为格斗匕首和野战工作用刀。多功能刺刀由刺刀和刀削组成。刺刀上有剪刀部位、剪刀轴孔、挫削部位、刀环、刀梧座、砍削部位和锯豁部位。刀鞘上有挂带、带扣、磨刀石、平口起子、剪板崖和轴，如图 7-3 所示。

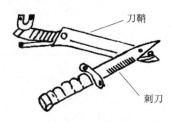

图 7-3　刺刀

注：战斗中，如需用刺刀刺杀敌人时，应将刺刀装在抢上，其要领是：将刀环套入枪的膛口装置前端，刀柄的 T 形槽对准枪上刺刀座的 T 形凸笋，向后拉到定位。卸刺刀时，左手握护盖，右手用力按压刀柄上左右凸起笋（刻有直纹），然后将刺刀向枪口方向抽出，并装入刀鞘挂于腰带。

2. 枪管：赋予弹头和枪榴弹的飞行方向，如图 7-4 所示。

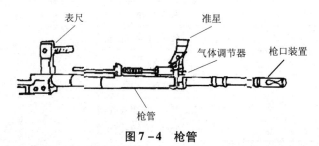

图 7-4　枪管

枪管内是枪膛，枪膛内分为弹膛和线膛，弹膛用于容纳子弹；线膛能使弹头在前进时旋转运动，以保持飞行的稳定性。

枪口装置用来减小发射时枪口的跳动和火焰，并与后定位器配合，作为榴弹发射器及刺刀连接座使用。

3. 导气装置

由气体调节器、活塞及活塞簧组成，如图 7-5 所示。气体调节器用以调节火药气体的大小，标有"0"，"1"，"2"的数字，分别表示闭气、小孔和大孔位置。通常装定在"1"上，当武器过脏来不及擦拭或在严寒条件下射击时装定在"2"上。发射枪榴弹时，必须转到"0"的位置，以防损坏枪内活动机件。活塞用以承受火药气体的压力，推动枪机向后。活塞簧用以使活塞回到原来位置。

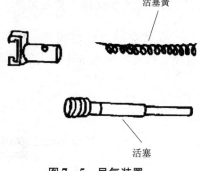

图 7-5　导气装置

4. 瞄准装置

95 式枪族的瞄准装置有传统机械式（图 7-6）、简易夜瞄（图 7-7）、可装白光瞄准镜（图 7-8）及二代微光管的微光瞄准镜（图 7-9），表尺上有觇孔型照门，标有 1、3、5 三个字样，分别表示 100m、300m 和 500m，表尺照门上的荧光点与准星两侧的荧光点组成简易夜瞄装置。准星由准星座、准星连接座、准星护圈和准星 4 部分组成，准星可拧高、拧低，准星连接座可左右移动，准星连接座和准星座上各刻有一条刻线，用以检查准星位置是否正确。瞄准镜座用以安装白光、微光瞄准镜。

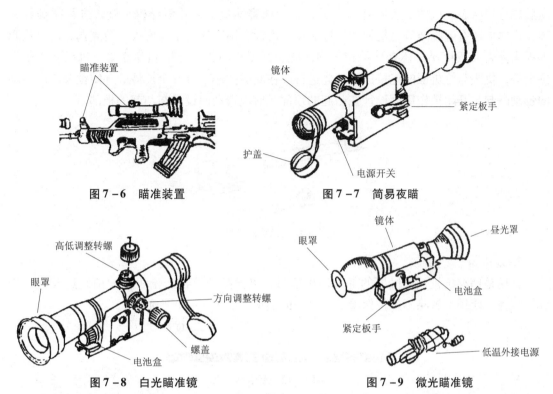

图 7-6　瞄准装置　　　　　图 7-7　简易夜瞄

图 7-8　白光瞄准镜　　　　图 7-9　微光瞄准镜

白光瞄准镜的放大倍率为3倍，用于远距离目标精确瞄准。白光瞄准镜用于对600m内（配于自动步枪时）或800m内（配于班用机枪时）的目标实施瞄准射击和战场观察。当目标宽度为0.5m时，可概略测定目标距离。白光瞄准镜主要由物镜组、分划调整机构、目镜组、眼罩、照明机构和与枪配合的锁紧机构等部分组成。

微光瞄准镜的放大倍率也为3倍，可在夜间弱光条件下对200米以内的生动目标精确瞄准。两种瞄准镜通用于自动步枪和班用机枪，并能在枪身上快速装卸。微光瞄准镜是一种轻便的被动式夜间瞄准器材，可有效地进行夜间精确瞄准；观察发现敌人所使用的红外光源或其他光源的位置。在无月星空、中等对比度、背景不透亮的条件下，能识别200m处站立的人员。微光瞄准镜主要由镜体、成像系统、分划调节机构、低温外接电池及罩具等组成。

5. 护盖

护盖由上护盖与下护盖组成，如图7-10所示。上护盖有提把，用以提枪前进。下护盖有握把、小握把、护盖锁孔、挂合杆，主要用以操持武器和射击。握把内为附品筒巢，用于容纳附品筒，前端小握把有通气孔，用以及时散热冷却枪管。

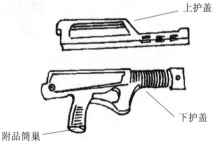

图 7-10　护盖及附品筒

6. 枪机

枪机由机体和机头组成，如图7-11所示，用以送弹，闭锁、击发和退壳，并能使击锤向后成待发状态。机体上有圆孔和导笋槽，用以容纳机头，并引导机头旋转进行闭锁和开锁，机体上还有解脱凸笋、机柄和复进簧巢。击针，用以撞击枪弹底火；拉壳钩，用以从膛内抓出弹壳（或枪弹）还有导笋、送弹凸笋、开闭锁凸笋、导槽和弹底巢。机头有3个闭锁突笋，机头与枪机框的连接以圆柱体进行，在此圆柱体上有一个连体的开闭锁及前后运动的带动凸起。开闭锁作用面设计在凸起的顶部，后坐带动面设计在凸起的根部。

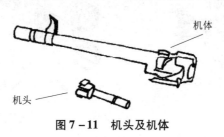

图7-11 机头及机体

7. 复进簧

作用是储存枪机、枪机框的部分后坐能量，以便赋予枪机、枪机框向前复进及完成推弹、抓弹、闭锁、解除不到位保险等所必需的能量，如图7-12所示。

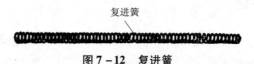

图7-12 复进簧

8. 击发机

由扳机、扳机拉杆、阻铁杠杆、击发阻铁、单发阻铁、不到位保险机、解脱杠杆、快慢机、击锤、击锤簧、击锤簧导杆、顶头及击发机座组成。用以控制待发、操纵击发及保险。快慢机上的"0"、"1"、"2"分别为保险、单发和连发位置，如图7-13所示。

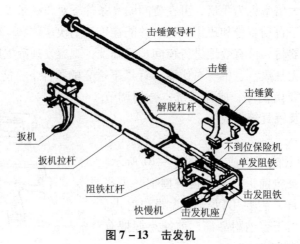

图7-13 击发机

9. 机匣

用以容纳枪机，固定快慢机和弹匣。

机匣外有弹匣卡笋和弹匣结合口，用以结合弹匣或弹鼓。

机匣内有闭锁卡槽,能保证枪机闭锁枪膛;拨弹凸笋,用于拨出弹壳(或枪弹)。

10. 枪托

用以保证机匣内部免污污垢和便于操作。枪托右侧有抛壳(或枪弹)口,枪托内有杠杆式缓冲器和后端的变刚度托板组成双缓冲机构,可降低活动机件后坐时的撞击,如图7-14所示。

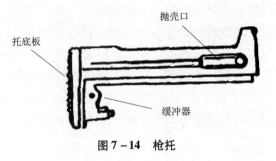

图7-14 枪托

11. 弹匣

弹匣体的后端有三个观察孔,分别对正10发、20发和30发子弹的底缘,用于观察子弹的余量,如图7-15所示。

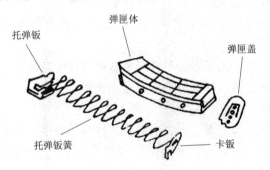

图7-15 弹匣

附品用以分解结合、擦拭上油、携带和排除故障。

附件有通条头、通条连接杆(7根)、铳子、铳杆、准星扳手、油刷、油壶、背带和弹匣袋。使用时,将通条连接杆与通条头或油刷拧结在一起,用以清除枪管内脏物及涂油;铳子用以拆卸击针销、拉壳钩轴等;准星扳手用以校枪时调整准星高低;铳子用以清除枪管导气孔的火药残渣,如图7-16所示。

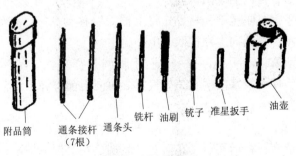

图7-16 附品

（二）原理

扣扳机后，扳机拉杆拉下击发阻铁，击锤平移向前打击击针，击针撞击枪弹底火，点燃发射药，产生火药气体，推送弹头沿膛线向前运动；当弹头经过导气孔时，部分火药气体通过导气孔，涌入导气箍，冲击活塞，推动枪机向后，压缩复进簧，完成开锁、抛壳，并使击锤向后成待发状态；当枪机退到最后方时，由于复进簧的伸张，使枪机向前运动，推动次一发枪弹入膛，闭锁。此时，如快慢机定在连发位置，扳机未松开，击发阻铁不能卡住击锤，击锤再次打击击针，形成连发；如快慢机定在单发位置，击锤被单发阻铁卡住不能向前，若要再次发射，必须松开扳机再扣；如快慢机定在保险位置，快慢机轴阻挡，击发阻铁使其不能回转，成保险状态；当击锤位于后方（即待发状态）保险时，扣不动扳机，不能击发；当击锤位于前方（即击发状态）保险时，活动机件不能压击锤向后成待发。

三、分解与结合

分解与结合的目的是擦拭上油、检查和排除故障，其要求如下。
①分解前必须验枪，保证安全无事故。
②分解结合应按顺序和要领进行，不要强敲硬卸。
③分解下来的机件应按次序放在干净的物体上（按照由右向左和下沿取齐顺序，枪面肉前放于机件前）。
④除所讲的分解内容外，未经许可不得分解其他机件。
⑤结合后应拉送枪机数次，检查机件结合是否正常。

1. 分解的动作要领

①卸下弹匣：左手掌心向上握下护盖前端，使枪面稍向左，右手握弹匣，拇指按压匣卡笋（也可右手掌心向上握弹匣，以手掌肉厚部分推压卡笋），前推使弹匣凹槽脱离弹卡笋，再向后下方取下弹匣。
②拔出通条和取出附品筒：左手握护木右手向外向上拔出通条，然后用右手食指顶开附品筒巢盖，取出附品筒并从附品筒内取出附品。
③卸下机匣盖：左手握枪颈，并以拇指按压机匣盖卡笋。右手将机匣盖上提取下。
④抽出复进机：左手握枪颈。右手向前推导管座，使其脱离凹槽，后抽出复进机。
⑤取出枪机：左手握枪颈，右手打开保险。拉枪机周后到定位，向上取出。左手转动机体，使导笋脱离导笋槽，再向前取出机体。
⑥卸下护盖：左手握机匣尾部，右手先将上护盖后移动5－8毫米，然后向上提起上护盖后部，让过瞄准镜座，继续向上提拉取下上护盖。
⑦卸下调节塞和活塞：左手握下护木，右手将调节塞向右（左）转动到定位。向后拉调节塞，压缩活塞黄，使调节塞前端脱离导气箍。再向上前方卸下调节塞和活塞，并将调节塞、活塞及活塞簧分开。

2. 结合的动作要领

①装上活塞及调节塞：将活塞黄套在活塞杆后端，左手握下护木；右手将活塞杆插入表尺座的圆孔内压缩活塞簧，使调节塞前端插入导气箍。并向左（右）转动调节塞，使解脱凸笋进入凹槽。

②装上护盖：左手握下护木，右手将护木盖前端两侧卡在导气箍上，按压护盖后端向下到定位。左手转动表尺轮使分划"1"对正表尺座外侧的圆点。

③装上枪机：右手握机栓，使导气槽向上；左手将枪机结合在机栓上，使导笋进入导笋槽并向前转动到定位。左手握枪颈，右手将枪机从机匣后端装入机匣，前推到定位。

④装上复进机：左手握枪颈，右手将复进机插入复进机巢内，向前推压使导管座进入凹槽内。

⑤装上机匣盖：左手握枪颈，右手将机匣盖方孔对正机匣盖卡笋，前推下压机匣盖。使卡笋完全进入方孔内，固定确实。

⑥装上附品筒和通条：将附品筒装入附品筒内，左手握护木，右手将附品筒盖朝外装入附品筒巢内。然后将通条插入通条孔内，并使通条头进入通条头槽。此时拉枪机数次，检查机件结合是否正确，扣扳机并关保险。

⑦装上弹匣：左手握护木，枪面稍向左；右手握弹匣，将弹匣口前端插入结合口内，扳弹匣向后到定位。

四、爱护武器和排除故障

轻武器是单兵的基本装备，是消灭敌人保存自己的重要物质基础，是国家的重要财产。为使其经常处于良好的战备状态，必须了解武器的保管和使用原则，并且学会一般故障的排除方法。

（一）爱护武器的要求

爱护武器、子弹（枪榴弹）是军官、士兵的重要职责，是一项经常性的战备措施，也是预防故障的有效方法。为此，必须做到：勤检查、勤擦拭、不碰摔、不生锈、不损坏、不丢失。如发现机件损坏、丢失，应及时送修或请领，使武器经常保持完好状态。

（二）保管使用规则

1. 武器和子弹应放在安全、干燥以及通风的地方。在营房内，应放在枪架上，送回击锤，关上保险，表尺转轮定在表尺"3"上。刺刀（匕首）应装在刀鞘内。在居民地宿营时，不得将武器和子弹（枪榴弹）放在门窗附近。

2. 行军作战和训练时，应尽量避免武器碰撞和沾上污物。长时间射击时，应及时向枪机上涂油。乘车（船）时，应将武器妥善保管，防止碰撞和丢失。

3. 在潮湿和沿海地区，应特别注意防止机件和子弹（枪榴弹）生锈。在风沙较多的情况下，应防止灰尘进入枪。在炎热季节，应尽量避免长时间曝晒。

4. 教练弹和实弹严禁混放在一起，严禁用实弹当教练弹操练使用。分队不准存有待修及废品枪弹。

（三）擦拭上油

1. 擦拭的时机和要求

实弹射击后，应用浸透油或碱水（肥皂水）的布将武器上的烟渣和污垢擦拭干净，并用干布擦干后上油，在以后三至四天应每天擦拭一次。在训练和演习后，应适时地用干布和油布擦拭。不经常使用时，每周至少擦拭一次。在严寒的室外将枪带到室内时，等水珠出现后擦拭上油，被海水浸过或遭毒剂和放射性物质沾染后应先用淡水冲洗后擦拭。擦拭上油后，应放在通风干燥处晾干，严禁火烤和曝晒。

2. 擦拭上油的方法

擦拭前，应分解武器，准备好擦拭工具。结合通条时将通条从附品筒的大圆孔穿过小固孔，再将附品筒盖套在通条上作为枪口罩，拧紧擦拭杆。然后用镜子穿过附品筒和通条头上的圆孔，固定住通条。擦拭塑料部件时，不需要涂油，只需要将其擦拭干净即可，如图7-17所示。

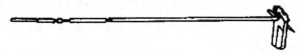

图7-17 结合好的通条

（1）擦拭枪膛肘，把布条缠在擦拭杆活动部分，插入枪膛将附品筒盖套在枪口上，沿枪膛均匀地来回擦拭（弹膛应从后面擦拭）直到擦净，然后用布条或鬃刷涂油。

（2）擦拭导气箍和活塞筒时，用通条或竹（木）杆缠布擦拭，擦净后涂油。

（3）擦拭其他机件时，应先擦净表面的烟渣污垢。对孔、沟和槽等细小部位可用竹（木）签缠布进行擦拭，然后薄薄地涂上一层油。

（四）检查

（1）检查外部：金属部分是否无污垢、锈痕和碰伤；各部机件号码是否一致；

（2）枪膛是否有污垢、生锈和损伤。

（3）查机能：将装有教练弹的弹匣装在枪上，拉送枪机（套筒）数次，检查送弹、闭锁、击发、退壳和保险的机能是否正确。

（4）检查附品和子弹：附品是否完好；子弹有无锈蚀、凹陷和裂缝，弹头是否松动。

五、预防和排除故障

（一）预防故障的措施

1. 严格按规则爱护保管和使用武器、子弹（枪榴弹）。有毛病的机件应及时送修或更换，有问题的子弹（枪榴弹）不准使用。

2. 战斗中应抓紧战斗间隙擦拭武器。来不及擦拭时，应向活动机件注油，或调整调节塞增大火药气体的压力。

3. 在寒冷的条件下使用武器时，不能过多上油，以防冻结，影响机件的活动。在寒区，入冬后应换用冬季枪油，并彻底清除夏用枪油。在装子弹前，应将栓机拉送数次或向活动部分注少量汽油酒精或者煤油。

（二）排除故障方法

若射击中发生故障，通常拉枪机（套筒）向后，重新装弹继续射击。若仍有故障，应迅速查明原因予以排除。排除不了应迅速向指挥员报告,以保证及时完成射击任务,如表 7-2 所示。

表 7-2 故障排除

故障现象	发生原因	排除方法
不送弹	1. 单匣过脏或者损坏 2. 机件过脏、枪机后退不到位	1. 擦拭过脏机件 2. 更换弹匣
不发火	1. 子弹底火失效 2. 击锤簧弹力不足或者机针损坏	1. 更换子弹 2. 更换击针或者击锤簧
不退壳	1. 子弹、枪机、机匣、弹膛以及火药气通路过脏,枪机后退不到位 2. 抓弹钩过脏或者损坏	1. 捅出弹壳 2. 擦拭过脏机件 3. 更换抓弹钩 4. 调整节气塞的位置
断壳	1. 子弹有问题 2. 弹膛过脏	1. 将取壳器放入弹膛,送枪机到定猛拉枪机取出断壳 2. 擦拭弹膛并涂油
枪机未前进到定位	1. 弹膛、机匣、枪机以及复进机过脏或枪油凝结 2. 子弹或者弹匣口变形	1. 推枪机到定位 2. 擦拭过脏机件 3. 更换子弹或弹匣
不抛壳	1. 火药气体通路过脏 2. 机件过脏,枪机后退不到定位	1. 卸下弹匣,取出弹壳 2. 擦拭过脏机件
不连发	1. 调节塞装定不正确 2. 导气箍、枪机以及机匣过脏	1. 正确装定调节塞 2. 擦拭过脏机件

第二节　简易射击学理

一、发射与后坐

（一）发射及其过程　发射是指火药气体压力将弹头从膛内推送出去的现象,过程是击针撞击子弹底部,使起爆药发火。火焰通过导火孔引燃发射药,产生大量火药气体在膛内形成很大的压力,迫使弹头脱离弹壳。沿膛线旋转加速前进,直至推出枪口。发射过程时间及其短促,现象复杂,整个过程可分为四个阶段,如图 7-18 所示。

第一阶段（准备阶段）：由发射药开始燃烧至弹头开始运动时停止。在此阶段中,发射药在密闭的空间内（弹壳内）燃烧并产生气体,气体逐渐增大,使压力逐渐增大,当气体压力足以克服弹头运动阻力（弹壳口对弹头的摩擦力及阻止弹头嵌入膛线的拉力）时弹头即从静止转为运动,脱离弹壳,嵌入膛线。弹头完全嵌入膛线所需要气体压力,称为起动压力。各种枪的起动压力为 250~500 千克/平方厘米。

第二阶段（基本阶段）：自弹头开始运动到发射药燃烧完为止。在此阶段内,发射药在迅速变化的体积内燃烧,膛内压力随气体的增加迅速加大,弹头运动速度随之加快。当弹头

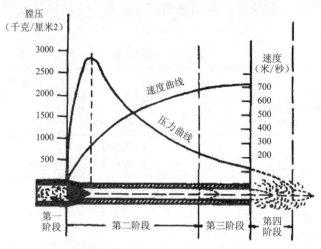

图 7–18 发射的四个阶段

在膛内前进 6～8 厘米时，膛内的压力最大，或压力称为最大膛压。各种枪的最大膛压为 1 400～3 400 千克/平方厘米。由于弹头加速前进，使弹头后面的空间迅速扩大，扩大的速度超过气体增加的速度，因而压力开始下降，但到发射药燃完毕时，火药气体仍保持一定的压力，而弹头的速度随着火药气体对弹头作用时间的增长还在不断增加，使弹头继续加速前进。

第三阶段（气体膨胀阶段）：自发射药燃烧完到弹头底部脱离枪口前切面时止。在此阶段内，弹头是在高压灼热气体膨胀作用下运动的。虽然没有新的火药气体产生，但原有的气体存有大量的能量，继续作功使弹头加速运动，直至脱离枪口。弹头脱离枪口瞬间的气体压力，称为枪口压力。多种武器的枪口压力为 200～600 千克/平方厘米。

第四阶段（火药气体作用的最后阶段）：自弹头底部脱离抢口前切面时起到火药气体停止对弹头作用时止。弹头飞出枪口时，火药气体形成一段气流，从膛内喷出，其速度比弹头速度大得多，因此，在距离枪口一定距离上（多种枪为 5～50 厘米），火药气体仍继续对弹头底部施加压力，并加大弹头的运动速度，直至火药气体压力与空气阻力相等时为止。此时，弹头飞行的速度最大。

从发射的四个阶段可知，膛压的变化规律是：从小极具增大，然后逐渐下降。弹头速度的变化规是：由静止到运动，由慢到快，始终是加速运动。

（二）后坐是指发射时，武器向后运动的现象。

1. 后坐的形成

发射药燃烧时产生的气体同时作用于各个方向，作用于膛壁周围的压力被膛壁所抵消；向前作用于弹头后部的压力推送弹头前进；向后作用于弹壳底部的压力经过枪机传给整个武器，使武器向后运动，形成后坐。武器的后坐和弹头的运动是同时开始的，在弹头脱离枪口瞬间，大量的火药气体随弹头后部从膛内向外喷出形成了反作用力，使武器后坐更加明显，如图 7–19 所示。

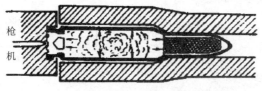

图 7-19　后坐的形成

2. 后坐对命中的影响

后坐对单发（连发首发）射击的命中影响极小，因为弹头在膛内运动的时间极短（约千分之一秒），并且枪比弹头重得多（95 式自动步枪 786 倍，95 式班用轻机枪 940 倍），所以弹头在脱离枪口以前，枪的后坐距离只有 1 毫米多，而且是正直向后运动。加之衣服和肌肉的缓冲，射手是感觉不出来的。射手感觉到的后坐主要是弹头在脱离枪口的瞬间，火药气体猛烈向枪口外喷出形成的反作用力造成的。此时弹头已脱离枪口，因此后坐对单发射击的命中影响极小，如图 7-20 所示。

图 7-20　对命中的影响

后坐对连发射击的命中有一定的影响，因为连发射击时第一发子弹发射后由于枪的明显后坐变动了原来的瞄准线，所以对第二发以后的射弹命中有一定的影响。但只要射手持枪要领正确，适应连发射击时后坐的规律就能减小后坐对连发命中的影响，提高射击精度。

二、弹道形状及其实用意义

（一）弹道

1. 弹道及其形成

弹道是指弹头运动过程中其重心所经过的路线。

弹头脱离枪口后，如果没有地心引力和空气阻力的作用，它将保持其所获得的速度，沿着发射线无止境地匀速直线飞行，如图 7-21 所示。

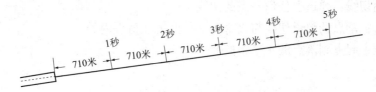

图 7-21　在没有地心引力和空气阻力的作用下

实际上，弹头在空气中飞行一方面受到地心引力的作用，逐渐下降；一方面受到空气阻力的作用，越飞越慢。因此形成了一条不均等的弧线，升弧较长较直；降弧较短较弯曲，如图 7-22 所示。

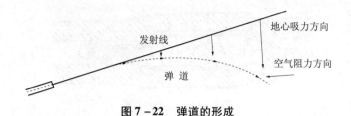

图 7-22 弹道的形成

2. 弹道的基本要素（图 7-23）

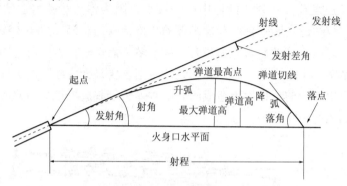

图 7-23 弹道的基本要素

（1）起点：火身口中心点（外弹道开始点）。
（2）火身口水平面：通过起点的水平面。
（3）射线：发射前火身轴线的延长线。
（4）射角：射线与火身口水平面所夹的角。
（5）发射线：发射瞬间火身轴线的延长线。
（6）发射角：发射线与火身口水平面所夹的角。
（7）发射差角：发射线与射线所夹的角，发射线高于射线时，发射差角为正；低于射线时，发射差角为负；相重合时，发射差角为零。
（8）落点：弹道降弧与火身口水平面的交点（射表落点）。
（9）升弧：由起点到弹道最高点的弹道。
（10）降弧：由弹道最高点到落点的弹道。
（11）弹道高：弹道上任何一点到火身口水平面的垂直距离。
（12）最大弹道高：弹道最高点到火身口水平面的垂直距离。
（13）弹道切线：弹道上任何一点的切线。
（14）落脚：落点的弹道切线与火身口水平夹角（射表内的）。
（15）射程：起点到落点的水平距离。

（二）直射

1. 直射和直射距离

瞄准线上的弹道高在整个表尺距离上不超过目标高的射击，称为"直射"，这段表尺距离称为"直射距离"，如图 7-24 所示。

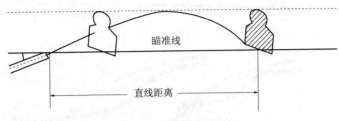

图 7-24　直射和距离

2. 直射距离的大小

直射距离的大小决定于目标的高低和弹道的低伸程度，目标越高，弹道越低伸，直射距离就越大；目标越低，弹道越弯曲，直射距离就越小。

3. 直射的实用意义

射击直射距离内的目标，瞄准目标下沿。不变更表尺分划即可进行连续射击，以增大战斗射速，提高射击效果。

（三）危险界、遮蔽界和死角

1. 危险界

危险界分为表尺危险界和实地危险界。

瞄准线上的弹道高没有超过目标高的部分，成为表尺危险界。多数射击情况下，依靠弹道降弧杀伤目标，即在落点附近杀伤目标（如目标距离不大，就可用直射距离杀伤目标）。这样，升弧部分所构成的危险界就没有实用意义。所以，通常把弹道降弧部分在瞄准线上的高度没有超过目标高的一段距离，称为标尺危险界。

在实际地形上弹道高没有超过目标高的一段距离，称为实地危险界。

决定实地危险界大小的条件如下。

（1）弹道低伸程度：对同一地形上的同一目标射击时，弹道越低伸，实地危险界就越大；反之越小，如图 7-25 所示。

图 7-25　弹道低伸

（2）目标高低：用同一武器对同一地形上的不同目标射击，目标越高，实地危险界越大；反之越小，如图 7-26 所示。

图 7-26　目标高低

(3) 目标所在位置的地貌：用同一武器对同一种目标射击，目标所在位置的地貌与弹道形状越相一致，实地危险界越大；反之越小，如图 7-27 所示。

图 7-27　目标位置及地貌

2. 遮蔽界和死角

从弹头不能射穿的遮蔽物顶端到弹着点的一段距离称为"遮蔽界"；目标在遮蔽界内不会被杀伤的一段距离，叫做"死角"。遮蔽界内包含死角和危险界，如图 7-28 所示。

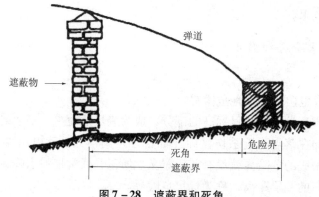

图 7-28　遮蔽界和死角

遮蔽界和死角的大小是向遮蔽物的高低和落角的大小决定的，死角的大小还决定于目标的高低。

(1) 同一弹道的同一目标，遮蔽物越高，遮蔽界和死角就越大；反之越小，如图 7-29 所示。

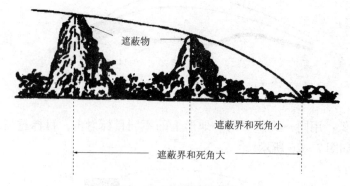

图 7-29　同弹道同目标

(2) 同一遮蔽物的同一目标，落角越小，遮蔽界和死角就越大；反之越小，如图 7-30 所示。

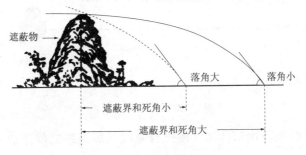

图 7–30　同遮蔽物同目标

（3）同一遮蔽物的同一弹道，目标越高，死角越小；反之越大，如图 7–31 所示。

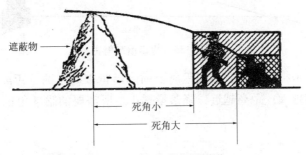

图 7–31　同遮蔽物同弹道

危险界、遮蔽界和死角的实用意义：懂得了危险界、遮蔽界和死角，在战斗中就能更好地隐蔽身体，发扬火力，灵活地利用用地形地物，隐蔽的运动、集结和转移，以避开或尽量减少敌火力的杀伤。

在组织火力配系时，就能正确地选择射击位置和组织火力，千方百计地力求增大危险界和减少射击地带内的遮蔽界和死角，并善于运用弯曲弹道和各种武器的侧射、斜射火力消灭隐蔽在遮蔽界和死角内的敌人。

附注：

表尺危险界的计算公式——

（1）表尺危险界 =（目标高 × 1000）/落角（密位）

（2）表尺危险界 = 目标高 × 危险界系数

实地危险界的计算公式：

实地危险界 =（目标高 × 1000）/命中角

命中角 = 落角 ± 地形倾斜角 −（± 高低角）

（正斜面地形倾斜角加，反斜面地形倾斜角减）

三、选定表尺分划和瞄准点

（一）瞄准具（镜）的作用

由于地心引力和空气阻力的作用，如果用枪管（筒身）瞄向目标射击，子弹就会打低打近，如图 7–32 所示。

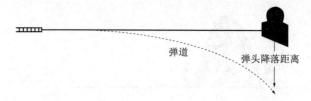

图 7-32 枪口水平射击

为了命中目标，必须将枪口抬高。使火身轴线与瞄准线之间形成一定的角度，即瞄准角，如图 7-33 所示。

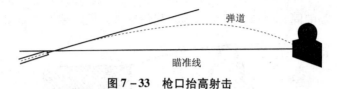

图 7-33 枪口抬高射击

瞄准角的大小，是根据射弹在不同距离上的降落量来确定的。距离越远，降落量越大，所需要的瞄准角也就越大；距离越近，降落量越小，所需要的瞄准角也就越小，如图 7-34 所示。

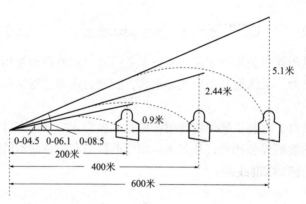

图 7-34 射击距离与瞄准角度关系

瞄准具（镜）就是根据上述原理设计而成的。由于缺口上沿到火身轴线的高度大于准星尖到火身轴线的高度，射击时是通过缺口上沿中央和准星尖的平正关系来对目标进行瞄准的，因此用瞄准具瞄准时就抬高了枪口。使火身轴线与瞄准线之间构成了一定的瞄准角，如图 7-35 所示。

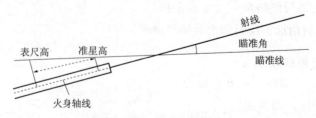

图 7-35 瞄准角的构成

表尺位置高，瞄准角就大，相应的射击距离就远；表尺位置低，瞄准角就小，相应的射击距离就近。各种枪的表尺上都刻有不同的表尺（距离）分划。装定表尺距离分划，就是改变表尺的高低位置，实际上也就是装定瞄准角。

由此可见，瞄准具的作用，就是对一定距离上的目标射击时赋予武器相应的瞄准角和射向。射击时，只要按照目标的距离装（选）定相应的表尺分划瞄准射击就能命中目标。因此正确地选定表尺分划，对准确命中目标有着决定性意义。

（二）瞄准的基本要素

（1）瞄准基线：缺口的上沿中央到准星尖的直线线段，如图 7-36 所示。

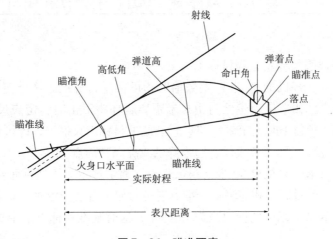

图 7-36 瞄准要素

（2）瞄准线：视线通过缺口上沿中央和准星尖的延长线。

（3）瞄准点：瞄准线所指向的一点。

（4）瞄准角：射线与瞄准线的夹角。

（5）高低角：瞄准线与火身口水平面的夹角（目标高于火身口水平面时，高低角为"＋"；目标低于火身口水平面时，高低角为"－"）。

（6）瞄准线上弹道高：弹道上任何一点到瞄准线的垂直距离。

（7）落点：弹道弧度与瞄准线的交点。

（8）弹着点：弹道与目标表面或地面的交点。

（9）命中角：弹着点的弹道切线与目标表面或地面所夹得角。命中角通常以小于 90 度的角计算。

（10）标尺距离：起点到落点的距离。

（11）实际射击距离：起点到弹着点的距离。

（三）选择表尺（瞄准镜）分划和瞄准点

为了使射弹准确地命中目标，射击时射于应根据目标的距离、大小和武器高度正确地选定表尺（瞄准镜）分划和瞄准点，如表 7-3 所示。

表 7–3　弹道高表

枪种	表尺 \ 距离/m (弹道高/cm)	50	100	150	200	250	300	350	400	450	500
半自动步枪	1	1	0	−7	—	—	—	—	—	—	—
	2	6	11	9	0	−16	—	—	—	—	—
	3	13	25	29	28	18	0	−29	—	—	—
	4	21	42	55	62	61	51	31	0	−48	—

方法如下。

（1）定实际距离表尺分划，瞄目标中央。

目标距离为百米（轻机枪50米）整数倍时，可根据目标的距离装定相应的表尺分划，瞄准点选在目标中央。如半自动步枪对100米距离胸环靶射击时，定表尺"1"；班用轻机枪对150米距离半身靶射击时，定表尺"1.5"。瞄准目标中央射击，即可命中目标中央。

（2）定大于或小于实际距离表尺，适当降低或提高瞄准点。

目标距离不是百米（轻机枪50米）整数倍时，通常选定大于实际距离的表尺分划。根据武器在该距离上的弹道高，相应降低瞄准点射击。如半自动步枪对250米距离胸环靶射击时，定表尺"3"，在250米处的弹道高为18厘米，这时瞄准目标下沿中央射击，即可命中目标中央。

也可选定小于实际距离的表尺分划。根据武器在该距离上的负弹道高，相应提高瞄准点射击。如半自动步枪对250米距离的头靶（高30厘米）射击时，定表尺"2"；在250米处的弹道高为16厘米。这时瞄准目标头顶中央射击，即可命中。

（3）定常用表尺分划，小目标瞄下沿且大目标瞄中央。

战斗中，对300米距离以内的目标射击时，通常定常用表尺（表尺"3"）分划。小目标瞄下沿，大目标瞄中央射击，即可命中。如半自动步枪定常用表尺对300米以内人胸目标（高50厘米）射击时，瞄目标下沿，则整个瞄准线上最大弹道高为31厘米。没有超过目标高，目标在300米距离内都会被杀伤。

在战场上，目标出现突然，大小暴露不一且距离不断变化。用此种方法，对300米以内的目标不需要变更表尺分划即可实施射击，可以争取时间，并提高战斗射速，增大射击效果。因此该办法在实践中有着重要的实用意义，是战斗中常用的一种方法。

（四）观察弹着和修正偏差

射击时，由于测距、瞄准的误差和外界条件对射击的影响，以及射手操作不正确等原因会使射弹产生偏差。因此射手应注意观察弹着，及时修正偏差，以提高射击效果。

（1）观察弹着

观察弹着时，应根据射弹击起的尘土、水花的位置，曳光迹和目标状况的变化等情况，判断射弹是否命中目标或偏差量的大小。

(2) 修正方法

发现偏差时，应认真分析找出原因，正确地进行修正。如是武器和风造成的偏差，偏差多少就修正多少。修正时应以预期命中点为准，向偏差相反的方向修正。

· 修正方向偏差，用改变瞄准点的方法修正（安装定横表尺），射弹偏右，瞄准点（横表尺）向左修正；射弹偏左，瞄准点（横表尺）向右修正。用横表尺修正时，瞄准点不变。

· 修正高低偏差，用提高、降低瞄准点或增减表尺分划的方法修正。射弹偏高时，降低瞄准点或减少表尺分划；射弹偏低时，提高瞄准点或增加表尺分划。

四、风、气温和阳光对射弹的影响及修正

(一) 风对射弹的影响以及修正

风是一种具有速度和方向的气流，能改变射弹的飞行方向和距离。在各种外界条件中，风对射弹的飞行影响最大。因此必须准确地判定风向和风力，根据风对射弹的影响进行修正，以保证射弹准确命中目标，如图 7-37 所示。

1. 风向和风力的判定

(1) 风向的判定，按风吹的方向和射击方向所形成的角度可分为横风、斜风和纵风。横风为从左或右与射向成 90°吹的风。

斜风为与射向成锐角（小于 90°）吹的风，射击时通常按与射向成 45°角的风计算。

纵风为从后或前与射向平行吹的风，顺风向吹的风为顺风；逆风向吹的风为逆风。

(2) 风力的判定，风力按其大小分为强风、和风和弱风。风力的大小，可用测风仪等器材测量，也可根据人的感觉和常见物体被风吹动的景况来判定，如表 7-4 所示。

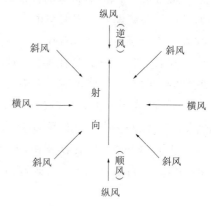

图 7-37 方向示意图

表 7-4 风力（风速）判定

风力			人的感觉	常见的物体现象			
区分	级别	速度		树	旗帜	烟	海面、渔船
弱风	2 级	2~3 米/秒	面部和手稍感到有风	灌木丛、细树枝和树叶微动并沙沙作响	微动并稍离开旗杆	微被吹动	有小波，船身摇动帆基本正直
和风	3~4 级	4~7 米/秒	明显地感到有风，吹过耳边时鸣鸣响，面对风可睁开眼	灌木摆动，树上的细枝被吹弯，树叶剧烈地摆动	展开飘动	被吹斜约成 45°	有轻浪，船身摇动明显，船帆倾向一侧

续表

风力			人的感觉	常见的物体现象			
区分	级别	速度		树	旗帜	烟	海面、渔船
强风	5~6级	8~12米/秒	迎面站立或行走，明显地感到有阻力，尘土飞扬，面对风感到睁眼困难	树干摆动，粗枝被吹弯	飘成水平状态，并哗哗作响	被吹成水平状态，并被吹散	有大浪，浪顶的白色泡沫很多，船身常被风吹离浪顶

为了方便记忆和运动，将风力判定归纳成如下口诀：风力有大小，和风作比较。迎风能睁眼，耳听呼声响，炊烟成斜角，草弯树枝摇，海面轻起浪，满帆倾一方。强风比它大，弱风比它小。

2. 风对射弹的影响及修正

（1）横（斜）风对射弹的影响及修正

横（斜）风能对弹头的侧面施以压力，使射弹偏向一侧，产生方向偏差（斜风还能使射弹产生距离偏差，因偏差很小，故不考虑）。风力越大，距离越远，偏差就越大。风从左吹来，射弹偏右；风从右吹来，射弹偏左。

在射击时，为了使射弹准确地命中目标，必须根据射弹受风影响的偏差量将瞄准点和风吹来的方向修正。修正时，以横方像的和风修正量为准，强风加一倍；弱风减一半。斜方向的强（和/或弱）风，应按横方向的强（和/或弱）风的修正量减一半。修正量从预期命中点算起，偏差多少，就修正多少。

为运用方便，将在横及和风条件下，对400米内的目标射击时的瞄准景况归纳为"一百不用修，二百瞄耳线，三百瞄边沿，四百边接边"，如图7-38所示。

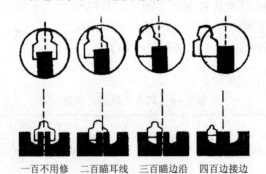

一百不用修　二百瞄耳线　三百瞄边沿　四百边接边

图7-38　方向影响及修正

（2）纵风对射弹的影响及修正。纵风能影响射弹的飞行距离。顺风时，空气阻力减小，使射弹打远（高）；逆风时，空气阻力增大，使射弹打近（低）。但在近距离内风速为10米/秒以下时，纵风对射弹影响很小，一般可不修正。

（二）阳光对瞄准的影响及克服方法

1. 阳光对瞄准的影响

在阳光下瞄准时，由于阳光照射作用，缺口部分产生虚光形成3层缺口，如图7-39所示,上层为虚光部分;中层为真实缺口;下层为黑实部分。如不注意辨清真实缺口位置,就容易产生误差,使射弹产生偏差。

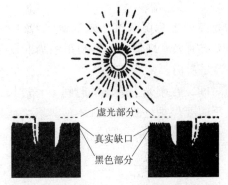

图7-39 缺口部分产生虚光形成三层缺口

若用虚光上沿瞄准,射弹偏向阳光照来的方向。阳光从右上方照来时,缺口左边和上沿产生虚光。用虚光部分瞄准,准星实际上偏右高,因此射弹偏右上;阳光从左上方照来时,射弹则偏左上,如图7-40所示。

图7-40 用虚光上沿瞄准时的影响

若用黑实部分进行瞄准,射弹偏向阳光照来的相反方向。阳光在右上方照来时,用黑实部分瞄准,准星实际上偏左低。因此,射弹偏左下。阳光在左上方照来时,射弹则偏右下,如图7-41所示。

图7-41 用黑实部分瞄准时的影响

在阳光照射下，缺口与准星尖同时产生虚光时，若用虚光上沿瞄准，射弹偏低；若用黑实部分瞄准，射弹偏高。

2. 克服的方法

（1）可在不同方向的阳光照射下练习瞄准，采取遮光瞄准不遮光检查或不遮光瞄准遮光检查的方法反复练习，确实辨清真实缺口的位置和正确瞄准景况。辨别真实缺口的简易法为不用黑，不用白，真实缺口是灰白。

（2）缩短阳光下瞄准的时间，在阳光下瞄准的时间不宜过长，以免眼花而产生误差。

（3）注意保护瞄准具，平时要保护好瞄准具，不使其磨亮而反光。

（三）气温对射弹的影响及修正

1. 气温对射弹的影响

气温就是空气的温度。它随着天气的炎热和寒冷而变化。气温变化时，空气密度也会随着改变，对射弹的阻力也就不同。因而影响射弹的飞行速度，时弹道形状发生变化。

气温升高时空气密度减小，射弹飞行中受到的空气阻力就小，射弹就打得远（高）；气温降低时空气密度增大，射弹在飞行中受到的空气阻力就大，射弹就打得近（低）。

2. 修正方法

由于各地区和各季节的气温的不同，很难与标准气温（+15℃）条件相符。因此应在当地的气温条件下校正武器的射效，并以校正射效时的气温条件为准。射击时，若气温差别不大，在400米内对射弹命中的影响较小，不必修正；若气温差别很大或对远距离目标射击时，应适当提高或降低瞄准点射击。气温降低时，提高瞄准点或增加表尺分划；气温升高时，降低瞄准点或减小表尺分划。例如，半自动步枪在200米距离上，气温每相差10℃，距离误差为4米，高低误差为0.01米。

（四）高低角对射弹的影响及修正

1. 高低角对射弹的影响

射击时，当目标高于或低于火身口水平面时，就产生了高低角。在有高低角的条件下射击时，射弹就会打远（高）。这主要是重力和分力对弹道曲度的影响减小的缘故。

作用于射弹重心的地心吸力永远是垂直向下的。当高度角变化时，地心吸力的方向与弹道切线所成的角发生了变化，从而使地心吸力对射弹的作用也发生了变化。随着高低角（绝对值）的逐渐增大，地心吸力的方向与弹道切线（速度的矢量）之间的角度就逐渐减小。地心吸力作用于射弹离开发射线的弹道变得更加低伸，斜距离大于水平射程。因此射弹就打的缘（高）。

2. 修正方法

各种枪在高低角不超过±20度的条件下射击时，弹道形状变化很小，用同一瞄准角射击，其斜距离约与水平射程相等。如定表尺"5"，水平射程为500米；高能角为±20度时，斜距离为518米至521米之间，与水平射程相差18米至21米，因此不必修正。高低角超过±25度射击时，可根据高低角对射弹影响的大小，适当地减小表尺分划或降低瞄准点。如高低角为±35度，射击距离为500米时，距离修正量为60米至70米，可减去半个表尺分划或降低瞄准点射击。

第三节　射击动作和方法

一、验枪

验枪是一项保障安全的重要措施，使用武器前后必须验枪。验枪时认真检查枪膛、弹匣及教练弹中有无实弹，并且应注意严禁枪口对人，杜绝各类事故发生，如图 7-42 所示。

口令为"验枪"和"验枪完毕"。

动作要领为听到"验枪"口令后，以右脚掌为轴。身体半面向右转，左脚顺势向前迈出一步（两脚约与肩同宽）；同时右手放开枪背带，枪自然下落，移握大握把，将枪向前送出。左手接握下护盖，枪托夹于右胁与右大臂之间，枪口约与肩同高。左手大拇指按压快慢机柄打开保险，移握弹匣，大拇指按压弹匣卡笋，卸下弹匣，弹匣口向上交给右手握于大握把左侧，左手食指或中指向前扣住机柄。

当指挥员检查时，拉枪机向后，验过后，自行送回枪机，装上弹匣，扣扳机关保险，左手移握下护盖。

听到"验枪完毕"的口令后，左手反握护盖，右手移握右肩前背带，身体半面向左转，在右脚靠拢左脚的同时，两手协力恢复肩枪姿势。

图 7-42　验枪

二、装、退子弹及定复表尺

1. 向弹匣内装填子弹

口令为"装填弹匣"和"起立"。

动作要领为听到"装填弹匣"口令后，右手移握护木，使枪口向前。背带从肩上脱下，同时左脚周前迈出一步。右膝向左跪下，臀部落在右脚跟上。右手将枪置于左腿内侧枪面向里靠于右肩，右手从弹匣内取出空弹匣。弹匣口向上，挂耳向左前交给左手。右手取子弹使弹底向左前放在弹匣口上，两手协力将子弹压入弹匣内。装好后将弹匣装入弹袋内并扣好，左手扶左膝，右手握上护木并目视前方。

听到"起立"口令后，全身协力迅速起立；同时左脚尖向外打开，左手反握护木，虎口相对将枪倒置于胸前。右手拇指挑起背带，右脚靠拢左脚的同时两手协力将枪送上右肩，恢复肩枪姿势。

2. 卧姿装、退子弹及定复表尺

口令为"卧姿—装子弹"和"退子弹—起立"。

动作要领为听到"卧姿—装子弹"的口令后，右手移握护木使枪口向前（背带从肩膀上脱下）。左脚肉右脚尖前迈出一大步，右手在左脚前着地。顺势卧倒，以身体左侧和左肘支持全身。右手将枪向目标方向送出同时两腿伸直，左手接握下护木。枪面稍向左，枪托着地。右手卸下空弹匣，将空弹匣装入弹匣袋内并扣好。拇指打开保险，拉枪机送子弹上膛，关上保险。右手拇指和食指转动表尺转轮，使所需分划对正表尺座一侧定位点。然后右手移握握把，全身伏地。两脚分开约与肩同宽，身体右侧与枪略成一线。目视前方，准备射击。

听到"退子弹—起立"的口令后，稍向左侧身，右手卸下实弹匣交给左手，打开保险，拇指慢拉枪机向后,余指接住从膛内退出的子弹并送回枪机,将子弹压入弹匣内。解开弹袋扣,取出并换上空弹匣,把实弹匣装人弹袋内并扣好。扣扳机并关保险,移握上护木,将枪收回同时左小臂向里合。屈左腿于右腿下,以左手和两腿撑起身体。右脚向前一大步,左脚再向前一步。左手反握护木,虎口相对将枪倒置于胸前。右手拇指挑起背带,在右脚靠拢左脚时两手协力将枪送上右肩,恢复肩枪姿势。

三、据枪、瞄准、击发

据枪、瞄准和击发是互相联系及相互影响的动作,稳固的据枪、正确一致的瞄准和均匀正直的击发,三者正确的结合是准确射击的关键。因此必须刻苦练习,熟练掌握。

(一)依托物的选择

为获得更好的射击效果,应利用地物或构筑依托实施射击。依托物的高度应依射手的身体而定,一般为25-30厘米。依托物的内侧应陡些,在紧急情况下还要善于利用不同高度的依托物进行射击。

(二)卧姿有依托据枪、瞄准和击发

1. 据枪

下护木放在依托物上,身体与枪身略成一线。右手拇指将保险扳到所需位置,虎口向前握握把。食指第1节靠在扳机上,右肘尽量里合着地外撑。右大臂略成垂直,左手握弹匣(也可握护木或拇指贴于弹匣右侧,食指第3节内侧紧贴弹匣弯曲部,外侧轻靠依托物)。左肘着地外撑,两月才保持稳固。胸部微挺起,身体微前跟,上体自然下踏。使枪托确实抵于肩窝,头稍前倾且自然贴腮,如图7-43所示。

图7-43 据枪

为便于掌握,将其归纳为5个字,即正、握、定、抵和塌。

"正"即枪身与身体方要正,枪身与身体右侧略成一线,自然对向目标。

"握"即右肘内合,虎口对正握把,食指第1节靠在扳机上。用手掌肉厚部和其余四指合力握住握把,左手轻握下护木及弹匣。

"定"即右大臂内合,略成垂直。右肘里合着地前撑,左手虎口握弹匣内下稍用力。左胁着地外撑,两肘保持稳固支撑身体。

"抵"即抵肩,两手协力将枪托上2/3抵于肩窝。使枪托与肩窝紧密结合,形成一个整体,确保整个身体承受后坐力。

"塌"即胸部微挺身而出起,身体自然下塌,自然贴腮且头稍前伸。

常见错误为:

据枪时身体位置不正确、据枪时两脚内侧未着地、抵肩位置过高或过低,以及两手用力不当，强力控制枪晃动。

纠正方法如下。

（1）据枪时，身体右侧与枪身略成一线，两脚内侧着地。

（2）反复体会正确的抵肩位置，拿开右手，左手据枪。使枪保持原位，或用推摸的方法检查抵肩位置。

（3）在据枪时适当向后正直用力，使用力方向与后坐力方向一致，做到不推也不拉和不抬也不压。

2. 瞄准

瞄准定义为右眼通视缺口及准星，使准星尖位于缺口中央并与上沿平齐，瞄向瞄准点。即左右相等一般高，三点一线瞄目标。

动作要领为瞄准时应首先使瞄准线自然指向目标，未指向目标时，切忌用手或臂等局部力量迁就或扭转枪身，必须调整姿势或依托物的高低。修正方向时，左右移动身体或两肘；修正高低时也可前后移动身体或两肘里合与外张，也可调整依托物的高低。

正确的瞄准景况是准星与缺口的平正关系看得清清楚楚，而目标较模糊。

常见错误为将主要精力只用在准星与瞄准点的对准上，忽视了准星与缺口的平正关系。

3. 击发

击发时应做到正直、均匀和平稳，核心是轻轻压和慢慢扣，枪响于无意之中。常见错误如下。

（1）停止呼吸过早，造成憋气使肌肉颤抖。

（2）耸肩、眨眼和猛扣扳机。

纠正方法如下。

（1）当瞄准线接近瞄准点时应减缓呼吸；当指向瞄准点时应停止呼吸，这个过程要自然。未按正常情况停止呼吸时，应深呼吸后停止呼吸，重新开始。

（2）把主要精力集中在准星与缺口的平正关系上，达到自然击发。

第四节　实弹射击

一、实弹射击的有关规定和安全措施

实弹射击是射击训练的重要组成部分，包括体验性射击和检验性射击。通过实弹射击检查射击训练的效果，锻炼和检验受训者使用手中武器迅速并准确消灭各种目标的技能。

组织实弹射击必须严格按照教材的有关规定和射击条件，从实战需要出发，从难和从严进行。以锻炼射手独立自主地完成射击任务的能力并且防止各种事故的发生。

（一）射击场有关规定

实弹射击应在良好的天气条件下实施，实弹射击人员必须使用手中武器；否则须经上级领导批准。射手在射击时，必须按程序和步骤进行，听从指挥并服从安排。射手打错靶算脱靶。被打错者，如当时能判明打错的弹着即扣除；否则应扣除超过发射弹数的弹着。因武器和子弹不良发生故障，可重行射击，跳弹命中靶子不计算成绩。

单位成绩评定标准如下。
1. 优等：80%以上射手的成绩在及格以上，并有40%以上射手的成绩为优秀。
2. 良好：70%以上射手的成绩在及格以上，并有40%以上射手的成绩为优秀和良好。
3. 及格：60%以上射手的成绩在及格以上。

（二）射击场安全措施

射击场必须具备实弹射击条件和有可靠的靶档，并应避开高压电线和居民区等。为保障安全，在动用武器前后必须验枪，严禁枪口对人。不准将实弹和教练弹捆在一起，没有指挥员的口令严禁装填实弹，不得将已装实弹的武器留在任何地方或交给他人。

报靶时，严禁在射击地线摆弄武器或向靶区瞄准。

指挥员发出射击信号后，示靶人员应迅速且确实地隐蔽好，未经射击指挥员许可不得外出。若靶壕内发生特殊情况，应出示白旗或用其他规定的方法向射击指挥员报告。射手看到信号后，应立即停止射击并关闭保险。

实弹射击前应向全体人员明确规定各种信号，如开始射击、停止射击、戒严、报靶和射击终止等信号。

射击场应标示出发地线和射击地线，无关人员不得越过出发地线。

二、射击场的组织及主要人员

（1）射击指挥员

负责组织设置场地和派遣勤务，督促全体人员遵守射击场的各项规定和安全措施并指挥射击。

（2）示靶组

负责设靶、示靶和报靶。

（3）警戒组

负责射击场的警戒和观察任务，射击前应严密搜索并保证警戒区内无人员和牲畜；射击时严禁人员和牲畜进入警戒区。警戒区人员应携带警戒旗，发现险情应立即发出信号向指挥员报告。

（4）发弹员

按照指挥员的命令发给射手规定的子弹并收回剩余子弹；此外，还应有记录员和医务人员。

（5）信号（观察）员

根据射击指挥员的指示发出各种信号，并认真观察射击场的安全情况，发现险情立即报告。

三、设置场地

在靶场的两侧、出发地线和通向靶区的路口均以红旗标示警戒区。

1. 目标设置

设置目标应根据场地情况和射击的人数等情况确定相应的靶子数量和位置，通常由右至左排序（并在靶子右上角注明序号）。靶子之间的间隔一般取3米为宜，并尽可能高度一致。在靶壕靠近射手一方，整组目标的中间位置插上一小红旗以示靶壕地段；在靶壕地段旗的正后方设置靶壕红色和白色信号旗。

2. 设置出发地线和射击地线

出发地线是射手做好射击前各项准备工作的界限（限制无关人员接近射击地线），应距射击地线20米以上，并有明显的标记。射击地线按规定的距离确定在与靶壕平行的直线上，并按靶子右上角的序号设置靶位牌。在射击地线和出发地线的中间与靶壕地段旗的相对应位置设置地段旗。

3. 标示射击指挥员和勤务人员的位置

射击指挥员的位置设在射击场中央距出发地线10米左右，其后方相应位置分别设置信号员、记录员、医务人员、发弹员和修械员位置，如图7-44所示。

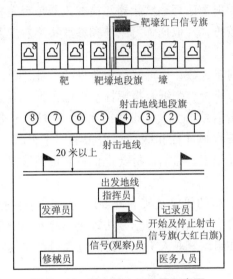

图7-44 基本射击场设置示意图

四、报靶的方法

报靶杆圆头（直径为15~20厘米，一面红或黑；一面白）放在靶板（靶子）的不同位置表示环数，如图7-45所示。

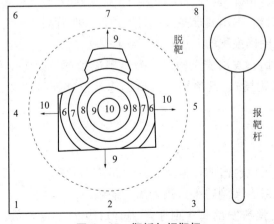

图7-45 靶板与报靶杆

左下角为 1 环、正下方为 2 环、右下角为 3 环、左中间为 4 环、右中间为 5 环、左上角为 6 环、正上方为 7 环且右上为 8 环。

在靶板（靶子）中央上下移动为 9 环，在靶板（靶子）中央左右摆动为 10 环，围绕靶板（靶子）画圆圈为脱靶。

为了报出弹着点的偏差，报出环数后将报靶杆圆头放在靶子中央（白面朝外），然后慢慢向偏差方向（弹着点）移出靶板（靶子）两次。

五、其他准备工作

1. 准备弹药

实弹射击前应组织指导射手认真擦拭武器并检查武器是否完好，若武器机件有缺损，应及时修复。必要时应进行校枪，并根据练习条件和参加实弹射击人数准备好弹药。

2. 准备各种器材

根据练习条件和每组射击人数，拟订好所需器材的准备计划，然后具体组织落实。实弹射击需要准备的器材主要有靶板、靶纸及报靶杆；靶位号牌、射击位置号牌和勤务，人员位置标示牌；开始及停止射击信号旗（大红旗和白旗）、警戒旗、指挥旗、出发地线小旗和射击地线地段旗；信号枪、信号弹（红和绿）或警报器；小喇叭；指挥员及各种勤务人员袖章；望远镜、秒表和成绩登记表；通信器材（电话机和电话线等）。

3. 培训勤务人员

根据《轻武器射击》教材的要求及实际需要确定射击场各种勤务的人数和人员，并进行分工和明确各自职责。按射击条件和报靶方法教会示靶员示靶和报靶，明确其有关规定，组织报靶员进行实际演练并组织警戒人员熟悉警戒位置与警戒区域。

4. 射击编组

根据参加射击的人数和靶位数拟定射击编组计划，确定各组名单和组长。

六、实弹射击的实施步骤

（一）射击准备

部队到达射击场后，指挥员应做好的几项工作为清点人数并检查武器弹药和各种器材的携带情况；下达课目、提出要求并宣布射击条件；明确射击的有关规定、注意事项和射击场有关人员的职责；明确报靶的方法并规定各种信号；宣布射击编组名单；派出警戒，警戒到位并搜索警戒区域后，发出安全信号；命令靶壕指挥员组织示靶员设靶（也可在部队到达之前组织人员设好靶场），其他勤务人员迅速就位并履行职责；视情况发出准备射击信号。

（二）射击实施

靶壕竖起红旗发出可以射击的信号后，指挥员应令信号员发出"开始射击"的信号并竖起红旗，指挥第 1 组射手（副射手）进入出发地线。

命令发弹员按规定弹数发给每个射手子弹，口令为"发弹员，发给每名射手×发子弹"。射手领到子弹检查后装入弹匣，放进弹袋内并扣好（有副射手的武器由副射手领弹和检查)。

在出发地线为每个射手规定射击位置和射击目标，如"第×名，在×号位置，射击×号目标"。

指挥员下达"向射击地线前进"的口令，射手（副射手）前进到射击地线后对正自己的射击位置，自行立定。然后下达"卧（立）姿装子弹"的口令，射手（副射手）按口令和要领装子弹并定表尺，做好射击准备即可射击。

规定的射击时间已到，指挥员即下达"停止射击"的口令，射手听到口令应立即停止射击。然后指挥员下达退子弹的口令，射手按指挥员的口令退子弹或退子弹起立。

指挥员下达"验枪"、"自行检验"和"验枪完毕"口令，地段指挥员应严格检查，逐个验枪并收缴剩余子弹。验枪后，下达"以第×名射手为准－－靠拢"口令，射手应跑步靠拢，然后命令组长按规定路线带到指定地点座谈射击体会或观摩。

指挥员发出报靶信号，信号员竖起白旗并通知靶壕检靶。靶壕指挥员命令竖起白旗后，组织示靶员检靶和报靶。

其余各组按上述方法依次进行，直到射击完毕。

未轮到射击的各组由射击场指挥员指定负责人在预习场地组织预习或在指定地点原地待命。

(三) 射击结束

射击终止时，应做好以下工作。

1. 严格组织射手验枪（弹）和收缴剩余子弹。
2. 发出射击结束的信号。
3. 清理现场，收拢器材，检查武器、装备和器材有无丢失与损坏。
4. 将部队带到预定集合地点，由指挥员宣布射击成绩并讲评射手及部队在整个射击过程中的优缺点和遵守纪律的情况，提出改进的意见。
5. 提出回营房途中和擦拭武器的要求。
6. 向上级报告实弹射击情况。

第八章 战术

战术是指导和进行战斗的方法，主要包括战斗基本原则及战斗部署、协同动作、战斗指挥、战斗行动、战斗保障，以及后勤保障和技术保障方面的方法。

战术是军事学术的组成部分，反映了战斗的规律。战术从属于战略和战役，又对战略和战役的发展产生一定的影响。军事技术、士兵素质、军队组织编制、训练水平、民族特点和地理等条件都会影响战术的产生和发展，其中军事技术和士兵素质具有决定作用。而战术，特别是现代战术又促进了军事技术的发展和人员素质的提高。

战术有一般规律，但不同历史阶段、不同战争性质、不同国家和民族，战术各有其特殊规律；战术的运用也在不同地域、不同战争阶段和不同战斗规模的情况下有所不同。在一定的客观物质基础上，根据时机、地点、部队等情况灵活地运用和变换战术，对夺取战斗胜利具有重要意义。

第一节 战斗类型和战斗样式

根据战斗展开的空间、地形和天气条件等影响因素的不同，战斗类型有地面战斗、海上战斗和空中战斗；有一般地形和气象条件下的战斗和特殊地形、气象条件下的战斗；有昼间战斗和夜间战斗；有单一兵种战斗和诸军种及兵种的合同战斗；根据军种的不同，分为步兵战斗、海军战斗、空军战斗。

本节主要介绍步兵的战斗类型和战斗样式。

一、战斗类型

步兵战斗类型是战斗类型中基本分类的一种，战斗的基本类型是进攻和防御。

（一）进攻战斗

进攻战斗是主动进击敌人的战斗，是战斗的基本类型之一。按照敌人的行动性质和态势，分为对防御之敌的进攻战斗、对驻止之敌的进攻战斗和对运动之敌的进攻战斗。步兵连通常在上级编成内担任第1梯队，在主要方向上担任主攻，或在辅助方向上实施助攻。也可担任第2梯队（预备队），主要用于增强突击力量发展第1梯队的战果，有时也担任穿插或破障分队。

进攻战斗的基本原则如下。

1. 周密组织，充分准备

为了保证不失时机歼灭敌人，必须迅速周密地进行战斗准备。指挥员受领任务后应该考虑最困难和最复杂的情况，深入进行战斗准备。准备过程中既要抓住重点并简化程序，又要严守秘密，严密伪装并加强防护。战斗必须在上级规定的时间内完成准备。有时为了不失时机，即使准备不充分也应按命令先投入战斗。必要时可以边打边组织，边打边准备。

2. 集中兵力，主攻敌人弱点

集中兵力加强攻击是战胜敌人的重要法则。指挥员应根据上级命令、任务、敌情、地形等情况力求将攻击点选在与敌要害相关的翼侧、后方或两个不同建制单位的接合部，以及敌兵力、火力、工事和障碍物较薄弱的方位。连（排）通常实施一点攻击，当敌障碍较少且纵深较浅时，也可实施两点攻击。在战斗中要根据战斗进展情况，灵活而适时地将兵力和火力集中使用于具有决定意义的时机和目标上，以造成兵力对比优势和强有力的突击力量。

3. 迅速隐蔽接敌，突然发起攻击

迅速隐蔽接敌是突然攻击的前提，步兵分队应利用夜暗、不良天气和有利地形选择隐蔽的运动路线接近敌人。在接敌过程中，随时做好战斗准备，此外，在接敌过程中要采取严密伪装、迷惑等反侦察措施，保障分队迅速隐蔽地占领敌出发阵地。

突然袭击可使敌意志沮丧，防御体系和指挥产生混乱。连（排）应力求在敌人意想不到的时间和地点突然发起攻击。攻击时机无论选在什么时候，均应避免被敌人发现。

4. 坚决勇猛，近战歼敌

坚决勇猛，近战歼敌是克敌制胜的重要因素。为顺利实施近战，连（排）应在迅速隐蔽地接近敌人，敢于与敌胶着在一起。最大限度地削弱其技术兵器的威力，灵活机动而迅速果敢地歼灭敌人。

5. 穿插分割，各个歼敌

穿插分割是各个歼灭敌人的基本战术手段。连（排）突入敌人阵地后应利用敌间隙和薄弱部位大胆穿插分割，并力求插入敌侧后，断敌退路并阻敌增援，对敌人进行围歼。战斗中要充分发挥小群多路的威力，将敌割裂成数块，为各个歼灭敌人创造有利条件。

6. 主动配合，密切协同

各分队在统一的意图和计划下，按任务、时间和地点协调一致地行动是充分发挥整体威力、夺取战斗胜利的重要保证。协各兵种分队应积极支援步兵（坦克）分队的战斗行动，步兵分队则应主动协助各兵种分队克服困难。战斗中指挥员必须树立整体观念，充分发挥各兵种分队的特长，并且保持顺畅的通信联络，不间断地协调各分队的动作。各分队既要严格遵守协同规定，积极完成自己的任务，又要根据战斗情况变化，主动配合并互相支援。

7. 坚定灵活地指挥

坚定灵活地指挥对战斗胜利，具有重要意义。战斗指挥的基本要求是力求使主观指导符合客观实际，在客观物质基础上充分发挥主观能动性，把胜利可能变为现实。连（排）指挥员在确定战斗行动时，应根据上级意图、本分队的任务和战斗发展变化情况准备多种行动方案，采取不同方法。从整体利益出发，使局部符合全局要求的同时，又要始终把自己注意的重心放在关键性的动作上，灵活变换战术，不失时机地歼灭敌人。战斗中，要善于运用各种通信手段，实施不间断的指挥。

（二）防御战斗

防御战斗是通过大量杀伤和消耗敌人，抗击敌人进攻的战斗，与此同时还要扼守阵地和争取时间，为转入进攻或保障其他方面的进攻创造条件。步兵连通常在营的编成内组织防御，可担任第一梯队、第三梯队或预备队。连（排）的防御正面和纵深通常由上级根据任务、战斗编成、敌情和地形等条件确定。

防御战斗任务的基本原则：
1. 正确选择主要防御方向和防御要点

正确选择主要防御方向和防御要点，主要防御方向是集中主要兵力和兵器防御的方向，通常应选择在便于同敌坦克和步战车展开冲击的方向，防御要点是防御地区内起支柱作用的重要地点，通常选择在主要防御方向上与防御安危相关的地点。连通常选择 1 个 – 2 个防御要点，每个要点的防守兵力不少于 1 个排。

2. 正确地部署兵力

连（排）应将主要兵力使用于主要防御方向，依托要点沿正面肉纵深作疏散而隐蔽的配置。连通常编成两个梯队，将两个步兵排作为第一梯队，一个步兵排作为第二梯队。在次要方向担任宽大正面防御时，也可安排一个梯队的兵力部署。

3. 组织完善的阵地防御体系

连的阵地编成应根据任务、敌情和地形条件而定，通常主要包括第一梯队排阵地、第二梯队排阵地、迫击炮排的发射阵地、反坦克弹阵地、对空射击阵地和连指挥观察所等。

4. 严密地组织火力配系

连（排）组织火力应根据敌情和任务、武器性能、地形特点及敌人可能的行动进行配置，并贯彻火器分散、火力集中、重点配置和便于机动的原则，集中主要火力于敌人主要进攻方向上，组成以打坦克为主，结合打步兵和打低空飞机的火力配系。

5. 构筑工事、设置障碍并搞好伪装

进入防御后，应在敌人进攻前完成应迅速构筑工事。设置障碍物应按先前沿后纵深、先主要方向后次要方向，以及先防坦克障碍物后防步兵障碍物的顺序进行。为防敌地面和空中侦察，应根据地形、植被、气象特点等条件，采用多种方法进行伪装，做到自然逼真。

二、战斗样式

战斗样式是指按敌情、地形和气候等不同情况对战斗类型的具体划分。

（一）进攻战斗样式

进攻战斗样式有对阵地防御之敌进攻战斗、对立足未稳之敌进攻战斗和对运动之敌进攻战斗等样式。

1. 对阵地防御敌人进攻战斗

对阵地防御之敌进攻战斗，是进攻战斗的基本样式，包括对野战阵地防御之敌进攻战斗和对坚固阵地防御敌人进攻战斗。对野战阵地防御之敌进攻战斗是指对已占领阵地、兵力部署和火力配置已就绪并筑有野战工事和和障碍物，

但阵地尚不够坚固之敌的进攻战斗，主要特点是情况复杂，战斗准备时间较短，隐蔽进攻企图和突入敌方阵地的难度较大。

2. 对立足未稳之敌进攻战斗

对立足未稳之敌进攻战斗是指对刚由运动状态转为驻止状态且战斗准备尚不完善之敌实施的进攻战斗，主要有对运动中临时停止之敌、进攻中临时转人或应急进行防御之敌、空降着陆正在集结或刚展开进攻或仓促转人防御之敌以及登陆刚上岸或刚占领阵地之敌的进攻战斗等。立足未稳之敌的共同特点是未占领或者刚占领阵地、战斗准备不足、地形不熟、兵力

未展开或者部署不周密、火力配系不完善、没有工事和障碍物或者工事和障碍物不完备、有暴露翼侧和间隙等,以及可在较短时间内改变立足未稳态势。对立足未稳之敌的进攻,要不失时机迅猛攻歼和运用急袭歼敌的战法。乘敌立足未稳,猛攻快插,急袭歼敌。

3. 对运动之敌进行进攻

是指对运动中的敌人进行的进攻战斗,通常有伏击战、追击战和遭遇战等。

4. 对重要目标的袭击战斗

步兵对重要目标袭击战斗是指对敌纵深内的指挥所、炮兵(导弹)和雷达阵地、机场、港口,以及后勤设施等重点和要害目标进行袭击破坏的战斗。这一战斗样式能够充分发挥步兵近战夜战和作战机动灵活的优势,弥补武器装备质量的不足,吸引和分散敌注意力,动摇和瓦解敌军士气;限制敌人机动,破坏敌人指挥、协同和补给;削弱敌整体作战能力,从而配合主力歼敌,在高技术条件下,敌在很大程度上依赖于纵深内上述目标的安全与稳定。战争的经验都说明以袭击分队配合正面进攻是行之有效的。

5. 登陆战斗

登陆战斗属于特殊地形条件下的进攻战斗,是指对据守海岸和江岸之敌的进攻战斗,包括对近岸和近海敌占岛屿的登陆战斗。步兵通常在上级编成内担任第一梯队、第二梯队或者垂直登陆分队。

6. 城市进攻战斗

指对据守城市化地区之敌的进攻战斗。因为城市内高大、密集和坚固的建筑物多,各种工程设施和街道纵横交错,所以易守难攻。

(二)防御战斗样式

1. 阵地防御战斗

坚固阵地防御战斗是随着武器装备和筑城技术的不断改进而产生和发展,通常依托以永备工事为骨干的坚固阵地进行的防御战斗,是阵地防御战斗的样式之一。目的是长期坚守重要地区或目标,大量杀伤、消耗、钳制和分割敌人,为机动部队歼敌创造条件。坚固阵地防御战斗的特点是地形有利,预先设防;战斗准备时间充裕,组织计划周密;阵地坚固完善,坚守时间长,以及物资消耗大,防御任务艰巨。在未来战争中,防御手段趋向多样化,更加强调整体协调,并且战斗将更加紧张激烈和复杂多变。

2. 仓促防御战斗

仓促防御战斗是指在没有做预期准备或准备时间极为短促情况下实施的防御战斗,有任务紧迫、受敌威胁大、指挥困难、防御体系不完备和整体防御能力弱等特点。

第二节 战术基本原则

从古至今,各国军队提出过各种作战原则,这些作战原则均目的明确、强调进攻、集中兵力、力争主动、出敌不意,密切协同和掌握预备队等。中国人民解放军在长期的革命战争中,吸取古今中外战术上成熟的内容并总结自己特有的作战经验,形成了一套战术原则,比较全面地反映了劣势装备军队战胜优势装备敌人的战斗指导规律,归纳如下:

①知己知彼,主观指导符合客观实际。

了解双方各方面的情况，是正确指导战斗的基础。

②积极消灭敌人，严密组织防护。

保存自己的力量，消灭敌人的力量是战斗的基本原则。

③集中优势力量，各个歼灭敌人。

这是以劣势装备战胜优势装备敌人的主要方法。

④建立有重点的疏散、纵深和立体部署。

战斗部署都要形成重点，不能平分力量。

⑤密切协同，主动配合。

各军种和兵种要在统一指挥下，按照目标、时间和地点的要求，协调一致地行动，发挥整体威力战胜对方。

⑥快速组织准备，实施全面保障。

组织全面保障是夺取战斗胜利的重要条件。

⑦注重夜战近战，扬己之长击敌之短。

夜战和近战能使敌方武器的使用受到限制，削弱敌方武器装备的优势；同时便于己方隐蔽企图，秘密行动，达到出奇制胜的效果。

⑧力争主动，力避被动。

在战斗中要主动出击，积极地消灭敌人的有生力量。

⑨灵活机动，出敌不意。

根据客观情况灵活使用和变换战术，出其不意地打击敌人，这也是指挥的中心任务。

⑩勇敢顽强，连续作战

优良的战斗作风是战胜敌人的重要因素。现代科学技术的进步促使军队的武器装备继续朝着装甲化、自动化、导弹化等方向发展，但是作战人员的素质和战斗欲望依然是十分重要的因素。

第三节　单兵战术动作

单兵战术动作是指单个战士在战斗中运用手中武器，达到保存自己和消灭敌人的目的所采用的动作，可以帮助士兵在战场上有效地躲避敌人火力，杀伤和消灭敌人。

（一）持枪

战时的持枪目的是随时准备参加战斗，是一种战斗训练。

1. 单手持枪

基本动作为右臂微屈，右手虎口正对上护木；同时背带压于拇指下，用五指的握力将枪固定，枪身轴线与地面约成 45 度，枪身距身体约 10 厘米，左臂自然下垂，运动时自然摆动。持火箭筒时，右手握提把。大臂轻贴身体，运动时随身体自然运动。

2. 单手持枪

基本动作为枪口向上，右手正握握把。食指微握扳机，将枪置于身体的右侧，机匣盖末端贴于肩窝。枪身微向前倾，枪面向后。右大臂里合，枪托贴于右肋，背带自然下垂。目视前方，左手自然下垂或攀扶，运动时自然摆动。

3. 双手持枪

基本动作为左手托握下护木或握弹匣弯曲部,右手握握把,食指微接扳机。将枪身置于胸前,枪口向前。枪身略成水平,背带自然下垂或挂在后颈上。

4. 双手擎枪

基本动作为右臂微屈,右手虎口正对上护木;同时背带压于拇指下,用五指的握力将枪固定。枪身轴线与地面约成45度,枪身距身体约10厘米。左手托握下护木或弹匣弯曲部枪身略低,枪口对向前上方。背带自然下垂或压于左手下,身体与射向约成30度。

(二) 卧倒

当士兵突遭敌人火力射击或遭遇埋伏时应迅速卧倒。卧倒分3种基本动作,即双手持枪卧倒、单手持枪卧倒和徒手卧倒。

双手持枪行进间卧倒时,左脚上前一步。上体前倾,重心向前并下移,按左膝和左肘的顺序着地;同时身体里合,右肘着地成据枪姿势。

单手持枪卧倒时,左脚或者右脚向前迈出一大步;同时身体前倾,按手、膝和肘的顺序侧卧。右手同时将枪向目标方向送出,左手接握下护木或弹匣弯曲部,全身伏地据枪射击。

徒手卧倒时的动作与单手持枪卧倒动作基本相同,只是卧倒后两手掌心向下放置于头部的两侧或交叉于胸前,两腿自然伸直并分开。

(三) 起立

在起立时首先应观察前方情况,两眼注视前方。左腿自然微弯,左小臂稍向里合。以左手、左膝和左肘的支撑力将身体支起;同时右脚向前迈出一大步,左脚再迈出一步可继续前进。

单手持枪或徒手时,右手移握上护木收枪,左小臂屈回并侧身。然后用手臂和腿一起撑起身体,右脚向前一大步,左脚再迈出一步可继续前进。

(四) 前进

1. 直身前进

直身前进一般是在距离敌方较远、地形隐蔽,并在敌人观察或者射击不到时采用。直身前进要求目视前方,右手持枪(筒)大步或快步前进。

2. 屈身前进

屈身前进一般是在距离敌方较远、有超过人身高的遮蔽物,以及敌情不明或敌人火力不是很猛的情况下采取的一种前进方式。屈身前进一般是双手持枪或单手持枪,上体前倾,两腿弯曲。屈身程度视遮蔽物的遮掩程度而定,头部一般要求不能高于遮蔽物。前进时注意观察敌情,按照正常速度前进。

3. 跃进

一般是在距离敌方较近,通过开阔地或敌人火力控制区时采用。跃进时要做到跃起快、前进快和卧倒快。卧姿跃起时可先向一侧滚动以迷惑敌人,并应迅速收枪;跃进距离和速度应根据敌火力和地形而定,敌火力越猛烈,地形越开阔,跃进距离应越短且速度应越快。每次跃进的距离通常为15米~30米。当进到暂停位置或遭敌猛烈射击时,应迅速隐蔽或卧倒，准备射击或继续前行。

4. 匍匐前进

一般是敌人火力威胁较大，自身处于卧倒状态下并发现近处有地形和遮蔽物可利用时，可采用匍匐前进的运动姿势向其靠近。根据地形和遮蔽物的高低，匍匐前进又分为低姿匍匐、侧身匍匐和高姿匍匐3种姿势。

（1）低姿匍匐

低姿匍匐是身体平趴于地面并降低至最低程度的运动方式，一般在前方遮蔽物高约40厘米时采用。其基本动作是腹部贴于地面，屈回右腿。伸出左手，用左脚内侧的蹬力和右手的扒力使身体继续前移并依次交替前进。当携自动步枪匍匐前进时，枪面向右。右手虎口卡住机柄，握住枪身和背带，将枪置于右小臂内侧。

（2）低姿侧身匍匐

低姿侧身匍匐是在前方的遮蔽物高约60厘米时所采用的一种运动方式，其特点是运动的速度稍快，但姿势偏低。

低姿侧身匍匐的基本动作是右手前伸移握护木将枪收回的同时侧身，使身体左大腿侧着地。左小臂前伸着地。左大臂支撑身体。左腿弯曲，右脚收回靠近臀部着地，以左大臂的扒力和右脚的蹬力带动身体前移。当前方遮蔽物高80~100厘米时，也可采取高姿侧身匍匐，其基本动作是左手和左小腿外侧着地，以左手的支撑力和右脚的蹬力使身体前移。

（3）高姿匍匐

高姿匍匐在前方的遮蔽物高约80厘米时采用，其基本动作是左手握护木，右手握枪颈。将枪横托于胸前，枪口离地，用两肘和两膝支撑身体。然后依次前移左肘和右膝、右肘和左膝，交替前移。

5. 利用地形

地形对军队的作战行动有重要作用，利用地形的可以隐蔽身体和发扬火力。利用地形时，要做到"三便于、三不要、一避开"。"三便于"即便于观察和射击、便于隐蔽身体，以及便于接近、利用和变换位置；"三不要"即不要妨碍班（组）长的指挥和邻兵火器的射击、不要几个人拥护在一起以免接连大伤亡，以及不要在一地停留过久；"一避开"指的是避开独立、明显、易燃、易倒塌的物体和难以通行的地段。

利用地形时应根据敌情和遮蔽物的高低取适当姿势，迅速隐蔽地接近。由下而上地占领，周密细致地观察，并且不失时机地出枪。

下面介绍几种利用地形的方法如下。

1. 利用坎

坎有纵向、横向和高低之分，横向坎要利用背敌面隐蔽身体；纵向坎要利用弯曲部和残缺部或顶端的一侧隐蔽身体，以其上沿做射击依托。最好利用残缺部，根据坎的高度可取立、跪或卧等姿。

接近坎时，通常应采用跃进的方法。当进至坎的最大遮蔽界后迅速卧倒。然后匍匐至坎的底部，视情况可左右移动，选择好利用的部位。占领时，应由下而上地占领，隐蔽地观察。需要射击时，应迅速出枪。占领后，应不断观察战场，选择好前进的路线和暂停的位置；转移时，迅速收枪缩体。视情况可采取左右移动、扬土和施放烟幕等方法欺骗及迷惑敌人，突然跃起前进。当敌火力被我压制时，可直接跃起前进。

2. 利用土堆

通常利用独立土堆的右侧，视情况也可利用其左侧或顶端。对空射击时，通常利用其后侧或顶端。接近、占领和转移的动作与利用坎时相类似。

3. 利用坑

通常利用坑的前切面隐蔽身体，利用其上沿作为射击依托。按其深浅和大小、以跳、跨和匍匐等方法进入，取立、跪或卧等姿势射击。应根据坑的深椅，采取不同的方法进入和离开。

4. 利用壤沟

通常利用壤沟的壤壁或拐弯处隐蔽身体，利用其上沿或拐角作为射击依托。

5. 利用树木

通常利用树木的背敌面隐蔽身体，依其右后侧为射击依托。利用大树，可取立、跪或卧等姿势；利用小树时，通常采取卧姿。

6. 利用高苗地和丛林地

通常应尽量利用高苗地和丛林地靠近敌方的边缘内侧，以便观察和射击。接近时，右手持枪，左手分开高苗侧身前进。

7. 利用墙壁、墙角和门窗

利用墙壁时，根据其高度取适当姿势，可利用矮墙顶端或残缺部作为射击依托。墙高于人体时，可将脚垫高或挖射击孔。转移时，可绕过或跃过。

利用墙角时，通常利用其右侧作为射击依托。射击时，左小臂外侧紧靠墙角取适当姿势。利用门时，通常利用其左侧，右臂依靠门框进行射击。利用窗时，通常利用其左下角、左侧下角、左侧或下窗框射击。

第九章 军事地形学

第一节 军事地形学概述

一、地形的概念和分类

地形是地貌和地物的总称,地貌是指地表面高低起伏的自然形态(含浅层物质),如山地、丘陵和平原等;地物是指分布在地表面上人工或自然形成的固定性物体,如居民地、道路、河流和森林等。地貌和土质构成地形的基本形态,是起基础和主导作用的地形要素,也影响地物的分布。

不同地貌和地物的错综组合形成了不同类型的地形,地形可从不同角度分类。按地形要素来分,可分为平原地形、丘陵地形和山地地形;按地形对作战行动的影响来说,可分为开阔地、隐蔽地、起伏地和断绝地。

二、地形的军事意义

"兵者,国之大事也;生死之地,存亡之道,不可不察也。"正在走向世界强国的中国,必须有一支强大的军事力量做坚强后盾。现代战争,更是一种综合实力的较量,影响战争胜负的'天时、地利、人和'等的诸多要素中,"地利"——军事地质学在战争中的巨大威力和重要作用,透露出所隐藏的莫大潜力,也昭示着军事地质在未来战争中的显赫地位。军事地质学在未来的战争中无可置疑的具有重大意义。

地形是军队行动的客观基础,是构成作战活动的基本要素之一,因而也是各级指挥员指挥作战和组织后勤保障的重要因素之一。军队的活动都是在一定的地形条件下进行的,都不可避免地受到地形条件的影响和制约。如军队的机动、观察射击、隐蔽伪装、工事构筑、技术兵器的使用、对核生化武器的防护及后勤保障等,都和地形有密不可分的关系。战争实践证明不论是进攻还是防御,在其他条件都具备的情况下,善于利用地形可以减少损失,取得作战的胜利;反之则会给作战增加困难,甚至遭受挫折或失败。所以古今中外的军事家无不重视地形的研究和利用,我国古代著名军事家孙武在《孙子·地形篇》中就有"夫地形者,兵之助也"和"知彼知己,胜乃不殆;知天知地,胜乃不穷"的论述;恩格斯在《军队》一文中也指出:"迅速判定地形的一切利弊,根据地形特点迅速地配置自己的军队,成了对指挥官的主要要求之一。"毛泽东同志在《中国革命战争的战略问题》中也明确指出:"作战时选择突击方向和突击点,要按照当前的敌情、地形和自己兵力的情况去规定。"这些足以说明,地形是各级指挥员定下决心的重要依据之一,是指挥部队作战和组织后勤保障必须注重研究的重要情况之一。

西方军事学家也很重视军事地理。法国的拿破仑一世曾指出要当一个胜任的参谋长,必须"熟悉军事地理"。普鲁士军事著作家克劳塞维茨在《战争论》一书中,把"地理要素"

视为决定战斗运用的五个战略要素之一。19世纪中叶起，欧美军事地理研究发展很快，著作甚多中国也于民国初年出版了第一部军事地理学专著《兵要地理》。

历史上许多军事家都很重视地理环境在战争中的地位和作用。18世纪中期，普鲁士国王弗里德里希二世在《给将军们的训词》（1747）中指出："地理知识，对于一个将军来说，犹如步枪之对于士兵，数学之对于几何学家一样重要。他如对地理一无所知，非铸成大错不可。"

地形对作战行动具有载体、依托和目标作用，所谓载体作用，是指它负载着双方的兵员、兵器、物资和装备，并制约着投入的兵种、战场容量、作战方式与规模；所谓依托作用，是指地形是进行战争的依托和舞台，任何作战计划的制订和实施，无不依附和受制于地形，无不与地形相联系；所谓目标作用，是指地形又是作战争夺的目标，战斗、战役，乃至战争的胜负最终表现为对一定地区和重要地形的占领、控制或施加影响。总之，地形影响作战诸层次和诸环节并贯穿作战全过程，可以说没有地形就构不成战争。

由于高技术武器装备越来越多地运用于战场，所以使现代战场呈现出许多新的特点。高技术武器装备虽然在一定程度上降低了地形对部队的障碍程度，但从总体上来说，在高技术条件下作战地形的影响和制约作用不是削弱，而是在形式和内容上扩充了，因而地形在军事上的地位更高且作用更大。这就要求我们更新传统的地形观念和研究方法，更加全面、广泛和深入地研究、依托、改造和利用地形，趋利避害，顺利完成作战和保障任务。

首先，要从更广的范围理解地形。高技术条件下用于作战的武器装备和赖以依托的"介质"发生了重要变化，研究地形时不仅要注意陆地表面上局部作战地幅内的高地、隘口、道路、河流、居民地，以及各种方位物等对作战行动的影响，还要从远程武器的有效射程和人造卫星的侦察与反侦察因素等考虑整个战区，乃至全球范围的作战空间环境。即要从地下、水下、地面和水面，扩展到大气层，直至外层空间。

其次，要从更深层次研究地形。高技术条件下作战不仅要研究各种地形对战术的影响和利用问题，更应重视研究地形对整个战役，乃至战略的影响问题。例如，过去作战中指挥员对战场地形的审视更多考虑的是地面部队的需要。即着眼于地表形状是否有利于兵力的部署，能否发扬火力和隐蔽自己；有无进可攻和退可守的地形作依托，有无俯瞰战斗地幅内的制高点和可组成坚固防御体系的要点和支撑点等。而高技术条件下进行的战争是体系与体系的对抗，因而首先要考虑如何利用地形和各种战场环境要素发挥C^4ISR系统的主导作用，使其高效和安全地运转；如何利用地形发挥精确制导武器的突击作用，以及利用地形确保防空体系的安全和发挥效能等重大问题。

再次，要用更新的手段研究地形。高技术条件下研究地形还有一个更深入和更精细的问题，即一定要进行定量地形分析；否则很难满足作战要求。例如，从开进路线上的道路网选择到地形坡度与通视的定量分析，以及从地形的通行程度和隐蔽条件到水源情况的综合分析都需要从传统的定性分析向高技术的定量分析过渡。这些都需要以数字测绘为基础，以电子计算机为工具，快速并准确地进行分析。又如高技术武器装备能集自动搜寻、目标跟踪、躲避拦截和准确命中目标于一身，极大地提高了武器系统的生存能力和命中精度。而以地形数据模拟的地形信息是高技术武器系统的重要组成部分，地形数据在目标搜寻、跟踪，直至摧毁的过程中起着关键的作用。例如，巡航导弹的相关制导就是一种以识别地形特征为基础的制导技术。在这里，高技术武器装备所需提供的地形信息的范围之大、速度之快、资料之新、手段之高和数据之精确是以往无法比拟的，可见高精度、快速化和数字化的地形信息已成为高技术战争重要信息资源和重要组成部分。

总之，高技术战争要求地形研究和保障的空间扩充；服务对象增多，难度增大；要求研究的时间缩短，速度加快；研究的资料更新，内容更全，以及研究的手段更高，技术更好。

三、各种地形对战斗行动的影响

地形对军队战斗行动的影响是多方面的，如军队的运动、阵地选择、兵力部署、火力配系、工程构筑、隐蔽伪装、技术兵器的使用，以及观察指挥等，每一个行动都不同程度地受到地形条件的影响。

地形条件对军队行动影响的程度和大小主要是根据地形特点、所在位置、军队技术兵器和战斗任务等情况确定的。

要做到善于利用地形必须了解各种地形的特点，善于分析和判断各种地形的利弊。

（一）平原

平原：是指地面平坦宽广，海拔一般在于 200 米以下的地区叫平原。我国平原占全国总面积的 12%，主要有长江中下游平原、华北平原、东北平原。

平原的主要特点：地面平坦，人口密集，交通发达、物产丰富，大部分为可耕地。北方平原，地势开阔，起伏和缓，间有小的岗丘、垄岗，道路四通八达，耕地多为旱田，地下水位较低。南方平原，江河、湖泊遍布，沟渠纵横，除公路外，乡村路窄而弯曲，且多桥梁，耕地大部分为水网稻田地，地下水位较低。

平原地对作战行动的主要影响是：便于组织指挥和通信联络；便于机动，适应于机械化部队和大兵团作战；便于发挥直射火力的优势；但不便于隐蔽，容易暴露目标；对化学武器、核武器防护能力比较差；不便于防空袭；不易选择良好的观察所；易攻难守。

（二）丘陵地

丘陵地：指地面起伏较缓，高差一般在于 200 米以下的高地叫丘陵。许多丘陵错综连绵的地区叫丘陵地。丘陵地约占全国面积的 10%。较大的丘陵地有东南丘陵地、胶东丘陵地和辽西丘陵地。

丘陵地的特点是：高差不大，山顶圆浑，谷宽岭低，坡度平缓，断绝地少，山脚多为耕地、梯田和谷地。丘陵地区，一般人烟较稠密，农产品丰富，居民多依山傍谷，大的城镇多在广阔的地，它是介于平原和山地之间的过渡地形。谷地和水陆交通要冲；交通比较发达，仅次于平原；江河水流缓慢，河面较宽，河道弯曲，多浅滩。北方丘陵（辽西丘陵、胶东丘陵地区）多为土质丘陵；南方丘陵地（浙江、江西、神福建、广东、湖南等）多为石质丘陵。南方丘陵树木较多：茶林、小松树林、灌木林和草丛，山脚水稻田、梯田。北方丘陵树木、草丛较少，多为旱田。

陵地对作战行动的影响：便于隐蔽；便于兵力兵器配置；便于诸兵种联合协同作战；便于观察指挥和通信联络；便于防空袭；防原子、防化学武器；但不便于机械化部队集结和机动。丘陵地是便于进攻和防守的有利地形。

（三）山地和山林地

山林地：树林聚生的山地叫山林地。

山林地的特点是：与山地基本相似，只是地形更隐蔽，人烟更稀少，交通更不便。南方热带山林地，山高坡陡，谷深岭宽，林密草深，荆棘丛生，藤萝交织，河系纵横，路窄多弯，多雨多雾多毒虫；北方山林地，山岭较平坦、浑圆，土壤层较厚，地形割裂程度较小，气候寒冷，冬季较长，积雪较厚。

山林地对作战行动的影响是：便于隐蔽观察；便于迂回包围，穿插分割；便于控制要点，据险扼守；便于构筑工事，设置障碍，制作简易器材；便于采集野生食物，野战生存；便于对原子、化学武器防护；但不便于部队机动和作战；不便于观察射击；不便于通信联络；对电子信息传导有一定的阻碍和屏蔽作用；森林易引起火灾。

（四）岛屿和海岸

岛屿：是散列于海洋、江河、湖泊中的陆地，面积大的叫岛，小的叫屿。

海岸：海水面与陆地接触的滨海地带，叫海岸；海边多年形成的大潮高潮线，称海岸线。

1. 岛屿地形的特点和对战斗行动的影响

岛屿的地形特点是：四面环水，面积狭小。多数为列岛或群岛，少数为孤岛。一般岛上多山，坡度陡峻，地形复杂；岸线弯曲，岸陡滩狭；道路少，且曲折狭窄；居民少，物产有限，淡水缺乏；多数岛上土壤贫乏，植被较少，但热带地区的岛上多茂密丛林；岛屿气象复杂多变，夏季台风威胁较大；有些岛屿之间水浅礁多，航道狭窄。岛屿对战斗行动的影响，主要决定于岛屿的位置、形状、大小、岛上地形以及港湾、交通和给水条件等。

一般说来，岛屿利于防御不利于进攻。由于岛上多山，地形险要，登陆地段少，便于依托有利地形，构筑以坑道为骨干，组成完整、坚固的防御阵地，凭险固守；但四面环水，军队机动和补给受限制，岛与岛之间通信联络不便，协同和指挥困难，易被封锁围困。对进攻一方而言，由于岸滩或陡狭、或泥泞，登陆上岸和向纵深发展易受限制；航渡时，战斗队形易遭对方空中和海上的火力袭击；风浪和海潮会影响部队的航渡和增加疲劳；敌前上陆，背水攻击，增加了进攻战斗的艰巨性。

2. 海岸地形的特点和对战斗行动的影响

海岸对战斗行动的影响，主要取决于海岸的性质和曲折程度，港湾的大小与设备、滨海地形、近岸岛屿及潮汐情况等。海岸依其性质可分为泥岸、岩岸和沙岸。

（1）泥岸：多与平原连接，如河北、江苏、杭州湾北侧海岸。其特点是：岸滩多淤泥，岸线直，岸坡缓，涨落潮界线距离远，不便于军队登陆；由于泥泞下陷，技术兵器不便于发挥作用，构筑工事亦较困难，有海堤时可作依托；但内陆地形平坦开阔，除水稻田地外，一般适于诸兵种合成军队登陆后发展进攻。

（2）岩岸：多为山地延伸入海，如浙江、福建、广东等地海岸。其特点是：岸高且陡，岸线曲折，土质坚硬，近岸多岛屿、礁石，滨海地形起伏大，港湾多。这种海岸的登陆地段小，不便于展开与靠岸，技术兵器使用受限制，向纵深发展困难，但便于依托要点组成纵深梯次防御，便于对原子武器袭击的防护。

四、研究地形的方法

各级在执行作战和保障任务时,认真研究和善于利用和改造地形是取得胜利的一项重要保证。

(一) 现地勘察

现地勘察是研究地形的最基本的方法,在现地可以真实了解地形状况,判断地形对战斗行动的影响程度,使指挥员的决心符合客观实际。所以在条件允许时应尽量进行,必要时还应多次进行,但现地勘察地形易受敌情、天候和时间的限制。

(二) 利用地图研究

利用地图研究地形是常用的一种方法,地图能准确并详细地显示地貌的起伏状态、居民地、道路与江河分布、森林和土壤的种类,以及各种有军事价值的独立地物及有关的数量、质量等。利用地图不仅可以详细研究广大地区内的地形情况,全面衡量利弊,而且可以在图上量读距离、坐标、方位角和面积,判定高程、高差、起伏和坡度等,还不受敌情和天气的限制。但是地形图既不能显示实地地形的全部情况,也不能及时反映测图后实地地形的变化。

(三) 利用航空(天)相片研究

利用航空(天)相片研究地形是近代广泛使用的一种研究方法,从航空(天)相片上不仅可以获得新颖、详细和真实的地形资料,而且可以及时判明有关的军事设施和有生力量。另外,使用红外扫描和多光谱摄影等方法还可揭露伪装,获得更真实的情况。但是航空(天)相片不能显示地理名称和水深及高程等资料,而且需经过专门训练方能判读。

(四) 利用沙盘研究

利用沙盘研究地形是一种有悠久历史的重要方法。沙盘不仅能形象直观地显示实地分布,而且能设置敌我双方兵力和兵器配置等情况,因而是平时组织战术训练、战时指挥作战和组织后勤保障的良好工具。但沙盘显示的地幅有限,而且移动不便。

(五) 利用电视显示系统研究

利用电视显示系统研究地形是近年新兴的一种研究方法。目前电视显示系统大致分为如下类型。

● 内部地图电视显示系统

即指挥所首长和各作业室之间建立的电视传输系统。它通过袖珍摄像机对各作业室标绘的工作图实施摄像,在首长指挥室的电视屏幕上显示出来,便于及时交流、分析、判断地形情况及标绘的内容。

● 外部地图电视显示系统

即在上下级指挥所之间建立的电视传输系统,它通过袖珍摄像机对下级指挥所的工作图实施摄像并用无线电波传送到上级指挥所的电视屏幕上,便于指挥员和机关及时了解和研究所属部队在各战场的情况。

● 实地地形和战斗情况电视系统

即在战场前沿用袖珍电视摄像机摄像，并用无线电接力传输到指挥所的电视屏幕上，便于指挥员及时了解战场地形和战斗进展情况。

● 存储地形情况的电视

即平时对预定作战地区的关隘、要塞和通道预先录像，保存地形录像带，战时在指挥所播放。

利用电视显示系统，可以为指挥员定下决心、指挥作战和组织后勤保障迅速提供地形和敌情资料。但该系统目前还存在着图形较小和图像不够清晰等技术问题，有待改进和提高。

（六）利用计算机研究

利用计算机研究地形是为适应高技术战争需要而产生的一种最新的研究方法。随着高技术武器装备越来越多地运用于现代战场，军队指挥自动化系统将更广泛地在各级部队使用，并将更加完备。自动化系统及精确制导武器要求提供的地形和情报资料必须是量化和快速的，这就促使地形的分析研究从传统的定性分析阶段向定量分析的高技术阶段过渡。利用计算机研究地形就是适应这种需要的一种最新方法，其工作过程是首先将地形图或其他地形资料加以数字化，建立地形数据库或制成电子地图，然后按照一定的数理统计方法及要求建立数字模型。研究时按一定的计算程序，经过计算机的自动处理，即可获得量化的地形资料及利用并改造地形的最佳方案。它是现代化指挥控制决策系统中不可缺少的支持系统，是地形研究的高技术手段和方法，也是今后地形研究工作的发展方向。

上述研究地形的方法各有其优点和不足，应根据情况结合使用，以相互补充；此外，还可采用询问当地群众、参考兵要地志和审讯俘虏等方法了解和研究地形情况。

第二节　地形图基本知识

一、基本概念

（一）定义

地图是地球表面的缩写，是将地球表面的自然、社会要素和现象的空间分布按一定的投影方法和比例关系，用规定的图式符号、颜色和文字注记综合测绘在平面图纸上的图。

（二）分类和用途

地图的分类是根据地图的某些特征把它们分成一定的种类，按内容可分为普通地图和专题地图；按比例尺可分为大、中、小比例尺地图；按用途分为教学图、参考图、政区图、军用图、飞行图、航海图、交通图和游览图等。普通地图能综合反映地表地理景观的外貌，比较全面地表示自然条件和社会经济要素，以及人类改造自然的成果。主要包括自然地理要素，如地貌、水系、土壤和植被等；社会经济要素，如居民地、行政区划、工矿和交通网等。普通地图又分为地形图和地理图，是编绘专题地图的基础。

地形图的比例尺大于 1:100 万。它是国家经济建设、国防建设和军队作战训练研究地形不可缺少的主要地形资料。我国地形图比例尺系列为：1:1 万、1:2.5 万、1:5 万、1:10 万、1:20 万、1:50 万、1:100 万，共 7 种。在地形图上能较详细地反映长度（距离）、高度、坡度、坐标、水平角度和面积等。

专题地图又称"专门地图"或"主题地图"，它是以普通地图为底图着重表示某一专题内容的地图，如地质图、地貌图、水文图、人口图、交通图、历史图、植被图和气象图等。

二、地物符号

在地形图上表示实地地物的特定图形和文字、数字注记称为"地物符号"，根据地物符号可以在地形图上识别出实地地物的种类、形状、大小和分布情况，并判断地物对作战和后勤保障的影响，了解其在军事上的应用价值。

（一）符号的图形特点

地物符号的图形特点，如表 9-1 所示。

表 9-1　地物符号的图形特点

类别	特点	符号及名称		
正形图形	与地物的平面形状相似	街区	河流、苗圃	公路、车行桥
侧形图形	与地物的侧面形状相似	突出阔叶区	烟囱	水塔
象征图形	与地物的有关意义相应	变电所	矿井	气象台

①按地物的平面形状制订（正形图形）并用于表示实地较大的地物，如街区、河流和公路等。

②按地物的侧面形状制订（侧面图形）并用于表示实地较小的独立地物，如突出阔叶树、烟囱和水塔等。

③按有关意义（象征图形）制订并具有联想的特点，如矿井、变电所和气象台等。

地物的表示方法说明如下。

河流、湖泊、森林、房屋、道路等人工和自然形成的构筑物统称为地物。在地形图上都是用简明准确、易于判定的符号表示的，这些符号称为地形图图式，地形图图式的符号有比例符号、非比例符号、注记符号三种。各种符号是地形图阅读的主要依据。

1. 比例符号

有些地物的轮廓较大，如房屋、稻田和湖泊等，它们的形状和大小可以按测图比例尺缩小，并用规定的符号绘在图纸上，这种符号称为比例符号。

2. 非比例符号

有些地物，如三角点、水准点、独立树和里程碑等，轮廓较小，无法将其形状和大小按比例绘到图上，则不考虑其实际大小，而采用规定的符号表示之，这种符号称为非比例符号。非比例符号不仅其形状和大小不按比例绘出，而且符号的中心位置与该地物实地的中心位置关系，也随各种不同的地物而异，在测图和用图对应注意下列几点：

①规则的几何图形符号（圆形、正方形、三角形等），以图形几何中心点为实地地物的中心位置。

②底部为直角形的符号（独立树、路标等），以符号的直角顶点为实地地物的中心位置。

③宽底符号（烟囱、岗亭等），以符号底部中心为实地地物的中心位置。

④几种图形组合符号（路灯、消火栓等），以符号下方图形的几何中心为实地地物的中心位置。

⑤下方无底线的符号（山洞、窑洞等），以符号下方两端点连线的中心为实地地物的中心位置。各种符号均按直立方向描绘，即与南图廓垂直。

3. 注记符号

用文字、数字或特有符号对地物加以说明者，称为地物注记。诸如城镇、工厂、河流、道路的名称；桥梁的长宽及载重量；江河的流向、流速及深度；道路的去向及森林、果树的类别等，都以文字或特定符号加以说明。但是，当等高距过小时，图上的等高线过于密集，将会影响图面的清晰醒目。因此，在测绘地形图时，等高距的大小是根据测图比例尺与测区地形情况来确定的。

（二）地物符号的分类和定位点（线）

1. 依比例尺表示的符号

实地面积较大的地物，如街区、森林、江河和湖泊等的外部轮廓是按比例尺缩绘的。在图上可了解其分布、形状和性质，并计算出相应实地长、宽和面积。这类符号的轮廓线与实地地物的轮廓相一致，尤其是轮廓的转折点的位置精度较高，可供部队指示目标和判定方位用，如图9-1所示。

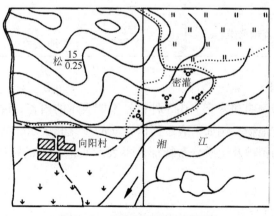

图9-1 依比例尺表示的符号

2. 半依比例尺表示的符号

实地窄长的线状地物，如道路、城墙、土堤和通信线等的转折点和交叉点位置是按实地精确测定的,长度是依比例尺缩绘的,而宽度则不是依比例尺缩绘的。这类符号在图上只能量取其位置和相应的实地长,而不能量取宽度并计算面积。地物的转折点、交叉点可作为方位物和明显目标使用,如图 9-2 所示。

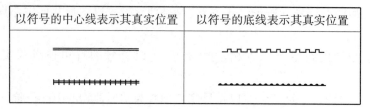

图 9-2 半依比例尺符号的定位线

3. 不依比例尺表示的符号

实地对军队行动有价值的某些独立物体,如独立树、房、亭和水塔等因其面积较小,在图上不能按比例尺表示,只能按规定的符号表示。在图上可了解地物的性质和位置,不能量取大小。符号的定位点表示实地地物的中心位置,如表 9-2 所示。

表 9-2 不依比例尺符号的定位点

类型	定位点	符号及名称		
有一点的符号	在该点上	三角点	亭	窑
几何图形符号	在图形中心	油库	独立房屋	发电厂
底部宽大符号	在底部中点	水塔	气象台	碑
底部直角符号	在直角顶点	路标	突出阔叶树	突出针叶树
组合图形符号	在主体图形中心	变电所	散热塔	石油井
其他符号	在图形中心	车行桥	水闸	矿井

4. 说明和配置符号

这种符号主要用来说明和补充上述 3 种符号不能表示的内容,说明符号用来说明某种情况,不表示实地有这类地物。例如,表示街区性质的晕线和表示江河流向的箭头等;配置符号用来表示某些地区的植被及土质分布特征,不表示实地地物的精确位置和数量,如果园、树林和零星树木等。

(三) 文字和数字注记

地物符号只能表示实地地物的形状、位置、大小和种类,但不能表示其质量、数量和名称,因此还需用文字和数字注记作为符号的补充和说明。如街区、江河和山的名称、森林的种类,以及公路的质量等均用文字注记,而高程、比高、河宽和水深等则用数字注记。

三、地形符号的颜色

为提高地形图的表现力，使其层次分明和清晰易读，地形符号采用不同颜色来区分地形的性质和种类，如表 9-3 所示。

表 9-3 地形符号的颜色规定

颜色		使用范围
四色图	黑色	人工物体：居民地、独立地物、管线、垣栅、道路、境界及其名称与数量注记等
	绿色	植被要素：森林和果园等
	棕色	地貌要素：等高线及其高程注记、地貌符号（变形地）及其比高注记、土质特征和公路普染等
	蓝色	水系要素：河流、湖泊、海洋、沟渠、水井及其注记，以及雪山地貌等

四、地图比例尺

（一）地图比例尺的定义

图上某线段长与相应实地水平距离之比即称为"地图比例尺"，即地图比例尺＝图上长：相应的实地水平距离。

地图比例尺常以图形结合文字、数字表示，一般绘注在图廓的下方中央。其中以数字表示的为数字比例尺，它是用比例式或分数式表示的。以图形表示的为直线比例尺。比如 1:5 万直线比例尺，从"0"向右为尺身，图上 1 厘米代表 0.5 公里；从"0"向左为尺头，图上一小格代表 50 米。

根据地图比例尺，可以从地图上量取实地相应的距离。如果是量取两点间的长度，然后把量得的长度移到直线比例尺上去比，从而得出实地两点间的距离。

另一种是根据数字比例尺换算。先用直尺在图上量取两点之间的距离，然后用公式换算。换算的公式是：实地距离＝图上长度×比例尺分母。如果要量取两点间的曲线距离，则要使用专用的里程表。

需要注意的是，在地图上量取计算的距离实际上只是水平距离。如果实地的坡度较大时，还应按比例加上适当的坡度和弯曲改正数。

（二）量读图上距离

1. 依直线比例尺比量

用两脚规（或直尺、纸条和线绳等）准确量取所求两点间的长度，保持量取的长度不变。使两脚规的一端落在尺身大分划上；另一端落在尺头小分划上（不够一个分划应估读），大小分划数相加即为两点间的实地水平距离。

2. 依数字比例尺换算

依数字比例尺换算距离时，首先用直尺在地形图上量取所求两点间的长度。然后乘以该地形图比例尺分母，即得相应的实地水平距离，公式为：

实地水平距离＝图上长×地形图比例尺分母

若已知实地水平距离,同样可求出图上长,其公式为:

图上长 = 实地水平距离 ÷ 地形图比例尺分母

3. 用里程表量读

在地图上量取较长的弯曲距离时,通常用指北针的里程表。量读距离时,首先使里程表的指针对准表盘内的零分划。然后右手持指北针,滚轮垂直向下由起点沿所量线回滚至终点,指针在相应比例尺分划圈上所指的公里数即为所求实地水平距离。

五、坐标

确定地面上某点位置的长度值或角度值称为"该点的坐标",在地图上采用平面直角坐标和地理坐标来确定地面上点的位置。坐标用来迅速准确地确定点位,指示目标,实施组织指挥。

(一)地理坐标

地理坐标是用经度和纬度表示地面点位置的球面坐标。地理坐标系以地轴为极地轴,所有通过地球南北极的平面,都可称为子午面。所有通过地轴的平面,都和地球表面相交而成为圆,这就是经线圈。每个经线圈都包括两条相差180度的经线,一条经线则只是一个半圆弧。所有经线都会在两极交会,所有经线都呈南北方向,长度也彼此相等。由经线和纬线构成的经纬网,是地理坐标的基础。

1. 地理坐标网及注记

地图按经纬度分幅,其南北内图廓线是纬线;东西内图廓线是经线。在1:20万~1:100万地图上绘有地理坐标网,纬度数值注记在东西内外图廓间,经度数值注记在南北内外图廓间;在1:2.5万~1:10万地图上,图廓4个脚注有经纬度数值,内外图廓间绘有经纬"分度带",将两对边相应的分度线连接起来即构成地理坐标网。

2. 量读地理坐标

在1:20万~1:100万地形图上,可用两脚规比量目标点的地理坐标,在图廓的分划线上读数,如图9-3所示。如台北市的地理坐标为北纬25°02′,东经121°31′。由于南北图廓长度不同,因此在量取某点的经度时,应在靠近该点的南(或北)图廓上比量(使用时,通常按先纬度后经度的顺序指示)。

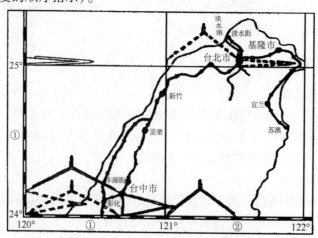

图9-3 依地理坐标网量读地理坐标

（二）平面直角坐标

确定平面上某点位置的长度值称为"该点的平面直角坐标"，通常用于指示和确定目标在图上的位置，也可根据方格估算距离和面积。

1. 平面直角坐标网的构成

我国的地图上采用的是高斯平面直角坐标网，每个投影带的经纬线投影到平面上后，赤道和中央经线是直线并互相垂直，其余经纬线都是曲线。平面直角坐标以中央经线为纵坐标轴（X轴）；以赤道为横坐标轴（Y轴），其交点为坐标原点（0），这样每个投影带便构成了一个独立的坐标系。

2. 平面直角坐标的起算和注记

纵坐标以赤道为起算，赤道以北为正；以南为负。我国位于北半球，纵坐标值都为正。横坐标以中央经线为零起算，以东为正；以西为负。为避免负值，规定凡横坐标值均增加500公里（即等于将纵轴向西移500公里），横坐标以此纵轴起算，则成为正值，如图9-4所示。

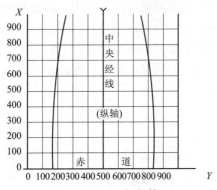

图9-4 坐标起算

为便于从每幅地图上量取任意点的坐标，以公里为单位并按相等距离画平行于纵横轴的若干直线。这样就构成了平面直角坐标网，也称为"方格网"。其方格的长度规定是1:2.5万，地图方格边长4厘米，相应的实地距离1公里；1:5万地图方格边长2厘米，相应的实地距离1公里；1:10万地图方格边长2厘米，相应的实地距离2公里。

3. 应用平面直角坐标

平面直角坐标主要用于指示目标和确定目标在图上的位置，量取点的坐标或者根据坐标定点，通常使用坐标尺量取。记述坐标应按先纵坐标，后横坐标的顺序进行，如图9-5所示。

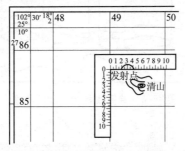

图9-5 量取点的直角坐标

- 量取点的直角坐标

找到发射点的概略坐标,纵坐标为85,横坐标为49。将坐标尺的纵边切于49的纵线,横边对准发射点。看读分划,估读到3位(米),然后加在公里数的后面。在坐标尺纵边上读出85横线所对的分划为645米,加在85的后面,即为求点的纵坐标,$X = 285\ 645$;在坐标尺横边上读出发射点所对的分划为300米,加在49的后面。即为求点的横坐标,$Y = 49\ 300$。

- 按直角坐标定点

按坐标的前两位数找到求点所在的方格,用坐标尺的纵边切于求点所在方格的左纵坐标线。然后按量坐标的要领,将求点定于地图上。

六、判读地貌

地貌判读是指利用地形图、像片或图像所进行的地貌专业的专业判读工作。地貌判读的目的是要从地形图、像片或图像中识别出各种地貌的形态特征及其分布,并依此对地貌的各种类型进行分类、分析研究各种地貌类型形成的原因,以及发展变化的规律,为国民经济建设提供各种地貌基础图件和资料。

在地图上地貌主要用等高线来显示,要在地图上了解和研究地貌的起伏,以及地面点的高程、高差、斜面的坡度及通视情况等就必须懂得等高线显示地貌的原理和规定。

(一)等高线显示地貌

1. 原理

把一个山地模型从底到顶按照相同的高度一层一层地水平截开,模型的表面便出现一条一条的截口线。然后把这些截口线垂直投影到一个水平面上,便呈现出一圈套一圈的曲线图形。因同一条曲线上各点的高度都相等,所以这种曲线称为"等高线",等高线地图就是根据这个原理来显示地貌的,如图9-6所示。

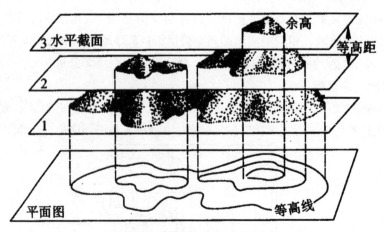

图9-6 等高线显示地貌的原理

2. 特点

①图上每一条等高线都表示实地的一定高程,并各自闭合,同一条等高线上的各点高程相同。

②同一幅地图上等高线多的，山较高；等高线少的，山较低。
③在同一幅地图上等高线的间隔大，坡度较缓；间隔小，坡度较陡。
④等高线的弯曲形状和实地地貌的形状相似。

3. 等高线的种类

等高线按其作用不同分为首曲线、计曲线、间曲线和助曲线，如图 9-7 所示。

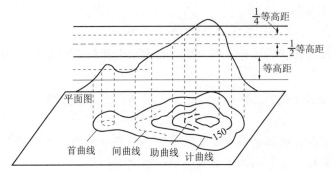

图 9-7　等高线的种类

4. 等高距的规定

两条相邻首曲线间的高度称为"基本等高距"。我国一般地区基本等高距规定 1:2.5 万为 5 米；1:5 万为 10 米；1:10 万为 20 米；1:20 万为 40 米；1:25 万为 50 米。高山地区基本等高距，一般按规定增大一倍。

5. 高程起算

为了计算和比较各点的高程，我国的地图以黄海平均海水面为零，作为高程基准起算面。从这个基准面起算的高程称为"真高"（海拔）；不是从这个基准面起算的高程称为"假定高程"。起算面相同的两点的高程差距称为"高差"，如图 9-8 所示。

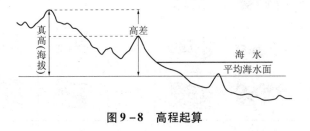

图 9-8　高程起算

（二）识别地貌

在地图上通过等高线和地貌符号可以识别地貌的各种形态。

1. 山的各部形态

● 山顶

山的最高部位，图上以等高线中最小环圈表示，有时环圈外绘有示坡线表示斜坡方向。

● 凹地

比周围地势凹陷，但却经常无水的地方称为"凹地"。图上也以环圈形等高线表示，在圈内都绘有示坡线或注记深度。

- 山背

即从山顶至山脚的凸起部分，图上表示山背的等高线从山顶起逐渐向外凸出。山背凸起部分的连线称为"分水线"。

- 山谷

即两山背之间的低凹部分，图上表示山谷的等高线逐渐向山顶或鞍部方向凹入。最凹部分的连线称为"合水线"。

- 鞍部

两个山顶间形如马鞍状的部分，图上用一对表示山背和一对表示山谷的等高线表示。

- 山脊

由若干山顶和鞍部连接的凸棱部分，山脊的最高棱线为功脊线。

- 变形地

由于自然界的影响，局部地貌改变了原来形态的部分称为"变形地"。图上不便用等高线显示，如冲沟、陡崖、陡石山和滑坡等，如图9-9所示。

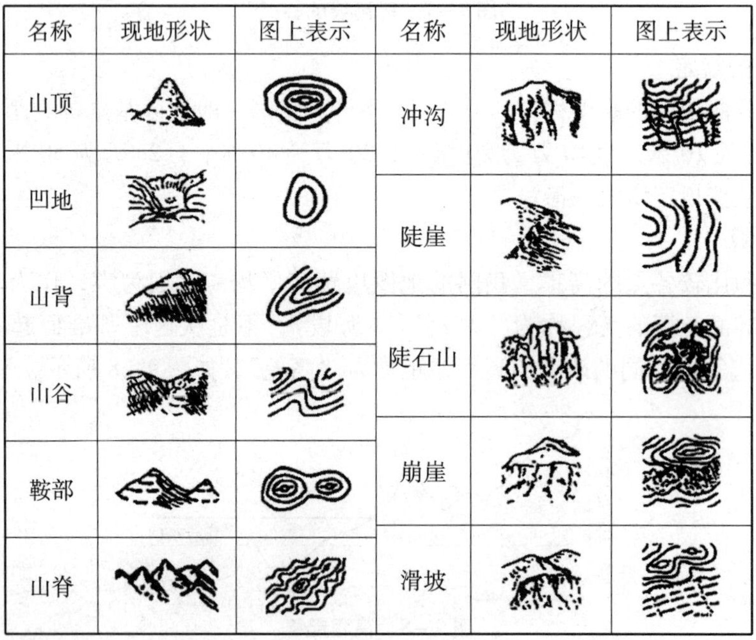

名称	现地形状	图上表示	名称	现地形状	图上表示
山顶			冲沟		
凹地			陡崖		
山背			陡石山		
山谷			崩崖		
鞍部			滑坡		
山脊					

图9-9 山的各部形态

2. 判定高程和起伏

- 判定高程和高差

首先了解本图等高距，在目标（判读）点附近找一等高线或点的高程注记。然后根据目标点与高程注记的关系位置，向上或向下数等高线。相应加减等高距，即可判定目标点高程。

- 判定地面起伏

可依等高线的疏密情况、高程注记，以及河流位置和流向，判明行动地区和行进方向的山脊、山背、山谷的分布和地形总的起伏状况。

- 判定行军路线的起伏

首先应判明等高线的起伏方向，然后按行进路线穿越等高线的多少、疏密和方向等判定。也可在判明山背、山谷及河流位置后，依行军路线的方向来判定路线的上下坡情况。

●判定坡度

判定地图上某段坡度时，两条线间隔相等，用两脚规量取该段相邻的 2~6 条等高线之间隔。然后保持张度不变，到坡度尺上相同的间隔上比量，读出下方相应的坡度。

七、方位角与偏角

现地判定方位、标定地图、指示目标及行军机动等都需要利用方位角。

（一）方位角的种类

从某点的指北方向线起，依顺时针到目标方向线之间的水平夹角称为"该点的方位角"，它用密位或度来表示。由于有 3 种指北方向线，所以有 3 种方位角，如图 9-10 所示。

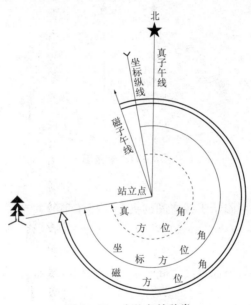

图 9-10 方位角的种类

1. 真方位角

地面上某点指向北极的方向称为"真北"，其方向线称为"真北方向线"（或"真子午线"）。从该点的真子午线起，顺时针到某目标方向线之间的夹角，称为"真方位角"，真方位角主要用于精密测量。

2. 磁方位角

地面上某点磁针所指的北方称为"磁北"，其方向线称为"磁北方向线"（或"磁子午线"）。从该点的磁子午线起，顺时针到某目标方向线之间的夹角称为"磁方位角"。地图南和北图廓上的磁南与磁北（即 P 和 P'）两点的连线，为该图磁子午线。磁方位角是军队行进、炮兵射击、航空和航海时广泛应用的。

3. 坐标方位角

地图上平面直角坐标纵线所指的北方称为"坐标纵线北"，从某点的坐标纵线北起，顺时针到目标方向线之间的夹角称为"坐标方位角"，主要用于炮兵射击指挥。

因3种指北方向不同,所以彼此间形成的夹角称为"偏角",如图9-11所示。偏角有如下3种。

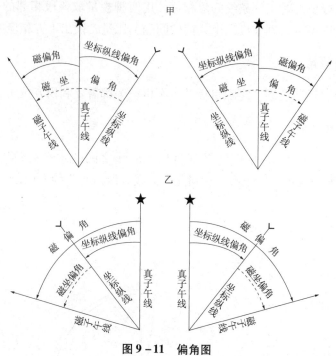

图9-11 偏角图

1. 磁偏角

即以真子午线为准,与磁子午线之间的夹角。磁子午线在真子午线以东的为东偏,在真子午线以西的为西偏。

2. 坐标纵线偏角

即以真子午线为准,与坐标纵线之间的夹角。坐标纵线在真子午线以东的为东偏,在真子午线以西的为西偏。

3. 磁坐偏角

即以坐标纵线为准,与磁子午线之间的夹角。磁子午线在坐标纵线以东的为东偏,在坐标纵线以西的为西偏。

在地图上以上3种偏角均有图形说明,各种偏角和东偏为正(+);西偏为负(-)。

(三)量方位角和磁坐方位角换算

1. 用量角器量坐标方位角

量取某点至目标点的方位角时,首先将两点连成直线,使其与坐标纵线相交(若两点在同一方格内,可延长直线)。然后用量角器按方位角的定义量读。如图9-12所示,590.8三角点~573.7高地的坐标方位角为17-40(即1740密位)。

当坐标方位角大于30-00(180°)时,应将量角器放在坐标纵线的左边,使零分划朝南,然后将读出的密位数加上30-00(180°)即为所求坐标方位角。

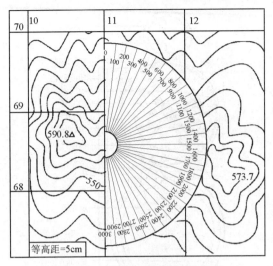

图 9 – 12 用量角器量坐标方位角

2. 坐标方位角和磁方位角的换算

- 求坐标方位角

当磁方位角已知时,计算公式如下:

$$坐标方位角 = 磁方位角 + （±磁坐偏角）$$

- 求磁方位角

当坐标方位角已知时,计算公式如下:

$$磁方位角 = 坐标方位角 - （±磁坐偏角）$$

算式中的磁坐偏角值,在地图下方偏角图中查取。计算中,当两个角度相加大于 60 – 00（360°）时,则减去 60 – 00（360°）；若小角度减大角度时,应加 60 – 00（360°）后相减。

第三节 地形图的使用

地形图的使用是指利用地图所进行的判读、量算、行进和组织计划等工作。

一、实地判定方位

实地判定方位就是实地辨明东、西、南和北方向,确定地图与现地的关系是现地用图的前提。

（一）利用指北针判定

指北针携带方便,操作简单,是判定方位的基本工具。

我军现用的指北针有五一式、六二式和六五式等,虽然型号不一,但其构造原理基本相同。以六二式指北针为例,它由磁针、刻度盘、方位玻璃框、角度摆、距离固定器、里程表和直尺等部件构成,可用来判定方位、标定地图、测定方位角、测定距离、坡度里程及测略图等,如图 9 – 13 所示。

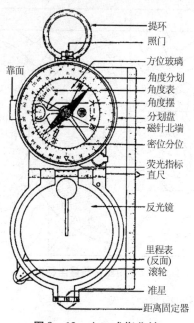

图 9－13 六二式指北针

判定方位时,平置指北针,待磁针静止后磁针涂有夜光剂的一端(或黑色一端)所指的方向就是现地磁北方向。如果面向磁针,所指的北方则背后是南;右边为东;左边为西。

使用指北针之前,应检查磁针是否灵敏。使用过程中,不要靠近高压线和金属物体。

(二) 利用北极星判定

北极星位于正北天空,观察时其距离地平面的高度约相当于当地的纬度。寻找时,通常要根据北斗星(即大熊星座)或 W 星(即仙后星座)确定。北斗七星是 7 个比较亮的星,形状像一把勺子。将勺头甲乙两星连一直线向勺口方向延长,约为甲乙两星间隔的 5 倍处有一颗略暗的星即为北极星,如图 9－14 所示。

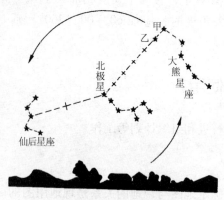

图 9－14 识别北极星

(三) 利用太阳和时表判定

判定的方法要领是把手表放平,以时针所指时数(以每天 24 小时计算)的折半位置对向太阳。表盘上 "12" 这个数的指向就是北方,如图 9－15 所示。

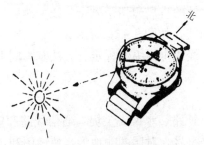

图 9–15　根据太阳利用时表判定方位

需要说明的是，我国大部分地区都使用北京时间（即东经 120°的时间）。如果是远离东经 120°的地区，若采用北京时间，误差就大了。这时应将北京时间换算成当地时间，方法是以东经 120°为准，每向东 15°将北京时间加上 1 小时（1°加上 4 分钟，1′加 4 秒）；向西减 1 小时，然后按上述方法判定。

（四）利用地物特征判定

有些地物及地貌由于受阳光和气候等自然条件影响，形成了某些特征，可以用这些特征来概略地判定方位。

①独立大树通常是南面枝叶茂密，树皮较光滑；北面枝叶较稀疏，树皮较粗糙，有时还长有青苔。树桩上的年轮也可判定方向，通常北面的间隔小；南面的间隔大。

②地面上的一些突出物体，如土堆、土堤、大岩石和建筑物等，通常南面干燥，青草茂密，冬季积雪融化较快；北面较潮湿，易生青苔，积雪融化较慢。土坑、沟渠和林中空地等一些凹下来的地物，与上述现象南北正相反。

③我国大部地区，尤其在北方，农村的住房、门户，以及较大的庙宇和宝塔的正门等一般多是朝南开的。

由于我国幅员辽阔，所以各地都有一些可供判定方位的地形特征，只要我们善于留心和收集即可用来判定方位。

二、地图与现地对照

地图与现地对照就是通过标定地图，使地图与现地的方位一致后将地图与现地进行对比，辨认并判定定位的过程。

（一）标定地图

标定地图，通俗地说就是使地图的方位与现地的东西南北方向一致的过程，标定的主要方法如下。

1. 概略标定

在现地判定方位后，将地图的上方对向现地的北方，地图即已概略标定。这种方法简便迅速，是要求标定精度不高时的基本标定方法。

2. 用指北针标定

用指北针标定地图，通常以磁子午线来标定。磁子午线在地形图南北内图廓线上，各绘有一个小圆圈，并分别注有磁南（或 P）和磁北（或 P′）。标定时，首先使指北针准星的一端朝向地图的上方，并使指北针的直尺边切于磁子午线。然后转动地图，使磁针北端对正指标"△"或角度盘"Q"分划线，如图 9-16 所示。

使用指北针也可按真子午线或坐标纵线标定，方法基本同上，但应根据使用要求依据偏角图加以修正。

3. 依直长地物标定

利用直长地物（指公路、铁路、水渠、土堤、通信线路和输电线等地物）标定地图时，应先在图上找到这段直长地物符号。对照两侧地形，使地图和现地的关系位置概略相符。再转动地图，使图上的直长地物符号与现地直长地物方向一致，如图 9-17 所示。

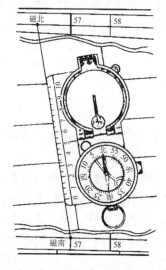 

图 9-16　依磁子午线标定地图　　　　图 9-17　依直长路段标定地图

4. 依明显地形点标定

明显地形点指现地一眼望去比较明显突出的地物和地貌，如山顶、突出树、土堆和塔等独立地物。标定时，应先将现地和地图上都能找到的一个明显地形点作为端点，然后在现地远方找一个与图上相应的明显地形点。放平地图后，用直尺切于图上站立点和远方地形点的定位点上，转动地图，直至通过直尺边能够瞄准现地相应地图点为止，如图 9-18 所示。

图 9-18　依明显地形点标定地图

5. 利用北极星标定

夜间可以利用北极星标定地图，标定时要认准北极星，使地图上方概略朝向北极星。然后转动地图，沿东（西）的土廓线瞄准北极星。

（二）确定站立点在图上的位置

将自己所在位置准确地标定在地图上称为"确定站立点"，方法如下。

1. 依明显地形点确定

当站立点在明显地形点上时，在图上找出该地形点的符号即站立点。如果站立点在明显地形点近旁时，可先标定地图。然后对照周围明显的地形细部，找出其与站立点的关系位置即可判定站立点的图上位置，如图9-19所示。

图 9-19 目估判定站立点

2. 用截线法

在直长地物（如道路、河流和土堤等）上用图时，可采用截线法确定站立点的图上位置，方法如下。

- 标定地图。
- 在直长地物的一侧选择一个图上和现地都有的明显地形点。
- 将直尺边切于图上相应的地形点上，转动直尺向现地明显地形点瞄准并描绘方向线。该方向线与直长地物的交点就是站立点在图上的位置，如图9-20所示。

图 9-20 截线法

3. 后方交会法确定

当站立点附近找不到明显的地形点，而在远方能找到两个以上现地和图上都有的明显地形点时可采用后方交会法确定站立点在图上的位置，方法如下。

- 标定地图。
- 选择离站立点较近的图上和现地都有的 2~3 个明显地形点。
- 将直尺边分别切于图上两个地形点符号的定位点上（可插细针），依此瞄准。然后分别沿直尺边向后画方向线，图上两方向线的交点就是站立点在图上的位置，如图 9 – 21 所示。

图 9 – 21　后方交会法

采用后方交会法确定站立点时，交会角度应大于15°且小于150°。

（三）现地对照地图

现地对照地图就是判明图上所显示的情况，判明现地地形图上相应的位置。使地图上的各种符号、等高线图形及注记与实地相应的地物和地貌一一对上号，一般方法如下。

①对照地形前，应选择一展望良好的地方作为对照位置。

②标定地图，确定站立点在图上的位置。

③对照时通常先对照主要方向，后对照次要方向；先对照明显易辨的地形，后对照一般的地形；先对照图上现地都有的地形，后对照变化的地形；先对照地物，后对照地貌再地物地貌综合对照。

（四）按地形图行进

按地图行进是部队在生疏地区、复杂地形和恶劣气象等条件而又无向导的情况下为达目的而采取的一种行进方法。

按地图行进的基本方法有沿道路行进、按方位角行进和乘车行进。

1. 沿道路行进

- 行进前要认真做好图上准备，包括一定、二选、三量取、四标记和五熟记。一定即确定行进路线，行进路线是根据受领的任务、敌情、地形、天候和部队装备等情况，在图上选择行进路线。选择时,应着重考虑和研究路线上与行进有关的地形要素和敌情;二选即选择方位物。行进路线确定后,应在沿线选择方位物,如岔路口、转弯点、桥梁、塔亭和独立树等。一般应选择高大、明显,即易于识别的地物作为方位物。夜间行进时,应尽量选择那些透空易见的方位物;三量取:即量取各方位物(转弯点)间的里程,并标出各段行程所需要的时间。如行进路线上地貌起伏较大时,应计算实地量距离;四标记:即将上述资料标示在图上,内容包括行进路线、各段里程、时间和方位物等;五熟记,即熟记行进路线,方法是把行进的顺序、每段里程、行进的时间、两侧方位物、地形特征和经过的村镇等熟记在脑子里。力求做到胸中有数,心里不慌。

● 行进要领

出发前,先标定地图。明确前进的路线和方向,按出发时间出发。

行进中,随时标定地图。按照行进方向适时转动地图,做到"图路成一线,路转图也转"。

对照方位物及时做判断,随时随地根据方位物判明行进方向和道路。尤其是到岔路口、转弯点,进入居民地更应判明方向。

掌握行进速度和时间,根据行进任务需求、敌情和行进能力,把握好行进速度和时间。

2. 按方位角行进

按方位角行进就是按照指北针在地图上预测的方位角行进,这是按图行进的辅助方法,通常是在沙漠、草原和山林地等地形上或夜间和浓雾等不良天候条件下采用。

(1) 行进资料的准备

选择行进路线,首先应在有利于通行的区域选择最短路径,在此基础上尽量多选择方位物,各转折点尽量选在明显、坚固的方位物上或其近旁。

测方位角和距离,在图上量测方位角时,首先用指北针标定地图。然后使指北针有准星的一端朝向前进方向,直尺边与两转点的连线重合。磁针静止后,其北端所指的密位数即为该段路线的磁方位角。测定图上各段磁方位角后,同时量出各段距离并换算成复步数或行进时间。换算公式为:

复步数 = 实地距离(米数)÷ 复步长

行进时间 = 实地距离(米数)÷ 行进速度

绘制行进路线图,可直接在地图上标绘,即在各段方向线一侧注记行军路线的资料。也可以按比例尺缩绘,按比例尺绘制略图,绘制略图时首先将出发点、转弯点和终点等附近的主要地形与方位物标绘出来。然后把各转弯点,按行进顺序依此编号。最后注记各段磁方位角和行进距离或行进时间,如图9–22所示。

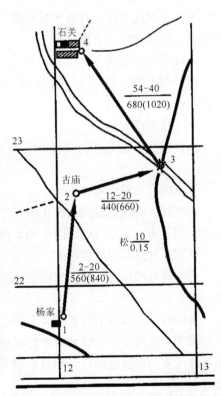

图 9–22 在地图上注记按方位角行进资料

（2）行进要领

在出发点上标定地图，判定站立点。查明到达下一点的磁方位角、距离和时间，并记住沿途重要方位物和下一点的地形特征。然后观察地形，明确前进方向。当不易判定行进方向时，可利用磁方位角判定。方法是手持指北针，使指北针北端对准下一点的密位数，这时由照门到准星看去的方向就是进行方向。在该方向上寻找下一转折点，看不见时应在该方向上选择一个辅助物，然后向此方向前进。

在行进中应随时对照地图，边走边观察沿途地形，注意掌握已走过的距离或行进时间。到达辅助方位物后，如仍看不到第2点方位物，可按原磁方位角再选一辅助方位物继续前进，直到到达第2点方位物时为止。若在起伏较大的地段上行进时，要注意调整步幅。

应当注意，用指北针量测角度的误差一般为3°，个别情况下可达到5°。再加上步幅大小对距离的影响，按磁方位行进每1公里的可能偏差在100米左右。

将要到达转折点时，应特别注意附近地形特征。当走完预定的距离和时间尚未见到转折点方位物时，可在此段距离的1/10范围内寻找。如仍找不到，应停下分析原因是地形发生变化，还是方向距离有差错。在没有找到原因前，不可贸然行进。如查不出原因又找不到应到点位，应按原路退回起点（或前一点）重新前进。

行进中若遇到障碍物时，一般应在障碍物对面的行进方向选一辅助方位物目测到该点的距离。绕过障碍物到达辅助目标后，仍按原方向继续前进。当对面仍无辅助方位物可选时，应在障碍物这一边做一个明显记号，绕过之后可以测其反方位角。

3. 乘车行进

乘车行进速度快，观察容易粗略。走错方向就会偏离较远，影响较大。因此在乘车对照行进时，应注意以下方面。

- 随时标定地图

使地图上的行进路线与现时的道路方向始终保持一致，做到"图、路成一线，车转图也转，转向正相反"。

- 注意沿途方位物

提前对照沿路主要的居民地、桥梁、道路转弯点、岔路口和沿路两侧主要地形的特征等。

- 掌握行车里程和速度

出发时，应记下时间和汽车的里程数。没有对照物时，可根据里程表的里程数、行进的时间和图上距离判定自己在图上的概略位置。

- 遇到岔路口应放慢速度

遇有疑问的地方，应停车标定地图并对照地形，确定当时的图上位置和行进方向后才能继续前进。

夜间行进除按白天行进的要领外，可用指北针或北极星标定地图。做到多找点，勤对照，采用走近观察、由低处向高处观察和由暗处向明处观察等方法。还可根据流水声和灯光等判断溪流和居民地的位置和里程碑等标志，及时确定站立点（车辆）的位置并判定行进的方向。

第十章 综合训练

第一节 行军

行军，是军队沿指定路线进行的有组织的移动。现代条件下，随着武器装备的高技术化，部队机动能力增强，作战空间增大，行军已成为准备与实施作战不可缺少的组成部分。按敌的位置，可分为向敌行军、侧敌行军和背敌行军。高技术条件下作战的战场流动性增大，为争取主动和避免被动，士兵经常在上级组织下实施徒步行军。

徒步行军是以步行方式实施的行军，通常在行军距离较近、运输车辆不足或没有运输车辆的情况下，以及地形不便于实施摩托化行军时采用。徒步行军对士兵的意志和体能是一个考验，无论是何种天气和何种地形条件下，只要作战需要均要实施徒步行军。

一、徒步行军前的准备

（一）了解判断情况

为了顺利完成分队行军，指挥员在受领任务后应当迅速收集和准确判断有关情况，并定下行军决心。收集判断情况应当突出重点，着重掌握和判明分队行军能力；行军沿途的地形、道路情况、居民地、水源等情况，以及季节和天候对分队行军的影响等。

无论在任何条件下以何种方式行进，均应做好行进前的各项准备工作。

（二）选择行进路线

行进路线应选择最佳路线，通常由指挥员或由上级指定。在图上选择行进路线时应在了解道路分布情况的前提下，着重研究可能的行进路线上与运动有关的地形情况，主要是道路情况对分队运动的影响、道路上的桥梁和渡口的情况，以及必须行进的地段等。综合上述各因素，以所需行进时间最短为基本要求选择行进路线。

路线选定后，应在行进路线沿途选择一些明显、突出和不易变化的建筑物作为参照物，以便于行进途中随时保持正确的行进方向。例如，行进路线上的道路交叉口、桥梁和两侧的高地，以及城市中的广场和突出建筑物等。特别在进出居民地的出入口附近应选择数个参照物，以便于在居民地内行进时保持方位。

（三）画出行进路线

画出行进路线就是将选定的行进路线（起点、转折点和终点）及参照物用彩色笔醒目地标绘在图上，当行进路线较长时应利用行进路线上明显的参照物并结合大休息点对整个行进的路线进行分段。然后分段标绘，并按行进方向标好顺序，以便行进中对照检查。

（四）计算距离和行进时间

在地图上量取里程，应量取全程和各段的实地水平距离，将水平距离换算成实地距离。为便于掌握行进速度和时间，可将改正后的各段距离根据预定行进速度换算为行进时间。

（五）记忆行进路线

记忆行进路线就是将行进路线的有关特征尽量记在脑子里，做到胸中有图和未到先知，记忆行进路线的内容主要是行进路线的距离、行进时间、经过的居民地，以及道路两侧的方位物和地貌特征。

二、制订行军计划，定下行军决心

行军的组织计划工作通常包括以下内容。
（1）组织行军路线勘察
主要查明沿途地形、道路、桥梁和渡口等情况，并预定休息点和宿营地的情况等。
（2）制订行军计划
指挥员受领行军任务后，应当根据行军上级指示组织制订行军计划，主要内容包括行军的意义、路线和序列；通过出发点和调整区（点）的时间；大休息、宿营地和到达时间；指挥员及乘车行进的位置和通信联络方法；行军保障措施及注意事项，以及途中设想情况处置预案等。

三、徒步行军途中的注意事项

徒步行军的优势在于目标小、分散快、易指挥、组织简便、利于隐蔽和受地形限制小，其不足之处是速度慢和体力消耗大。

徒步行军的常行军时，乡村路为每小时 4~5 公里，山地为每小时 3~4 公里；急行军时，乡村路时速可达 8~10 公里。

徒步行军时，通常每 1~2 小时休息一次，时间约为 10 分钟。摩托化行军通常每 2~3 个小时休息一次，时间为 20~30 分钟。休息时，人员靠道路右侧或公路两侧休息；车辆沿道路右侧停靠，前后车间距保持 10 米以上，车上人员除观察员和值班火器射手外，其余人员下车在道路右侧休息。强行军、夜间行军、在高寒地区行军，通常不组织大休息。

①徒步行军应携带有关装具。
②行军过程中应均匀呼吸，全脚掌着地。调整好步幅，保持正常的行军速度。
③行军前，应检查所带装具是否齐全和佩带是否牢固。尤其是要仔细检查鞋袜是否合适，以避免行军中脚打泡。
④行军掉队时应大步跟上，尽量不要跑动，以节省体力，体力好的人员要主动帮助体力差的战友，搞好体力互助。
⑤小休息时应就地休息，及时调整体力，不要乱走动并按要求处理脚上打起的血泡。
⑥行军中要以各种信号的方式保持通信联络。
⑦遇敌空袭时应就近利用地形进行防护，情况解除后应迅速抢救伤员，检查武器装备并恢复行军序列。

⑧行军过程中应指定一名干部带领医务人员和多名体力好的人员编为收容组,在行军序列最后跟进,负责收容伤病员并组织掉队的人员跟进。

第二节　宿营

宿营是指军队行军或战斗后的临时住宿,目的是使部队得到休息和整顿,为继续行军或战斗做好准备。宿营分为舍营(利用居民房舍住宿)、露营(在房舍外露宿或用帐篷住宿)或二者结合的宿营。宿营地域应根据敌情、地形和任务选定。

露营是指在房舍外露宿或利用帐篷的住宿,在不具备舍营条件时采用。野外露营的方式分为利用制式器材露营和利用就便器材露营,利用制式器材露营,通常是指利用帐篷和装配工事等制式器材进行的露营;利用就便器材露营,通常是指利用车辆、篷布、雨衣和草木等进行的露营。

一、露营地的选择

选择露营地应根据敌情和地形情况而定,有适当的地幅,通常师 500～700 平方公里,团 60～90 平方公里,营约 6 平方公里,通常应具备下列条件:
①有一定的地幅和良好的地形,便于疏散隐蔽配置和休息。
②有充足的水源、燃料和较好的卫生条件,便于人员、车辆用水。
③有较好的进出道路,便于车辆、人员动机,便于部队迅速投入战斗和继续行军。
④避开严重的沾染区,以便卫生防疫。
⑤避开洪水道、油库、高压电源和易崩塌的危险地点。

露营地,夏季要尽量选择在比较干燥、地势较高、通风良好和蚊虫较少的地区,避开谷地和低地的地方;冬季应选择在避风向阳处,土质较黏和便于搭设简易遮棚或挖掘的地方。为了防止预订宿营地域的情况发生重大变化,司令部还应该选择预备宿营地域。

二、露营的方法

(一)利用帐篷露营

露营时,按帐篷架设、撤收方法和要求实施。寒区冬季使用帐篷露营时,可在植桩后泼水使之冻结。帐篷的下端要以重物压牢,防止漏风。

(二)利用车辆露营

部(分)队都可利用装备的车辆进行夏季野外露营。冬季野外车辆露营时,可在火炮牵引车和运输车上铺以防寒材料并放置取暖设备,具有较好的防寒效果。具体办法是用木板将草垫固定于车厢板内侧和底板上,将防寒毡(规格为 2 米长和 1 米宽,需 8 张)拼接好,与车篷布组合在一起并苫盖于车篷杆上。再以旧棉被分别缝在车篷两端,后面设帘式活门,车厢前部设置活动式二层床(行军时卸下,放于车厢内适当位置)。车内可供 8 人住宿,车厢后部留出 1 米宽的位置放置训练器材、武器和工具箱等。

(三) 构筑猫耳洞（掩体）露营

冬（旱）季可在便于隐蔽伪装和土质较好的地形上或利用堑壕和交通壕挖地下猫耳洞露营。挖掘时，开口应尽量利用沟和壕的切面，也可以直接在地面开口。一般以班为单位构筑工事，每个班挖 2 个 ~ 3 个洞为宜。洞内呈方形，顶部铲成拱形。若土质松软或黏结性差，洞内可挖成"人"字形、"丁"字形、"工"字形或"十"字形等，以减少顶部单位面积的承受力。构筑猫耳洞露营时，应特别注意防塌方和潮湿。在土质松散地区应适当缩小洞的空间，视情况进行支撑或被覆。有时也可将既设工事和掩体适当改造进行露营，利用塑料布和土工作业结合构筑"厅洞式"、"坑道式"和"长廊短洞式"等生存露营工事。

(四) 构筑雪洞露营

冬季在冲沟、雨裂、凹地和山谷等积雪深的地方，宜构筑雪洞。当积雪在 1.4 米以上时，可直接开口构筑，洞口大小以一人能进出为宜。开口后可拐 1 ~ 2 个直角弯，使通道尽量成"Z"形，并修成向上倾斜的斜坡状。雪洞要比通道高一些，洞顶铲成拱形，并留出通气孔。

(五) 构筑雪屋露营

当积雪较少时可构筑雪屋，一般数人一屋。积雪板结时直接切成长方形雪砖，然后按需要堆砌；雪质松软时，可把雪装入木柜里踩实，加工成雪坯。堆砌中应在雪块间隙敷设浮雪，逐层收顶。洞口可根据风向开成"门"字形，顶部为拱形、人字形或圆锥形。视情况也可以用雪堆作围墙，在 3 ~ 4 个角打上木桩，顶部用雨衣或柴草覆盖。

雪屋构筑好后，要在屋底部铺 10 厘米以上的干草，再铺上雨衣和褥子。然后用装有软草的麻袋或草捆堵在洞（屋）口，防止冷气侵入。

(六) 搭设树枝（草）棚露营

夏季有树林、蒿草和高棵农作物杆的地方，应充分利用自然条件，搭设各种树枝（草）棚。例如，利用木杆为支架搭设屋脊型草棚，利用断崖和断面用木杆搭设斜坡型草棚，利用蒿草和树枝搭设偏厦等。在冬季，棚围应用雨衣、篷布和柴草等围盖，棚顶和周围空隙用草堵实。再加盖一层积雪或草皮，以便保暖和伪装。

(七) 搭设简易帐篷露营

夏季使用简易帐篷在野外露营，其样式较多，可用雨衣、塑料薄膜和盖布搭设成屋脊型、一面坡形、长方形或拱形等简易帐篷。简易帐篷的大小和形状，可根据装备、就便器材数量和露营人数灵活确定。

(八) 利用吊床露营

夏季可将雨衣、床单、苫布和伪装网等用绳系住两头并系在树干上，人员即可躺在上面休息，还可在上面架设蚊帐防蚊虫叮咬。下雨时可在上面拉一根绳子，搭上方块雨布，4 个角用绳子系牢便形成防水帐篷。

三、组织宿营保障

（一）组织侦查

为了防止敌人突然袭击和为继续行军准备材料，部队宿营后，司令部应立即向有敌情顾虑和尔后行动方向上派出侦查。组织侦察时，应明确使用的兵力、任务和方法。靠近前线宿营时，还应同前方部队保持联系，密切注视敌情变化，重大问题应及时向首长报告。

（二）组织对空防御和对核、化学、生物、燃烧武器的防护

司令部应周密地组织观察警报配系；组织对空火力、防空导弹和大口径高射炮兵部队与友邻的防空导弹或大口径高射炮兵部队建立对空掩护部署，师的防空兵直接掩护本部的重要目标，团的高炮分队和步兵武器建立绵密的低空火制区；制定反空降措施，必要时建立反空降预备队，配置在敌人可能实施空降地域附近；划分防空疏散地域，组织部队构筑防空工事，制定各种伪装措施；规定遭敌核、化学、生物武器袭击时部（分）队的行动方案和抢救、洗消措施。

（三）组织警戒

为了保障部队安全休息，司令部应周密地组织宿营警戒。其种类有：团哨、营哨、排哨、班哨、组哨、步哨、流动哨、和潜伏哨。宿营警戒的组织应根据敌情、地形和部署确定。司令部组织宿营警戒时应明确：敌情；警戒的兵力和任务；警戒地区和警戒阵地的位置；友邻警戒的位置；前方侦察分队返回时间、路线和与其联络的方法，火力支援的方法，撤回的时间、路线和方法。

（四）组织补充和检修

在宿营地域，司令部应指导有关部门给部队补充油料和其他移动储备品，检查维修车辆和其它技术设备。

第三节　野外生存

一、寻找水源

生命离不开水，所有生物都依赖于水也都含有水。没有食物，正常人平均能活3周，但没有水3天也活不了。人体的75%是水，水能使人体维持恒温，使肾脏行使排泄功能，使人拥有清醒的头脑，使心脏正常跳动。但是体液是有限的，身体消耗的水分必须及时得到补充；否则健康和工作效率都无从言及。

正常人平均每天耗水2~3升，即使静卧者每天也要消耗大约1升水。正常呼吸会从人体带走水分，随着工作强度加大和气温的升高，深度呼吸和出汗也会促使人体失去水分。病人的呕吐和腹泻更会增加水分丧失，必须不断补充水分以维持正常水分平衡。通过饮水和食用含水食品可以补充水分。

（一）通过植物寻找水源

在许多干旱的沙漠和戈壁地区生长着桂柳和铃铛刺等灌木丛，这些植物告诉我们这里地表下 6~7 米深就有地下水。有胡杨林生长的地方，则指出地下水位距地表面不过 5~10 米，茂盛的芦苇指示地下水位只有 1 米左右。如果发现喜湿的马兰花等植物，便可知这里下挖 50 厘米或 1 米左右就能找到地下水。

我们还可以从植物得知地下水的水质情况，如见到马兰花和拂子茅等植物群，即可断定那里不太深的地方就有淡水。

山野中有许多植物可用以解渴，如北方的白桦树、山葡萄的嫩条和酸浆子的根茎，以及南方的芭蕉茎和扁担藤等。

在南方，根深叶茂的竹丛不仅生长在河流岸边，也常生长在与地下河有关的岩溶大裂隙和落水洞口的地方。例如，在广西许多岩溶谷地、洼地，成串或成片的竹丛地常常就是有大落水洞的标志。这些落水洞有的在洞口能直接看到水，有的在洞口看不到水，但只要深入下去往往便能找到地下水。

北方的初春，在杨树杆上钻一个深 3~4 厘米的小孔，插入一根细管（可用白桦树皮制作），经过这个小孔流入容器中的汁液每晚可达 1~2 升。白桦树液在空气中很快就会发酵，因此应立即饮用。

西南边疆密林中的扁担藤，因其形似扁担而得名。它是一种常年生的植物，通常缠绕在树干上。藤长 5~6 米，藤面呈灰白色，叶色深绿。叶面宽 3~4 厘米，呈椭圆形，比一般树叶稍厚。砍断藤子后，可以看到条条小筋的断痕，并很快就会流出可供饮用的清水。生活在西双版纳的傣族猎人进山一般不带水壶，就靠这种天然水壶中的清水解渴。

热带丛林中还有一种储水的竹子，这种竹子通常生长在山沟的两旁。其直径 10 厘米左右，青翠挺拔，竹节长约 50 厘米。选择竹子找水时，应先摇摇竹竿听听里面是否有水的声响，无水响的竹子不必砍；另外，检查竹节外表是否有虫眼，有虫眼的竹节里的水不能喝。汲水的方法是将竹节一头砍开个洞，将水倒入碗里，也可削一根细竹管插进竹筒里吸。竹节内的水既卫生，还带有一股淡淡的竹香，边防战士称其为"直立的凉泉"。

如果找不到解渴的植物，还有一种极为简便的取水方法。即用一个塑料袋套在树枝上，将袋口扎紧，树叶蒸发出来的水分就会聚集在袋里。天气越热，蒸发量越大，得到的水就越多。利用这个方法，每天取水量可达 1 升左右。还可以用塑料布收集露水，从半夜到天明这段时间里气温逐渐下降，空气中的水分便凝结成露水贴附在地面或植物上。早晨将塑料布铺在草丛下面，摇晃草使露水一滴滴地落下来，积少成多可解干渴之急。

（二）通过动物寻找水源

绝大多数哺乳动物定期补水，草食性动物通常不会离水源太远。尽管有些种类为了避开旱季可能会长途迁徙上千公里，因为它们早晚都需饮水，留意跟踪动物的足迹经常会找到水源。

（1）鸟类

谷食性鸟类，如雀类和鸽类不会远离水源，它们也早晚饮水。当它们径直低飞时，那一定是渴求水源。饮足水后它们会停在那里，从一棵树飞到另一棵做经常性歇息。密切留意它们的飞行方向，可能会找到水。

水鸟即便不停下来吃喝也能坚持长时间远距离飞行，它们的出现不一定预示周围就有水。隼、鹰，以及其他肉食性鸟类能从捕获物中得到水分，所以也不能作为有水的信号。

(2) 爬行类

它们不是水源指示者，此类动物可以吮吸露水。也可从捕获的小动物中获取水分，从而即便无水也能生存很长时间。

(3) 昆虫类

昆虫是很不错的水源指示者，尤其是蜜蜂。它们通常离蜂巢或蜂房至多不超过6 500米，但是饮水时间没有规律。蚂蚁也离不开水，一队向着一棵树行进的蚁群很可能是去地下蓄水池饮水，这样的蓄水之地即便在不毛之地也有可能找到。大多数昆虫会在水源半径90米范围内不停地飞行。

夏季蚊虫聚集且飞成圆柱形状的地方一定有水，有青蛙、大蚂蚁和蜗牛居住的地方也有水；另外，燕子飞过的路线和衔泥筑巢的地方，都是有水源和地下水位较高的地方。再有，鹌鹑傍晚时向水飞，清晨时背水飞。而斑鸠群早晚飞向水源，这些也是判断水源的依据。

在地下水埋藏浅的地方地上潮湿，蚂蚁、蜗牛和螃蟹等喜欢在此做窝聚居。冬天，青蛙和蛇类动物喜欢在此冬眠。夏天的傍晚，因其潮湿凉爽，所以蚊虫通常在此成柱状盘旋飞绕。

地下水位的深浅还可以试验，在地上挖一小坑用盘子扣在坑底，上面盖些草。早晨盘上有小水珠时，地下水位高。挖1米的坑，在坑中点燃多烟的草木。若烟柱呈弯曲状升起，则地下水位高。

俗话说，人往高处走，水往低处流，寻找水源首选之地是山谷底部地区。如果谷底见不着明显的溪流或积水池，要注意绿色植物的分布带。试着向下挖，很可能植被之下就有水源。在干涸河床或沟渠下面很可能会发现泉眼，尤其是沙石地带。在高山地区寻水应沿着岩石裂缝去找。

在海岸边应在最高水线以上挖坑，尤其是在沙丘地带，很可能会有一层厚约5厘米的沉滤淡水浮在密度较大的海水层上。这层水可能会稍有盐味，但可以饮用。在悬崖入海处应注意生长茂盛的植物，包括羊齿类和苔藓类植物。在岩石的断层间很可能会发现湿地或泉眼。

(三) 根据天气变化寻找水源

天空出现彩虹的地方，肯定有雨水；在总有浓雾的山谷里定有水源。

二、如何取到洁净水

(一) 采集地表水和雨水

除了工业化国家中出现的会增加土壤污染的酸雨外，各个地方的雨水几乎都能饮用，所要做的不过是收集而已。尽可能选取大面积的集水区，利用各种可能的容器收集。

在地面上挖个洞，四周用黏土围住很大一块地方可以有效地收集雨水，但要防止洞里的水渗走。如果没有防渗的薄片材料，金属材料或者帆布材料都可很好地防渗。如果对水的安全性有所怀疑，可以在饮用前烧开。

在日夜温差相当大的地区会有很多露水，当它凝结在金属体上时，可以揩抹下来或者直接舐吸。

可用衣服浸透水，然后拧出来。一种方式是将干净衣服系在腿上，在湿的植被中穿行，然后将水拧出来或者吮吸。

在冬季可以融化雪水，但不要吃碎冰块。它会弄破人的嘴唇和口部，也会造成进一步的脱水。在试图吮吸之前，将雪压成球形团块。

切记如果已经饥寒交迫，饮雪会使人更加寒栗不已。

熔冰比熔雪容易，只需较少热能就可以更快更多地化出水来；同样的热能，前者能产生双倍的水量。如果只能用雪，应先熔化小块的雪在罐子里，然后逐渐加多。一次性放入大量雪块的弊端在于底部雪先融化成的水会被上部的雪浸吸，这样会产生中空，不利于进一步传热，甚至会把锅烧坏。从雪层的底部取出的雪颗粒结构比表层多，易于产生更多的水。

（二）通过日光蒸馏器的方法取水

在地面挖一个长宽约90厘米和深45厘米的坑，坑底部中央放一收集器。在坑上放一块塑料薄膜，用石头或沙土将薄膜的四周固定在坑沿。然后在塑料膜的中央部分吊一石块确保塑料膜呈弧形，以便水滴能顺利滑至中央底部并落入收集器中。太阳的照射使坑内潮湿土壤和空气的温度升高，蒸发产生水汽。水汽逐渐饱和，与塑料膜接触遇冷凝结成水珠，下滑至收集器中。

蒸馏袋的使用原理同日光蒸馏器，不同的地方只是蒸馏袋通过凝结植物的水汽来收集水分。在一段健壮且枝叶浓密的树木嫩枝上套一个塑料袋，放袋子的时候要注意使袋口朝上，袋的一角向下，这样便于接收叶面蒸腾作用产生的凝结水。将一聚乙烯膜覆在任何一个生长良好的植株上都可以收集到水分，因为蒸腾作用产生的水汽上升与薄膜接触时遇冷后就会凝结成水滴，应让凝结的水珠沿着薄膜内壁流入底部收集器中。不要让树叶触动薄膜；否则会碰掉凝结的水珠。也可将刚砍断的新鲜植物枝叶放在大塑料袋里，温度升高时，会产生凝结水。用干净的石块垫在枝叶下面，可以方便凝结水的收集。用石块把袋子绷紧，再用一个弹性垫棍支撑袋顶，以免枝叶触及袋面。当枝叶变蔫时，可以小心地再换上一批新鲜枝叶。

三、鉴定水质的方法

纯净的水在水层浅时无色透明，深时呈浅蓝色，可以用玻璃杯或白瓷碗盛水观察。通常水越清水质越好；水越浑则说明水里含杂质多，水色随含污不同而变化，如含有腐殖质呈黄色，含低价铁化合物呈淡绿蓝色，含高价铁呈黄棕色，含硫化氢呈浅蓝色。

一般清洁的水是无味的，而被污染的水则常有一些异味。如含硫化氢的水有臭鸡蛋味，含盐的水则带咸味，含铁较高的水带金属锈味，含硫酸镁的水有苦味，含有机物质的水有腐败、臭、霉、腥和药味。为了准确地辨别水的气味，可以用一只干净的小瓶装半瓶水，摇荡数下打开瓶塞后立即用鼻子闻。也可把盛水的瓶子放在热水中，闻到水里有怪味，就不能饮用。

地面水（江河和湖泊）的水温因气温变化而变化。浅层地下水受气温影响较小；深层地下水，水温低而恒定。如果水温突然升高，多是有机物污染所致，工业废水污染水源后也会使水温升高。

此外还可以用一张白纸，将水滴在上面晾干后观察水迹。清洁的水无斑迹，如有斑迹，则说明水中有杂质，水质差。

四、净化水的方法

（一）药品净水

①将净水药片放入水容器中，搅拌摇晃，静置几分钟即可饮用，可灌入壶中存储备用。一般情况下，一片净水药片可对1升的水进行消毒。如果水质较混浊，可用几片净水药片消毒。目前，军队都采用此法在野外对水进行消毒。

②如果没有净水药片，可以用随身携带的医用碘酒代替净水药片对水消毒。在已净化过的水中每一升水滴入3~4滴碘酒，如果水质混浊，则在每升水中加入的碘酒要加倍。搅拌摇晃后，静置的时间也应长一些，20~30分钟后即可饮用或备用。

③利用亚氯酸盐，即漂白剂也可以起到消毒的作用。在已净化的水中每升水滴入漂白剂3~4滴，水质混浊则加倍。摇晃匀后静置30分钟，即可饮用或备用。只是水中有些漂白剂的味儿，注意不要把沉淀的浊物一同喝下去。

④如果没有以上的消毒药物，而随身携带有野炊时用的食醋（或白醋），也可以对水进行消毒。在已净化过的水中倒入一些醋汁，搅匀并静置30分钟后便可饮用。只是水中有些醋的酸味。

⑤在海拔高度不太高（3 000米以下）且有火种的情况下，把水煮沸5分钟，也是对水进行消毒的很好方法。

⑥如果寻找到的水是咸水，用地椒草与水同煮。这样虽不能去掉原来的咸味，却能防止发生腹痛、腹胀和腹泻。如果水中有重金属盐或有毒矿物质，应用浓茶与水同煮，最后出现的沉淀物不要喝。

（二）植物净水

榆树的皮、叶和根，木棉的枝和皮，仙人掌和霸王鞭的全株，以及水芙蓉的皮和叶都含有黏液质和有糖类高分子化合物。这些植物与钙、铁、铅、镁等二价以上的金属盐溶液化合形成絮状物，在沉淀过程中能吸附悬浮物质沉底，起到净化浑水的作用。

上述野生植物中，仙人掌和霸王鞭是可以食用的植物。而且净水时用量很少，产生的絮状物又能沉淀析出，用其澄净饮用水是最理想的。用野生植物净水，最好挑选新鲜的植物，将其捣烂磨碎。使用时在一桶水内放入植物糊，搅拌3分钟后静止10分钟，浊水即能澄清。

虽然絮状物沉淀时能除去部分细菌和微生物，但是没有消毒作用，因此饮用水最好再加少许漂白粉消毒。如无漂白粉，用稀盐酸或碘酒滴入水中几滴也能起消毒作用。

在野外最好不要饮用从杂草中流出的水，而以从断崖或岩石中流出的清水为佳。饮用河流或湖泊中的水时，可在离水边1~2米的沙地上挖个小坑，坑里渗出的水较直接从河湖中提取的水清洁。

五、野外生存中的饮水要求

在水源紧缺的情况下要合理安排饮用水，不要为一时口渴而狂饮；另外，在野外工作或探险中,喝水也要讲究科学性。如果一次喝个够,身体会将吸收后多余的水分排泄掉,这样就会白白地浪费很多的水。如果在喝水时,一次只喝一两口,然后含在口中慢慢咽下,过一会儿感觉到口渴时再喝一口,慢慢地咽下。这样重复饮水既可使身体将喝下的水充分吸收,又可解决口舌咽喉的干燥。一个标准水壶(9~11升)的水量运用正确的饮水方法,可使一个单兵在运动中坚持6~8小时,甚至更长些。

在实在无水的情况下,小便也可以应急解渴。实际上小便并不污秽,只是因为心理作用,总觉难以下咽。有条件可以做一个过滤器,在竹筒的底端开一个小孔。由上顺序放入小石子、砂、土和碎木炭。将小便排泄于此,小孔下面就会流出过滤的水。

在原始森林中许多小溪和河流表面看起来清澈干净,实际上却含有多种有害的病菌,人一旦喝下去就会染上痢疾和疟疾这样的疾病。1943年2月,在缅甸作战的英国特种部队在丛林中行进300多公里。因为水的问题,短短两个月时间就有1/3的队员死亡或患病而不能继续前进,最后英军不得不取消预定的远程渗透作战。

切记,无论多么口渴都不要饮用不洁净的水,以防止病菌通过饮水进行体内。这在热带丛林地区尤其重要,万不得已,一定要将水煮开再喝。

六、获取食物

(一) 识别和采集食物的方法

1. 植物类食物

可食用植物是野外生存最容易找到的食物,但是世上的植物种类繁多,很难辨识哪些是可食用植物。一些植物营养丰富,而有些植物有毒性,食用后会致人死亡。可以通过一些规律来判断植物的可食用性。

● 检查

先试着查看是否有毒,如果植物叶或枝茎上附着许多蛆或其他蠕虫,当然不能要。最好忽略那些没有营养价值的种类。有些植物在衰老过程中会合成或者通过分解代谢产生一些有毒的化学物质。

● 嗅闻

切下植物一小部分放在鼻前闻一闻,如果有令人厌恶的苦杏仁或桃树皮气味,则立即扔掉它。

● 刺激反应

稍稍挤榨一些汁液滴涂在体表的敏感部位,如肘部与腋下之间的前上臂。如果感觉有所不适、起疹或者肿胀,则尽快扔掉它,以下程序也没有必要继续了。

● 唇舔口嚼舌尝

如果皮肤感觉无任何不适,要间隔5秒钟,以便观察有无不适反应,然后取少量植物材料通过触动唇部、触动口角、舌尖舔尝、舌根舔尝和咀嚼一小块尝试。

在各个进程中,如果出现任何不适症状,如喉咙痛痒、很强的灼烧感或刺激性疼痛等,则尽快扔掉它。以下步骤也没有必要继续。

● 吞咽

吞咽一小块植物,耐心等待5个小时,其间不要饮食任何其他类食物。

● 食用

如果没有发生诸如口部痛痒、不停打嗝、恶心、发虚、胃痛、下腹绞痛，以及任何不适症状，则可以认为这种植物是安全可食的。

一般的白色或黄色浆果类植物均有毒性，有一半的红色浆果类植物可以食用，而蓝色或黑色浆果类植物几乎均可食用。

有些植物的茎部只结有一颗果实，一般这类植物可以食用。

不要食用任何带有乳白色奶状液汁的植物。

不要食用野生的大豆和豌豆。

不要食用对皮肤有刺激作用的植物。

不要食用那些已经被昆虫咬过的植物。

通过可食性标准试验可以更准确地判断植物的可食用性，这种试验的主要步骤如下。

①一定要空腹，首先切下植物的一小部分，将其放于手腕上来回揉搓后静候15分钟观察皮肤有何反应。

②将植物的一小部分放于嘴唇外沿，观察有何反应。

③放一小片植物于口中，用舌头舔尝后静候15分钟。如无不良反应，则将其充分咀嚼，再等15分钟以观察有何反应，如果没有任何不良反应，则继续下面的步骤。

④吞咽一小块植物，看是否有不良反应（如果感觉难受，赶快把植物吐出，然后大量饮水）。如果仍感觉良好，接着做下面的试验。

⑤吃少量的植物，再静等数小时。如果仍然没有不良反应，则能确定这种植物可以食用。

2. 食用方法

采食野菜的加工方法很重要，加工的目的主要在于去毒和去味。总结我国广大群众的实践经验，主要有以下几种加工食用方法：

（1）直接炒食或蒸食

已知无毒和无不良味道的野菜，如刺儿菜、荠菜、野苋菜、扫帚菜、扁蓄和鸭跖草等，将嫩茎叶择洗干净。切碎后即可炒食做菜，或加入主食中做粥、馒头或包子馅。

（2）生食

已知无毒并具有美味的野菜，如苦菜、蒲公英和小根蒜等。将野菜择洗干净，用开水烫过即可加调味品食用；另外，已知无毒并具有柔嫩组织的野菜，如马齿苋和托尔菜等，可用开水烫或煮开3~5分钟后将菜捞出。挤出汁液后，加入调味品凉拌吃，这样可以除去一些苦涩味。

（3）煮浸

这是民间使用比较广泛的一种食法，对于一些具有苦涩味并可能具有轻微毒性的野菜都可采用这一方法。例如，败酱、肥脂麻、水芹、珍珠荣、蕡菜、龙芽草和杨梅等。采摘嫩茎叶洗净后，在开水或盐水中煮5~10分钟后捞出。在清水中浸泡数小时，并且不时换水。浸泡时间随野菜的苦味大小而定，必要时可以过夜，然后即可炒食或配合主食做馒头和窝头等。

● 苦菜，别名为"苦荬菜"和"山苦"，全国各地都有分布。生长在山野和路边，易于采集。3月~8月可采嫩茎叶洗净生食，微苦。

其形态为茎高0.6~1米。叶互生，叶边大多分裂，周有小短刺。近根处叶身较窄，色绿，表面呈灰白色。断有白浆，茎叶平滑柔软，夏季开黄色头状花。

• 蒲公英，别名"婆婆丁"，各地都有分布。生长于田野和路旁，易于采集。3~5月可采集嫩叶洗净后生食，味微苦；5~8月采花放入汤中烹食。

• 蘑菇（菌），在我国分布很广，是人们爱吃的一种食品，通常食用的有香菇、草菇、口蘑和猴头菌等。蘑菇一般的吃法是炒食或做汤，藏族同胞往往在野外采摘后用火烤后蘸盐食用，别具风味。

3. 海藻

我国漫长的海岸和岛屿生长着许多海藻，如绿藻、红藻和褐藻。海藻一般对人体无害，相反大多数藻类对人体有益，人们常吃的紫菜即是其中之一。海藻易于采集，但应选择那些附着在礁石上或漂浮在水中的，海滩上的海藻因时间过长可能会腐烂、变质。常见的海藻如下。

（1）红毛菜

我国东南沿海岛屿都有分布。这种藻生长于满潮线附近的岩礁或木头上。全体均可食。采收后洗净，切碎，开水烫过，即可炒食或做汤。也可晒干保存，吃时再用开水烫过即可做菜。

（2）鸡冠菜

生长在我国沿海一带，海岸退潮线下的岩石上。以台湾及附近岛屿为多，全部均可食。采收后洗净泥土，经开水烫过，切碎即可炒食或做汤。也可以晒干保存，吃时再用开水烫过。

形态属红藻类，植物体扁平，作不规则的叉状分歧。长5~20厘米，宽1~2厘米，膜质，新鲜时呈鲜红色，在繁殖时期表面生有深红色的斑点或庞状突起。

（3）刺海松

别名海松，生长于我国东南沿海较温暖的海水中，幼嫩的植物体可食用。采收后洗净切碎，可炒食或做汤。

形态属绿藻类，植物体的基部有盘状组织，可以附着于岩石上面。在盘状组织上面有分枝繁茂的"枝干"，与珊瑚很相像。新植物体在乏枝上生一个芽，芽成熟后在下面发生假根，以后与老植物体脱离形成一个独立的新植物体。

（4）紫菜

别名甘柴菜，我国东南沿海一带的温暖海水中的礁岩上都有生长，低潮时在海滩上可找到。全部可食，捞出后晒干，做汤味美。也可干炒后加调料，香脆可口。

（5）裙带菜

别名昆布，生于海岸低潮线以下的岩石上。并喜生于风浪不大的海湾内，我国沿海都有生长。全部均可食。采捞后洗净晒干，吃时用开水烫过，切碎即可炒食或做汤。

（6）海索面

生于海水中，我国沿海均有生长。全部可食。采捞后洗净，炒食和做汤均可。

（7）鹅掌菜

生于海岸低潮线附近的岩礁上，我国沿海均有生长，东南沿海生长最多。全部可食。采捞后要晒干，吃时再用开水烫过。洗净泥土及黏液，切碎，炒食或做汤。

(二) 猎捕野生动物的方法

(1) 捕鱼

在大多数海滨，从海岸出发捕鱼的最佳时机大约在涨潮过后两小时左右。如果在涨潮期捕鱼，通常会被迫撤退，而且很可能全身都会湿透。记住咸的海水会腐蚀靴子和衣服。

利用护柱或岩石修筑的箭形大鱼坑，在潮水帮助下会有鱼游进其中。使箭头指向大海，退潮时你就可以捕捉滞留在水坑里的鱼了。

(2) 动物踪迹

动物的踪迹几乎分布于地球上每一个角落，但时常看见野生动物却并不那么容易。学会辨认动物留下的踪迹并能从中分辨出是何种动物，将会有助于选择适当的策略进行狩猎或者布置陷阱。即知道用何类诱饵最有效，并设置相应的陷阱。

多数哺乳类动物只在早晚时分外出活动，白天只会有大型猛兽烈禽外出奔走。大型草食性动物也需要整天觅食以填充各自的胃口。有些小型动物需要频繁进食，也会整天不间断地活动。但是大多数小型哺乳类动物，如兔子主要在夜间觅食；除非天气变动时才会改变饮食习性。肉食性动物会在各自猎物外出活动时捕获它们。

多数动物活动都很有规律，在饮水、觅食和归巢之间有很规则的路线，应留意这些踪迹信号。在湿地、雪地和松软沙石上动物足迹会更明显一些，在密林地区还会有其他更明显的信号，足迹大小基本与动物体型成正比。通过判断足迹的清晰度及其内含水渍的多少可以精确判断动物通过的时间，如有水渗入或雨水充盈其中吗，是否已经污渍不清了。足迹越清晰，动物通过的时间越靠近。

清晨，可以留心观察和检查地面上动物留下的踪迹。如果露水或蜘蛛网被碰掉或破坏，动物离去时间离现在可能不会超过几小时。有些动物，如兔子的活动半径不会很大，相应的足迹很可能说明它们就在附近；有些动物会从茂密的矮灌木丛中打开通道，通道大小表明其体型大小。沿着足迹延伸的道路两侧嫩枝的破损程度也会提供有关动物的信息。

(3) 啃食信号

树皮被剥落的方式、啃食后留下的坚果皮壳、部分吃剩下的浆果，以及嫩枝上的牙痕、肉食性动物吃剩的猎物尸体和猎物巢穴被毁坏的状况等都会有助于判断生活在附近的动物种类及其生活习性。

许多啃食植物嫩茎的鹿类动物会留下相应的牙痕，茎干树皮会被留下破损的边痕，兔类啃过的树皮边痕则是光滑的。在夏季，被鹿类啃过的树皮被撕拖成长条形，完全暴露出树木的木质部。而冬季树皮附着紧密，只会被啃咬出一块块疤痕，这时能见到大量清晰的牙痕。雄鹿常常会用鹿角磨蹭树干，在磨破的树皮与木质部之间留下长条状的疤痕。

绵羊和山羊也啃食树皮。它们留下的牙痕通常是歪斜的，而鹿类的牙痕则是垂直的。啮齿类动物啃咬的痕迹常位于树茎底部，剥光幼树的嫩皮通常也是野兔们的杰作。

(4) 排泄物

粪便也是确认动物类别的最好参考物之一，动物体型大小也可从中略见一二。粪便干燥程度是判断它们何时从此地经过的指标之一，随着时间的延长粪便会变得坚硬。而且特征性气味也逐渐散失，新鲜粪便会含有一定比例的水分。飞动的苍蝇可以使人注意到附近的动物粪便。

● 哺乳类

许多哺乳类动物粪便有强烈的遗臭，这是由开口于肛门内侧附近的腺体分泌产生的，它们有标记领地和发送性信号等重要功能。

植食类动物，诸如牛、鹿和兔子留下略圆的马粪状排泄物；肉食性动物，诸如猫和狐狸等的排泄物为长条形。有些动物，包括獾和熊类是杂食性动物。掰开一团干燥的粪便查看能找到有关此种动物猎食习性的线索，以便在布置陷阱时选用动物偏好的诱饵。

● 鸟类

分为肉食类和植食类，通过辨别鸟粪可以区分它们。食谷物的植食类鸟粪便体积较小，多数情况下新鲜鸟粪为液态；肉食类大型猛禽排出丸状粪便，其中可能还会有未完全消化的肉类残渣，如鱼、鸟、鼠或啮齿类小动物等。松散的鸟粪表明在一定的地域内可能有水源，因为小鸟不会飞离水源太远。但是肉食性鸟类却不会依水源远近限制其生活区域。地面上富集的鸟粪通常表明周围会有鸟类的巢穴，鸟类喜欢在枯树上就餐，那里有许多蠕虫可供捕食。

(5) 昆虫

昆虫是野外求生者能获取的最可靠的动物性食物资源，尽管体型小，但分布广且数量众多，能保证采集到饱餐一顿的数量。

蛹、幼虫和成年蜂都可以食用。蜜蜂还能提供蜂蜜，这是自然界上好的馈赠——易于消化且极富营养。可惜不易采集，蜜蜂会誓死守护蜂巢。

白天工蜂飞离巢房外出觅食，但夜间都聚在巢中，这时有利于捕捉。用野草制成火把，燃着靠近蜂巢。使巢内充满浓烟，再封堵巢房出口就可以杀死它们，很安全地取得蜂蜜外加一顿美食。

烹饪方式取决于食物材料以及现有的或能创造出的条件，火的类型、支撑器具与烹饪方式都紧密相关。

烧煮时热量要和缓，用烈火将水煮开，然后使火熄灭，用余火和热灰烬炖煨食物。

切记不可以对火弃之不管，持续燃烧会把食物毁掉。一旦已经点燃，要一直有食物在上面煮；除非水供应不足。开水是珍贵的宝物，热水烫酒令人惬意。开水还有其他用处，从给伤口消毒到给家禽拔毛。

不要在火上平放罐壶，一旦翻倒，失去的不仅是水和食，火也将被浇灭。可将器具支在坚硬的岩石上，或将它们悬挂在火堆上。

加工食物的方法如下。

(1) 炖煮

用开水炖食物需要一个容器，罐头盒和金属箱都十分理想。做一个手柄将其提起，或者用锅钳钳紧，让其靠近或离开火苗（参见"有用的器皿"）。锅上刺穿的洞孔可以通过楔入木塞修补，这些木塞一遇湿就膨胀，从而阻止水分下漏。如果没有金属容器，一截粗长的竹子也可盛水烧煮，甚至可用桦树皮做器皿，当然不能让火烧干水分。

用竹筒可以做饭，将竹筒斜架在火苗上，用一根带叉的木棍插在地里支撑竹筒。

尽管炖煨食物确实破坏了食物中一些重要的营养成分，但也保留了天然汁液和所有的脂肪。即喝下所有的汁液，吃完所有固态食物。坚韧多筋的根茎和肉质变老的猎物炖煨后会变软，便于食用，也会杀死蠕虫和肝吸虫，甚至使已经变质的肉也可以食用。

(2) 烧烤

烧肉就是烧烤脂肪,最简便的方法就是将肉块串在一根炙叉上在未烧尽的余火上翻转,或放在一堆热量足以烧烤食物的烈火附近不断翻转肉块,烧烤食物的味道相当可口。

(3) 包土烧烤

将食物包在黏土中放在火上烧烤是种不需炊事器皿的做饭办法,甚至有炊事器皿时也可使用这种方法,因为不同的方式有不同的风味。用黏土将食物糊成球状,投入火中。热量穿透黏土,在黏土保护下食物不会烧焦或燃烧。

必须先洗净动物,清理内脏,但不需其他手续。去掉黏土后,像猪脊骨或鱼鳞之类仍然保存。如果是小鸟,黏土会替你拔毛——不过羽毛可以绝缘,并且会防止小鸟烧烤过头。用此法烧制菜根会将外皮去掉,这样自然也失去了部分重要的营养物质。

桦木皮内层物质可制成储存器或临时炊具用来烧煮食物,将其缝上或系扎在一起即可。一种临时方法是用劈裂的木棒钉牢顶部周边,将茎皮环绕卷成4层可制成锥形杯或一个用来煮食物的容器。

七、取火

火种泛指仅需一点热量即可点燃的材料,优质火种只需一个火星即可引着。

桦树皮、干草、细木屑、鸟绒、蜡纸和衣服上露出的蓬松棉花都是很好的火种,干燥的真菌可以精研细磨成粉末用做火种,烤焦的棉花和亚麻,昆虫,如树黄蜂钻孔打洞留下的粉末;粉末状的鸟类和蝙蝠排泄物,以及鸟巢里鸟儿落下的一行行排列的羽毛都易于点燃,适合作为火种,甚至干燥的田鼠窝也可以。

无论用什么作为火种,一定要保持干燥。随身携带防水容器,将火种收集在里面。平时应多注意采集火种。

引火物是指那些可将燃着的火种火势增大的木质材料。

最好的引火物是干燥的小树枝;质地松软的木柴也不错,因为它们燃烧迅速。含有松脂的木柴易于燃烧,火光犹如一把剪刀。软木柴的缺点是容易冒火花且燃烧过快,这样就需要准备更多的主燃料。如果用其本身作为主燃料,很快就会消耗殆尽。

不要直接从地面收集引火物,它们会多少含点水分。可从一株未伐倒的死树上取材,如其外表潮湿,可以刨去,仅留下干燥易燃的中心部分。

(一) 利用枪弹

①先将子弹的弹丸拔出来,倒出2/3的发射药撒在干燥易燃的枯草或纸上,把弹壳空出来的地方塞上纸和干草。然后推壳入膛,用枪口贴近撒了发射药的引火物射击,即可引燃引火物取火;另外,用信号枪在一定距离直接对准易燃物射击,也可以引起燃烧。

②利用放大镜(凸透镜)透过阳光聚焦照射易燃的引火物(腐木、布中抽出的纱线、撕成薄片的干树皮和干木屑等)取火为人所熟知。利用放大镜取火最为迅速的是照射汽油、酒精和枪弹的发射药或导火索,可在1~2秒点燃引火物;此外,放大镜透过阳光聚焦照射,还可将受潮或被水浸湿后晒干的火柴点燃。

（二）击石取火

先找一块坚硬的石头作为火石，用小刀的背或小片钢铁向下敲击火石，使火花落在引火物上。当引火物开始冒烟时，缓缓地吹或扇，使其燃起明火。如果火石打不出火来，可另外寻找一块石头再试。当然并不是任何一块石头都能点燃引火物，石头击出的火花必须有一定的热量和持续的时间才能点燃引火物。根据考古资料发现，用黄铁矿打击火燧石而产生的火花可以取火。

（三）利用手电筒取火

一是在手电筒反光碗的焦点上放引火物，向着太阳聚焦取火；二是利用手电筒的电池和电珠做引火的工具，把电珠在细沙石上小心磨破（注意不能伤及钨丝），然后把火药填入电珠内，通电后即能发火。若有电量较大的电池，将正负两极接在削了木皮的铅笔芯的两端，顷刻间铅笔芯就会烧得像电炉丝一样通红，用这种方法引火既方便又保险。

八、通过野外复杂险峻地形

（一）通过山林地

通过山林地时，为避免迷失方向、节省体力和提高行进速度，应力求有道路时不穿林翻山，有大路时不走小路。如没有道路，可选择在纵向的山梁、山脊、山腰、河流、小溪边缘，以及树高、林稀、空隙大和草丛低疏的地形上行进。一般不要走纵深大的深沟峡谷和草丛繁茂、藤竹交织的地方，力求走梁不走沟，走纵不走横。行进中应将步幅加大，疲劳时可适当休息。

雨季在山林地行进时，应尽量避开低洼地，如沟谷及河溪，以防山洪和塌方。如遇雷雨，应立即到附近的低洼地或稠密的灌木丛中。不要躲在高大的树下，并把金属物品暂时存放到一个容易寻找的地方，不要带在身上，也可以寻找地势低的地方卧倒。

在山林地如遇风雪、浓雾和强风等恶劣天气，应停止行进，躲避在山崖下或山洞里待天气好转时再走。

在山林地行进中，不要过高估计自己的体力，疲劳时应适时休息。不要走到快累垮了才休息，那样不容易恢复体力，再走也提不起劲。正确的方法是大步走一段，再放松缓步慢行一段或停下来休息一会，调整呼吸。休息时，要尽量坐在较干燥的地方。也可坐在背包上并尽量将脚抬高，视情况放松鞋带。天气冷时，不要坐在石头上休息，因为石头会迅速将身体的热量吸走。

（二）通过河流

河流是山区和平原地区常遇到的障碍，山区河流与平原、森林和草原的河流不一样。遇到河流不要草率入水，要仔细地观察之后确定过河的地点和方法。

山区河流通常水流急，水温低，河床坎坷不平。通过时为了保持身体的平衡，应当用一根竿子支撑在水的上游方向，或者手执重达15～20千克的石头垂手将石头从水下搬运过去。在集体涉渡急流时，应当3人或4人成一排，彼此环抱肩部，身体最强壮的应在上游方向。

在涉渡石底河时应当穿鞋，以免尖石划破脚，也可以更好地保持平衡。倘若山涧急流水深过腰，则绝不可冒险涉渡。涉渡冰源河时，最好早上通过，因为那时河水最浅。冰源河往往是早晨能通过，而下午就不能。过结冰的河湖时，若不慎跌入河湖的冰洞中，应沉着，切勿惊慌挣扎，靠水的浮力向前俯卧或向后仰浮跃出冰面。通过森林及草原地区的河流时，应预先探明河底地质是否多淤泥，不要贸然涉渡。遇到大而深的河流，可就地取材制作浮渡工具，用雨衣包裹稻草或芦苇的浮包负重量较大。1千克稻草或芦苇在水中有3千克的负重量，这样的浮包在水中可使用1.5~2小时。也可使用直径1厘米以上，节长50厘米的大竹绑扎成前三节后三节的背心式的竹筒浮渡，这种浮渡器材的浮力一般可达14千克以上。

（三）通过沼泽地

遇到沼泽地时，最好绕行。如果无法绕行，应手持一根木棍探寻坚实的地面或泥水较浅的地点通过。

通过时，应特别注意观察地貌与植被，草原中的沼泽地最容易陷落的地方往往生有鲜绿色的杂草；而森林中的沼泽容易陷落的地方枯树较多，而且树木稀疏。遇到这种地方，要注意避开。

通过沼泽地，一般不要踏着别人的脚印走，因为漂浮层强度有限。若重复踩一个地方，就有可能陷落。如果必须走一条线路时，应彼此间保持一定距离，避免重力过于集中。如遇到有鲜绿色植物的地方，应避开绕行。这种地方不是湿度大，就是漂浮层很薄，下面很可能是泥潭。

如果不慎陷入泥沼，首先不能惊慌。先甩下背囊装具，身体平躺，扩大身体与泥沼的接触面，以减小身体对泥沼的压力，控制下陷的速度。然后利用身体的翻滚，从泥沼中摆脱出来。也可以将身体前倾向前延伸一段距离，攀扶或接近干燥地面及其他附着物。

陷入泥沼时应力求自救，在自救无望时，其他战友应配合救援。这时陷落者应停止活动，以减缓下陷的速度。救援者要以尽量轻的动作接近，以防止破坏遇险者附近浮草层的强度和浮力，而使两者均无生还的希望。救援者应垫以木板或树枝匍匐而进，用木板或树枝铺在遇险战友的身边使之增加浮力，以便设法将其拖到较坚实的地段上。

（四）通过热带丛林地

通过热带丛林地时，为防止蚊虫、扁虱、蚂蟥和毒蛇的叮咬，应穿靴子。并要扎紧裤腿和袖口，最好将裤腿塞进靴子里面，有条件还应戴手套。当条件有限时应使用就便器材，如用采集的植物厚厚地裹住腿脚等。在鞋面上涂驱避剂或肥皂，可防止蚂蟥上爬（无驱避剂或肥皂时，可用石灰）。为了防止毒蛇的袭击，行进中可用木棍"打草惊蛇"；同时也应注意树上有无毒蛇。休息时，要仔细检查完毕后再坐。遇到成群的毒蛇时切勿惊慌。应就地蹲下用雨衣遮住皮肤暴露部位，也可燃烟驱赶或跳入水中。

热带丛林中藤蔓竹草交织，使人无法通行，因此尽量要绕行。无法绕行时，应用刀把较长的砍刀（弯刀、镰刀或少数民族的长刀）开路行进。无砍刀时，也可用随身携带的工兵锹开路。对于密集、枝干细、弹力强、刀下竹倒和刀起竹立的竹子，应采取分、压、拨和钻的方法通过。对于稠密挡道的藤草类植物，要砍断其根部，然后用刀或手将藤草向两边分开压倒；另外，在丛林中行进时，只要总的方向不偏，最好是踩着大型野兽踩出的路走，这样可以避免误入毒虫区或陷入沼泽地。

(五) 通过森林地

通过森林地时，由于森林树冠高密，遮天蔽日，人们根本看不到日月和星辰。进入森林前为避免迷失方向，应把当地的地图研究清楚。特别要注意行进方向两侧可作为指向的线形地物，如河流、公路、山脉和长条形的湖泊等。注意其位置在行进路线的左方还是右方，以及是否与路线平行。如发现迷失方向，应立即朝指向物的方向前进一直走到为止，再行判定方位。

在森林中，如果稍不留意，很难区分是林中小径还是树木间的缝隙。人们常走的小径，因路面经常践踏而变得坚硬踏实。但须注意，并非所有路面坚实的小径都是人行的路。如上半身常碰到草藤枝条，而下半身却不受这些杂物的缠绕时，则可能是野兽出没的路径。遇到这种情况，应立刻返回人行道路上。没有经验或不熟悉道路的人夜间穿行森林一般都会迷路，因而没有特殊情况和任务就不要夜行。

(六) 通过沙漠

在沙漠中越野时，地形虽平坦开阔，但人烟稀少。行进时要集中精力，注意用地图与现地对照，抓那些明显而特殊的地形，如小块灌木丛、芦苇地、沙垄和沙丘、龟裂地，以及独立石、土堆和干床等作为对照的目标。无明显地形对照时，可采用极距法确定站立点在图上的位置。这就要求在此种地形上行进时，从出发点开始就应准确地估算距离（用步测或计时相结合的估算法）。每前进一段即在标绘的行进方向上依比例尺截取距离，确定出站立点的图上位置。

在沙漠中行进时除正确判定方位之外，还要注意3个相互依存的因素，即周围的温度、活动量及饮用水的贮存量。人员在通过时，最好是保持体力，夜行晓宿以保持体力。白天要防止身体在太阳下暴晒，尽可能地利用阴影遮蔽。衣服颜色最好是白色浅色，白衣服可反射太阳辐射50%。头部应避免太阳暴晒，除了戴帽外，可用毛巾、衬衫或伞布等遮盖头部。

(七) 通过冰川与雪坡

通过冰川和雪坡要特别谨慎，冰川上裂隙很多。对人威胁最大的是冰瀑区和山麓边缘裂隙，特别是被积雪掩盖的隐裂隙最危险。通过裂隙时应数人结组行动，彼此用绳子连接，相邻两人之间的距离为10~12米。在前面开路的人要经常探测虚实，后面的人一定要踩着前面人的脚印走，这样比较安全。通过裂隙上的冰桥或雪桥时，要匍匐前进。

通过雪坡时，不仅要注意防裂隙，还要注意不要将雪蹬塌在冰面和积雪山坡交界的地方。这些地方积雪往往很深，行动时必须结组。过雪桥时开路者先探测雪桥虚实，再行通过。如果雪很松软，而又必须由此通过时应匍匐行进。攀登坡度很大的雪坡时，一定要两脚站稳后再移动。向前跨步，要用脚前掌踏雪，踩成台阶再移动后脚。如果不慎滑倒，要立即俯卧，防止下滑。

人员口渴时，不要用冰雪解渴，骤然吞食冰雪易得喉头炎。实在干渴得厉害，可用融化的冰雪漱口。尽量不要咽到肚子里，水会增加人体循环器官的负担，影响身体。

通过雪崩危险地带时应注意预先松开背带，以备必要时解脱背囊和其他装具，以保障行动自由。摘掉妨碍视觉和听觉的风雪帽，尽早发现雪崩征兆，避免横向通过有危险的雪坡。不要轻易发出射击等音响和震动，避免跌倒等冲击雪面的动作。如被卷入雪崩时，应在移动的雪流中勇猛反复地做游泳动作，力求浮到雪流的表面上。因为雪崩停止后手脚就难以活动，应在雪流移动期间尽量出雪面。

此外，夜间越野行进时，由于视度不良、观察不清、方向难认、远近难分、高低难辨，并且地图与现地对照困难，容易迷失方向。因此宜采用按图与按方位角相结合的方法行进，其要领一是在出发点上，依图准确找到出发点的位置和行进方向，必要时用指北针确定。二是行进中要多找点，勤观察，勤对照。由于夜间视度不良，一般高大明显物体易误近，矮小暗淡物体易误远，低凹地形易误高，缓坡易误陡。因此应采用走近观察，由低处向高处观察，由暗处向明处观察等方法并互相比较核实。另外，还可根据流水声、灯光和人畜声等判断相应溪流居民地的位置。及时确定站立点位置，明确行进方向。三是要严格按照预定路线行进，切不可贪走捷径，以防迷路。凡是经过的地方都要记下主要特征，以防万一走错路时，能够按原路返回到发生错误的地方。然后查明原因，找准正确路线后继续前进。

九、野外迷失方向后的处置

发现自己迷失方向后，切勿惊慌失措。应立即停下来冷静地回忆所走过的道路，想办法利用一切可以被利用的标志重新定向，然后寻找道路。通常应先登高远望，判断正确的方向在山地尤应如此。可先爬上附近大的山脊上观察，然后决定是继续往上爬，还是向下走。通常应朝地势低的方向走，这样容易找到水源。顺河而行最为保险，这一点在森林（丛林）中尤为重要，因为河流的旁边常常有道路或居民点。

在山地，若山脉走向分明且山脊坡度较缓，可沿山脊走，因为山脊视界开阔，易于观察道路情况，也容易确定所在位置。山脊还有一定的导向作用，只要沿山脊前进通常可达到某个目标。

在戈壁滩或茫茫的林海雪原上，因景致单一并缺乏定向的方位物，所以容易走弯路。行走时，可利用长时间吹向一个方向的风或迅速朝一个方向飘动的云来确定方向。迎着风云行走或与其保持一定的角度行进，可在一定时间内保证循着直线前进。也可使用"叠标线法"，即每走一段距离，在背后做一个标记（如放石头和插树枝或在树干上用刀斧刻制标记）。不断回看所走的路线上的标记是否在一条直线上，便可以得知是否偏离了方向。

沙漠地区景物单调，常常使人迷路。寻找辨认道路时，可根据地上的马、驴和驼的粪便来辨认，一般成规律者是人畜走过的路线。如实在无路可走，可以沿着骆驼的足迹行进。在干渴的沙漠中，骆驼对水源有一种特殊的敏感，依此常能找到水源。在固定和半固定沙丘和草原地区，道路少但比较顺直，变迁不大。只要保持总的行进方向，即可一直走下去；在有流沙的地区，个别路段会被覆盖，出现左右绕行的道路。这种绕行距离一般不会很远，应及时回到原行进方向，切勿沿岔路直下而入歧途；另外在沙漠地区，还应注意不要受海市蜃楼的迷惑。

在森林中迷失方向，应先估计从能确定方位的地方走出了多远。然后寻找身边便于观看的树干，用刀斧刮皮做环形标记（即把树干周围的皮都刮掉，以便从任何方向上都能看到），然后根据自己的记忆往回走。如果找不到原来的地点，折回标记处更换一个方向重新试行，最后总能找到目标。

遇到岔路口时，首先要明确要去的方向，然后选择正确的道路。若多条道路的方向大致相同，无法判定，则应选中间那条路。这样可以左右逢源，即使走错，也不会偏差得太远。如果迷路后，天色已晚，应立即选址宿营，不要等到天黑；否则将非常被动。如果感到十分疲乏，也应立即休息，不要走到筋疲力尽才停止。这一点在冬季尤应注意，过度疲劳和淌汗过多，容易冻伤或冻死。

如果求救援，夜间可在高处燃点火堆；白天可在火上放青草，就会发出白烟。每隔十几秒钟放一次青草，正确的方法是每分钟6次，这是世界通用的救难信号。如果在森林中，可用斧头或棍棒击打桦树，因为桦树声音宏大且传播很远。在开阔的地段如草地、海滩如果雪地上可以因地制宜制作标志。例如，将青草割成一定标志，以及在雪地上踩出或用树木和石块摆放出相应标志与空中联络。

十、如何求生

求生是人的本能，要想求生就不能只等他人或组织救援，而是要靠自身的力量主动走出恶劣而危险的地带。

在出发前，首先要判定好方向。仔细研究附近的地形，并选好行进的路线。然后根据行进路线准备必需的物资装备，如准备穿越无水区，就应多准备饮水；准备通过丛林地，就要准备好砍刀，还应准备好鞋子、衣物、和食品，以及携带装备的包裹；如道路比较艰难，还应准备木棍和绳索等，以备使用。

另外，在出发前还应对原露营地留下明显的信（记）号。表明自己曾经到过这里，现在已走了，并在前进道路的沿途做好标记。一旦救援者发现了自己已经放弃的露营地，即可沿途跟随而来，最终使自己获救。

十一、救援

要想获得援助，首要的前提就是让他人知道自己的处境和位置。要想让他人知道，唯一的办法就是发信号。发信号的方式很多，如昼间的施放烟雾、打枪、镜子反光和在开阔地面上写字等，以及夜间的灯光、火光和音响等。国际上通用的求救信号是英文字母SOS，可以写在地上，也可以用无线电台发出，还可以用旗语表示。

无论采取什么方式发信号，只要是重复3次的行动都象征着寻求援助。例如3堆火、3股浓烟、3声音响或枪声和3次光亮闪耀。在用音响或光亮信号时，每组发送3次信号后，间隔1分钟后再重复发出。

附录一 《中华人民共和国兵役法》

（1984年5月31日第六届全国人民代表大会第2次会议通过，1984年5月31日中华人民共和国主席令第14号公布；根据1998年12月29日第九届全国人民代表大会常务委员会第6次会议《关于修改〈中华人民共和国兵役法〉的决定》第1次修正；根据2009年8月27日第十一届全国人民代表大会常务委员会第10次会议《关于修改部分法律的决定》第2次修正；根据2011年10月29日第十一届全国人民代表大会常务委员会第23次会议《关于修改〈中华人民共和国兵役法〉的决定》第3次修正）

第一章 总 则

第一条 根据中华人民共和国宪法第五十五条"保卫祖国、抵抗侵略是中华人民共和国每一个公民的神圣职责。依照法律服兵役和参加民兵组织是中华人民共和国公民的光荣义务"和其他有关条款的规定，制订本法。

第二条 中华人民共和国实行义务兵与志愿兵相结合、民兵与预备役相结合的兵役制度。

第三条 中华人民共和国公民，不分民族、种族、职业、家庭出身、宗教信仰和教育程度，都有义务依照本法的规定服兵役。

有严重生理缺陷或者严重残疾不适合服兵役的人，免服兵役。

依照法律被剥夺政治权利的人，不得服兵役。

第四条 中华人民共和国的武装力量，由中国人民解放军、中国人民武装警察部队和民兵组成。

第五条 兵役分为现役和预备役。在中国人民解放军服现役的称现役军人；经过登记，预编到现役部队、编入预备役部队、编入民兵组织服预备役的或者以其他形式服预备役的，称预备役人员。

第六条 现役军人和预备役人员，必须遵守宪法和法律，履行公民的义务，同时享有公民的权利；由于服兵役而产生的权利和义务，由本法和其他相关法律法规规定。

第七条 现役军人必须遵守军队的条令和条例，忠于职守，随时为保卫祖国而战斗。

预备役人员必须按照规定参加军事训练、执行军事勤务，随时准备参军参战，保卫祖国。

第八条 现役军人和预备役人员建立功勋的，得授予勋章、奖章或者荣誉称号。

第九条 中国人民解放军实行军衔制度。

第十条 全国的兵役工作，在国务院、中央军事委员会领导下，由国防部负责。

各军区按照国防部赋予的任务，负责办理本区域的兵役工作。

省军区（卫戍区、警备区）、军分区（警备区）和县、自治县、市、市辖区的人民武装部，兼各该级人民政府的兵役机关，在上级军事机关和同级人民政府领导下，负责办理本区域的兵役工作。

机关、团体、企业事业单位和乡、民族乡、镇的人民政府，依照本法的规定完成兵役工作任务。兵役工作业务，在设有人民武装部的单位，由人民武装部办理；不设人民武装部的单位，确定一个部门办理。

第二章 平时征集

第十一条 全国每年征集服现役的人数、要求和时间，由国务院和中央军事委员会的命令规定。

县级以上地方各级人民政府组织兵役机关和有关部门组成征集工作机构，负责组织实施征集工作。

第十二条 每年十二月三十一日以前年满十八周岁的男性公民，应当被征集服现役。当年未被征集的，在二十二周岁以前仍可以被征集服现役，普通高等学校毕业生的征集年龄可以放宽至二十四周岁。

根据军队需要，可以按照前款规定征集女性公民服现役。

根据军队需要和本人自愿，可以征集当年十二月三十一日以前年满十七周岁未满十八周岁的公民服现役。

第十三条 国家实行兵役登记制度。每年十二月三十一日以前年满十八周岁的男性公民，都应当在当年六月三十日以前，按照县、自治县、市、市辖区的兵役机关的安排，进行兵役登记。经兵役登记并初步审查合格的，称应征公民。

第十四条 在征集期间，应征公民应当按照县、自治县、市、市辖区的兵役机关的通知，按时到指定的体格检查站进行体格检查。

应征公民符合服现役条件，并经县、自治县、市、市辖区的兵役机关批准的，被征集服现役。

第十五条 在征集期间，应征公民被征集服现役，同时被机关、团体、企业事业单位招收录用或者聘用的，应当优先履行服兵役义务；有关机关、团体、企业事业单位应当服从国防和军队建设的需要，支持兵员征集工作。

第十六条 应征公民是维持家庭生活唯一劳动力的，可以缓征。

第十七条 应征公民正在被依法侦查、起诉、审判的或者被判处徒刑、拘役、管制正在服刑的，不征集。

第三章 士兵的现役和预备役

第十八条 现役士兵包括义务兵役制士兵和志愿兵役制士兵，义务兵役制士兵称义务兵，志愿兵役制士兵称士官。

第十九条 义务兵服现役的期限为二年。

第二十条 义务兵服现役期满，根据军队需要和本人自愿，经团级以上单位批准，可以改为士官。根据军队需要，可以直接从非军事部门具有专业技能的公民中招收士官。

士官实行分级服现役制度。士官服现役的期限一般不超过三十年，年龄不超过五十五周岁。

士官分级服现役的办法和直接从非军事部门招收士官的办法，由国务院、中央军事委员会规定。

第二十一条 士兵服现役期满,应当退出现役。因军队编制员额缩减需要退出现役的,经军队医院诊断证明本人健康状况不适合继续服现役的,或者因其他特殊原因需要退出现役的,经师级以上机关批准,可以提前退出现役。

士兵退出现役的时间为部队宣布退出现役命令之日。

第二十二条 士兵退出现役时,符合预备役条件的,由部队确定服士兵预备役;经过考核,适合担任军官职务的,服军官预备役。

退出现役的士兵,由部队确定服预备役的,自退出现役之日起四十日内,到安置地的县、自治县、市、市辖区的兵役机关办理预备役登记。

第二十三条 依照本法第十三条规定经过兵役登记的应征公民,未被征集服现役的,办理士兵预备役登记。

第二十四条 士兵预备役的年龄,为十八周岁至三十五周岁,根据需要可以适当延长。具体办法由国务院、中央军事委员会规定。

第二十五条 士兵预备役分为第一类和第二类。

第一类士兵预备役包括下列人员:
(一)预编到现役部队的预备役士兵;
(二)编入预备役部队的预备役士兵;
(三)经过预备役登记编入基干民兵组织的人员。

第二类士兵预备役包括下列人员:
(一)经过预备役登记编入普通民兵组织的人员;
(二)其他经过预备役登记确定服士兵预备役的人员。

预备役士兵达到服预备役最高年龄的,退出预备役。

第四章 军官的现役和预备役

第二十六条 现役军官由下列人员补充:
(一)选拔优秀士兵和普通高中毕业生入军队院校学习毕业的学员;
(二)选拔普通高等学校毕业的国防生和其他应届优秀毕业生;
(三)直接提升具有普通高等学校本科以上学历表现优秀的士兵;
(四)改任现役军官的文职干部;
(五)招收军队以外的专业技术人员和其他人员。

战时根据需要,可以从士兵、征召的预备役军官和非军事部门的人员中直接任命军官。

第二十七条 预备役军官包括下列人员:
(一)退出现役转入预备役的军官;
(二)确定服军官预备役的退出现役的士兵;
(三)确定服军官预备役的普通高等学校毕业学生;
(四)确定服军官预备役的专职人民武装干部和民兵干部;
(五)确定服军官预备役的非军事部门的干部和专业技术人员。

第二十八条 军官服现役和服预备役的最高年龄由《中华人民共和国现役军官法》和

《中华人民共和国预备役军官法》规定。

第二十九条 现役军官按照规定服役已满最高年龄的，退出现役；未满最高年龄因特殊情况需要退出现役的，经批准可以退出现役。

军官退出现役时，符合服预备役条件的，转入军官预备役。

第三十条 退出现役转入预备役的军官，退出现役确定服军官预备役的士兵，在到达安置地以后的三十日内，到当地县、自治县、市、市辖区的兵役机关办理预备役军官登记。

选拔担任预备役军官职务的专职人民武装干部、民兵干部、普通高等学校毕业生、非军事部门的人员，由工作单位或者户口所在地的县、自治县、市、市辖区的兵役机关报请上级军事机关批准并进行登记，服军官预备役。

预备役军官按照规定服预备役已满最高年龄的，退出预备役。

第五章 军队院校从青年学生中招收的学员

第三十一条 根据军队建设的需要，军队院校可以从青年学生中招收学员。招收学员的年龄，不受征集服现役年龄的限制。

第三十二条 学员完成学业考试合格的，由院校发给毕业证书，按照规定任命为现役军官、文职干部或者士官。

第三十三条 学员学完规定的科目，考试不合格的，由院校发给结业证书，回入学前户口所在地；就读期间其父母已办理户口迁移手续的，可以回父母现户口所在地，由县、自治县、市、市辖区的人民政府按照国家有关规定接收安置。

第三十四条 学员因患慢性病或者其他原因不宜在军队院校继续学习，经批准退学的，由院校发给肄业证书，回入学前户口所在地；就读期间其父母已办理户口迁移手续的，可以回父母现户口所在地，由县、自治县、市、市辖区的人民政府按照国家有关规定接收安置。

第三十五条 学员被开除学籍的，回入学前户口所在地；就读期间其父母已办理户口迁移手续的，可以回父母现户口所在地，由县、自治县、市、市辖区的人民政府按照国家有关规定办理。

第三十六条 军队根据国防建设的需要，可以依托普通高等学校招收、选拔培养国防生。国防生在校学习期间享受国防奖学金待遇，应当参加军事训练、政治教育，履行国防生培养协议规定的其他义务；毕业后应当履行培养协议到军队服现役，按照规定办理入伍手续，任命为现役军官或者文职干部。

国防生在校学习期间，按照有关规定不宜继续作为国防生培养，但符合所在学校普通生培养要求的，经军队有关部门批准，可以转为普通生；被开除学籍或者作退学处理的，由所在学校按照国家有关规定办理。

第三十七条 本法第三十二条、第三十三条、第三十四条、第三十五条的规定，也适用于从现役士兵中招收的学员。

第六章 民 兵

第三十八条 民兵是不脱产的群众武装组织，是中国人民解放军的助手和后备力量。

民兵的任务是

（一）参加社会主义现代化建设；

（二）执行战备勤务，参加防卫作战，抵抗侵略，保卫祖国；

（三）为现役部队补充兵员；

（四）协助维护社会秩序，参加抢险救灾。

第三十九条 乡、民族乡、镇、街道和企业事业单位建立民兵组织。凡十八周岁至三十五周岁符合服兵役条件的男性公民，经所在地人民政府兵役机关确定编入民兵组织的，应当参加民兵组织。

根据需要，可以吸收十八周岁以上的女性公民、三十五周岁以上的男性公民参加民兵组织。

国家发布动员令后，动员范围内的民兵，不得脱离民兵组织；未经所在地的县、自治县、市、市辖区人民政府兵役机关批准，不得离开民兵组织所在地。

第四十条 民兵组织分为基干民兵组织和普通民兵组织。基干民兵组织是民兵组织的骨干力量，主要由退出现役的士兵以及经过军事训练和选定参加军事训练或者具有专业技术特长的未服过现役的人员组成。基干民兵组织可以在一定区域内从若干单位抽选人员编组。普通民兵组织，由符合服兵役条件未参加基干民兵组织的公民按照地域或者单位编组。

第七章 预备役人员的军事训练

第四十一条 预备役士兵的军事训练，在现役部队、预备役部队、民兵组织中进行，或者采取其他组织形式进行。

未服过现役预编到现役部队、编入预备役部队和编入基干民兵组织的预备役士兵，在十八周岁至二十四周岁期间，应当参加三十日至四十日的军事训练；其中专业技术兵的训练时间，按照实际需要确定。服过现役和受过军事训练的预备役士兵的复习训练，以及其他预备役士兵的军事训练，按照中央军事委员会的规定进行。

第四十二条 预备役军官在服预备役期间，应当参加三个月至六个月的军事训练；预编到现役部队和在预备役部队任职的，参加军事训练的时间可以适当延长。

第四十三条 国务院和中央军事委员会在必要的时候，可以决定预备役人员参加应急训练。

第四十四条 预备役人员参加军事训练、执行军事勤务的伙食、交通等补助费用按照国家有关规定执行。预备役人员是机关、团体、企业事业单位工作人员或者职工的，参加军事训练、执行军事勤务期间，其所在单位应当保持其原有的工资、奖金和福利待遇；其他预备役人员参加军事训练、执行军事勤务的误工补贴按照国家有关规定执行。

第八章 普通高校和普通高中学生军事训练

第四十五条 普通高等学校的学生在就学期间，必须接受基本军事训练。

根据国防建设的需要，对适合担任军官职务的学生，再进行短期集中训练，考核合格的，经军事机关批准，服军官预备役。

第四十六条 普通高等学校设军事训练机构，配备军事教员，组织实施学生的军事训练。

第二款规定的培养预备役军官的短期集中训练，由军事部门派出现役军官与普通高等学校军事训练机构共同组织实施。

第四十七条 普通高中和中等职业学校，配备军事教员，对学生实施军事训练。

第四十八条 普通高等学校和普通高中学生的军事训练，由教育部、国防部负责。教育部门和军事部门设学生军事训练的工作机构或者配备专人，承办学生军事训练工作。

第九章 战时兵员动员

第四十九条 为了对付敌人的突然袭击，抵抗侵略，各级人民政府、各级军事机关，在平时必须做好战时兵员动员的准备工作。

第五十条 在国家发布动员令以后，各级人民政府、各级军事机关，必须迅速实施动员：

（一）现役军人停止退出现役，休假、探亲的军人必须立即归队；

（二）预备役人员、国防生随时准备应召服现役，在接到通知后，必须准时到指定的地点报到；

（三）机关、团体、企业事业单位和乡、民族乡、镇的人民政府负责人，必须组织本单位被征召的预备役人员，按照规定的时间、地点报到；

（四）交通运输部门应当优先运送应召的预备役人员、国防生和返回部队的现役军人。

第五十一条 战时根据需要，国务院和中央军事委员会可以决定征召三十六周岁至四十五周岁的男性公民服现役，可以决定延长公民服现役的期限。

第五十二条 战争结束后，需要复员的现役军人，根据国务院和中央军事委员会的复员命令，分期分批地退出现役，由各级人民政府妥善安置。

第十章 现役军人的待遇和退出现役的安置

第五十三条 国家保障现役军人享有与其履行职责相适应的待遇。现役军人的待遇应当与国民经济发展相协调，与社会进步相适应。

军官实行职务军衔等级工资制，士官实行军衔级别工资制，义务兵享受供给制生活待遇。现役军人享受规定的津贴、补贴和奖励工资。国家建立军人工资的正常增长机制。

现役军人享受规定的休假、疗养、医疗、住房等福利待遇。国家根据经济社会发展水平提高现役军人的福利待遇。

国家实行军人保险制度，与社会保险制度相衔接。军人服现役期间，享受规定的军人保险待遇。军人退出现役后，按照国家有关规定接续养老、医疗、失业等社会保险关系，享受相应的社会保险待遇。现役军人配偶随军未就业期间，按照国家有关规定享受相应的保障待遇。

第五十四条 国家建立健全以扶持就业为主，自主就业、安排工作、退休、供养以及继续完成学业等多种方式相结合的士兵退出现役安置制度。

第五十五条 现役军人入伍前已被普通高等学校录取或者是正在普通高等学校就学的学生，服役期间保留入学资格或者学籍，退出现役后两年内允许入学或者复学，并按照国家有关规定享受奖学金、助学金和减免学费等优待；入学或者复学后参加国防生选拔、参加国家组织的农村基层服务项目人选选拔，以及毕业后参加军官人选选拔的，优先录取。

义务兵和服现役不满十二年的士官入伍前是机关、团体、企业事业单位工作人员或者职工的，服役期间保留人事关系或者劳动关系；退出现役后可以选择复职复工。

义务兵和士官服现役期间，入伍前依法取得的农村土地承包经营权，应当保留。

第五十六条 现役军人，残疾军人，退出现役军人，烈士、因公牺牲、病故军人遗属，现役军人家属，应当受到社会的尊重，受到国家和社会的优待。军官、士官的家属随军、就业、工作调动以及子女教育，享受国家和社会的优待。

第五十七条 现役军人因战、因公、因病致残的，按照国家规定评定残疾等级，发给残疾军人证，享受国家规定的待遇和残疾抚恤金。因工作需要继续服现役的残疾军人，由所在部队按照规定发给残疾抚恤金。

现役军人因战、因公、因病致残的，按照国家规定的评定残疾等级采取安排工作、供养、退休等方式妥善安置。有劳动能力的退出现役的残疾军人，优先享受国家规定的残疾人就业优惠政策。

残疾军人、患慢性病的军人退出现役后，由安置地的县级以上地方人民政府按照国务院、中央军事委员会的有关规定负责接收安置；其中，患过慢性病旧病复发需要治疗的，由当地医疗机构负责给予治疗，所需医疗和生活费用，本人经济困难的，按照国家规定给予补助。

现役军人、残疾军人参观游览公园、博物馆、展览馆、名胜古迹享受优待；优先购票乘坐境内运行的火车、轮船、长途汽车以及民航班机；其中，残疾军人按照规定享受减收正常票价的优待，免费乘坐市内公共汽车、电车和轨道交通工具。义务兵从部队发出的平信，免费邮递。

第五十八条 义务兵服现役期间，其家庭由当地人民政府给予优待，优待标准不低于当地平均生活水平，具体办法由省、自治区、直辖市人民政府规定。

第五十九条 现役军人牺牲、病故，由国家发给其遗属一次性抚恤金；其遗属无固定收入，不能维持生活，或者符合国家规定的其他条件的，由国家另行发给定期抚恤金。

第六十条 义务兵退出现役，按照国家规定发给退役金，由安置地的县级以上地方人民政府接收，根据当地的实际情况，可以发给经济补助。

义务兵退出现役，安置地的县级以上地方人民政府应当组织其免费参加职业教育、技能培训，经考试考核合格的，发给相应的学历证书、职业资格证书并推荐就业。退出现役义务兵就业享受国家扶持优惠政策。

义务兵退出现役，可以免试进入中等职业学校学习；报考普通高等学校以及接受成人教育的，享受加分以及其他优惠政策；在国家规定的年限内考入普通高等学校或者进入中等职业学校学习的，享受国家发给的助学金。

义务兵退出现役，报考公务员、应聘事业单位职位的，在军队服现役经历视为基层工作经历，同等条件下应当优先录用或者聘用。

服现役期间平时荣获二等功以上奖励或者战时荣获三等功以上奖励以及属于烈士子女和

因战致残被评定为五级至八级残疾等级的义务兵退出现役,由安置地的县级以上地方人民政府安排工作;待安排工作期间由当地人民政府按照国家有关规定发给生活补助费;本人自愿选择自主就业的,依照本条第一款至第四款规定办理。

国家根据经济社会发展水平,适时调整退役金的标准。退出现役士兵安置所需经费,由中央和地方各级人民政府共同负担。

第六十一条 士官退出现役,服现役不满十二年的,依照本法第六十条规定的办法安置。

士官退出现役,服现役满十二年的,由安置地的县级以上地方人民政府安排工作;待安排工作期间由当地人民政府按照国家有关规定发给生活补助费;本人自愿选择自主就业的,依照本法第六十条第一款至第四款的规定办理。

士官服现役满三十年或者年满五十五周岁的,作退休安置。

士官在服现役期间因战、因公、因病致残丧失工作能力的,按照国家有关规定安置。

第六十二条 士兵退出现役安置的具体办法由国务院、中央军事委员会规定。

第六十三条 军官退出现役,国家采取转业、复员、退休等办法予以妥善安置。作转业安置的,按照有关规定实行计划分配和自主择业相结合的方式安置;作复员安置的,按照有关规定由安置地人民政府接收安置,享受有关就业优惠政策;符合退休条件的,退出现役后按照有关规定作退休安置。

军官在服现役期间因战、因公、因病致残丧失工作能力的,按照国家有关规定安置。

第六十四条 机关、团体、企业事业单位有接收安置退出现役军人的义务,在招收录用工作人员或者聘用职工时,同等条件下应当优先招收录用退出现役军人;对依照本法第六十条、第六十一条、第六十三条规定安排工作的退出现役军人,应当按照国家安置任务和要求做好落实工作。

军人服现役年限计算为工龄,退出现役后与所在单位工作年限累计计算。

国家鼓励和支持机关、团体、企业事业单位接收安置退出现役军人。接收安置单位按照国家规定享受税收优惠等政策。

第六十五条 民兵、预备役人员因参战、参加军事训练、执行军事勤务牺牲、致残的,学生因参加军事训练牺牲、致残的,由当地人民政府依照军人抚恤优待条例的有关规定给予抚恤优待。

第十一章 法律责任

第六十六条 有服兵役义务的公民有下列行为之一的,由县级人民政府责令限期改正;逾期不改的,由县级人民政府强制其履行兵役义务,并可以处以罚款:

(一)拒绝、逃避兵役登记和体格检查的;
(二)应征公民拒绝、逃避征集的;
(三)预备役人员拒绝、逃避参加军事训练、执行军事勤务和征召的。

有前款第二项行为,拒不改正的,不得录用为公务员或者参照公务员法管理的工作人员,两年内不得出国(境)或者升学。

国防生违反培养协议规定,不履行相应义务的,依法承担违约责任,根据情节,由所在学校作退学等处理；毕业后拒绝服现役的，依法承担违约责任，并依照本条第二款的规定处理。

战时有本条第一款第二项、第三项或者第三款行为，构成犯罪的，依法追究刑事责任。

第六十七条 现役军人以逃避服兵役为目的，拒绝履行职责或者逃离部队的，按照中央军事委员会的规定给予处分；构成犯罪的，依法追究刑事责任。

现役军人有前款行为被军队除名、开除军籍或者被依法追究刑事责任的，不得录用为公务员或者参照公务员法管理的工作人员，两年内不得出国（境）或者升学。

明知是逃离部队的军人而雇用的，由县级人民政府责令改正，并处以罚款；构成犯罪的，依法追究刑事责任。

第六十八条 机关、团体、企业事业单位拒绝完成本法规定的兵役工作任务的，阻挠公民履行兵役义务的，拒绝接收、安置退出现役军人的，或者有其他妨害兵役工作行为的，由县级以上地方人民政府责令改正，并可以处以罚款；对单位负有责任的领导人员、直接负责的主管人员和其他直接责任人员，依法予以处罚。

第六十九条 扰乱兵役工作秩序，或者阻碍兵役工作人员依法执行职务的，依照治安管理处罚法的规定给予处罚；使用暴力、威胁方法，构成犯罪的，依法追究刑事责任。

第七十条 国家工作人员和军人在兵役工作中，有下列行为之一，构成犯罪的，依法追究刑事责任；尚不构成犯罪的，给予处分：

（一）收受贿赂的；

（二）滥用职权或者玩忽职守的；

（三）徇私舞弊，接送不合格兵员的。

第七十一条 县级以上地方人民政府对违反本法的单位和个人的处罚，由县级以上地方人民政府兵役机关会同行政监察、公安、民政、卫生、教育、人力资源和社会保障等部门具体办理。

第十二章 附 则

第七十二条 本法适用于中国人民武装警察部队。

第七十三条 中国人民解放军根据需要配备文职干部。本法有关军官的规定适用于文职干部。

第七十四条 本法自 1984 年 10 月 1 日起施行。

附录二 《孙子兵法》

孙武

始计第一

　　孙子曰：兵者，国之大事，死生之地，存亡之道，不可不察也。
　　故经之以五事，校之以计，而索其情：一曰道，二曰天，三曰地，四曰将，五曰法。道者，令民于上同意，可与之死，可与之生，而不畏危也。天者，阴阳、寒暑、时制也。地者，高下、远近、险易、广狭、死生也。将者，智、信、仁、勇、严也。法者，曲制、官道、主用也。凡此五者，将莫不闻，知之者胜，不知之者不胜。
　　故校之以计，而索其情。曰：主孰有道？将孰有能？天地孰得？法令孰行？兵众孰强？士卒孰练？赏罚孰明？吾以此知胜负矣。
　　将听吾计，用之必胜，留之；将不听吾计，用之必败，去之。计利以听，乃为之势，以佐其外。势者，因利而制权也。
　　兵者，诡道也。故能而示之不能，用而示之不用，近而示之远，远而示之近。利而诱之，乱而取之，实而备之，强而避之，怒而挠之，卑而骄之，佚而劳之，亲而离之，攻其无备，出其不意。此兵家之胜，不可先传也。
　　夫未战而庙算胜者，得算多也；未战而庙算不胜者，得算少也。多算胜，少算不胜，而况于无算乎！吾以此观之，胜负见矣。

作战第二

　　孙子曰：凡用兵之法，驰车千驷，革车千乘，带甲十万，千里馈粮，则内外之费，宾客之用，胶漆之材，车甲之奉，日费千金，然后十万之师举矣。
　　其用战也胜，久则钝兵挫锐，攻城则力屈，久暴师则国用不足。夫钝兵挫锐，屈力殚货，则诸侯乘其弊而起，虽有智者不能善其后矣。故兵闻拙速，未睹巧之久也。夫兵久而国利者，未之有也。故不尽知用兵之害者，则不能尽知用兵之利也。
　　善用兵者，役不再籍，粮不三载，取用于国，因粮于敌，故军食可足也。国之贫于师者远输，远输则百姓贫；近师者贵卖，贵卖则百姓财竭，财竭则急于丘役。力屈财殚，中原内虚于家，百姓之费，十去其七；公家之费，破军罢马，甲胄矢弓，戟盾矛橹，丘牛大车，十去其六。
　　故智将务食于敌，食敌一钟，当吾二十钟；忌秆一石，当吾二十石。
　　故杀敌者，怒也；取敌之利者，货也。车战得车十乘以上，赏其先得者，而更其旌旗。车杂而乘之，卒善而养之，是谓胜敌而益强。
　　故兵贵胜，不贵久。故知兵之将，民之司命。国家安危之主也。

谋攻第三

　　孙子曰：夫用兵之法，全国为上，破国次之；全军为上，破军次之；全旅为上，破旅次之；全卒为上，破卒次之；全伍为上，破伍次之。是故百战百胜，非善之善也；不战而屈人之兵，善之善者也。

故上兵伐谋，其次伐交，其次伐兵，其下攻城。攻城之法，为不得已。修橹轒辒，具器械，三月而后成；距堙，又三月而后已。将不胜其忿而蚁附之，杀士卒三分之一，而城不拔者，此攻之灾也。故善用兵者，屈人之兵而非战也，拔人之城而非攻也，毁人之国而非久也，必以全争于天下，故兵不顿而利可全，此谋攻之法也。

故用兵之法，十则围之，五则攻之，倍则分之，敌则能战之，少则能逃之，不若则能避之。故小敌之坚，大敌之擒也。

夫将者，国之辅也。辅周则国必强，辅隙则国必弱。故君之所以患于军者三：不知军之不可以进而谓之进，不知军之不可以退而谓之退，是谓縻军；不知三军之事而同三军之政，则军士惑矣；不知三军之权而同三军之任，则军士疑矣。三军既惑且疑，则诸侯之难至矣。是谓乱军引胜。

故知胜有五：知可以战与不可以战者胜，识众寡之用者胜，上下同欲者胜，以虞待不虞者胜，将能而君不御者胜。此五者，知胜之道也。

故曰：知彼知己，百战不殆；不知彼而知己，一胜一负；不知彼不知己，每战必殆。

军形第四

孙子曰：昔之善战者，先为不可胜，以待敌之可胜。不可胜在己，可胜在敌。故善战者，能为不可胜，不能使敌之必可胜。故曰：胜可知，而不可为。

不可胜者，守也；可胜者，攻也。守则不足，攻则有余。善守者藏于九地之下，善攻者动于九天之上，故能自保而全胜也。

见胜不过众人之所知，非善之善者也；战胜而天下曰善，非善之善者也。故举秋毫不为多力，见日月不为明目，闻雷霆不为聪耳。古之所谓善战者，胜于易胜者也。故善战者之胜也，无智名，无勇功，故其战胜不忒。不忒者，其所措胜，胜已败者也。故善战者，立于不败之地，而不失敌之败也。

是故胜兵先胜而后求战，败兵先战而后求胜。善用兵者，修道而保法，故能为胜败之政。

兵法：一曰度，二曰量，三曰数，四曰称，五曰胜。地生度，度生量，量生数，数生称，称生胜。故胜兵若以镒称铢，败兵若以铢称镒。胜者之战，若决积水于千仞之溪者，形也。

兵势第五

孙子曰：凡治众如治寡，分数是也；斗众如斗寡，形名是也；三军之众，可使必受敌而无败者，奇正是也；兵之所加，如以碫投卵者，虚实是也。

凡战者，以正合，以奇胜。故善出奇者，无穷如天地，不竭如江海。终而复始，日月是也。死而更生，四时是也。声不过五，五声之变，不可胜听也；色不过五，五色之变，不可胜观也；味不过五，五味之变，不可胜尝也。战势不过奇正，奇正之变，不可胜穷也。奇正相生，如循环之无端，孰能穷之哉！

激水之疾，至于漂石者，势也；鸷鸟之疾，至于毁折者，节也。故善战者，其势险，其节短。势如扩弩,节如发机。

纷纷纭纭,斗乱而不可乱;浑浑沌沌,形圆而不可败。乱生于治,怯生于勇,弱生于强。治乱,数也;勇怯,势也;强弱,形也。

故善动敌者,形之,敌必从之;予之,敌必取之。以利动之,以卒待之。

故善战者,求之于势,不责于人,故能择人而任势。任势者,其战人也,如转木石。木石之性,安则静,危则动,方则止,圆则行。故善战人之势,如转圆石于千仞之山者,势也。

虚实第六

孙子曰:凡先处战地而待敌者佚,后处战地而趋战者劳。故善战者,致人而不致于人。能使敌人自至者,利之也;能使敌人不得至者,害之也。故敌佚能劳之,饱能饥之,安能动之。

出其所不趋,趋其所不意。行千里而不劳者,行于无人之地也;攻而必取者,攻其所不守也。守而必固者,守其所必攻也。故善攻者,敌不知其所守;善守者,敌不知其所攻。微乎微乎,至于无形;神乎神乎,至于无声,故能为敌之司命。

进而不可御者,冲其虚也;退而不可追者,速而不可及也。故我欲战,敌虽高垒深沟,不得不与我战者,攻其所必救也;我不欲战,虽画地而守之,敌不得与我战者,乖其所之也。

故形人而我无形,则我专而敌分。我专为一,敌分为十,是以十攻其一也。则我众敌寡,能以众击寡者,则吾之所与战者约矣。吾所与战之地不可知,不可知则敌所备者多,敌所备者多,则吾所与战者寡矣。故备前则后寡,备后则前寡,备左则右寡,备右则左寡,无所不备,则无所不寡。寡者,备人者也;众者,使人备己者也。

故知战之地,知战之日,则可千里而会战;不知战之地,不知战日,则左不能救右,右不能救左,前不能救后,后不能救前,而况远者数十里,近者数里乎!以吾度之,越人之兵虽多,亦奚益于胜哉!故曰:胜可为也。敌虽众,可使无斗。

故策之而知得失之计,作之而知动静之理,形之而知死生之地,角之而知有余不足之处。故形兵之极,至于无形。无形,则深间不能窥,智者不能谋。因形而措胜于众,众不能知。人皆知我所以胜之形,而莫知吾所以制胜之形。故其战胜不复,而应形于无穷。

夫兵形象水,水之形,避高而趋下,兵之形,避实而击虚。水因地而制流,兵因敌而制胜。故兵无常势,水无常形。能因敌变化而取胜者,谓之神。故五行无常胜,四时无常位,日有短长,月有死生。

军争第七

孙子曰:凡用兵之法,将受命于君,合军聚众,交和而舍,莫难于军争。军争之难者,以迂为直,以患为利。故迂其途而诱之以利,后人发,先人至,此知迂直之计者也。

故军争为利,军争为危。举军而争利则不及,委军而争利则辎重捐。是故卷甲而趋,日夜不处,倍道兼行,百里而争利,则擒三军将,劲者先,疲者后,其法十一而至;五十里而争利,则蹶上将军,其法半至;三十里而争利,则三分之二至。是故军无辎重则亡,无粮食则亡,无委积则亡。

故不知诸侯之谋者，不能豫交；不知山林、险阻、沮泽之形者，不能行军；不用乡导者，不能得地利。故兵以诈立，以利动，以分和为变者也。故其疾如风，其徐如林，侵掠如火，不动如山，难知如阴，动如雷震。掠乡分众，廓地分利，悬权而动。先知迂直之计者胜，此军争之法也。

《军政》曰：言不相闻，故为之金鼓；视不相见，故为之旌旗。夫金鼓旌旗者，所以一人之耳目也。人既专一，则勇者不得独进，怯者不得独退，此用众之法也。故夜战多火鼓，昼战多旌旗，所以变人之耳目也。

三军可夺气，将军可夺心。是故朝气锐，昼气惰，暮气归。善用兵者，避其锐气，击其惰归，此治气者也。以治待乱，以静待哗，此治心者也。以近待远，以佚待劳，以饱待饥，此治力者也。无邀正正之旗，无击堂堂之阵，此治变者也。

故用兵之法，高陵勿向，背丘勿逆，佯北勿从，锐卒勿攻，饵兵勿食，归师勿遏，围师必阙，穷寇勿迫，此用兵之法也。

九变第八

孙子曰：凡用兵之法，将受命于君，合军聚合，圮地无舍，衢地合交，绝地无留，围地则谋，死地则战，途有所不由，军有所不击，城有所不攻，地有所不争，君命有所不受。

故将通于九变之利者，知用兵矣；将不通九变之利，虽知地形，不能得地之利矣；治兵不知九变之术，虽知五利，不能得人之用矣。

是故智者之虑，必杂于利害，杂于利而务可信也，杂于害而患可解也。是故屈诸侯者以害，役诸侯者以业，趋诸侯者以利。

故用兵之法，无恃其不来，恃吾有以待之；无恃其不攻，恃吾有所不可攻也。

故将有五危，必死可杀，必生可虏，忿速可侮，廉洁可辱，爱民可烦。凡此五者，将之过也，用兵之灾也。覆军杀将，必以五危，不可不察也。

行军第九

孙子曰：凡处军相敌，绝山依谷，视生处高，战隆无登，此处山之军也。绝水必远水，客绝水而来，勿迎之于水内，令半渡而击之利，欲战者，无附于水而迎客，视生处高，无迎水流，此处水上之军也。绝斥泽，唯亟去无留，若交军于斥泽之中，必依水草而背众树，此处斥泽之军也。平陆处易，右背高，前死后生，此处平陆之军也。凡此四军之利，黄帝之所以胜四帝也。

凡军好高而恶下，贵阳而贱阴，养生而处实，军无百疾，是谓必胜。丘陵堤防，必处其阳而右背之，此兵之利，地之助也。上雨水流至，欲涉者，待其定也。

凡地有绝涧、天井、天牢、天罗、天陷、天隙，必亟去之，勿近也。吾远之，敌近之；吾迎之，敌背之。军旁有险阻、潢井、葭苇、林木、翳荟者，必谨覆索之，此伏奸之所处也。

敌近而静者，恃其险也；远而挑战者，欲人之进也；其所居易者，利也；众树动者，来也；众草多障者，疑也；鸟起者，伏也；兽骇者，覆也；尘高而锐，车来也；卑而广者，徒来也；散而条达者，樵采也；少而往来者，营军也。辞卑而益备者，进也；辞强而进驱者，退也；轻车先出居其侧者，陈也；无约而请和者，谋也；奔走而陈兵者，期也；半进半退者，诱也。杖而立者，饥也；汲而先饮者，渴也；见利而不进者，劳也；鸟集者，虚也；夜呼者，恐也；军扰者，将不重也；旌旗动者，乱也；吏怒者，倦也；杀马肉食者，军无粮也；悬缶不返其舍者，穷寇也；谆谆翕翕，徐与人言者，失众也；数赏者，窘也；数罚者，困也；先暴而后畏其众者，不精之至也；来委谢者，欲休息也。兵怒而相迎，久而不合，又不相去，必谨察之。

兵非贵益多也，惟无武进，足以并力、料敌、取人而已。夫惟无虑而易敌者，必擒于人。卒未亲而罚之，则不服，不服则难用。卒已亲附而罚不行，则不可用。故合之以文，齐之以武，是谓必取。令素行以教其民，则民服；令素不行以教其民，则民不服。令素行者，与众相得也。

地形第十

孙子曰：地形有通者、有挂者、有支者、有隘者、有险者、有远者。我可以往，彼可以来，曰通。通形者，先居高阳，利粮道，以战则利。可以往，难以返，曰挂。挂形者，敌无备，出而胜之，敌若有备，出而不胜，难以返，不利。我出而不利，彼出而不利，曰支。支形者，敌虽利我，我无出也，引而去之，令敌半出而击之利。隘形者，我先居之，必盈之以待敌。若敌先居之，盈而勿从，不盈从之。险形者，我先居之，必居高阳以待敌；若敌先居之，引而去之，勿从也。远形者，势均难以挑战，战而不利。凡此六者，地之道也，将之至任，不可不察也。

凡兵有走者、有驰者、有陷者、有崩者、有乱者、有北者。凡此六者，非天地之灾，将之过也。夫势均，以一击十，曰走；卒强吏弱，曰驰；吏强卒弱，曰陷；大吏怒而不服，遇敌怼而自战，将不知其能，曰崩；将弱不严，教道不明，吏卒无常，陈兵纵横，曰乱；将不能料敌，以少合众，以弱击强，兵无选锋，曰北。凡此六者，败之道也，将之至任，不可不察也。

夫地形者，兵之助也。料敌制胜，计险隘远近，上将之道也。知此而用战者必胜，不知此而用战者必败。故战道必胜，主曰无战，必战可也；战道不胜，主曰必战，无战可也。故进不求名，退不避罪，唯民是保，而利于主，国之宝也。

视卒如婴儿，故可以与之赴深溪；视卒如爱子，故可与之俱死。厚而不能使，爱而不能令，乱而不能治，譬若骄子，不可用也。知吾卒之可以击，而不知敌之不可击，胜之半也；知敌之可击，而不知吾卒之不可以击，胜之半也；知敌之可击，知吾卒之可以击，而不知地形之不可以战，胜之半也。

故知兵者，动而不迷，举而不穷。故曰：知彼知己，胜乃不殆；知天知地，胜乃可全。

九地第十一

孙子曰：用兵之法，有散地，有轻地，有争地，有交地，有衢地，有重地，有圮地，有围地，有死地。诸侯自战其地者，为散地；入人之地不深者，为轻地；我得亦利，彼得亦利者，为争地；我可以往，彼可以来者，为交地；诸侯之地三属，先至而得天下众者，为衢地；入人之地深，背城邑多者，为重地；山林、险阻、沮泽，凡难行之道者，为泛地；所由入者隘，所从归者迂，彼寡可以击吾之众者，为围地；疾战则存，不疾战则亡者，为死地。是故散地则无战，轻地则无止，争地则无攻，交地则无绝，衢地则合交，重地则掠，泛地则行，围地则谋，死地则战。

古之善用兵者，能使敌人前后不相及，众寡不相恃，贵贱不相救，上下不相收，卒离而不集，兵合而不齐。合于利而动，不合于利而止。敢问："敌众整而将来，待之若何？"曰："先夺其所爱，则听矣。"兵之情主速，乘人之不及，由不虞之道，攻其所不戒也。

凡为客之道，深入则专。主人不克，掠于饶野，三军足食；谨养而勿劳，并气积力；运兵计谋，为不可测。投之无所往，死且不北。死焉不得，士人尽力。兵士甚陷则不惧，无所往则固，深入则拘，不得已则斗。是故其兵不修而戒，不求而得，不约而亲，不令而信，禁祥去疑，至死无所之。吾士无余财，非恶货也；无余命，非恶寿也。令发之日，士卒坐者涕沾襟，偃卧者涕交颐，投之无所往，诸、刿之勇也。

故善用兵者，譬如率然。率然者，常山之蛇也。击其首则尾至，击其尾则首至，击其中则首尾俱至。敢问兵可使如率然乎？曰可。夫吴人与越人相恶也，当其同舟而济而遇风，其相救也如左右手。是故方马埋轮，未足恃也；齐勇如一，政之道也；刚柔皆得，地之理也。故善用兵者，携手若使一人，不得已也。

将军之事，静以幽，正以治。能愚士卒之耳目，使之无知；易其事，革其谋，使人无识；易其居，迂其途，使民不得虑。帅与之期，如登高而去其梯；帅与之深入诸侯之地，而发其机。焚舟破釜，若驱群羊，驱而往，驱而来，莫知所之。聚三军之众，投之于险，此谓将军之事也。九地之变，屈伸之利，人情之理，不可不察也。

凡为客之道，深则专，浅则散。去国越境而师者，绝地也；四通者，衢地也；入深者，重地也；入浅者，轻地也；背固前隘者，围地也；无所往者，死地也。是故散地，吾将一其志；轻地，吾将使之属；争地，吾将趋其后；交地，吾将谨其守；衢地，吾将固其结；重地吾将继其食；圮地，吾将进其途；围地，吾将塞其阙；死地，吾将示之以不活。故兵之情：围则御，不得已则斗，过则从。

是故不知诸侯之谋者，不能预交；不知山林、险阻、沮泽之形者，不能行军；不用乡导，不能得地利。四五者，一不知，非霸王之兵也。夫霸王之兵，伐大国，则其众不得聚；威加于敌，则其交不得合。是故不争天下之交，不养天下之权，信己之私，威加于敌，则其城可拔，其国可隳。施无法之赏，悬无政之令。犯三军之众，若使一人。犯之以事，勿告以言；犯之以利，勿告以害。投之亡地然后存，陷之死地然后生。夫众陷于害，然后能为胜败。故为兵之事，在顺详敌之意，并敌一向，千里杀将，是谓巧能成事。

是故政举之日，夷关折符，无通其使，厉于廊庙之上，以诛其事。敌人开阖，必亟入之，先其所爱，微与之期。践墨随敌，以决战事。是故始如处女，敌人开户；后如脱兔，敌不及拒。

火攻第十二

孙子曰：凡火攻有五：一曰火人，二曰火积，三曰火辎，四曰火库，五曰火队。行火必有因，因必素具。发火有时，起火有日。时者，天之燥也。日者，月在箕、壁、翼、轸也。凡此四宿者，风起之日也。

凡火攻，必因五火之变而应之：火发于内，则早应之于外；火发而其兵静者，待而勿攻，极其火力，可从而从之，不可从则止。火可发于外，无待于内，以时发之，火发上风，无攻下风，昼风久，夜风止。凡军必知五火之变，以数守之。故以火佐攻者明，以水佐攻者强。水可以绝，不可以夺。

夫战胜攻取而不修其功者，凶，命曰"费留"。故曰：明主虑之，良将慎之，非利不动，非得不用，非危不战。主不可以怒而兴师，将不可以愠而攻战。合于利而动，不合于利而止。怒可以复喜，愠可以复说，亡国不可以复存，死者不可以复生。故明主慎之，良将警之。此安国全军之道也。

用间第十三

孙子曰：凡兴师十万，出征千里，百姓之费，公家之奉，日费千金，内外骚动，怠于道路，不得操事者，七十万家。相守数年，以争一日之胜，而爱爵禄百金，不知敌之情者，不仁之至也，非民之将也，非主之佐也，非胜之主也。

故明君贤将所以动而胜人，成功出于众者，先知也。先知者，不可取于鬼神，不可象于事，不可验于度，必取于人，知敌之情者也。

故用间有五：有因间，有内间，有反间，有死间，有生间。五间俱起，莫知其道，是谓神纪，人君之宝也。乡间者，因其乡人而用之；内间者，因其官人而用之；反间者，因其敌间而用之；死间者，为诳事于外，令吾闻知之而传于敌间也；生间者，反报也。

故三军之事，莫亲于间，赏莫厚于间，事莫密于间，非圣贤不能用间，非仁义不能使间，非微妙不能得间之实。微哉微哉！无所不用间也。间事未发而先闻者，间与所告者兼死。凡军之所欲击，城之所欲攻，人之所欲杀，必先知其守将、左右、谒者、门者、舍人之姓名，令吾间必索知之。

必索敌间之来间我者，因而利之，导而舍之，故反间可得而用也；因是而知之，故乡间、内间可得而使也；因是而知之，故死间为诳事，可使告敌；因是而知之，故生间可使如期。五间之事，主必知之，知之必在于反间，故反间不可不厚也。

昔殷之兴也，伊挚在夏；周之兴也，吕牙在殷。故明君贤将，能以上智为间者，必成大功。此兵之要，三军之所恃而动也。

附录三 影响现代战争的经典战例

一、英阿马岛战争（背景、过程、结果及启示）

阿根廷在20世纪80年代初发生严重的经济危机和大规模的反对以加尔铁里总统为首的军政府的运动，阿根廷政府试图通过对马岛采取军事行动来缓解国内危机。1982年3月19日，阿根廷人登陆南乔治亚岛并升起国旗。4月2日，加尔铁里总统下令出兵占领马岛，马岛战争正式爆发。

1982年3月19日，阿根廷人登陆南乔治亚岛并升起国旗。英国得知后，向阿提出了强烈抗议，并派出40名海军陆战队员前去"恢复秩序"。阿根廷也不肯让步，决心一劳永逸地解决马岛主权之争。其海军迅速派出两艘导弹护卫舰赶赴南乔治亚岛，将该岛的22名英军和13名英考察队员抓了起来，并再次升起本国军旗。英国闻讯后，急调2艘军舰和1艘潜艇前往马岛。正当双方剑拔弩张的时候，却传来阿根廷海军舰艇北驶乌拉圭海域要与乌海军举行联合演习的消息。但到3月31日晚却突然退出演习，掉头南下全速驶往马岛具体实施"罗萨里奥"计划，原来这是阿根廷海军临战前的一次佯动。直到此时，英国人才惊呼"上当！"英国首相撒切尔夫人火速通知国防和外交官员到首相官邸商讨对策，并且派遣在直布罗陀海峡值勤的一个舰队赴马岛增援；此外，撒切尔夫人还给美国总统里根写信，要求美国制止阿根廷占领马岛。但是此时，阿军方已箭在弦上，不能不发。

4月2日拂晓，阿军5 000余人突然在马岛登陆，驻岛英军只抵抗几小时便宣布无条件投降。马岛总督垂头丧气地带着英国文武官员登上阿军早已为他们准备好的军用飞机，先到乌拉圭，再改乘飞机回国。第2天，阿军又在南乔治亚岛登陆，岛上英军又宣布投降。阿根廷政府向全国发表公报，宣布已收复马岛。阿根廷举国群情激奋，沉浸在胜利的喜悦中。

与此相对照，英国朝野哗然。4月3日，英下院举行会议讨论面临的严重局面，许多议员指责政府"出卖"马岛。英国成立"战时内阁"并决定抽调海军总兵力的2/3，组成一支特混舰队赴马岛，至此双方摆出一副进行海上决战的架势。阿方海军拥有各型舰船34艘，主要作战舰艇18艘。空军作战飞机223架，能用于作战的154架。海军作战飞机49架，守岛部队有1个海军陆战旅和3个步兵旅，共约15 000人；英方的特遣舰队共有舰船111艘，其中作战舰艇44艘，辅助船只22艘，商船45艘，两栖运输船20艘，舰载"鹞"式飞机28架，空军"鹞"式飞机14架，海军陆战队及步兵旅等9 000人，另外还有一些特种部队。值得指出的是，特混舰队还包括航空母舰"无敌"号和"竞技神"号，以及两艘核动力潜艇，英国防部称是"除两个超级大国以外最大的一支特混舰队"。而以购买西方廉价旧式军舰为主的阿海军与英舰相比，简直就不在一个档次上。有鉴于此，阿海军不得不收缩于本国的近岸海区。更糟糕的是，当"铁娘子"把全部赌注压在马岛上，宣称"福克兰已经成了我的生命、我的血液"时，阿总统加尔铁却承认"做梦也没有想到撒切尔夫人会为了一个荒芜的岛屿派遣如此庞大的特遣舰队，万里迢迢到南大西洋来"。最高统帅心态如此，部队的战斗准备程度可想而知。战争已一触即发，阿却还在认为英不可能真打，显然战争一开始，事实上就决定了双方的结局。

正在双方即将开战时，"公正的"美国人出来调停了。美国是北约的盟主国，美国人的

"公正"程度有几何,只要不是弱智就能猜得出来。从4月7日开始,美国国务卿黑格频繁穿梭于英、阿和美国首都进行调停,但双方都不愿从原来的立场上后退。美国人偏向英国,阿自然心知肚明,对黑格提出的包括考虑马岛居民的"愿望"在内的所谓"七点"新建议自然不能接受。因为马岛居民是英国人后裔,考虑居民的"愿望",显然只能是对英国有利。阿不能不拒绝这种"新建议",美国调解未果。4月29日,美以阿拒绝美建议为由,宣布放弃"中立",转而支持英国。不仅对阿进行制裁,还让英军使用美阿森松岛上的空军基地和其他军事装备。为英国人提供情报,并让通信卫星成为英国通信中继站。获知这一切,阿总统痛心疾首,称对美国"感到很痛心,我要说,欺人太甚了"。至此,战争已不可避免。

4月26日,英国特混舰队首先攻下了南乔治亚岛,30日完成了对马岛周围200海里范围的海上和空中的封锁部署。随即,英国国防部宣布从格林尼治时间4月30日11时起,所有进入马岛周围200海里禁区的飞机和舰只都将遭到攻击,阿军也进入最高戒备状态。5月1日,英国特混舰队在茫茫浓雾中到达马岛以东海域。一架名称为"火神"的战略轰炸机经过空中加油,长途跋涉5 000公里,于凌晨4时30分飞临马岛并投下21枚重达1 000磅的炸弹;同时从英航母上起飞的飞机也对阿阵地进行猛烈攻击。5月2日下午,英国的"征服者"号核潜艇在马岛200海里禁区外的36海里处向阿海军旗舰"贝尔格诺将军"号巡洋舰发射了3枚鱼雷,其中两枚命中目标。巡洋舰在45分钟后沉没,阿军官兵阵亡和失踪321人。次日,英国又在马岛北侧用"海鸥"式导弹击沉了阿军的"索布拉尔"号巡逻艇。面对接连的胜利,英国官兵开始沾沾自喜。殊不知,一场噩梦正悄悄地向他们袭来。

面对英军咄咄逼人的攻势,阿军发誓要报仇雪恨。加尔铁里把目光投向了从法国购得的5枚"飞鱼"导弹。5月4日上午11时左右,英国"谢菲尔德"号巡洋舰悠闲地游弋在马岛附近海域。这艘当时号称英国皇家海军"最现代化的大型军舰"服役刚刚7年,具有非常先进的雷达系统,阿根廷的飞机只要从其大陆起飞就逃不过它的眼睛。因此舰上的英国官兵悠然自得,有的在洗衣服,有的聊天。此时,阿根廷"五月二十五日"号航母搭载的"超军旗"战斗机利用地球曲线超低空飞行。在300公里以外,已经锁定"谢菲尔德"号巡洋舰的阿军"超级军旗"战斗轰炸机携带两枚"飞鱼"导弹悄悄起飞了。飞机在接近"谢菲尔德"号雷达警戒区时陡然下降到四五十米的高度,然后关闭机载雷达继续飞行。12时20分左右,"超级军旗"顺利进入到导弹的有效发射区,在距离"谢菲尔德"号32公里处,两枚"飞鱼"导弹带着阿根廷人复仇的怒火发射了出去。其中1枚"飞鱼"成功避过英军的防空系统后准确命中目标,爆炸引起大火,英舰官兵拼命抢救5个小时后,不得不弃舰逃生。就这样,造价高达1.5亿美元的"谢菲尔德"号被造价才不过30万美元的"飞鱼"导弹击沉,这给了骄傲自大的英军以沉重打击。5月12日,阿空军12架"天鹰"战斗机分3批重创英护卫舰"大刀"号和"华美"号。

5月21日晨,英军开始登陆马岛,并建立登陆场。阿空军和海军航空兵呼啸而来,对英舰进行攻击。击落英机5架,击中英舰8艘,其中1艘护卫舰被击沉。

5月25日是阿根廷的国庆节,阿军向英军发起了大规模空袭行动。这天两架携带"飞鱼"导弹的"超级军旗"战机从阿根廷大陆起飞,向游弋在马岛东北海面100多海里的英国航空母舰飞去,目标就是要炸毁英军的航母。接近预定目标区域后,阿军飞行员发现飞机雷达的荧屏上出现了一个大的脉冲亮点,他判定这就是英军的航空母舰。于是阿军飞行员毫不犹豫地按下了导弹发射按钮，两枚"飞鱼"导弹同时向敌舰飞去，其中一枚准确地击中了目标。在一阵巨大的爆炸声后，英舰出现了浓烈的火焰，不长时间之后就慢慢地沉入了海底。事后阿军才知道，他们炸沉的这艘英舰并不是英国的航空母舰，而是一艘名为"大西洋运送者"号的运输舰，其体积同航空母舰大小相仿。尽管如此，英军也遭受了重创，仅有的4架"支奴干"大载重量直升机中的3架、1个中队的"威赛克斯"支援直升机、大量的补给物资和设备也被炸沉，6架"鹞"式战斗机也葬身海底。阿机又击沉英驱逐舰"考文垂"号。

受到接连打击之后，英国人逐渐意识到了"飞鱼"导弹的厉害。伍德沃德下令将所有舰船撤到离马岛和阿根廷海岸较远的地方，以避免遭受新的攻击。马岛战争开始的时候，阿根廷除了已经拥有的5枚"飞鱼"导弹外，还向法国订购了另外9枚。但是随着战争的进程，法国总统密特朗应英国政府的要求，下令不再向阿根廷出售"飞鱼"导弹。此举使阿根廷政府感到十分紧张，被迫寻求从其他国家间接获得"飞鱼"导弹。通过情报部门，阿根廷获悉秘鲁向法国订购的8枚"飞鱼"导弹即将到货，于是阿根廷政府开始通过各种途径希望从秘鲁高价购得这些导弹。法国政府闻讯后，故意寻找各种借口拖延交货时间。直到战争结束才把导弹送交秘鲁政府手中，使得阿根廷从第三国购买"飞鱼"导弹的计划流产。没有"飞鱼"导弹，阿根廷就没有了同英国对抗的资本，形势发生逆转。

为彻底击垮阿军，英军从5月27日起开始实施登岛作战。5月29日，英军攻占了非常重要的达尔文港，毙伤阿军250人，俘获1400人并缴获大批弹药和其他军需物资。此后的几天中，阿军节节败退。6月8日，为了挽救守岛的部队，加尔铁里孤注一掷，下令集中尚存的空中力量对英军展开大规模空袭，打死英军180多人。阿机再呈神勇击沉了包括英国的"加拉哈德爵士"号登陆舰在内的3艘大型登陆舰，并重创"普利茅斯"护卫舰。虽然阿空军表现出色，但陆军表现却有负阿国人，未能很好地实施配合作战。

英军虽然遭到沉重打击，但仍决心夺取马岛。就在当晚，3000名英军乘坐"伊丽莎白二世女王"号客轮登上马岛，使岛上的英军增加到8000人，而且拥有重炮30门和坦克20辆。6月11日，英军开始发起总攻，并于12日拂晓前攻占了距马岛首府阿根廷港15公里的哈里特山和朗顿山。13日晚，英军再次发起进攻。英军从东西岛间的结合部突破，避开正面。然后向东推进，分进合击，夺占全岛，激烈的战斗一直持续到6月14日。阿陆军孤军奋战，损失惨重。阿统帅部见大势已去，电告马岛守军"在不损害武装部队荣誉和国内政策的情况下"可以自由行动。至14日中午，英军已经推进到距市区约4公里的地方，阿根廷港上空挂起了白旗。午后，双方战地司令官会晤达成非正式停火协议。至此，历时74天的马岛战争终于结束。

马岛战争的硝烟已经散尽，但它留给后人的警示却不断延续。在这场血与火的较量中，尽管英国以伤亡1000余人的代价及耗资27亿美元巨额花费换来了名义上的胜利，但除了挽回了一点面子外，似乎再也没有获得什么好处。名义上的失败也没有使阿根廷人放弃争夺马岛主权的斗争，他们在战后把每年的6月10日定为"马岛主权日"。有西方媒体评论说："这是一场没有赢家只有输家的战争。战争并没有平息两个国家对马岛主权的争执；相反，战争使两个国家的距离更远，仇恨更深了。"

马岛海战对第二次世界大战后的英国海军两栖作战能力是一个实际考验，并且对日后英国海军两栖作战方式和制订两栖战舰船的发展对策提供了极有价值的启示。

启示之一是两栖舰船在地区性冲突及局部战争中的作用日益突出，并将成为解决地区危机的重要兵力。随着各种现代化武器的出现，抗登陆的有利条件大为增加，登陆与抗登陆之间的抗衡更为激烈。对于登陆作战，特别是大跨度越洋登陆作战，必然会有由舰到岸的兵力及装备输送过程。只有使用主船体内拥有较大坞舱，并载有气垫登陆艇、高速登陆艇、两栖作战和运输车辆，甲板上可装载一定数量直升机或垂直起降战斗机的大型登陆舰船才能完成快速、机动和有效地输送登陆部队和装备上岸，对登陆部队实施必要的火力支援；同时承担一定的自身防御任务。

启示之二是两栖战舰船宜向多用途化、舰型综合化和装载均衡化的方向发展。第二次世界大战后，两栖战舰船陆续发展派生出近10种舰型，各种舰型的舰船在应用中任务相对比较单一。在需要达成某一作战目的时，往往要多种舰型的登陆舰配套使用，一艘专用舰船出现战损有可能影响到整个登陆作战行动。马岛海战中英国海军动用了包括直升机两栖攻击舰、通用两栖攻击舰、船坞登陆舰、登陆支援舰、改装的运输登陆舰和坦克登陆舰等多种舰型，给登陆作战的组织和指挥带来很大困难。同是为掩护这些舰船实施登陆作战，英国海军还不得不调整对阿根廷大陆方向的封锁力量而组成了庞大的护航编队。由此看来，简化舰型，一舰多用和均衡装载将是大型两栖战舰船发展的必然结果。

启示之三是马岛距离英国十万八千里，在阿根廷家门口，却是英国国土。英国不曾拿起国际法律请求司法裁决，也从不提出200海里的说法。历史就是历史，英方与阿方未曾互利共赢共同开发，南海问题的解决要从中获得启示。

启示之四是随着两栖作战方式的发展，现代化两栖战舰船必须具有立体两栖突击作战能力，加强自身攻防能力并提高战技性能。英国海军在马岛登陆作战时，虽已意识到了采用"平面登陆"和空中"垂直登陆"相结合的"立体登陆"方式可能取得的效果，但苦于没有满足需要的立体两栖突击作战能力，仍然只能采用较为传统的突击抢滩登陆方式。马岛海战后的1985年，美国海军在总结第二次世界大战以来包括英阿马岛海战、登陆及抗登陆作战的经验基础上，首次提出了"超地平线突击登陆"的立体作战方式。这种战法对两栖作战舰船的立体突击能力、随作战编队高速机动能力和自身的进攻和防卫能力等方面提出了较高的要求。因此直升机，甚至垂直起降作战飞机、气垫登陆艇、中口径火炮、舰空导弹、反潜武器、近程防御系统、高性能指控系统和电子战系统等都将成为大型两栖战舰船的必要配置。

二、贝卡谷地空战

发生在1982年的马岛战争和黎巴嫩战争是现代战争史上的分水岭，标志着战争已进入高技术时代。在阿以黎巴嫩战争中，尤以贝卡谷地空战最受兵家注目。它是空战史上具有划时代意义的一个著名战例，充分显示了电子战在空战中的巨大作用。

1982年6月9日上午，以色列空军放出了引诱叙利亚发射导弹的无人驾驶飞机。贝卡谷地叙军的雷达捕捉到以色列空军"飞机"后，随着指挥员的命令，萨姆-6导弹一次次射向以空军"飞机"。此时，以色列空军的90架F-15、F-16战斗机，以及F-4和A-4轰炸机对贝卡谷地的萨姆导弹阵地进行了猛烈攻击。顷刻间叙利亚人苦心经营10年、耗资20亿美元才建立起来的19个萨姆导弹阵地变成了一片废墟。

得知贝卡谷地的导弹阵地遭到攻击，叙利亚立即起飞62架米格-23和米格-21战机，向贝卡谷地上空的以军攻击编队进行反扑。然而以色列空军对此早有防范，F-15、F-16、E-2C 和波音-707 改装的电子战飞机组成的混合作战机群，在叙机可能来袭的方向已建立了一道空中屏障。叙军的飞机刚刚滑入跑道，就被"鹰眼"牢牢地捕捉到了。在几秒钟内，电子计算机就将飞机的航迹诸元计算出来，并将飞机的距离、高度、方位、速度和其他资料迅速通知给自己的伙伴。叙机临近贝卡谷地上空，率先遭到以军电子战飞机的强电磁干扰。叙机机载雷达荧光屏上看不见以机，半自动引导装置也不起作用，耳机里听不清地面指挥口令，空战一开始就处于被动地位。一名叙利亚飞行员看见 1 架 F-15 迎面飞来，他猛拉机头企图绕到以机尾后用"尖顶"寻热空空导弹对敌尾喷管发射。才爬了一半，只见 F-15 机翼下闪出一串嫣红色的火花。以色列自制的红外寻的导弹飞速地飞来，他的飞机猛地一抖，随即燃烧起来。以军一架 F-16 完成攻击任务返航时，传感系统警告飞行员叙军米格-23 已向其发射空空导弹。以色列飞行员不慌不忙地按下了燃烧火箭按钮，射出 1 枚燃烧火箭，叙军射出的"蚜虫"空空导弹一下子就被它所发出的强大热流吸引了过去。150 多架飞机像蝗虫一般在贝卡谷地上空穿梭往来，以超音速的速度互相追逐，恰如一场"车轮战"。导弹不时地从飞机的机翼下发射出来，飞机发动机的轰鸣声、导弹的吼叫声和飞机中弹的爆炸声混在一起，使人弄不清飞机在哪里飞和飞往哪里去。加上飞机的导弹施放的白烟，空中乱成一团，无法辨认谁在攻击谁。以色列空军在这次空战中取得了击落叙军 30 架而自己没有损失一架飞机的战绩。

叙军夜晚立即向贝卡谷地增援部队，尽一切力量阻止以军可能发动的进攻。然而天一亮，在以色列 92 架飞机的一阵狂轰滥炸之下，新布置的 7 个导弹连又荡然无存。52 架叙利亚飞机再次奉命出击，这一次它们的命运更惨，竟没有一架能够突破以色列的空中屏障安全地飞回来。以色列空军又一次取得了没损失一架飞机，击落叙军 52 架飞机的辉煌战绩。叙利亚再也承受不起这样的损失了，空军停止了出击。

在贝卡谷地空战中以色列空军运用高新技术，以未损伤一架飞机而击毁叙军 84 架飞机的辉煌战绩在全世界引起极大震动。从此，空战进入了高技术时代，世界空战史揭开了新的一页。

参考文献

[1] 田克勤. 毛泽东思想概论[M]. 北京：高等教育出版社，2001.
[2] 杨长春. 邓小平新时期建军思想研究[M]. 北京：解放军出版社，1989.
[3] 聂送来. 世界军事发展年度报告[M]. 北京：军事科学出版社，2004.
[4] 江泽民. 论国防和军队建设[M]. 北京：解放军出版社，2004.
[5] 总政治部. 江泽民国防和军队建设思想学习纲要[M]. 北京：解放军出版社，2003.
[6] 禚法宝. 新概念武器与信息化战争[M]. 北京：国防工业出版社，2008.
[7] 王建华. 信息技术与现代战争[M]. 北京：国防工业出版社，2004.
[8] 高民政，薛小荣，等. 中国军事政治学理论[M]. 北京：时事出版社，2011.
[9] 李平. 大学生军事理论教程[M]. 北京：科学出版社，2011.
[10] 康玉文，陈辉. 高职军事实用教程[M]. 北京：北京出版社，2007.
[11] 徐唯诚. 大学军事教程[M]. 长沙：国防科技大学出版社，2012.
[12] 丁晓昌，张政文. 军事理论教程[M]. 南京：南京大学出版社，2010.